新能源汽车系列规划教材

汽车电力驱动系统检修

赵振宁　赵　宇　主　编
李　虹　龚政强　王　斌　副主编
李春明　主　审

電子工業出版社
Publishing House of Electronics Industry
北京 · BEIJING

内容简介

本书共15章，内容包括：绪论、典型混合动力汽车形式、米勒发动机技术、典型ECU供电电路、蓄电池管理系统检修、高压配电箱检修、DC/DC转换器原理与检修、电机传感器原理与检修、汽车变频器检修、线控驻车挡原理与检修、电动汽车空调、线控制动原理与检修、奥迪Q5混合动力汽车、大众混合动力汽车技术，以及本书用到的电路图。

本书由百慕大汽车技术视频网（www.bmdcar.com）提供作者的全套讲解视频和后台资源。

本书可作为高等职业院校汽车检测与维修、汽车电子技术、新能源汽车技术等汽车类专业的教材，也可作为从事本专业工作的工程开发和售后维修技术人员的参考书。

图书在版编目（CIP）数据

汽车电力驱动系统检修 / 赵振宁，赵宇主编. —北京：电子工业出版社，2018.2

ISBN 978-7-121-33148-0

Ⅰ. ①汽… Ⅱ. ①赵… ②赵… Ⅲ. ①混合动力汽车—驱动机构—车辆修理—高等职业教育—教材
Ⅳ. ①U469.707

中国版本图书馆CIP数据核字（2017）第298615号

策划编辑：程超群
责任编辑：赵　娜
印　　刷：三河市鑫金马印装有限公司
装　　订：三河市鑫金马印装有限公司
出版发行：电子工业出版社
　　　　　北京市海淀区万寿路173信箱　邮编　100036
开　　本：787×1 092　1/16　印张：14.5　字数：371.2千字
版　　次：2018年2月第1版
印　　次：2018年2月第1次印刷
定　　价：35.00元

凡所购买电子工业出版社图书有缺损问题，请向购买书店调换。若书店售缺，请与本社发行部联系，联系及邮购电话：（010）88254888，88258888。

质量投诉请发邮件至zlts@phei.com.cn，盗版侵权举报请发邮件至dbqq@phei.com.cn。

本书咨询联系方式：（010）88254577，ccq@phei.com.cn。

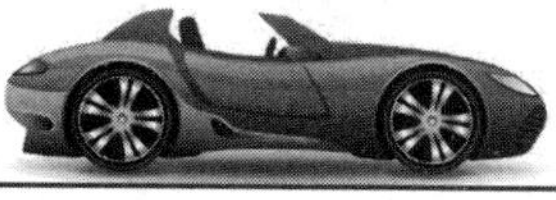

前 言

汽车是集机电学科领域中最新技术于一身的产品，是国家工业发展水平的标志之一。随着我国汽车行业的发展，混合动力汽车和纯电动汽车等新能源汽车已进入人们的日常生活。

本书将纯电动汽车、油电混合动力汽车和燃料电池汽车的电力驱动系统在检修方向的共性和特性抽化出来，从诊断与检修的角度进行了讲解。

本书共 15 章，内容包括绪论、典型混合动力汽车形式、米勒发动机技术、典型 ECU 供电电路、蓄电池管理系统检修、高压配电箱检修、DC/DC 转换器原理与检修、电机传感器原理与检修、汽车变频器检修、线控驻车挡原理与检修、电动汽车空调、线控制动原理与检修、奥迪 Q5 混合动力汽车、大众混合动力汽车技术。纯电动汽车检修内容包括比亚迪纯电动汽车检修和北汽纯电动汽车检修，最后是本书用到的电路图。

本书主要由长春汽车工业高等专科学校教师赵振宁组织编写，其中长春汽车工业高等专科学校赵宇教授编写了第 1 章和第 2 章，吉林交通职业技术学院李虹博士编写了第 3 章，江西万通职业技术学院龚政强老师编写了第 10 章，无锡商业职业技术学院王斌老师编写了第 11 章，其余章节均由赵振宁编写。全书由长春汽车工业高等专科学校校长李春明教授担任主审，在此对李校长表示感谢。

电动汽车科学技术的飞速发展导致各车厂电动汽车技术设计差异很大，技术含量不尽相同，加之作者的水平有限及本书的篇幅有限，难免会有错漏之处，希望读者不吝指正，作者也会尽量把最新的电动汽车技术展现在读者面前。

本书可作为高等职业院校汽车检测与维修、汽车电子技术、新能源汽车技术等汽车类专业的教材，也可供从事本专业工作的工程开发和售后维修技术人员作为参考。

本书提供部分解读视频，请在无线网络环境下扫描二维码观看。

8 本教材配有部分微课，用书教师加 QQ 群（群号为 763791638）可向百慕大汽车技术视频网（bmdcar.com）申请一个免费的账号。全书作者视频讲解、高清 PPT、动画、图片资源、车型技术解析、实训操作等资源需要商业提供。

编　者

目录

第 1 章 绪论 ······ 001

1.1 定义和分类 ······ 001
1.2 混动机械特性 ······ 005
1.3 混合动力汽车使用 ······ 008
1.4 维护与劳动安全 ······ 009

第 2 章 典型混合动力汽车形式 ······ 018

2.1 “微混型”混合动力汽车技术 ······ 018
2.2 “轻混型”混合动力汽车技术 ······ 019
2.3 “重混型”混合动力汽车技术 ······ 030

第 3 章 米勒发动机技术 ······ 039

3.1 米勒发动机 ······ 039
3.2 混动动力管理 ······ 042

第 4 章 典型 ECU 供电电路 ······ 045

4.1 主要元件位置和功能 ······ 045
4.2 ECU 供电系统检修 ······ 050

第 5 章 蓄电池管理系统检修 ······ 054

5.1 蓄电池管理系统元件 ······ 054
5.2 蓄电池管理系统检修 ······ 058
5.3 蓄电池 ECU 动态数据流 ······ 064

第 6 章 高压配电箱检修 ······ 066

6.1 系统主继电器 ······ 066
6.2 系统主继电器检修 ······ 067

第 7 章 DC/DC 转换器原理与检修 ······ 069

7.1 升压 DC/DC 转换器 ······ 069

7.2 升压 DC/DC 转换器检修 ······ 070
7.3 降压 DC/DC 转换器 ······ 076
7.4 降压 DC/DC 转换器检修 ······ 077

第 8 章 电机传感器原理与检修 ······ 080

8.1 旋变变压器原理与检修 ······ 080
8.2 霍尔电流传感器 ······ 083
8.3 电机温度传感器 ······ 086

第 9 章 汽车变频器检修 ······ 089

9.1 变频器检修 ······ 089
9.2 变频器电路检修 ······ 091
9.3 变频器冷却系统 ······ 104

第 10 章 线控驻车挡原理与检修 ······ 106

10.1 线控驻车挡控制 ······ 106
10.2 挡位传感器 ······ 108
10.3 线控驻车挡数据流 ······ 112

第 11 章 电动汽车空调 ······ 113

11.1 电动涡旋压缩机 ······ 113
11.2 普锐斯空调系统 ······ 115
11.3 典型混合动力汽车空调 ······ 116

第 12 章 线控制动原理与检修 ······ 122

12.1 线控制动系统的组成 ······ 122
12.2 线控制动系统原理 ······ 127
12.3 车身稳定控制 ······ 133
12.4 线控制动数据流 ······ 136

第 13 章 奥迪 Q5 混合动力汽车 ······ 139

13.1 混动奥迪 Q5 简介 ······ 139
13.2 混动发动机 ······ 141
13.3 转向和制动系统 ······ 146
13.4 高压系统元件 ······ 147
13.5 混动电机 ······ 155
13.6 混动汽车空调 ······ 158
13.7 汽车高压系统 ······ 160
13.8 显示和操纵单元 ······ 168
13.9 售后服务和车间设备 ······ 173

第 14 章 大众混合动力汽车技术……177

14.1 混合动力系统简介……177
14.2 动力机械装置……181
14.3 蓄电池充电和监控……186
14.4 电动汽车空调……187
14.5 第二冷却系统……190
14.6 离合器及真空泵……191
14.7 电路图和修理工具……193

第 15 章 本书用到的电路图……196

15.1 丰田普锐斯混动控制电路图……196
15.2 丰田普锐斯米勒发动机电路图……213
15.3 丰田普锐斯制动系统电路图……219

·第1章·

绪 论

1.1 定义和分类

1. 混合动力汽车定义

“hybrid”意为混合，车尾部标有 hybrid 字样的汽车称为混合动力汽车，混合动力汽车是个大的概念，范围较广，由于实用的混合动力汽车是由内燃机和电动机两种动力混合作为输出的，所以这种汽车称为油电混合汽车，本书的“混合动力汽车”仅特指油电混合动力汽车。

从能量源来看，“油”可以代表汽油、柴油，甚至是天然气，“电”是以蓄电池、电容、储能飞轮三种形式储能，但三者储存能量都来源于内燃机带动的发电机发出的电，此时“电也是油”。

从动力机械看，“内燃机”将化学能转为机械能，机械能一部分直接输出至车轮，一部分通过发电/电动机发出电能，储存在蓄电池、电容、储能飞轮之中，在需要的时候这个电能再输出给一个电动/发电机，电动机可以以纯电动机工况行驶，发动机和电机同时工作的混合工况行驶和纯发动机工况行驶，释放储存的电能。发动机在适当的时候通过发电机发电给三种储能装置，在适当的时候以纯电动工况或混合工况行驶，释放储能装置中储存的电能，关键问题什么是“适当”，这个问题留到后文讲。

这里的“电动/发电机”指以电动机工况为主，以发电机工况为辅。而“发电/电动机”指以发电机工况为主，以电动机工况为辅。

2. 油电混合动力汽车分类

（1）按串并联分类

传统的混合动力电动汽车分为串联式和并联式。近年来出现了一种同时具有串并联特征的混合动力电动汽车，因而其分类延伸为串联型、并联型和混联型三种。

① 串联式

串联式混合动力也称为“增程式”电动汽车。如图 1-1 所示为串联式混合动力汽车基本结构和简化结构，串联就是与车轮直接机械连接的仅是电机。串联式混合动力汽车的工作方式就是用传统发动机直接通过发电机为电池充电，然后完全由电动机提供的动力驱动汽车。其目的在于使发动机长时间保持在最佳工作状态，从而达到减排的效果。具体地说，发动机输出的机械能首先通过发电机转化为电能，转化后的电能一部分用来给蓄电池充电，另一部分经由电动机和传动装置驱动车轮。和燃油车相比，它是一种发动机辅助型的电动车，主要是为了增加车辆的行驶里程。由于在发动机和发电机之间的机械连接装置中没有离合器，因而它有一定的灵活性。尽管其传动结构简单，但它需要三个驱动装置：发动机、发电机和电动机。如果串联混合型电动车设计时考虑爬长坡，为提供最大功率三个驱动装置的尺寸就会较大，如果用作短途运行如当通勤车用或只用于购物，相应的发动机发电机装置应采用低功率的。这种形式的好处是发动机可以不受行驶状态的影响，一直处于最佳工作状态，对于改善排放大有好处，但转换效率偏低。丰田曾经将这种串联形式应用在考斯特上，并进行了批量生产。

串联式的特点：

- 蓄电池容量要大，如 10～15kWh 容量，配置在插电型混合动力汽车上；
- 大多数情况为纯电动工况，可当纯电动汽车使用；
- 在蓄电池能量不足时，发动机自动启动驱动汽车，同时恢复蓄电池电能。

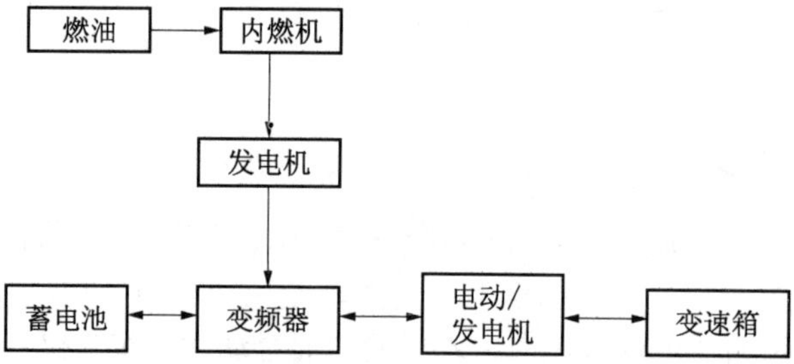

图 1-1　串联混合动力汽车基本结构和简化结构

② 并联式

如图 1-2 所示为并联式混合动力汽车示意图和简化结构，所谓并联式混合动力，即电动机和发动机并行排布，动力可以由两者单独提供或共同提供。在并联混合动力系统中，电动机同时也是发电机，其作用是让发动机尽量靠近最有效率的状态，从而达到节油的目的。并联混合动力汽车受电动机和电池能力的限制，仍然要以发动机为主要动力。但由于保留了常规汽车的动力传递形式，效率会更高。

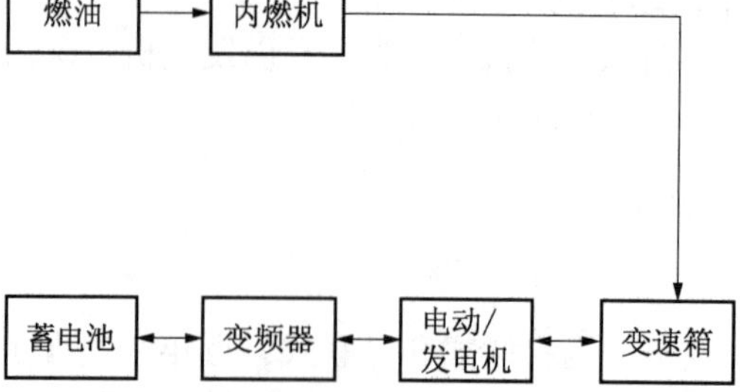

图 1-2　并联式混合动力汽车示意图和简化结构

并联式的特点：

- 蓄电池容量可大可小，小容量电池（如 2.0kWh 容量左右）配置在不插电型混合动力汽车上，大容量大池（如10kWh左右容量）配置在插电型混合动力汽车上；

- 变速箱采用技术成熟的AT/AMT/CVT等，可以在发动机和变速箱之间增加离合器；
- 轻混时不能纯电动驱动汽车，中混时可实现纯电动驱动汽车。

③ 混联式

如图1-3所示为混联式混合动力汽车示意图和简化结构，混联式也称功率分流式。混联形式顾名思义就是结合了并联和串联两种形式的优点，其在并联的基础上，将发电机和电动机分离开，这样一个电机在并联时，另一个电机还能发电，使车辆能以串联和并联两种形式工作。目前的混合动力汽车基本都属于这种模式。

混联式的特点：

- 蓄电池容量可大可小，小容量电池（如1.5kWh容量）配置在不插电型混合动力汽车上，大容量大池（如10kWh容量）配置在插电型混合动力汽车上；
- 电力无级变速箱采用了行星排结构，太阳轮和MG1电机相连，行星架和发动机相连，内齿圈为最终输出；
- 电机MG1可驱动行星排的太阳轮来启动发动机，在急加速时可以助力，在发动机小负荷时实现发电；
- 电机MG2与内齿圈相连可实现D挡、R挡纯电驱动，与发动机协作实现共同的混合驱动，以及在减速（或制动）时实现能量回收。

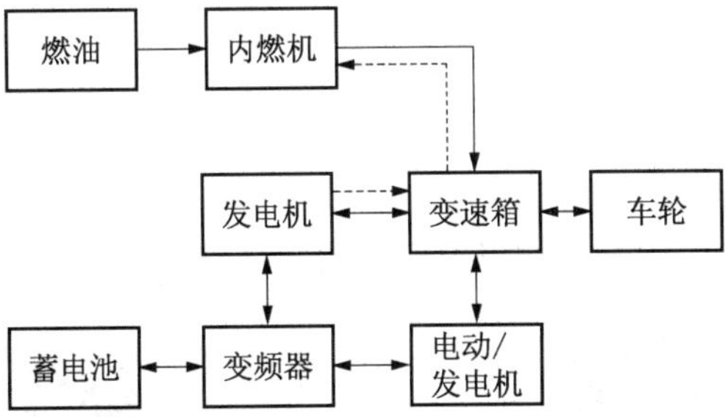

图1-3　混联式混合动力汽车示意图和简化结构

（2）按照混合度分类

目前，按照混合度的分类说法也比较流行。按照我国汽车行业标准中对混合动力汽车的分类和定义，从电机峰值功率占发动机功率百分比的多少分为微混、轻度混、中度混合和重度混合四种。

① 微混

“微混”也称“启停”（Start-Stop）式，一般情况下电动机的峰值功率和发动机的额定功率比≤5%的为微混合动力，在交通拥堵的城市，可以实现节油率5%～10%。

特点：

- 微混合动力车型的电机不具备驱动汽车的功能，仅用作启动发动机，实现Start/Stop功能。例如Smart for two mhd就属于这种类型。
- 电机主要作为发电机用，能进行一定的能量回收。

② 轻混

电动机的峰值功率和发动机的额定功率比在5%～15%的为轻度混合动力。

特点：发动机依然是主要动力，电动机不能单独驱动汽车，只是在爬坡或加速时辅助驱动，平时主要使用发动机动力，同时具有制动能量回收和“启停”功能；发动机排量可减少10%～20%，节油率可达到10%～15%；技术难度相对小，成本增加不是很多。

轻混合动力汽车的特性：车辆停止时，关闭发动机。起步和加速时电机起辅助发动机作用。减速/制动时，发动机依据传统电控发动机系统控制而执行断油模式，并将获得的再生制动能量充入蓄电池。有技术结构较简单、成本低、应用广泛的优势。

一般结构：在发动机和变速箱之间增加1个小功率的电机，在电机和变速箱之间嵌入一个离合器K1，也可能连这个离合器K1也不使用，而采用电机转子和曲轴一体，微混的电机转子通过传动皮带带动，本质也是在曲轴上，因此这两种结构没有本质区别，所以微混和轻混只能通过电机功率的大小来判别。

③ 中混

电动机的峰值功率和发动机的额定功率比在15%～40%的为中度混合动力。

一般结构特点是在发动机和变速箱之间增加1个较大的电机（见图1-4），而在发动机和电机间嵌入一个离合器K0，另外在电机和变速箱之间嵌入另一个离合器K1。

K1接合，K0断开，电机可实现纯电动。仅K0接合可实现原地发动机启动。在纯电动行驶中K1接合，K0再接合可实现行驶中发动机启动。减速或制动时，K1离合器接合，再生制动能量经电机发出给高压蓄电池充电，要实现更大的制动效果，K0再接合，通过发动机制动功能，还可增加减速效果。

中混型混合动力汽车的特点：

- 电机能单独驱动汽车，车辆停止时，有“启停”功能；
- 电机有行驶中发电和辅助加速功能；
- 车辆在减速或制动时，发动机执行断油模式，并将获得的再生制动能量充入蓄电池；
- 有技术结构较简单、成本低、应用广泛的优势。

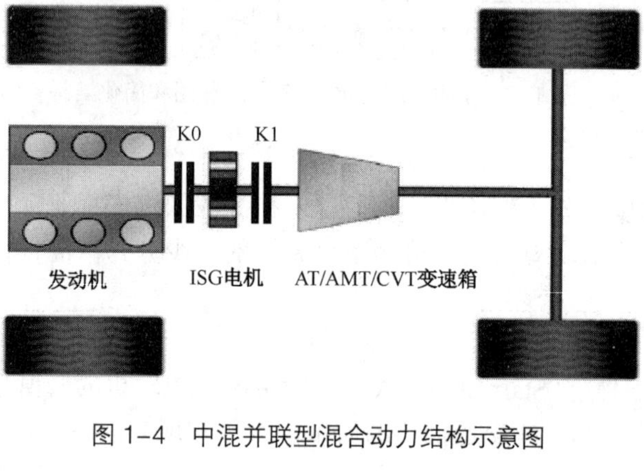

图1-4 中混并联型混合动力结构示意图

④ 重混

电动机的峰值功率和发动机的额定功率比40%以上的为重混合动力。这两类车型可由电动机或发动机单独驱动。

重混合动力汽车的电机和发动机可以分别独立或联合驱动车辆，低速起步、倒车和低速行驶时可以纯电动驱动，同时具有制动能量回收和“启停”功能；电机的功率约为发动机功率的50%，节油率可达到30%～50%；技术难度较大，成本增加多；典型的例子是丰田普锐斯（Prius）。

（3）按能否外接电源进行充电

按是否能外接电源给高压蓄电池充电分为混合动力 HEV（Hybrid Electric Vehicle）和插电式混合动力 PHEV（Plug-in Hybrid Electric Vehicle）两种（见图 1-5）。

① 混合动力系统（HEV）

混合动力系统（HEV）由于车载电池数量少，一般只能存储 2～3kwh 电，电池不能外接充电，蓄电池的电能在下降一定数值（如 60%）时，由发动机工作带动高压发电机给蓄电池充电，大多数这种充电是在发动机处于高效率工况时进行的。

② 插电式混合动力系统（PHEV）

插电式混合动力系统是根据欧美驾车习惯而来的，能外接充电更有利于节能减排。国外研究机构根据资料统计得出结论：法国城镇居民 80%以上日均驾车里程少于 50 千米，美国汽车驾驶者也有 60%以上日均行驶里程少于 50 千米，80%以上日均行驶里程少于 90 千米。因此，在车辆上安装一套巨大的电池组，一般在 10kwh 以上。使其电量足以支撑这一历程，就可以在大部分日常行驶中达到零排放。

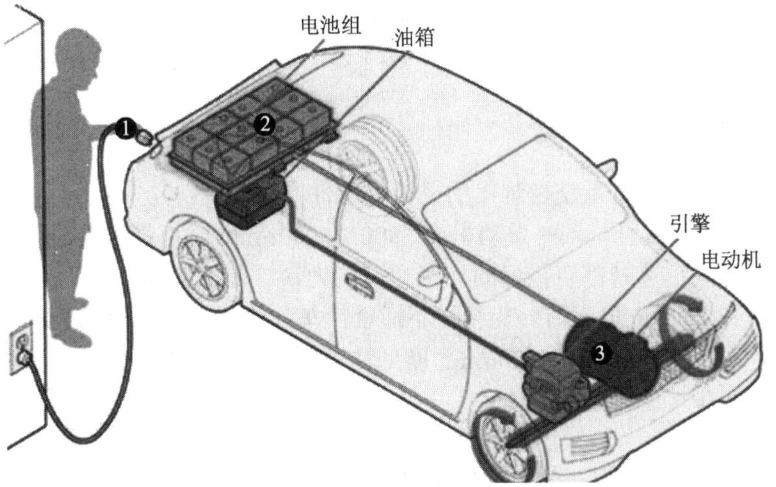

图 1–5　插电式混合动力示意图

插电式混合动力的特征是，配备一个大容量的可外部充电的蓄电池组，显著的特性是可通过外部工业 380V 或家庭 220V 电源进行充电，可由电能单独驱动。插电式混合动力汽车电机的功率接近发动机，可实现较长距离的纯电动行驶，电池容量依纯电动行驶里程来选定，电池成本增加很多，节油率在不计电能时最大可达到 100%（全部为纯电动工况时）。

国内生产的混合动力汽车基本全采用了插电式混合动力技术。

1.2 混动机械特性

1. 汽车电机工作曲线

电机在变频器控制下的机械特性曲线如图 1-6 所示，可以看出电机的机械特性为“平线+

下凹线”这两段曲线。曲线图中，电机低转速时转矩大，高转速时转矩小（也不是很低），因此电机比发动机更适合驱动汽车。

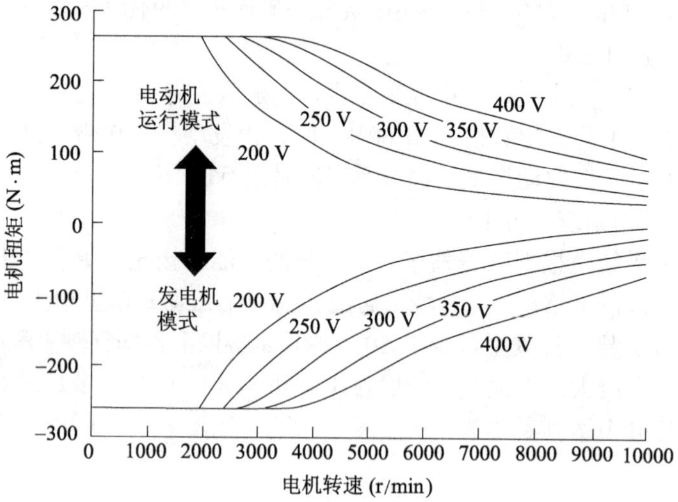

图 1–6　变频器控制特性曲线（本图版权保护）

2. 发动机工作曲线

目前最好的电控发动机系统控制出的机械外特性曲线如图 1-7 所示，除了发动机的升功率（接近 75kw/l）大大提升，同时发动机在 1800～5000r/min 时都能输出最大转矩 280N • m，这说明汽车的在不同车速时都有极好的加速超车能力，这是涡轮增压和可变配气相位技术的功劳。图 1-7 中 1800r/min 以下时转矩特性不适合汽车起步需要大转矩的要求。

在图 1-7 中若将发动机高于 1800r/min 以后转矩的两段曲线保留，低于 1800r/min 的第一段曲线删去，则就非常适合汽车驱动了。

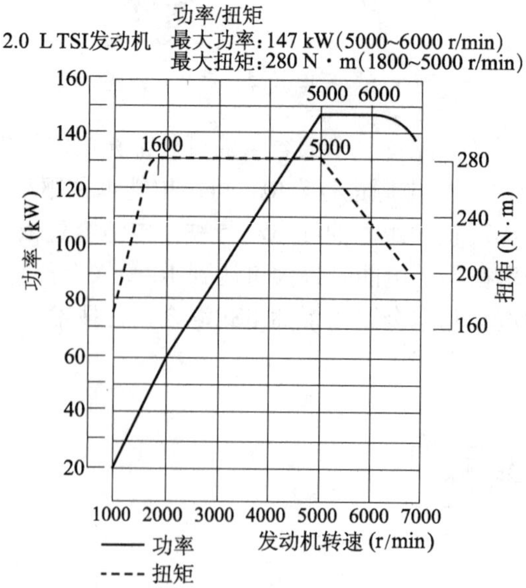

图 1–7　发动机工作曲线

3．混动工作曲线

当发动机配上电机实现混合动力后，混动机械的工作曲线如图 1-8 所示，发动机低速低转矩缺点由电机弥补，同时增加了功率，恰好弥补了发动机在小负荷和大负荷的低效率问题。

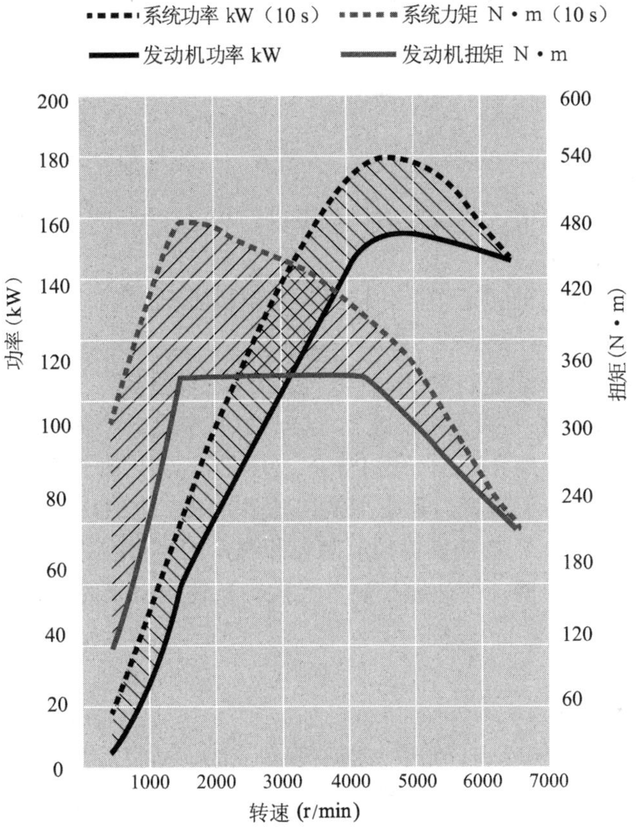

图 1-8　混动控制特性曲线

4．节能与环保

现在开始回答混合动力汽车为什么节油与环保的问题。

（1）大马拉小车

汽车设计上要满足最高车速、百千米加速时间和爬坡度的需求，导致发动机排量不得不做得很大，而大多数汽车行驶工况却不是最高车速行驶，也不是经常加速和爬坡。

（2）发动机工作工况变化大

发动机一个动力源驱动汽车时，车速和发动机转速直接相关导致发动机不能工作在最优的工作点上，电机的介入可使车速对发动机的转速发生改变，而进入省油发动机转速。

（3）怠速工况存在使耗油增加

发动机在停车时，发动机不熄火导致油耗增加。混动汽车取消怠速，可以避免怠速耗油。

（4）没有能量回收功能

传统汽车在制动时，汽车行驶的惯性能量被以摩擦的方式消耗掉，而且还增加了轮胎的磨损。电动汽车可以在减速或制动时通过能量回收，提高行驶里程。

1.3 混合动力汽车使用

1. 电动汽车驾驶

（1）加速踏板信号作用

驾驶员通过踩下加速踏板，实现发动机、电机的功率控制。

（2）制动踏板控制作用

制动踏板控制停止电动机的工作，并转化为发电机工况。

（3）换挡信号控制

混合动力汽车变速器必须是自动变速器。轻混型汽车通常以液力自动变速器（AT）、机械式自动变速器（AMT/DSG）或无级变速器（CVT）其中之一作为变速器，在发动机和变速器之间增加离合器，这时换挡杆通常仍为 P、R、N、D，与传统汽车相同。

对于采用行星排的电力无级变速器车型换挡杆多为 R、N、D、B，其中 B 挡是为了实现发动机制功能而设计的。原来 P 挡操纵控制棘轮和棘爪的直接操纵机构换为线控驻车挡，即由 P 按钮来进行线控驻车申请，变速器控制单元控制减速电机来完成驻车功能。

2. 行驶模式

（1）EV 行驶模式控制

EV 行驶模式可降低车辆噪声，如进入或离开车库时，同时减少车库内产生的废气量。驾驶员操作 EV 行驶模式开关时，如果满足工作条件，动力管理控制 ECU（HV-ECU）仅使用 MG2 驱动车辆。

满足所有工作条件时，按下 EV 行驶模式开关可进入 EV 行驶模式，并且 EV 行驶模式指示灯将点亮。如果未满足任一工作条件而按下 EV 行驶模式开关，多信息显示屏上将显示信息以告知驾驶员 EV 行驶模式开关操作被拒绝，无法进入 EV 行驶模式。

车辆在 EV 行驶模式下行驶时，如果未满足任一工作条件，EV 行驶模式指示灯将闪烁 3 次且蜂鸣器鸣响以告知驾驶员 EV 行驶模式即将取消。EV 行驶模式自动取消后，将再显示一条信息，提示 EV 行驶模式已取消。满足所有所需条件（部分条件下表已列出）时，可使用 EV 行驶模式。

① 混合动力系统温度不高。（车外气温高时或车辆爬坡行驶或高速行驶后，混合动力系统温度会升高。）

② 混合动力系统温度不低。（车外气温低且车辆长时间未使用时，混合动力系统温度会降低。）

③ 发动机冷却液温度约为 0℃或更高。

④ SOC 约为 50%或更高。

⑤ 发动机冷机状态车速约为 30 km/h 或更低。

⑥ 发动机暖机状态车速约为 45 km/h 或更低。

⑦ 加速踏板踩下量为特定值或更低。

⑧ 除霜器关闭。

⑨ 巡航控制系统未工作。

提示：EV 行驶模式期间的可连续行驶里程根据 HV 蓄电池的 SOC 和行驶条件（如加速或爬坡）的不同而不同。但是，通常在数百米和 2 km 之间。

（2）PWR 模式

PWR（动力）模式下（见图 1-9），动力管理控制 ECU（HV-ECU）通过增大比正常控制模式下的加速踏板开度中间范围的原动力来优化加速性能。

（3）ECO 模式控制

ECO（经济）模式下（见图 1-9），动力管理控制 ECU（HV-ECU）通过缓慢产生原动力（与加速踏板操作相比）来优化燃油经济性和行驶性能。同时，通过优化空调性能来支持环保驾驶。

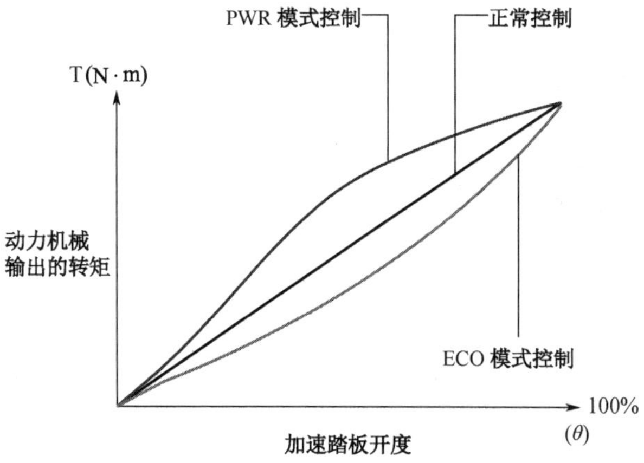

图 1–9　电动汽车 PWR 模式和 ECO 模式控制

1.4 维护与劳动安全

1. 一般工作流程

维修操作分为以下三个主要过程：

（1）诊断；

（2）拆卸、安装、更换、拆解/重新装配、检查和调节；

（3）最终检查。

2. 识别信息

（1）车辆识别号

如图所示，车辆识别号压印在车身和认证标签上。A 为车辆识别（见图 1-10），B 为认证标签（见图 1-11）。

图 1-10　车辆识别

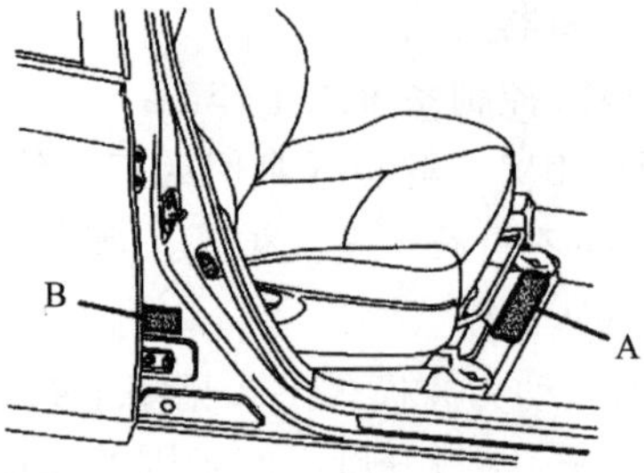

图 1-11　认证标签

（2）发动机系列号和传动桥系列号

如图 1-12 所示，发动机系列号压印在发动机气缸体上。A 为 5ZR-FXE 发动机系列号，如图 1-13 所示，传动桥代码压印在壳体上，A 为 P410 传动桥代码。

图 1-12　发动机系列号

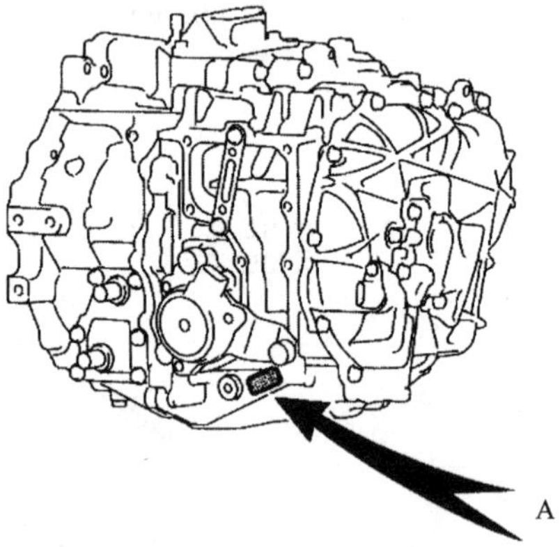

图 1-13　P410 传动桥代码

3. 维修注意事项

（1）着装

身着清洁的工作服，戴好帽子，穿好安全鞋，戴好手套。从事高压电的操作前一定要进行下电操作，待变频器中电容放电后再从事电池箱以外的高压线路或高压产品操作。在从事高压带电操作前一定要戴好帽子，穿好安全鞋，戴好手套。

（2）车辆保护

开始工作前，准备好散热器格栅罩、翼子板保护罩、座椅护面及地板垫。

（3）安全操作

与两个或两个以上人员一起工作时，务必要相互检查安全情况，特别是在从事高压操作时。在发动机运转的情况下进行工作时，要确保修理车间中具备通风装置，以排出废气。维修高温、高压、旋转、移动或振动的零件时，一定要佩戴适当的安全设备，并且要格外小心不要使自己或他人受到伤害。顶起车辆时，务必使用安全底座支撑规定部位。举升车辆时，使用适当的安全设备。

（4）准备工具和测量设备

开始工作前，准备好所需工具台（见图 1-14）、专用工具、测量设备（万用表、示波器和诊断仪）、油液和全部更换零件。

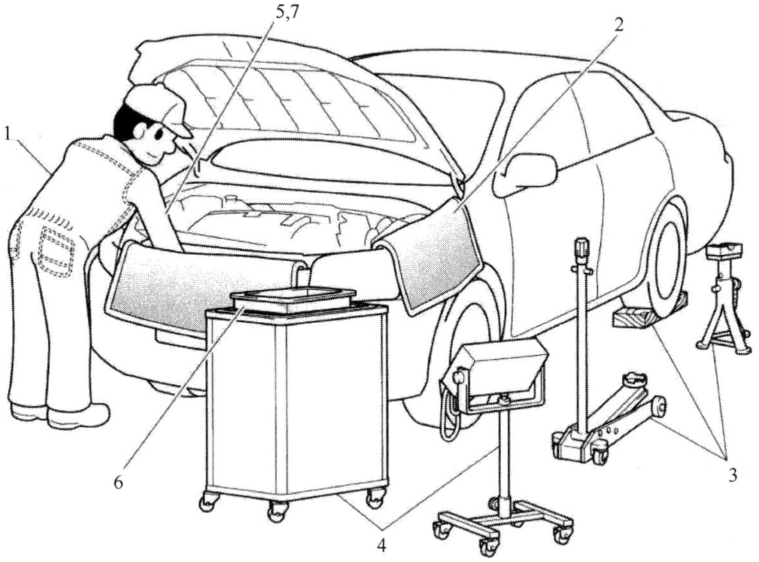

图 1–14　修理车间

（5）拆卸和安装、拆解和装配操作

在充分了解正确的维修程序和报修故障之后，对故障进行诊断。拆卸任何零件前，都要检查总成的总体状况以确认是否变形和损坏。如果程序复杂，要做记录。例如，记录拆下的电气连接器、螺栓或软管的总数。加上装配标记，以确保将各零部件重新装配到其原来位置。如有必要，可暂时对软管及其管接头作标记。如有必要，清洗拆下的零件，彻底检查后，再装配这些零件。

（6）拆下的零件

应将拆下的零件放在一个单独的盒子内，以免与新零件混淆或弄脏新零件。对于不可重复使用的零件（如衬垫、O 形圈和自锁螺母），要按《修理手册》中的说明用新件进行更换。如客户要求，则要保留拆下的零件以备客户检查。

（7）工作完成后执行检查

确保正确安装，拧紧拆下和安装的零件（机油加注口盖、油位计、地板垫等）。确保使用的布或工具没有遗留在发动机室或车内。检查并确认没有机油泄漏。

4. 高压维修注意事项

（1）下电操作

在检查或维修高压系统之前，务必遵守所有安全措施，例如戴好绝缘手套并拆下维修塞（见图 1-15）以防止电击。将拆下的维修塞装在自己的口袋里，以防止其他技师在您维修车辆时将其意外重新连接。拆下维修塞把手后，除非《修理手册》规定，否则请勿将电源开关置于 ON（READY）位置，因为这样可能会导致故障。拆下维修塞把手后，在接触任何高压连接器和端子前，等待 10min 以使带转换器的逆变器总成内的高压电容器充分放电。

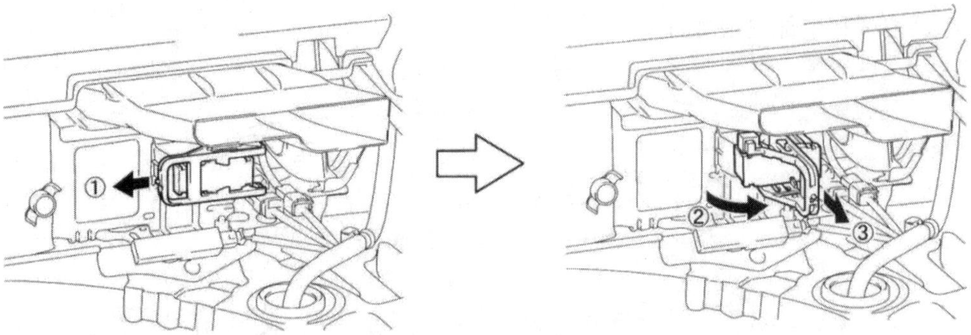

（a）按 1 拉出维修塞手柄赛的步骤　　（b）按 2 转动并按 3 拉出维修塞手柄

图 1-15　拆下维修塞的步骤

（2）带电操作时

带电操作时务必佩戴绝缘手套、护目镜，穿好安全鞋。对电池箱内元件进行带电操作时，必须使用绝缘手套，并按（a）将手套侧放；（b）向上卷开口 2 或 3 次；（c）对折开口以将其封死；（d）确保没有空气泄漏四步来检查（见图 1-16）它们是否有破裂、磨损或其他类型的损坏。

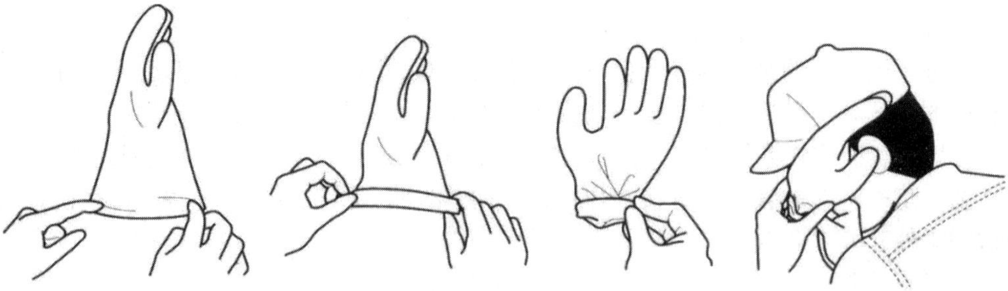

（a）　（b）　（c）　（d）

图 1-16　手套检查

维修车辆时，特别是在高压配电箱中带电操作时，不要携带自动铅笔或刻度尺之类的金属物品，以免这些物品意外掉落导致短路。在接触裸露的高压端子之前，要戴好绝缘手套并用检测仪确定该端子的电压为 0V 断开或暴露高压连接器或端子之后，先用保鲜膜包住端子，再使用绝缘胶带将其绝缘（见图 1-17），防止易外接通，也防止因手上的盐渍或其他污染物造成腐蚀产生电阻。应将高压端子的螺栓和螺母紧固至规定转矩。转矩过大（损坏母孔导致松动）和不足（出现虚接电阻）均可能导致生成电阻故障，可能产生意外失火故障。

使用“警告：高压请勿触碰”的标牌告知其他技师正在检查和/或维修高压系统。

在维修高压系统之后和重新安装维修塞之前，再次检查并确认没有任何零件或工具遗留在高压系统内，高压端子紧固良好且连接器连接正确。进行包括高压线束的作业时，使用缠有乙烯绝缘胶带的工具或绝缘工具。安装混合动力系统零部件时，例如 HV 蓄电池，确保连接的所有极性都正确。

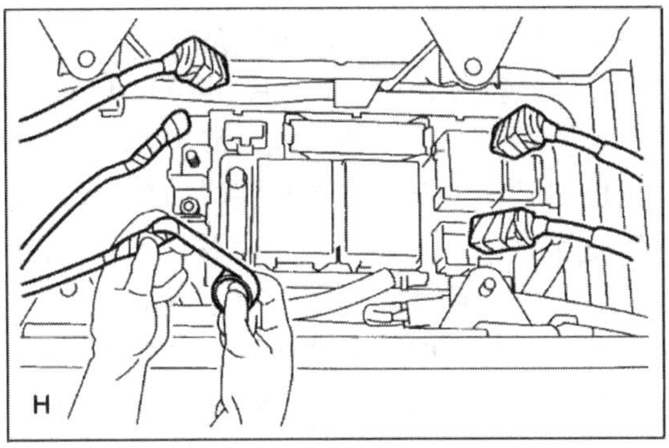

图 1–17　高压线端子绝缘

5. 检查或维修发动机室时应遵守的注意事项

仪表板上的 READY 灯点亮时，车辆会自动打开和关闭发动机。为避免受伤，确保电源开关上的指示灯和仪表上的 READY 灯熄灭。

- 警告灯点亮时（见图 1-18）应采取的措施

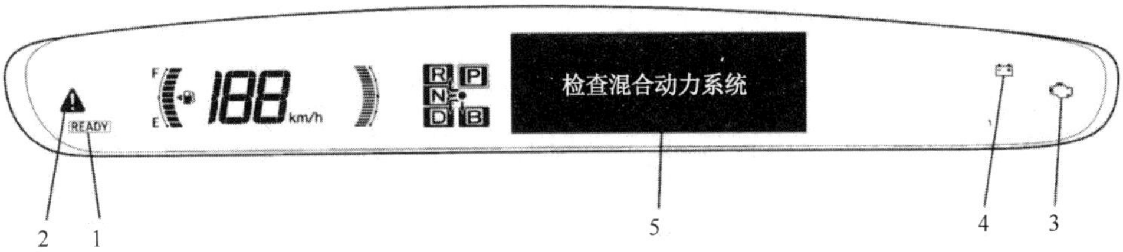

图 1–18　检查混合动力系统

1. READY 灯；2. 主警告灯；3. MIL；4. 充电警告灯；5. 多信息显示屏

如果主警告灯、MIL 和充电警告灯三个灯中有一个点亮，则将智能检测仪连接到 DLC3 检查 DTC（诊断故障码）。然后，参考维修手册中适用的故障排除步骤来检查和维修受影响的部位。如果尝试将电源开关置于 ON（READY）位置时，READY 灯未点亮，也需要执行上述操作。

仪表绿色的 READY 灯在将电源开关置于 ON（READY）位置时点亮，表示车辆已为驾驶准备就绪。

主警告灯特征是三角内有个感叹号，主警告灯点亮或闪烁，表示多信息显示屏正显示当前警告。根据警告，蜂鸣器也可能鸣响。混合动力系统或混合动力蓄电池系统发生任何故障时，主警告灯点亮或闪烁，蜂鸣器鸣响，多信息显示屏上显示警告“检查混合动力系统”。

发动机 MIL 灯黄色的故障灯，当发动机控制系统中出现故障时点亮。（将电源开关置于 ON（IG）位置和 ON（READY）时也会点亮。）

蓄电池形状的充电系统出现故障时点亮。如果此灯连同主警告灯一同点亮，则务必检查 DTC（诊断故障码）。

6. 12V 蓄电池馈电措施

例如丰田普锐斯混合动力汽车，车辆使用 12V 铅酸蓄电池和 201.6 V HV 镍氢蓄电池。因此，当两种蓄电池放电时要使用两种不同的方法重新充电。

铅酸蓄电池的电量完全耗尽时执行该程序（见图 1-19）：切勿使用快速充电器，要使用充足电的蓄电池并联车内馈电的蓄电池，由于蓄电池一般不在发动机机舱内，所以要通过发动机机舱内的熔丝盒内辅助正极端子和车身的接地来并联为车上的蓄电池充电。方法是车辆处于驻车制动状态，将电源开关置于 OFF 位置并将钥匙移出车内检测区域。拆下发动机机舱内的继电器盒盖，找到熄火车辆的启动辅助正极端子接上启动电缆，另一头接救援车辆的铅酸蓄电池正极端子。然后，找到救援车辆的铅酸蓄电池负极端子接上启动电缆，并在熄火车辆上找到良好的搭铁点，一般用发动机上的吊钩这个做搭铁。这时救援车辆的 12V 蓄电池与熄火车辆的铅酸蓄电池相连接，可以启动救援车辆的发动机，使发动机在略高于通常的转速下运行。将电源开关置于 ON（READY）位置。

在混合动力系统启动后。按照与连接时相反的顺序立即断开启动辅助电缆。不要使启动辅助电缆一直保持连接状态，因为这时的外接蓄电池会成为用电设备，延长了原车电池恢复电能的时间。

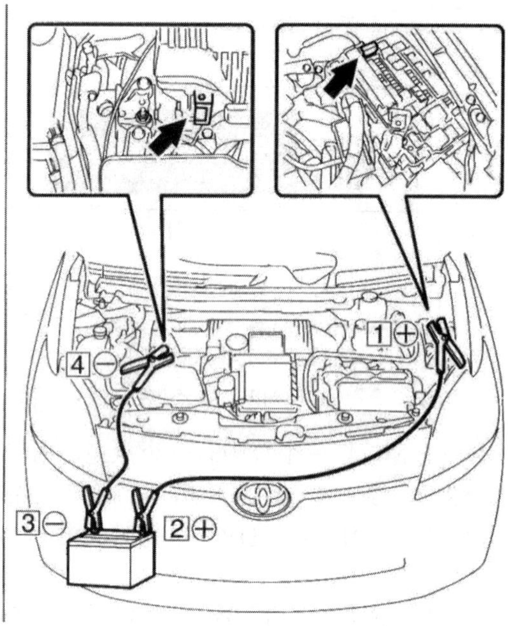

图 1-19　12V 蓄电池馈电措施

7. 高压蓄电池馈电措施

12V 蓄电池有电的情况下，如果未能启动混合动力系统，并且显示 HV 蓄电池警告，则 HV 蓄电池可能放电。

混合动力车辆蓄电池放电或电量低，或如果显示“Low Traction Battery”，应更换混合动力车辆蓄电池。

8. 撞击措施

（1）工作安全

车辆配备了高电压下工作的混合动力系统。混合动力系统使用 HV 蓄电池，例如采用镍氢蓄电池时电解液为含氢氧化钾的强碱溶液。务必按照《操作手册》中的说明正确操作该系统。否则，可能会导致严重伤害或电击。

事故现场应准备的用品：防护服（绝缘手套、橡胶手套、护目镜和安全鞋）；20L 饱和硼酸溶液（将 800g 硼酸粉末放在容器中用水溶解）；红色石蕊试纸；ABC 灭火器（可有效扑灭油火及电火）；抹布或布条（用于擦除电解液）；绝缘胶带（用于电缆绝缘）和电子检测仪。

在事故现场应采取的措施：不要接触可能为高压电缆的裸露电缆。如果必须接触电缆或不可避免意外接触该电缆，则戴好绝缘手套并用绝缘胶带将电缆绝缘。

如果车辆起火，则用 ABC 灭火器将火扑灭。如果试图用少量的水灭火，不但不起作用，反而会更加危险。要用大量的水灭火或等待消防队员灭火。

目视检查 HV 蓄电池及其周围区域是否有电解液泄漏，请勿接触任何泄漏的液体。因其可能是强碱性电解液。戴好橡胶手套和护目镜，用饱和硼酸溶液中和泄漏的液体，然后用红色石蕊试纸测试该液体。检查并确认试纸未变成蓝色。用抹布或布条擦净中和的液体。如果皮肤接触到电解液，则可用饱和硼酸溶液或大量清水进行冲洗。如果衣物接触到电解液。则要立即将该衣物脱掉。如果电解液进入眼睛，则要大声呼救。不要揉擦眼睛，应立即用大量清水冲洗眼睛，然后去医院。

拆下 HV 蓄电池后，应使其远离水。镍氢电池暴露在水中可能会使 HV 蓄电池产生热量，从而导致起火。只有将车辆从水中拖出之后，才可以处理车辆。

如果怀疑任一高压零部件和电缆损坏，则按照以下程序切断高压电路。过程中务必佩戴绝缘手套、护目镜，穿好安全鞋。将电源开关置于 OFF 位置。如果不能将电源开关置于 OFF 位置，则从发动机室继电器盒和接线盒总成上拆下动力管理系统的供电熔丝，例如 IGCT 熔丝和 AM2 熔丝。并确认 READY 灯熄灭。然后从铅酸蓄电池负极（-）端子上断开电缆。佩戴绝缘手套，然后拆下维修塞。

拆下维修塞把手后，除非修理手册规定，否则请勿将电源开关置于 ON（READY）位置，因为这样可能会导致出现故障。

（2）移走损坏车辆

如果满足一个或多个高压零部件及电缆损坏；与驱动系统、传动桥或燃油系统有关的零部件损坏。主警告灯点亮；尝试将电源开关置于 ON（READY）位置时，符合 READY 灯不亮的四个条件之一时用拖车拖走车辆。

在用拖车拖走车辆之前，要从铅酸蓄电池的负极（-）端子上断开电缆并拆下维修塞把手。

如果 READY 灯熄灭或者在驾驶时出现异常噪声、异味或强烈振动。则执行以下程序：

① 将车辆停放在安全位置；

② 施加驻车制动，然后按下 P 位置开关；

③ 将电源开关置于 OFF 位置，并从铅酸蓄电池负极（-）端子上断开电缆；

④ 在佩戴绝缘手套的情况下拆下维修塞把手。

牵引车辆时应遵守的注意事项：牵引损坏的车辆时，应使其前轮和后轮离开地面。如果在牵引损坏的车辆时使其前轮接触地面，可能会导致电动机发电。根据车辆损坏的性质，这种电流可能会泄漏并导致起火。

在 4 个车轮着地的情况下牵引车辆：在 4 个车轮全部着地的情况下，如果需要使用绳索牵引车辆，则牵引速度不能超过 30 km/h，且只能牵引较短距离，然后用卡车将车辆拖走。将电源开关置于 ON（IG）位置，将换挡杆移至 N 并确认已选择空挡（N）。如果铅酸蓄电池断开，则无法选择空挡（N）。与变速器控制 ECU 有关的零件有故障时，可能无法选择空挡（N）。确保牵引车辆的同时不要将电源开关置于 OFF 位置。否则可能选择驻车挡（P），从而导致损坏或发生事故。如果损坏的车辆在牵引期间出现异常情况，则要立即停止牵引。

9. 检查模式程序

检查模式是在检查车辆时关闭 TRC 功能，包括保养模式和认证模式。激活检查模式之前，要先关闭空调，选择驻车挡（P）的情况下启动混合动力系统，检查并确认发动机在启动数秒后停止（发动机暖机检查完成，动力正常）。激活相应的检查模式并检查车辆，各测试的挡位如表 1-1 所示。

表 1-1 检查项目使用的挡位

测试项目	模式	挡位
1. 车辆直线行驶测试（侧滑检查）	保养模式或正常模式	D
2. 制动力测试	保养模式	N
3. 速度表测试	保养模式	D
4. 废气测试（怠速）	保养模式	P
5. 前照灯测试	保养模式或正常模式	P

MAINTENANCE MODE（二轮驱动用于测量废气）模式，也称保养模式，是让发动机单独运转的模式。是为进行发动机保养时点火正时检查、怠速废气排放测试（CO，HC）检查，以及使用速度表检测台和二轮底盘测功机等的测试准备模式。方法是选择驻车挡（P）时保持发动机怠速运转。

CEFITIFICATION MODE（二轮驱动用于切断 TRC）模式，也称认证模式，是使用速度表检测台、二轮底盘测功机等的测试模式，相当于在行驶挡位取消牵引控制的保养模式。

有关速度表测试的特殊注意事项：确保在保养模式下（D 挡）进行测试。请勿在速度表检测台上进行快速启动或快速加速。否则可能损坏传动桥。实际的操作方法是缓慢踩下加速踏板，使车辆逐渐加速。进行测量。测量后，用制动器使车辆逐渐减速。

使用底盘测功机的特殊注意事项：开始 D 挡测试之前，务必设置相应的负载。在最小负载下，对底盘测功机上的车辆执行突然加速或减速可能会损坏传动桥。

不使用智能检测仪激活保养模式：在 60 秒内，执行以下步骤（A）至（D），将电源开关置于 ON（IG）位置（步骤 A）；选择驻车挡（P）时，完全踩下加速踏板两次（步骤 B）；选择空挡（N）时，完全踩下加速踏板两次（步骤 C）；选择驻车挡（P）时，完全踩下加速踏板两次（步骤 D）；检查并确认多信息显示屏上显示“保养模式”。踩下制动踏板时，通过将电源开关置于 ON（READY）位置启动发动机。

提示：例如丰田普锐斯混合动力汽车，选择驻车挡（P）的情况下，保养模式下的怠速转速大约为 1000rpm。选择驻车挡（P）的情况下，踩下加速踏板时，发动机转速升高至 1500rpm。将加速踏板踩下超过一半或完全踩下加速踏板时，发动机转速升高至大约 2500rpm。

使用智能检测仪激活保养模式：将智能检测仪连接到 DLC3；将电源开关置于 ON（IG）位置；打开智能检测仪；进入以下菜单：Powertrain 动力系统/Hybrid Control 混动控制/Utility 工具/Inspection Mode-2WD for measuring Exhaust Gas 测量尾气的检查模式；检查并确认多信息显示屏上显示“保养模式”；踩下制动踏板时，通过将电源开关置于 ON（READY）位置启动发动机。在选择驻车挡（P）的情况下，保养模式下的怠速转速大约为1000 rpm。选择驻车挡（P）的情况下，踩下加速踏板时，发动机转速升高至1500 rpm。将加速踏板踩下超过一半，或完全踩下加速踏板时，发动机转速升高至大约2500 rpm。

不使用智能检测仪激活认证模式：在60s内，执行以下步骤（A）至（D）。将电源开关置于ON（IG）位置（步骤A）；选择驻车挡（P）时，完全踩下加速踏板三次（步骤B）；选择空挡（N）时，完全踩下加速踏板三次（步骤C）；选择驻车挡（P）时，完全踩下加速踏板三次（步骤 D）。检查并确认多信息显示屏上显示“认证模式”；踩下制动踏板时，通过将电源开关置于ON（READY）位置启动发动机。

使用智能检测仪激活认证模式：将智能检测仪连接到DLC3；将电源开关置于ON（IG）位置；打开智能检测仪；进入以下菜单：Powertrain/Hybrid Control/Utility|Inspection Mode-2WD for cutting TRC；检查并确认多信息显示屏上显示“认证模式”；踩下制动踏板时，通过将电源开关置于ON（READY）位置启动发动机。

如果检查模式期间系统设定了DTC，则多信息显示屏上的主警告灯将点亮，且将出现警告信息。检查模式期间主警告灯和警告信息点亮时会取消检查模式，这时应排除故障消除DTC，重新进入检查模式。

检查模式完成后，解除检查模式，将电源开关置于OFF位置，解除检查模式，若未取消检查模式时行驶车辆则可能损坏传动桥。

·第 2 章·

典型混合动力汽车形式

2.1 “微混型”混合动力汽车技术

1. 怠速启停操作

在红灯等需要临时停车的场合，驾驶员抬起加速踏板，挂踩制动踏板，变速器位于 P/N 挡稍等片刻，发动机自动熄火。当驾驶员需要重新行驶时，只要挂挡，并踩下加速踏板，发动机就会被 12V 的启动机或 36V（也称 42V 系统）三相电机启动。在交通拥堵的城市，停车怠速时间超过总行驶时间的 30%以上，消耗能量较多，怠速启停功能可节省燃料。

在传统发动机汽车上可采用 12V 的强化启动机实现怠速启停功能。

对混合动力而言，启停系统可谓是最基本的一个系统。可采用 36V 三相永磁交流电机（见图 2-1）作为启动机，这个启动机由于是永磁转子，在发动机启动后还可作发电机使用。

2. 12V 启动机启停技术

当采用传统的 12V 启动机强化版进行启动时，启动机只有启动功能，在减速/制动阶段无法实现能量回收，这种结构不能称为微混。

3. 36V 电机启停技术

36V 启停技术本质是 BSG（Belt Starter Generator）皮带传动启动/发电技术，是采用皮带传动方式进行启停和能量回收的技术（见图 2-1）。

36V（12V×3）启动系统也称为 42V（14V×3）系统，微混型混合动力汽车只有一台小功率 36V 电机，占用传统汽车 12V 发电机的位置，36V 电机具有怠速启停和能量回收两种功能，这种结构可以称为微混。

4. BSG 电机功率问题

在混合动力汽车里，根据混合程度的强弱，会有不同的区分。BSG 电机若采用大功率电机，当以几百伏的高电压进行驱动时，这种结构会进入轻混结构。

图 2-1 皮带式（BSG）怠速启停系统

2.2 “轻混型”混合动力汽车技术

ISG（Integrated Starter Generator）是集成的具有启动机功能的发电机的缩写。目前轻混度混合动力的 ISG 电机位置有两种形式：一种是增大电机功率的 BAS（BSG）形式，另一种是在发动机和自动变速器（AT/AMT/CVT）之间增加 ISG 电机形式。

以下以别克君越 ECO-Hybrid 油电混合动力为例介绍第一种系统，以奔驰 400 为例介绍 ISG 混合动力第二种系统。

【完成任务】ISG 是什么的缩写？______________________________。

ECO-Hybrid 是什么意思？______________________________。

1. BSG 式轻混

BAS（Belt Alternator Starter）或 BSG（Belt Starter Generator）驱动皮带/发电机/启动机系统。BAS 和 ISG 这两种动力系统目前只给发动机起助力作用，无法实现纯电驱动。

燃油供给阶段指发动机正常工作，消耗燃油。电动助力阶段指当驾驶员踩下油门比较深时，通过电动机对车辆进行电动助力。智能充电阶段指电动机由发动机带动旋转，电池组尽可能地从系统中获得更多的充电机会。减速断油阶段指当车辆进入滑行阶段或停下来后，发动机被切断燃油供应，在某些滑行期间，为了保证扭矩的平顺性，电动机也将转动。再生制动阶段指当车辆减速时，发动机停止供油，变矩器锁止，车辆带动发动机转动，电动机此时作为发电机进行发电，发电机相当于车辆的负载，对车辆有制动作用（类似于发动机制动），系统进入再生制动阶段。

【完成任务】BAS 是什么的缩写？______________________________。

BSG 是什么的缩写？________________________________。

（1）BAS 微混动力系统结构

别克君越 ECO-Hybrid 油电混合动力配 2.4L 发动机。发动机进入自动停止模式（Auto Stop）时发动机处于关闭状态，没有燃油流向发动机。当驾驶员松开制动踏板，或踩下加速踏板车辆需要起步时，电动机带动发动机运转，燃油供应恢复，发动机自动启动。

君越 HYBRID 混合动力系统结构如图 2-2 所示，启动机/发电机总成 MGU（Motor/Generator Unit）、启动机/发电机控制模块 SGCM（Starter/Generator Control Module）、混合动力电池组分离控制模块（Generator Battery Pack Disconnected Control Module），也叫能量存储控制模块（ESCM）、混合动力镍氢电池组（Ni-MH）、12V 电池、驱动皮带及双涨紧器总成。

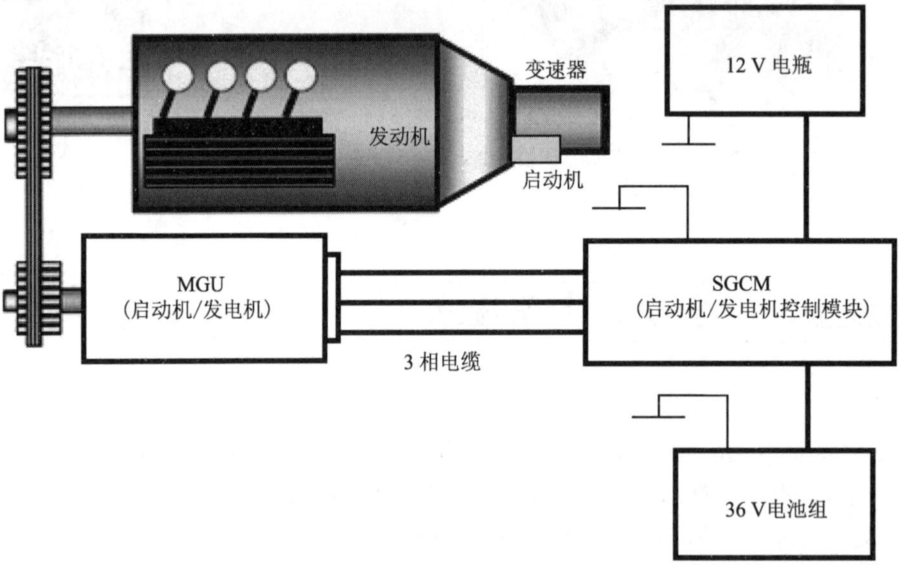

图 2-2　君越 BAS 混合动力系统结构

【完成任务】君越 BAS 混合动力系统发动机的排量为多少升？____________；动力电池的电压为多少伏？___________。MGU 是什么的缩写？____________；MGU 的作用是什么？____________；SGCM 是什么的缩写？____________；作用是什么？____________；12V 与 36V 电源系统是否共地？____________；车上没有 12V 发电机，12V 蓄电池的充电问题如何解决？____________；三相电缆上是交流电，还是直流电？____________；自动变速器上的 12V 启动机是作什么用的？____________。

如图 2-3 和图 2-4 所示为君越 BAS 混合动力主要零部件。

【完成任务】君越 BAS 混合动力系统的电池容量为多少？____________。

君越混合动力车仍然有传统的发电机和启动机，只不过这时的发电机也可作电动机用。刚上车时启动发动机的任务仍依靠传统启动机电机进行。SGCM（Starter Generator Control Module）启动和发电机控制模块。三相电缆安装在 SGCM 的顶部，是同轴屏蔽电缆，内部是中间过渡电压，电缆包括内部导线和外层接地屏蔽。

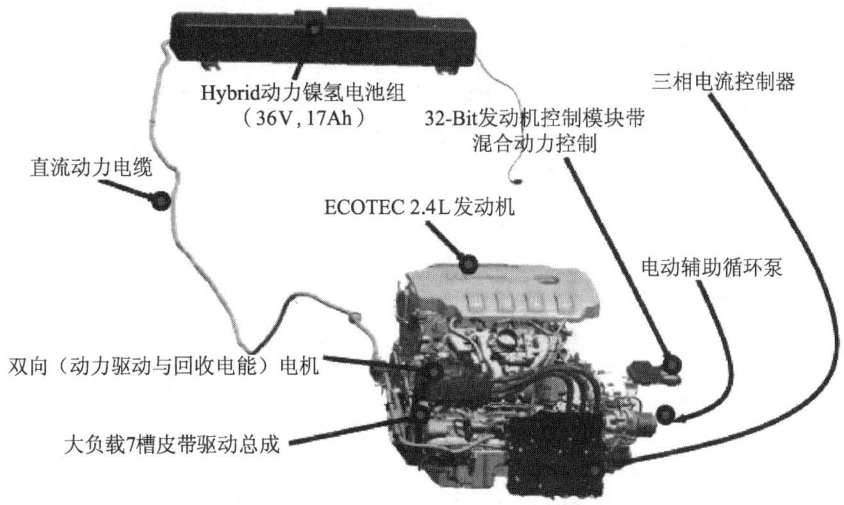

图 2-3 君越 BAS 混合动力主要零部件

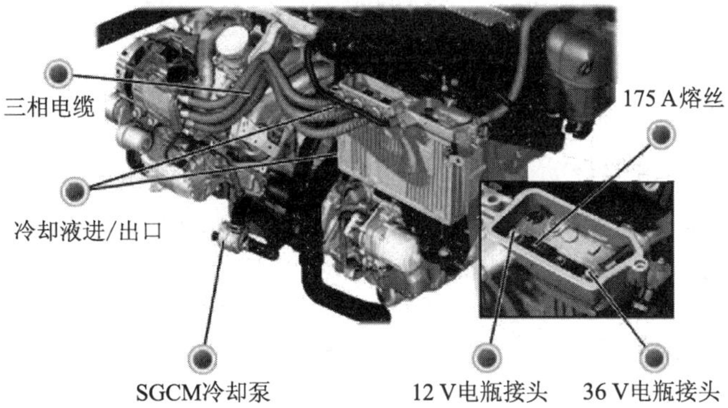

图 2-4 君越 BAS 混合动力系统主要部件

为减小在智能停机模式下，频繁启动和熄火对发动机的损伤。Hybrid-BASHybrid 系统控制 BAS 系统主要元件有驱动皮带及涨紧器，在启动机/发电机转动时，为适应所产生的高扭矩，在驱动皮带上装有两个皮带涨紧器，涨紧器带有液压减震杆。涨紧器的作用是双向的，可以在发动机驱动和启动机/发电机驱动时对驱动皮带起到涨紧的作用。

虽然在一般燃油电子喷射系统发动机的理论上，皆设计有在刚起启动时加浓辅助喷油量的软件程序，在 Hybrid-BAS 系统中也有对等的程序，经由调校，对比传统喷射系统，君越 ECO-Hybrid 的 BAS 系统仍然能达到普通汽油车型所无法达到节能效果，可节约至少 15%的油耗，尾气排放更低。SGCM 辅助冷却泵安装在自动变速箱机体上，如图 2-5 所示，由 SGCM 模块进行驱动，保证发动机停机时 SGMC 仍然可以进行冷却，水管在 SGCM 上连接的，管路上面是进水口，下面是出水口。辅助冷却泵主要功能是将冷却水循环不断提供到 SGCM-Starter/Generator Control Module 启动机/发电机控制模块进行散热，使得模块永保最佳冷却效能。

混合动力车辆使用的是高效、长寿的镍氢电池组（Ni-MH），能量以化学方式存储在电池组中，在混合动力系统需要时，再将化学能转换成 DC Voltage 直流电，供车辆使用。在电池组上有通风装置和一个电池组分离控制模块（Battery Disconnect Control Module），对人体不会有危险。电池组由三块 12V 电池单元串联而成，36V 正极输出线路上有一个接触开关，电池组分离控制模块控制接触开关，电池组分离控制模块 GMLAN 通信。电压传感器监测每一块 12V 电池单元的电压变化，信号提供给电池组分离控制模块，三块电池单元上各有一个电压传感器，电池组分离控制模块分别监测每一块电池单元的工作状态及电压变化情况。12V 蓄电池直接由 MGU 来充电或由 36V 电池组来为其充电。12V 蓄电池由启动机/发电机控制模块 SGCM（Starter/Generator Control Module）管理充电。

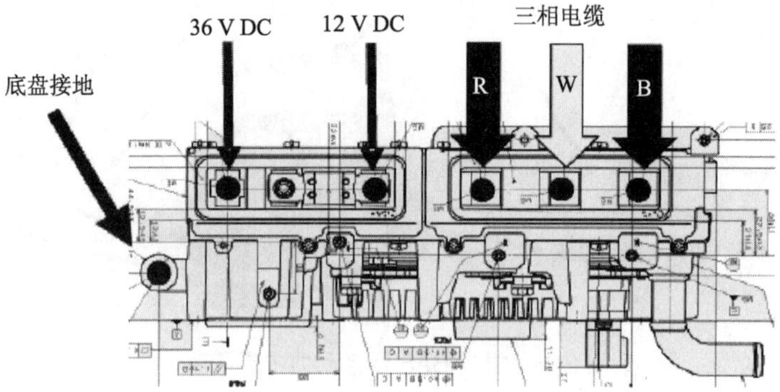

图 2-5　启动机/发电机控制模块 SGCM

电池组冷却风扇给电池组持续冷却，冷却风扇只能作为总成进行维修。电池组分离控制模块通过脉宽调制信号控制风扇的转速。

君越 ECO-Hybrid 油电混合动力车使用的是 4 速变速箱，如图 2-6 所示。这款变速箱是特地为君越油电混合动力车开发的，搭配 ECO 智能发动机，能很好地适应混合动力系统的特性，做到智能停机，除此之外，它还具有限挡功能，以帮助车辆在爬坡、冰面等需要大扭矩输出的路况下，顺利起步，提高主动行驶安全性。当进入 M 挡时，仪表盘上就会出现“D、3、2、1”的最高挡位显示，用户可以根据路况选择不同的挡位范围。需要特别指出的是，一旦离开 D 挡，车辆将无法实现智能停机，因此建议在一般道路行驶时，使用 D 挡帮助车辆更加省油，更加环保。

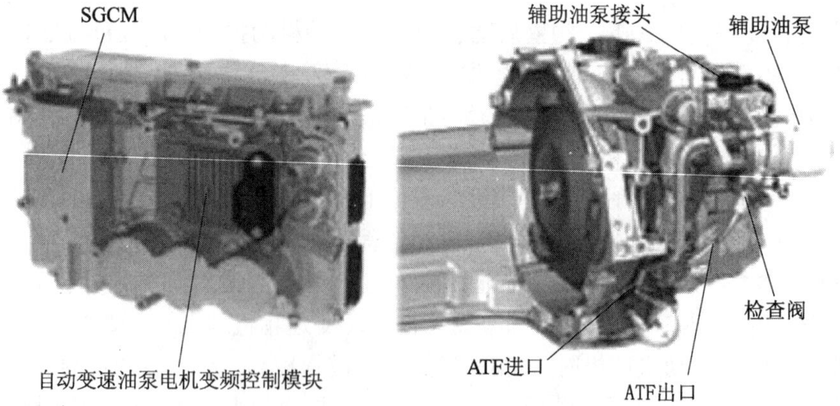

图 2-6　自动变速器采用电动辅助油泵

为保证前进离合器的压力，自动变速箱辅助油泵驱动器由泵电机控制的信号是 PWM 信号，控制模块安装在 SGC 上，其内部有油泵驱动器。SGCM 与该模块进行通信，控制辅助油泵的工作。此自动变速箱基本与传统车型相同，因为要满足混合动力系统的“AUTO STOP”

自动停机模式的恢复运行，特增加了一个辅助油泵，以确保内部元件在停机时仍与差速器/车轮保持接合，以便在下一次发动机启动后的行驶动作没有任何迟滞。

【完成任务】君越 BAS 混合动力系统自动变速箱为几挡自动变速器？__________；为什么要加辅助油泵？__________；油泵是电机带动的吗？__________；油泵电机是单向直流，还是三相交流？__________；自动变速器是横置的，还是纵置的？__________。

（2）仪表

区别于传统内燃机的仪表标志有智能停机（Auto-Stop）标识；ECO 指示灯（瞬时油耗小于 4L/100km）时；电池充电状态（SOC 指示表）。

发动机转速表指针停留在 AUTO STOP 和 OFF 位置时，启动发动机的形式不同，例如 AUTO STOP 位置表示车辆已经进入自动停止模式并等待发动机重新启动的状态，如图 2-7 所示。AUTO STOP 位置表示车辆已经进入自动停止模式并等待发动机重新启动的状态；OFF 位置表示发动机已经正常关闭，驾驶员需要通过点火钥匙重新启动发动机。

【完成任务】君越 BAS 混合动力系统发动机转速表指针停留在 AUTO STOP 该如何启动？
____；

发动机转速表指针停留在 OFF 该如何启动？__________________________。

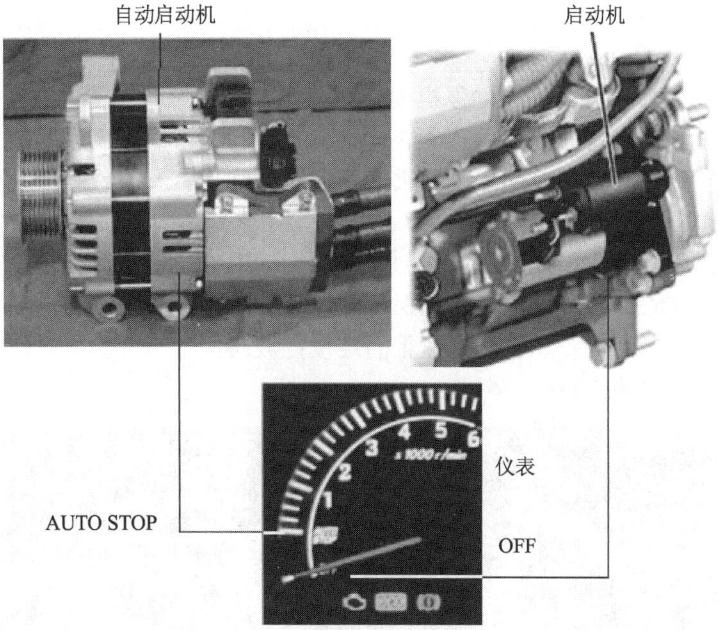

图 2-7 AUTO STOP 智能启停和 OFF 启动机启动

（3）制动系统

因为在制动踏板松开后到发动机重新启动之间有一个时间上的延迟，所以与传统车辆相比，混合动力车辆在发动机熄火后进行重新启动的过程中更容易出现溜车的现象，SGCM 对 HHV 电磁阀进行 PWM 控制 。在车辆从自动停止到发动机重新启动的过程中，SGCM 控制坡路保持阀打开的速率，以缓慢降低制动压力的泄放，这样可以避免车辆起步前溜车的危险和车辆起步后制动拖滞的发生。在坡路保持阀总成内有两个电磁阀，主要控制 2 个前驱动轮的压力。

（4）空调

空调有三个模式：OFF、ECO 和 Normal。OFF 为空调关闭，允许智能停机；ECO 为经济模式，空调运行，允许智能停机；Normal 为正常 A/C 模式，空调运行，不允许智能停机。

按下 ECO 键，即可进入 ECO 经济模式。当车辆处于怠速停机状态时，空调压缩机停止运转，空调系统依靠系统内残留的制冷剂工作。但当车外温度很高时，发动机会保持运转来带动空调压缩机以保证车内制冷舒适，即此时不会智能停机。当使用前风挡除霜/除雾功能时，空调将自动切换至 A/C 模式，此时，将不能智能停机。

在传统车辆上，车辆停止后发动机处于关闭状态，空调压缩机停止工作，车厢内的制冷功能逐渐减弱，乘客可能会感到不舒服。而在混合动力汽车上，驾驶员可以通过按键选择空调的模式。

在 A/C 正常制冷时，混合动力系统禁止进入自动停止模式，在 ECO 下 A/C 系统允许自动停止，根据 A/C 设置条件的不同，在自动停止模式 30～120s 后自动启动。当发动机处在自动停止模式时，由于冷却液无法进行循环，车内的空调加热器无法进行热量交换，为了提供如同一般内燃机车型的空调热效能，在混合动力车辆上安装了一个电动的空调加热器水泵，该水泵在发动机进入自动停止模式时，根据需要由 SGCM 控制。

【完成任务】君越 BAS 混合动力系统空调的 OFF 键功能是什么？____________________；

ECO 键的功能是什么？____；

Normal 键的功能是什么？____。

（5）BAS 系统工作模式——自动停机模式（Auto Stop）

如图 2-8 所示，智能停机指发动机不供油，但电机待命，踩下制动踏板至车辆停止，发动机自动停转。松开制动踏板瞬间，发动机自行启动并恢复至怠速状态。发动机自动停止工作后 SGCM 将 36V 电池组电源转换成 12V 的电源，用来给 12V 电池单元充电及车内其他用电器和负载使用；如果电池单元的充电能力太低，发动机将自动重新启动；空调加热器冷却液泵循环冷却液；SGCM 冷却泵工作，确保足够的冷却液流过 SGCM；自动变速箱辅助油泵工作，保持工作压力，确保发动机和变速箱的连接；坡路保持阀关闭，保证制动管路中的制动液压力，减少车辆滚动的趋势。

图 2-8　智能停机（Auto Stop）

实现智能停机（Auto Stop）的主要条件：在 D 挡、空调在 OFF 或 ECO 模式下、电池电量（SOC）指示表高于 L、踩紧刹车踏板、第一次 Auto Stop 之前，最高车速要大于 20km/h，如果不满足智能停机条件，发动机将正常怠速。混合动力车在停车时会实现智能怠速停机。

驾驶员行车时只需把脚离开制动踏板发动机即会平顺启动。如果智能怠速停机时间较长，达到了标定的最长停机时间（2 分钟），发动机也会启动。这是智能控制以保持动力电池电量，非驾驶员主动行为。这时驾驶员对发动机启动会比较敏感。

BAS 系统工作模式——自动停止模式 Auto Stop 启用条件一：车辆速度超过 6.4km/h（初始）；环境温度高于-15℃；混合动力蓄电池温度高于 10℃（近似），低于 50℃；变速器储油槽温度高于 25℃，低于 110℃；发动机冷却液温度高于 60℃，低 121℃（环境温度低于约 12℃）；发动机冷却液温度高于 82℃，低于 121℃（环境温度高于约 12℃）；挡位在 D 挡。

BAS 系统工作模式——自动停止模式 Auto Stop 启用条件二：空调系统压缩机系统请求发动机打开为 False（不成立）有足够的制动真空；充电状态大于自动停止要求（70%）；蓄电池放电电源容量大于自动启动要求的最小值 6200W；可接受的 12V 蓄电池状态（电压、电流、温度）；车轮滑移（防抱死制动系统或牵引力控制）未启动；燃油箱蒸发系统（EVAP）没有运行轻微泄漏测试；发动机舱盖关闭。

Hybrid-BAS 自动停止后的重新启动：制动踏板松开后，车辆开始进入重新启动/加速模式，发动机重新启动。在 30s～2min 内，启动机/发电机自动启动发动机，这要视电池组的充电状态和车辆附件的用电情况而定。ECO A/C 工作状态下，系统会在自动停止模式启用后 12～30s 内重新启动发动机；车辆在重新启动开始加速时，坡路保持阀打开；自动变速箱辅助油泵由混合动力辅助油泵驱动器通过 PWM 进行控制。

君越 ECO-Hybrid 油电混合动力车的仪表盘上没有水温表，如果发动机过热，将和传统君越一样，在仪表盘上显示发动机冷却液温度警告灯。

【完成任务】写出君越 BAS 混合动力系统自动启动模式条件一：

____

____。

君越汽车有没有发动机水温表？______________________________________。

（6）BAS 系统工作模式——减速模式

当油门踏板被释放后，燃油供应停止，车辆进入减速断油状态。在车辆滑行减速期间，变矩离合器会尽早地锁止，车辆从发动机推动（燃油消耗）到能量再生（制动发电）的过程中，扭矩的变化比较平稳，车辆进入再生制动状态，当车速接近 0km/h 时，如果驾驶员想要快速启动发动机，混合动力电池组将作为电源带动启动机/发电机通过驱动皮带使发动机转动，燃油重新启用。减速断油时的能量回收，当车速降低（未踩油门，车辆靠惯性滑行时；或在车辆制动时），燃油供应自动切断，同时，部分能量回收。当车辆降低至一定车速或再次踏下油门，发动机将自动启动，恢复至正常燃油状态。

（7）ECO 指示灯点亮条件

当车辆的燃油经济性小于 EPA 美国环保署规定的标准百千米 4L 时，ECO 指示灯会点亮。在车辆进入自动停止模式后，因为发动机停止工作，没有了燃油的消耗，所以 ECO 指示灯亮起。车辆滑行进入再生制动模式时，该指示灯点亮。充电指示表上标有一个电池单元的符号及 Hybrid 文字标志，表示混合动力 36V 电池组的电压状态。当混合动力电池组处在充电状态时，电压较高指针偏向“H”方向。当电池组处在耗电状态时，电压较低，如加速助力时指针偏向“L”方向。

如图 2-9 所示，当电池处于充电状态时，SOC 指示表指针从 L 向 H 慢慢移动。启动机/

发电机控制模块 SGCM（Starter/Generator Control Module）控制智能充电。匀速行驶或重踩油门时，产生的多余能量被回收。车辆需要大功率输出时，电机辅助驱动车辆。混合动力蓄电池会在能量回收和智能充电这两种情况下自动充电。一般的城市驾驶，只要有小段的行驶距离（约 100m）就可以提供充电的机会来维持持续的智能停机。建议在路况好的情况下，尽量多地使用自动巡航，匀速行驶将帮助车辆更加省油。

图 2-9　电池充电状态（SOC）指示表

【完成任务】关于君越 BAS 混合动力系统仪表中蓄电池电量表（SOC）在驾驶员急加速时指针向 H，还是 L 摆动？______________；驾驶员急减速时指针向 H，还是 L 摆动？______________；换挡显示是否是在表盘内？______________。

（8）电控车速感应转向助力系统

采用电动液压助力转向系统 EHPS，有故障时仪表故障灯点亮，如图 2-10 所示为电动助力转向 EHPS 故障指示灯，此系统当高速行驶时，方向盘助力作用减小或者消失，路感增强，保障操控稳定；当速度降低，如转弯、倒车时，方向盘助力作用增大，操控轻盈，一个手指头都能拨得动方向盘。优点是转向轻便灵活，一切尽在掌握中；提高了主动行驶安全性；节省了动力，降低 2%～3%油耗，利于环保。

图 2-10　电动助力转向 EHPS 故障指示灯

混合动力车采用了先进的电动液压助力系统。不同于常规的液压助力系统，电液助力具有根据需要来提供助力，即降低能耗又使得转向感觉更加顺畅。停车或低速时需要的转向助力最大。这时电液助力可以快速提供较大的转向助力，随之也会产生相对于转向速率的正常声响。不要无谓地转动方向盘，否则会消耗蓄电池的电量，导致车辆智能停机的时间缩短。

【完成任务】君越 BAS 混合动力系统发动机机油警告灯？______________；12V 蓄电池灯如何点亮？______________。

2. 并联轻混混合动力技术

奔驰 400 混合动力其主要零部件如图 2-11 所示。由高压锂离子电池模块、电机功率模块、电动机组成的电动助力系统；DC/DC 转换器为直流电压转换系统；转向系统采用了 HEPS 液压电动转向系统；功率控制器如电机控制器和 DC/DC 采用了双电动冷却循环泵的设计；制动系统采用了电动真空泵、真空助力器、ABS 控制单元配合电动机实现再生制动；空调采用电控电动压缩机。

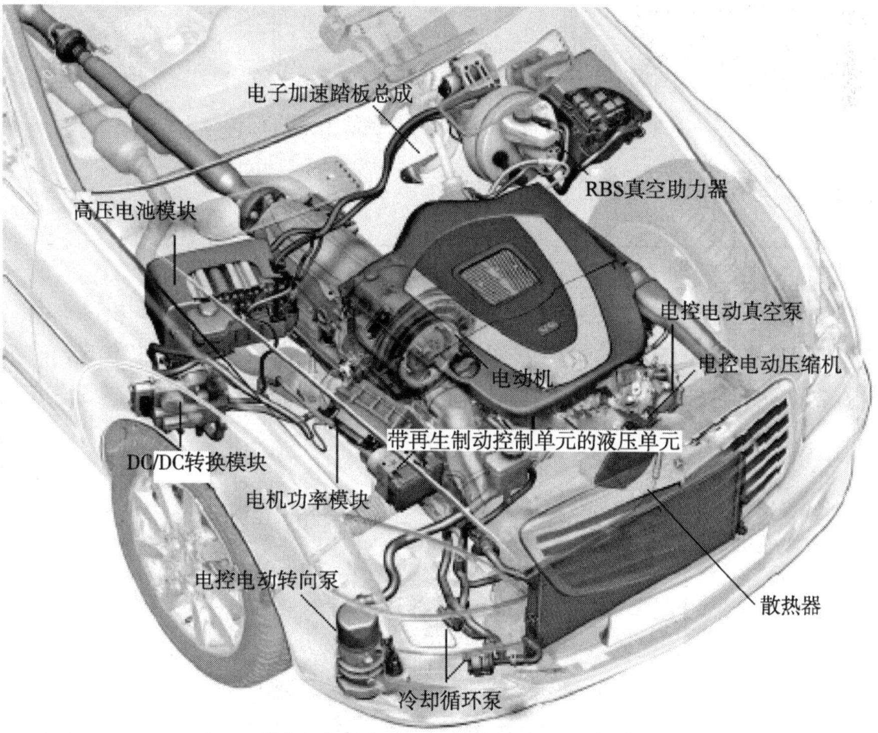

图 2-11 奔驰 ISG 混合动力系统主要零部件

其动力系统结构如图 2-12 所示，由六缸发动机、电动机、七速自动变速器、锂离子蓄电池、功率控制模块、12V 交流发电机、DC/DC 转换器组成。

【完成任务】图 2-11 中发动机几缸发动机？______________；电动机的位置在什么地方？______________；电动冷却循环水泵的作用是什么？______________；电机功率模块（逆变器）在哪个位置？______________；电动真空泵的作用是什么？______________；电动空调压缩机的位置在什么地方？______________；高压蓄电池在什么地方？______________；DC/DC 转换器在什么地方？______________。

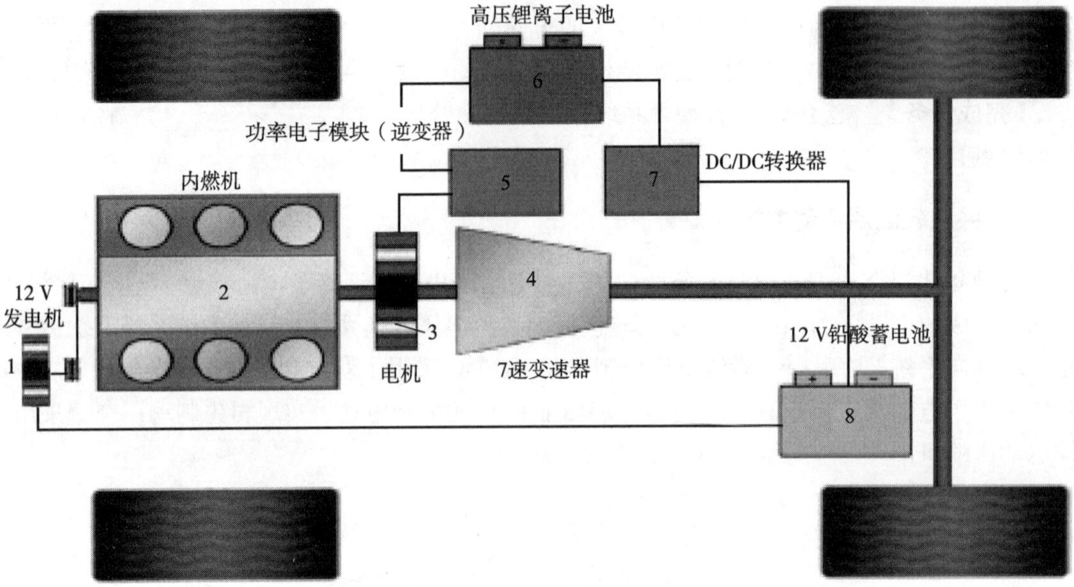

图 2–12　奔驰 400 的混合动力系统结构

【完成任务】写出图 2-12 中的元件名称

1：__________；2：__________；3：__________；4：__________；

5：__________；6：__________；7：__________；8：__________。

如图 2-13 和图 2-14 所示，发动机的曲轴转速和位置信号采用与发动机曲轴相连的电动机外转子作为信号轮，电机的定子和转子采用内定子线圈和外转子永磁的方式，内定子线圈由定子支架支撑，外永磁转子和曲轴位置/转速信号轮相连，信号轮内毂上通孔连接在发动机的曲轴后端。

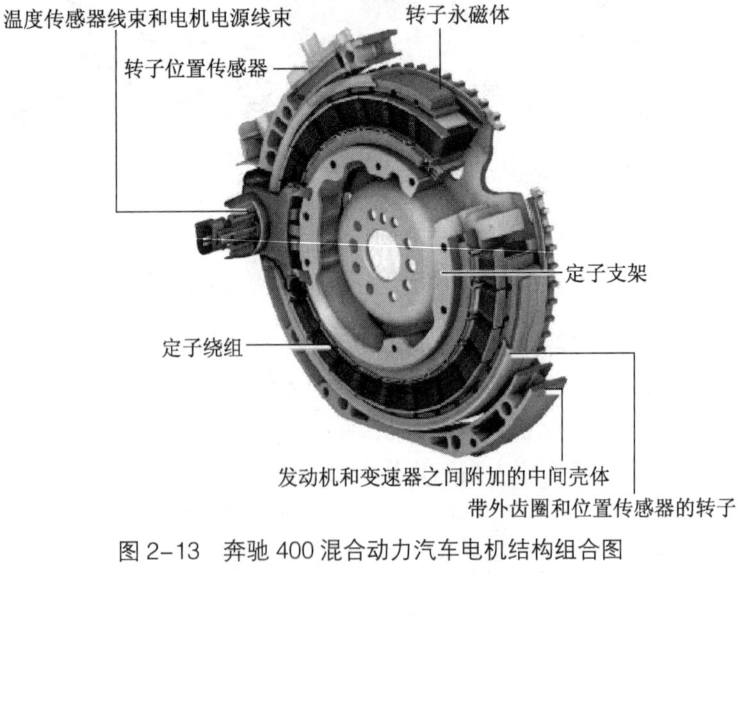

图 2–13　奔驰 400 混合动力汽车电机结构组合图

图 2-14　奔驰 400 混合动力汽车电动机结构分解图

【完成任务】图 2-14 中电机的定子在内部还是在外部？______________；这个电机是否是启动机，具有启动功能吗？______________。

高档轿车中（如奔驰和宝马）等采用原车液力自动变速器，为防止变速器内离合器油压过低，在液力自动变速器基础上增加了电动 ATF 油泵。

混合动力管理系统负责协调各子系统部件之间的相互作用。该管理系统集成于 ECU 中，通过 CAN-bus 总线与自动变速器、蓄电池和动力电子设备等系统单元进行通信。其中，动力电子设备负责管理电动机与高压蓄电池之间的能量流动，除控制电动机的脉冲逆变器之外，还包括一个直流变压器，可将发电机或蓄电池传来的电流转化为 12V 直流电，从而支持车辆电气系统工作。混合动力管理系统可以根据蓄电池的充电状态、车速和其他的具体参数，瞬间完成自动分析并选择理想的操作策略。而这种操作策略是传动系统控制软件的关键成分，能够连接各个系统，优化电池电能的使用，以达到效率的最大化。从而消除发动机拖拽所产生的阻力。在高速稳定行驶状态下（最高 160km/h），当驾驶者松开油门后，V6 发动机也会在离合装置的控制下与自动变速器完全脱离，避免不必要的摩擦损耗，提高车辆滑行距离，进而降低油耗。以途锐混合动力为例。当车辆处于 50km/h 以下，采用电动机驱动时，V6 发动机并非只是完全关闭，离合装置还会将发动机与 8 速自动变速器完全脱离。

一旦驾驶者在超车、加速时踩下油门踏板，涡轮引擎将立即重新平稳启动，同时将转速升至适合当前车速的水平。此外，能量回收系统可以在制动过程中把电动机转换为发电机，将多余的能量回收并存储于镍氢电池组中。而作为动力总成系统的一部分，自动启动-停车系统同样有助于在走走停停的城市拥堵路况下提高燃油经济性。

2.3 “重混型”混合动力汽车技术

重混型混合动力汽车的例子为普锐斯。丰田普锐斯（PRIUS）是史上第一款量产的混合动力汽车，1997 年量产上市，不过中国区域普锐斯是在 2001 年上市第一代，到 2004 年推出第二代，2009 年 4 月丰田第三代普锐斯上市。自 1997 年量产上市以来，普锐斯目前是在全世界销量最多的车型，是最成功的混合动力车型，百千米燃油消耗约为 4.2L。美国市场的月销量都接近 1.5 万辆，占美国同期混合动力汽车市场的半壁江山，也是丰田混合动力车的主力车型，为丰田集团贡献 7 成以上的混合动力车销量，而丰田系的凯美瑞、汉兰达、雷克萨斯 RX400h、LS600hl、GS450h 五个混合动力车型的总销量也不及普锐斯的一半。

本书以第二代讲解，第三代作区别讲解。第二代丰田普锐斯在保留原先丰田混合动力系统（THSI）基本配件的基础上，采用了更先进的 THS Ⅱ 型系统。为进一步提高车辆的整体性能，发动机、MG1（1 号发电/电动机）和 MG2（2 号电动/发电机）以及蓄电池的控制系统都进行了优化调整。

1. 蓄电池箱

第一代普锐斯的 HV 蓄电池有 228 个电池单元，1.2 V×6 块电池单元×38 模块为额定电压 DC 273.6 V。相比之下，第二代普锐斯的 HV 蓄电池有 168 个电池单元，1.2V×6 块电池单元×28 模块为额定电压 DC201.6V。通过这些内部改进，蓄电池具有紧凑、重量轻的特点。第一代款普锐斯上，HV 蓄电池电池单元间为单点连接，而新款车型中的蓄电池电池单元间为双点连接，这样的改进使蓄电池的内部电阻得以降低。第二代变频器总成中配有增压转换器，它可以将 HV 蓄电池输出的额定电压 DC 201.6 V，增压到最大值 DC 500V。第二代普锐斯仪表板增加了 EV 模式开关，在只有 MG2 工作的状态下可使车辆行驶。在这些改进的帮助下，第二代普锐斯内部系统具有体积小、重量轻和大功率等特性。

【完成任务】第二代丰田普锐斯的蓄电池电压为多少？________________；

增压后的电压为多少伏？____________________；为什么要增压？__________________。

2. 变速驱动桥

前驱变速器（箱）由于壳体里内置了主减速器和差速器，所以也称为变速驱动桥，由于内部增加了电机，所以是带有电机的变速驱动桥，这里简称变速驱动桥。

第二代普锐斯混合动力系统结构如图 2-15 所示，变速驱动桥主要包括变速驱动桥阻尼器（带扭转减震的飞轮、MG1（Motor Generator1）发电/电动机、MG2（Motor Generator2）电动/发电机和减速装置。发动机曲轴与行星齿轮的行星架相连，MG1 发电/电动机与太阳轮相连、MG2 电动/发电机与内齿圈（环齿圈）相连，减速装置（包括无声链、中间轴主动齿轮、中间轴从动齿轮、主减速器小齿轮和主减速器环齿轮）。

混联式是串并联相结合的系统，这种混合动力系统由点燃式发动机和两台采用永久磁铁的三相交流电机组成。三相交流电机也可以作为发电机运行（电动机/发电机 MG1 和 MG2）。

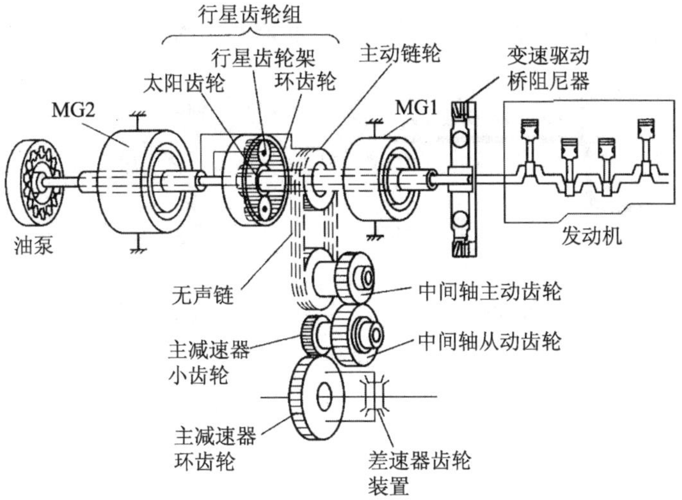

图 2-15　普锐斯变速驱动桥结构

【完成任务】MG1 是什么的缩写？＿＿＿＿＿＿；主要功能是：＿＿＿＿＿＿＿；MG1 与行星排的什么连接？＿＿＿＿＿＿＿。

MG2 是什么的缩写？＿＿＿＿＿＿＿＿；主要功能是：＿＿＿＿＿＿＿；MG2 与行星排的什么连接？＿＿＿＿＿＿＿。

发动机和变速驱动桥之间是否有离合器？＿＿＿＿＿；主减速器为几级主减？＿＿＿＿＿。

行星齿轮中太阳轮、内齿圈和行星架，三者的速度关系永远满足 $n_1+\alpha n_2=(1+\alpha)n_3$，$\alpha=Z_2/Z_1$，其中，$n_1$ 为太阳轮转速，n_2 为行星架转速，n_3 为内齿圈转速，Z_2/Z_1 为内齿圈齿数和太阳轮的齿数比，通常用 α 表示，是一个大于 1 的数。

变速驱动桥中由于发动机（行星架）是输入，内齿圈是输出，太阳轮在中间起调节作用，从式 $n_1+\alpha n_2=(1+\alpha)n_3$ 可知，n_1 转速变化就会导致 n_3/n_2 这个比值发生连续变化，所以变速驱动桥为无级（CVT）变速驱动桥。

第一代和第二代普锐斯驱动桥结构基本相同，第三代将第二代的无声链换成了齿轮，三级主减速器改为两级主减速器。

3. 动力传递

混合动力系统的 HV-ECU 通过一个加速踏板传感器来检测驾驶员的驾驶需求，HV-ECU 还要接收有关行车速度和变速器挡位的信息，利用这些信息，ECU 就能确定车辆的行驶状况，从而对 MG1、MG2 以及发动机的驱动力进行调节。

（1）驻车启动

由于内齿圈被电动驻车棘轮制动不转动停车时，控制供电开关至 READY 挡，高压系统上电完成，若高压蓄电池电量低或需要强制激活发动机工作（比如检修发动机点火和供油系统时，强制激活操作要通过检测仪来完成）的发动机启动，这时称为驻车启动。若驻车启动状态时的高压蓄电池电量低（但能启动发动机），MG1 先启动发动机，发动机启动怠速高速运转拖动太阳轮带动 MG1 再发电（控制系统要将电机 MG1 迅速由电动状态切换至发电状态）。

驻车启动如图 2-16 所示，图中行星排的运动状态是从 MG2 向 MG1 方向看的运动状态。

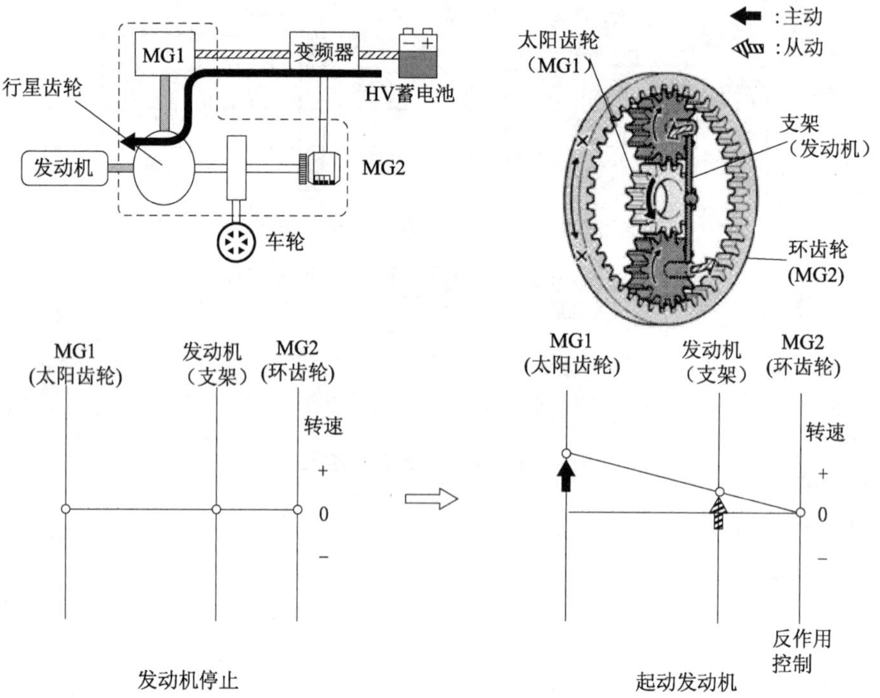

图 2-16　驻车时 MG1 为电动机启动发动机

如图 2-17 所示为控制系统迅速将电机 MG1 由电动状态切换为发电状态图，此时是在内齿圈不动的情况下发动机转动带动太阳轮转动，太阳轮转速被行星架拖动的转速较高利于快速发电。

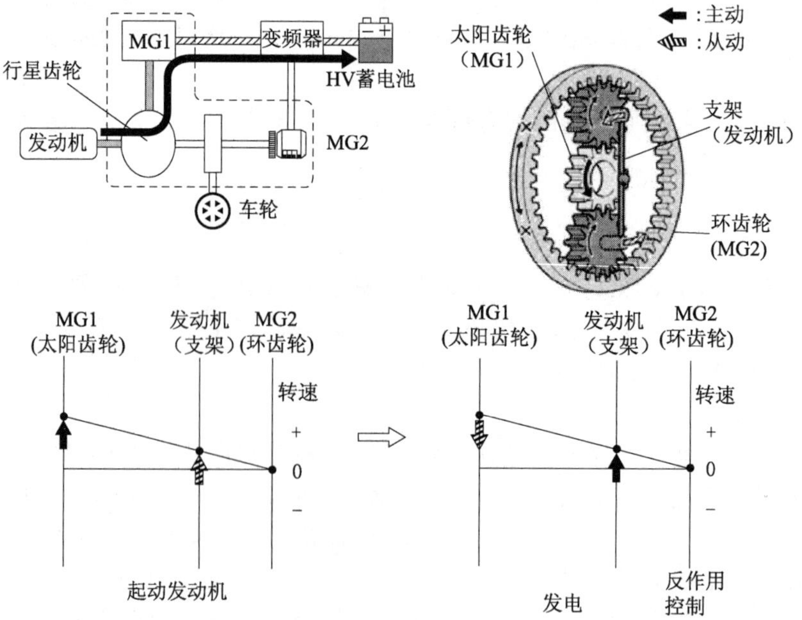

图 2-17　驻车工况，发动机拖动 MG1 发电时的行星齿轮速度图

【完成任务】驻车启动发动机时，谁是主动？______________；谁是被动？__________；谁是控制？_______________。

（2）低速纯电动工况

为避免发动机怠速和低速的低效率，采用低车速高效率的电动机驱动。汽车起步时，驱动力完全由 MG2 提供。发动机保持关机状态，MG1 反向旋转，控制系统控制只有电压，但无充电电流，因此不产生电能（不能用电去发电）。低速若出现驾驶员有急加速的动作、系统出现电机功率不够或电池功率不够时，MG1 会自行启动发动机，因为若蓄电池电量低，将不出现纯电驱动，否则发动机就无法启动了。

如图 2-18 所示为纯电动工况启动时的行星齿轮速度图。MG2 驱动车辆起步后，车辆仅由 MG2 驱动。这时发动机保持停止状态，MG1 以反方向空旋转而不发电。

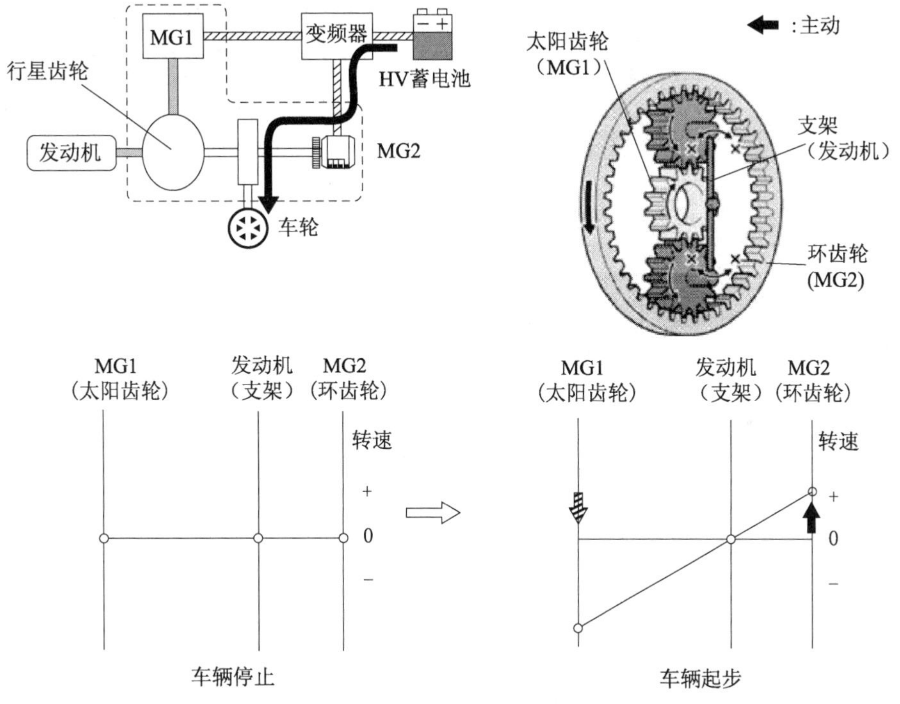

图 2-18　纯电动工况启动时的行星齿轮速度图

【完成任务】纯电动工况，谁是主动？_______________；谁是被动？_______________；谁是控制？_______________。

（3）中高速行驶（混合工况）

纯电动行驶后，若驾驶员加速，车速进入中速，中高速行驶所需的转矩增加，中等车速时恰好是发动机的高效率区，此时 MG1 发电/电动机瞬时工作使发动机启动，在发动机被 MG1 瞬间启动之后，MG1 由辅助功能（电动机）转为主要功能（发电机工作），MG1 通过变频器给 HV 蓄电池提供所需电能。此时行星齿轮机构将发动机的功率进行分流。一部分功率输送给驱动轮，一部分输送给 MG1，用来发电（这里要强调 MG1 必须要发电，否则行星排将导致发动机功率输出困难）。

中高速行驶可分为纯电动转混合动力时、微加速模式、低载荷高速巡航、节气门全开加速和减速行驶五种工况来分析。

① 纯电动转混合动力时的发动机启动控制

如图 2-19 所示为纯电动转混合动力时的发动机启动控制行星齿轮速度图。纯电动工况只有 MG2 工作时，如果增加所需驱动扭矩，MG1 将被启动，此时 MG1 和 MG2 共同拖动发动机启动。在纯电动工况不需增加扭矩时，HV-ECU 监视的项目如 SOC 状态、蓄电池温度、水温和电载荷状态与规定值有偏差，MG1 也将被启动，进而启动发动机。

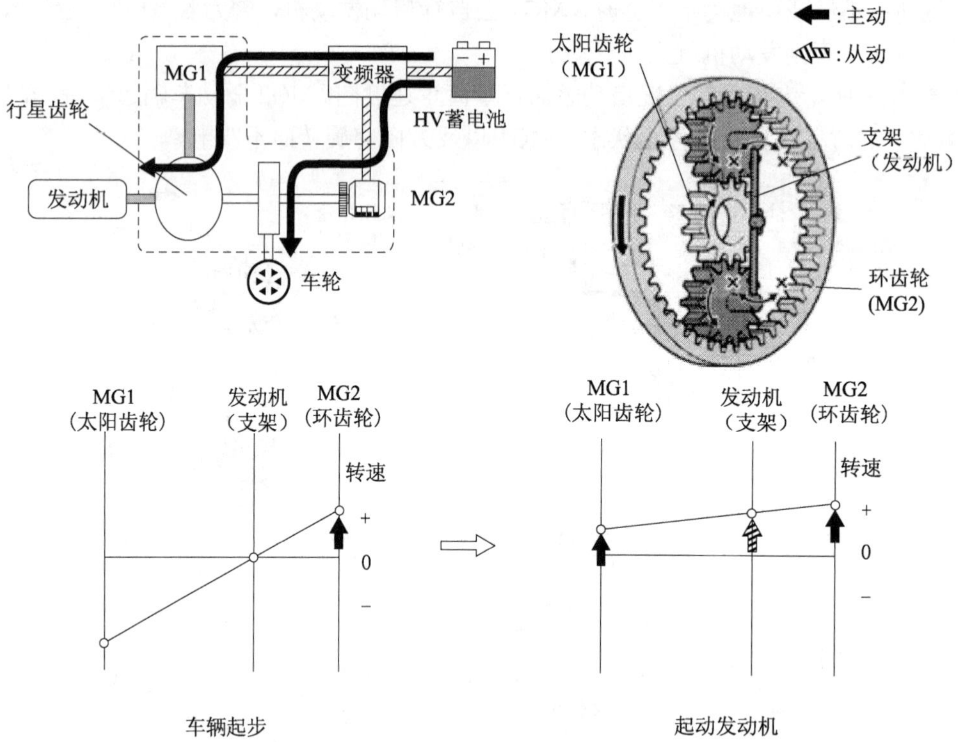

图 2–19　纯电动转混合动力时的发动机启动控制行星齿轮速度图

【完成任务】纯电动工况，启动发动机时谁主动？__________；谁是被动？__________；谁是控制？__________。

② 微加速模式

如图 2-20 所示为 MG1 在小负荷作（微加速模式）发电机用时的行星齿轮速度图。小负荷时已经启动的发动机将使 MG1 作为发电机为 HV 蓄电池充电，并向 MG2 供电。但需要增加驱动扭矩时，发动机将启动作为发电机的 MG1 并转变为电动机，这种工况也叫“发动机微加速时”模式。

【完成任务】小负荷是纯电动工况吗？__________。

如图 2-21 所示为 MG1 在微加速模式作电动机时的行星齿轮速度图。发动机微加速时，其动力由行星齿轮分配。其中一部分动力直接输出，剩余动力用于 MG1 发电。通过变频器的电动传输，电力输送到 MG2 用作 MG2 的输出动力。

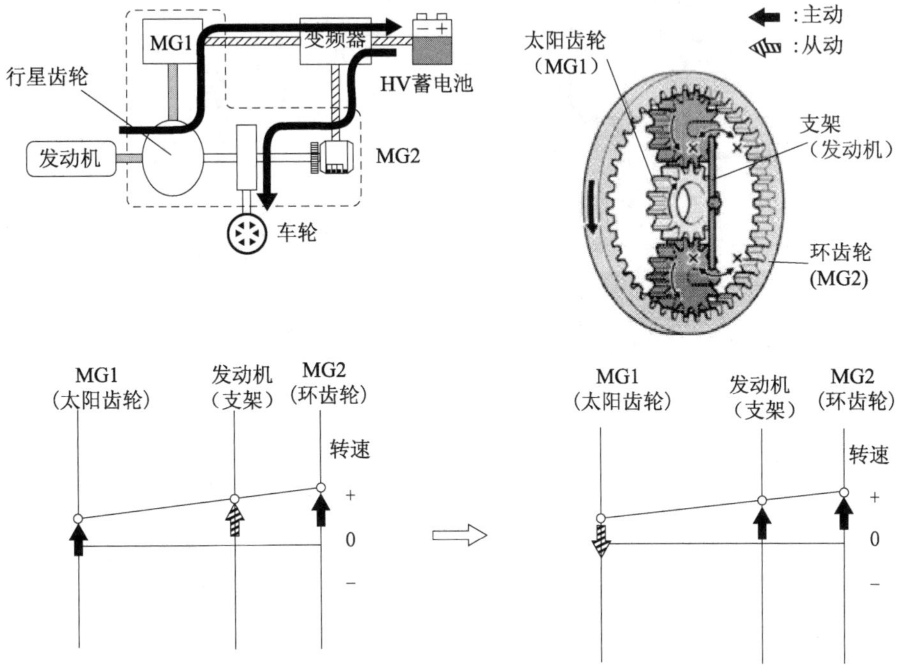

图 2-20　MG1 在小负荷作发电机用时的行星齿轮速度图

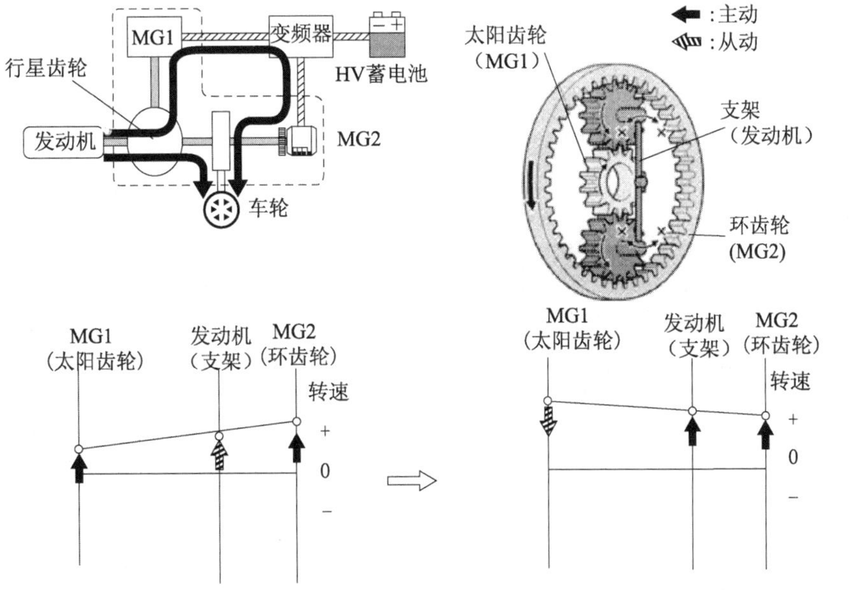

MG2 驱动时发动机起动　　　　发动机正常驱动

图 2-21　MG1 在微加速模式时作电动机时的行星齿轮速度图

【完成任务】微加速时，是混合动力工况吗？＿＿＿＿＿＿＿＿＿＿＿＿。

③ 低载荷高速巡航时

中高车速时（此工况负荷并不高，此时发动机处于最高效率），如图 2-22 所示为 MG1 在低载荷巡航时的行星齿轮速度图。车辆以低载荷巡航时，发动机的动力由行星齿轮分配。其中一部分动力直接输出，剩余动力用于 MG1 发电。通过变频器的电动传输，电力输送到 MG2 用作 MG2 的输出动力。

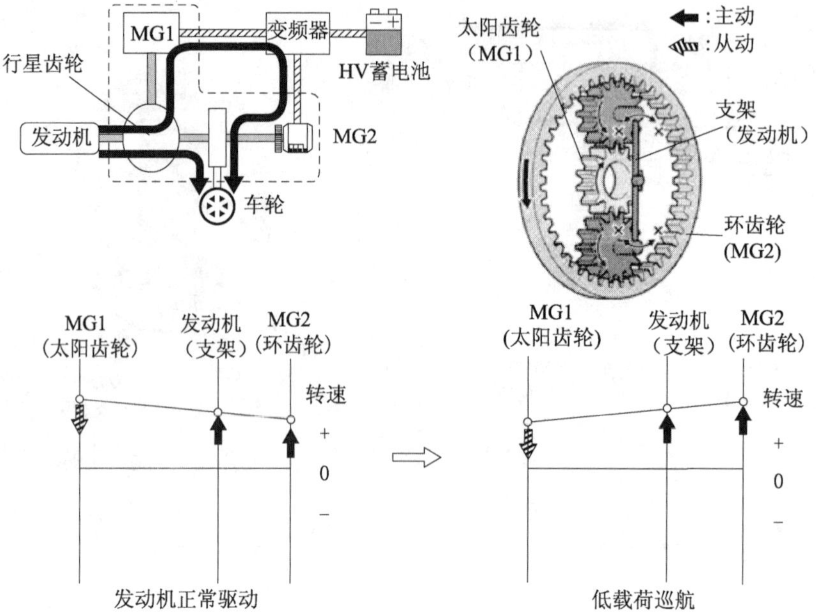

图 2–22　MG1 在低载荷巡航时的行星齿轮速度图

【完成任务】低载荷巡航时，是混合动力工况吗？____________________。

④ 节气门全开加速时

如图 2-23 所示为加速工况时的行星齿轮速度图。车辆从低载荷巡航转换为节气门全开加速模式时，系统将在保持 MG2 动力的基础上，增加 HV 蓄电池的电动力，此时发动机、MG1 和 MG2 全部给汽车加力以产生加速扭矩。

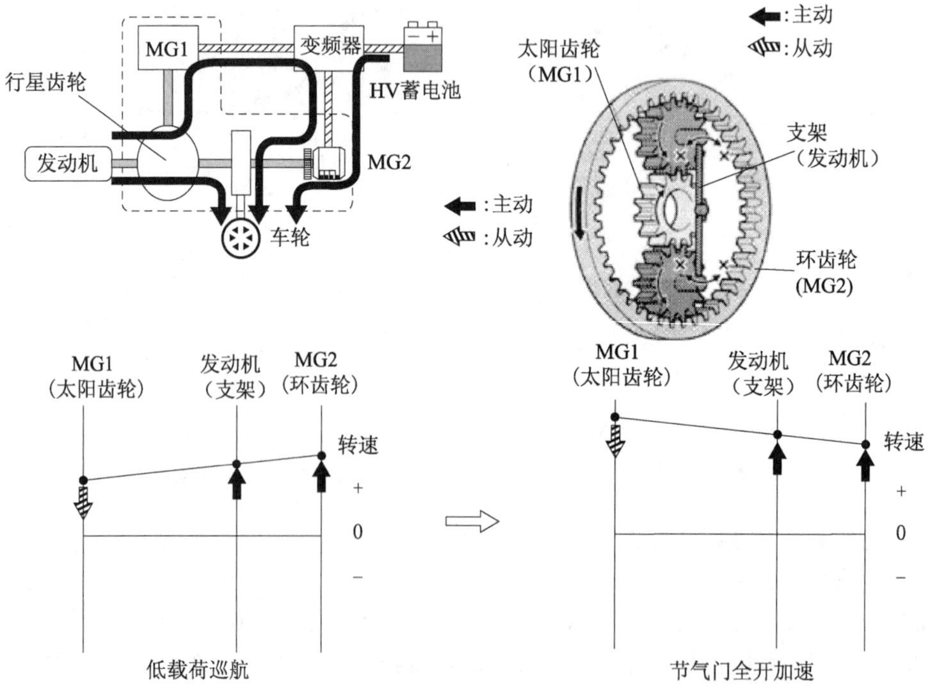

图 2–23　加速工况时的行星齿轮速度图

注：发电/电动机 MG1 只在瞬时启动和瞬时急加速时工作，并不是在中高速时长时间工作，所以只能称为混联，若电机 MG1 长时工作则为复联。

【完成任务】急回速时，电机 MG2 可从哪两个元件获得能量？____________________。

⑤ 减速行驶时

如图 2-24 所示为 D 挡减速时行星齿轮速度图。分为“D”挡减速和“B”挡减速行驶两种情况。车辆以 D 挡较低车速减速行驶时，发动机停止工作，动力为零。这时，车轮驱动 MG2，使 MG2 作为发电机运行并为 HV 蓄电池充电，太阳轮反转，MG1 不进行发电控制，从而不发电。另外，当车辆从较高速度开始减速时，发动机以预定速度继续工作，保护行星齿轮组，防止行星轮转速过高而烧毁行星轮轴承。

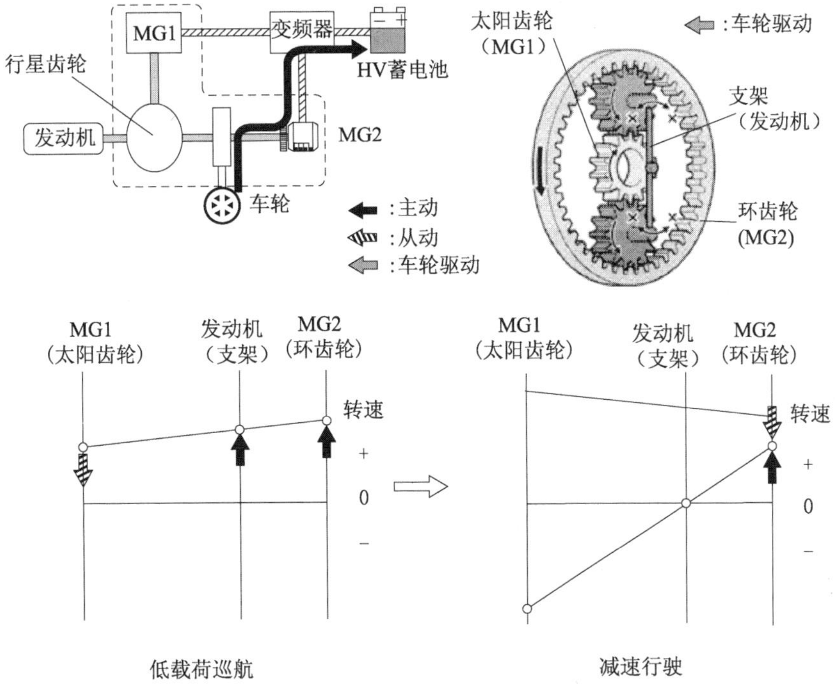

图 2–24　D 挡减速时行星齿轮速度图

如图 2-25 所示为 B 挡减速时行星齿轮速度图。车辆以 B 挡减速行驶时，车轮能量一部分驱动 MG2，使 MG2 作为发电机工作并为 HV 蓄电池充电，为 MG1 供电，这样 MG1 处于电动机状态带动太阳轮转正转，齿圈转动也会带动发动机转速提高，从而产生发动机制动效果。这时，发动机燃油供给被切断。

【完成任务】D 挡减速时，电动机 MG2 转变为____________，是否有发动机制动？______________。

如果驾驶员踩下制动踏板，制动防滑控制 ECU 计算所需的再生制动力并发送信号到 HV-ECU，HV-ECU 接收到信号后在符合所需再生制动力的范围内增加再生制动力（详细内容参考摩擦制动和电机回馈能量制动的混合制动控制）。这样就可以控制 MG2 产生充足的电量。

【完成任务】B 挡减速时，电动机 MG2 转变为____________，是否有发动机制动？______________。

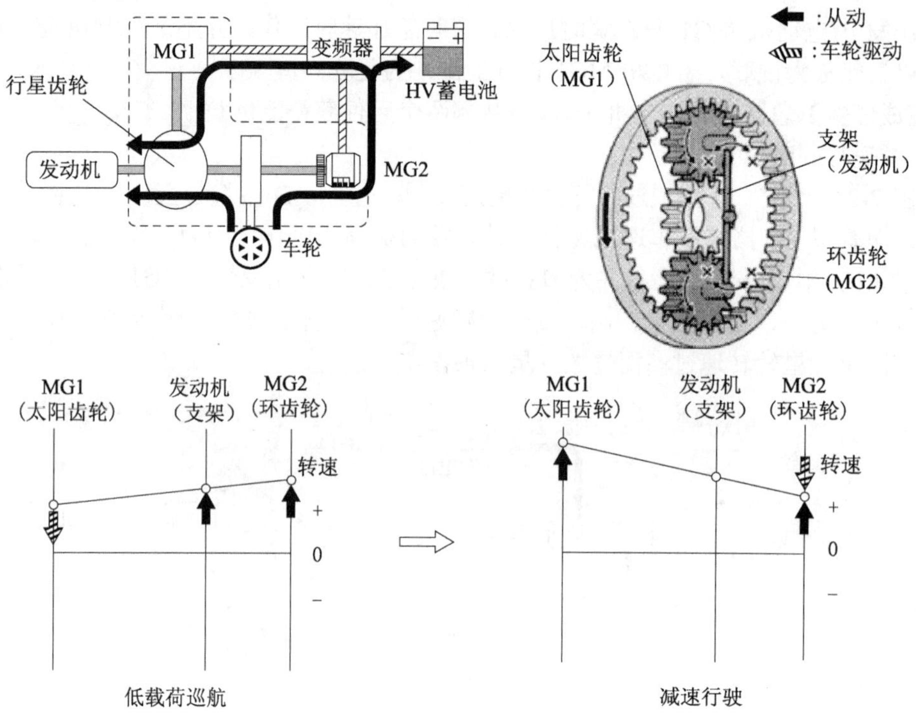

图 2-25　B 挡减速时行星齿轮速度图

（4）倒车行驶

当汽车以倒挡行驶时，驱动力全部由 MG2 提供。这时 MG2 反向旋转，发动机不工作，MG1 正向旋转但并不发电。若 MG2 驱动车辆倒车时需要启动发动机时，如果 HV-ECU 监视到如 SOC 状态、蓄电池温度、水温和电载荷状态与规定值有偏差，MG1 将瞬间进行启动机控制，发动机启动后，然后转为发电机控制，发动机带动 MG1 作为发电机工作为 HV 蓄电池充电。

【完成任务】R 挡减速时，电动机 MG2 是正转，还是反转？____________。

·第3章·

米勒发动机技术

3.1 米勒发动机

1. 米勒循环

1947 年美国工程师拉尔夫·米勒在简单的奥托循环发动机的基础上实现了高燃油效率的米勒循环。他不是像詹姆斯·阿特金森那样，机械地实现做功行程大于压缩行程。在常规奥托循环发动机的做功冲程完成后，活塞到下止点封闭在汽缸内的气体压力仍然有 3～5 个大气压，这部分气体的压力并未做功，在排气冲程中，这部分气体的热量白白地排放到大气中。

米勒循环（见图 3-1）采用高压缩比发动机，但让进气门在压缩行程中将吸入汽缸的油气混合物在活塞压缩开始时又部分地被推出汽缸，实际吸入的混合气量相对少，在压缩终了点燃做功时混合气有足够的膨胀空间，活塞到下止点封闭在汽缸内的气体压力接近 1 个大气压，气体做功充分。

米勒循环汽缸内剩余压力变得较小，充分利用了膨胀做功，几乎没有压力浪费，提高了燃油效率，但也有以下缺点：

（1）由于压缩比过高，部分负荷时不能使充气效率过高，所以应避免使用小负荷，或取消小负荷；

（2）大负荷时米勒循环发动机燃油效率低，所以应避免使用大负荷，或取消大负荷。

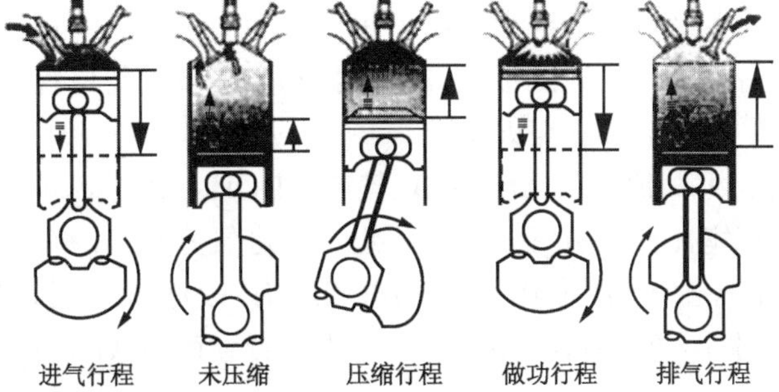

图 3-1　米勒发动机循环

【完成任务】为什么混合动力汽车要采用米勒发动机？________________________。

由于米勒循环在部分负荷时具有较高的热效率，燃油经济性高，所以它正被越来越多地应用于混合动力车上，通过电机的辅助使发动机工作在部分负荷，提高了系统效率。

目前米勒循环发动机是在原有动力平台上开发的，因此开发周期短，更具有成本低的优势。通过优化混合动力的控制策略，混合动力汽车可在不提升任何制造成本的基础上，降低8%左右的油耗。

2．米勒循环的应用

丰田早在普锐斯第二代车型（2003 年）上就使用了米勒循环，发动机几何压缩比为 13 ：1，实际为 9 ：1。它使用的是现代的米勒循环，没有了复杂的连杆机构，且没有在普通发动机上做太大修改，只是改变气门开闭的时刻。它是利用可变气门正时（VVT）来实现米勒循环的，因此进气门关闭点可随着工况而变化。

为进一步提高米勒循环的热效率，第三代普锐斯在保持燃烧室形状与压缩比为 13.0 不变的情况下，把进气门关闭时间从第二代的下止点后 72° ～105° “提前”到了 62° ～102° ，使得米勒循环率上升，提高了热效率，进一步改善了燃油经济性。

在普锐斯取得巨大成功后，丰田公司又将米勒循环用在了 2010 款的雷克萨斯 RX450h，在这一最新混合动力车型上，配备 3.5L 带 VVT 的米勒循环发动机，发动机能够在 6000r/min 的转速产生 183kW 的最大功率，综合油耗达到 7L/100 km，改善了燃油经济性。

目前，油电混合动力汽车中，基本上都对发动机进行了重新设计或重大改进，许多米勒循环是在汽油机的基础上改造得到的，这种循环具有高热效率、高膨胀比和紧凑型倾斜挤气燃烧室，由于电机承担了功率调峰的作用，发动机可以舍弃非经济工作区的动力性，单一追求经济工作区的高效率，其主要目的是追求高的热效率而不是高功率。

混合动力汽车发动机上的米勒循环取消了小负荷和大负荷两种工况，在部分负荷时具有较高的热效率，燃油经济性高。同时由于发动机采用小排量，储备功率变小，使得发动机的燃油效率也有所降低。

【完成任务】为什么说丰田普锐斯混合动力汽车几何压缩比为 13 ：1，实际为 9 ：1？

____

____。

3．米勒发动机结构

普锐斯发动机规格如表 3-1 所示。普锐斯作为一种先进的混联式驱动系统（THS），在结构上和控制方式上与传统发动机有很大区别，主要区别在于普锐斯发动机采用 12V 电加热冷却水辅助发动机暖机。发动机启动用大功率电机（MG1）启动，不再有传统启动机。凸轮轴采用链驱动而不是皮带驱动。加速踏板位置传感器和电子节气门位置传感器采用非接触式位置传感器。点火系统采用单缸独立点火系统。

普锐斯采用 4 缸直列，顶置双凸轮轴 16 气阀（DOHC）；进、排气歧管分开布置，避免进气加热；屋脊形燃烧室，自然吸气，采用短进气道进气方式。没有传统发动机上所应该具有的启动电机和发电机（由 MG1 取代）。动力总成结构较为复杂，因此发动机结构非常紧凑，以减小体积和重量。同时，发动机机体及缸盖采用铝合金铸造（8mm 壁厚），以进一步减小质量。

表 3-1 Prius 发动机规格

项目	规格	说明
型号	1NZ－FXE	为 Prius 专门设计
排量	1.5L	75.0mm×84.7mm
气缸排列	4 缸直列	
燃烧室形状	屋脊形燃烧室	屋脊形燃烧室
几何压缩比	13：1	由于采用米勒循环，实际压缩比为 9：1 左右
最大功率	53kW @ 4500 r/min	
最大转矩	111N・m @ 4200r/min	
最高转速	4500 r/min	
进气方式	自然吸气	横向自然吸气
加速踏板形式	电子加速踏板	非接触式
点火形式	单独点火系	每缸一个点火线圈
配气形式	VVT-i	DOHC，可调角度 35°
燃油喷射	SFI	顺序燃油喷射

4．发动机曲线

对混合驱动系统来说，最为关键的技术就是对发动机工作点的控制，减少瞬态工况，使其总运行在高效区，从而降低油耗及排放。一般来说，发动机高效区为：40%～50%的最高转速，70%～80%的最高转矩区。发动机正常运行转速范围为 1000～4500r/min。同常规发动机相比，Prius 去除了怠速及低负荷运行区，同时限制了最高转速，从而使效率得到很大提高，最低效率在 25.3%，最高效率达到 36.4%。

【完成任务】传统汽油机的平均效率约为多少？______________；

丰田普锐斯的米勒发动机效率为多少？______________________________。

5．提高效率的手段

（1）优化发动机运行范围，使发动机稳定工作在高效区。

（2）采用小功率发动机。

（3）减少摩擦损失功。

① 降低最高转速（最高转速 4500r/min）；

② 曲轴偏置（曲轴中心线偏离气缸中心线 12mm）；

③ 活塞环与气缸壁配合较松，采用劲度系数较小的气门弹簧。

（4）采用米勒循环，提高膨胀比，减小泵气损失。

一般发动机压缩比同膨胀比几乎相同，提高膨胀比时必须同时提高压缩比，压缩比达到一定程度时，一般不可避免地产生爆振。因此通过迟关进气门，使进入气缸中的部分新鲜空气排出，从而降低实际压缩比（9：1 左右）。这样带来两个好处：

① 提高了膨胀比，避免由于几何压缩比过高带来的爆振倾向；

② 提高节气门的开度，减少在部分负荷时的负压，减少进气损失。

（5）采用可变配气定时（VVT-I），根据不同的运行工况，调整进气阀的关闭时刻，提高效率。

（6）设计结构紧凑，大量采用轻质材料。

（7）取消启动燃油增浓及大负荷加浓。

【完成任务】写出提高发动机效率的方法。

____

____。

6. 经济性和排放性

Prius 具有良好的经济性和排放性，满足 CARB 的超低排放法规（SULEV）。同普通车相比，NO_x 降低 90%，CO_2 降低 50%。

排放控制主要采取如下措施。

（1）采用常规的三元催化器，使用前后两个氧传感器。

（2）同常规发动机一样，采用燃油蒸气炭罐吸收及曲轴箱强制通风。

（3）控制发动机稳定运行于高效区，由于燃油经济性的提高，HC、CO 和 NO_x 的排放都相应较少。同时，发动机运行稳定，大大减少了各种瞬态工况。

（4）采用快速暖机：

① 发动机被 MG1 快速拖动到 1000r/min 再喷油，快速暖机；

② 电热加热冷却水，快速暖机。

（5）去除了常规发动机为追求大功率时的功率混合气。

（6）冷启动 HC 的吸附，在三元催化转化器内部布置 HC 吸附材料，制成组合转换器。在发动机还没有暖机时，HC 吸收并储存起来，直到氧传感器达到工作温度后（300℃左右）再排放。三元催化器由内外两层构成，外层为 HC 的吸附层，中间层为常规发动机的催化转化层。在冷机时，旁通阀打开，废气流经 HC 的吸附层对 HC 进行吸附收集，HC 此时不能进入催化转化器，当吸附器饱和并释放 HC 时，此时催化转化器的温度相对较高，释放 HC，并在转化器中氧化。

【完成任务】写出丰田普锐斯发动机在经济性和排放性上采取的措施。

____

____

____。

3.2 混动动力管理

1. 发动机动力管理

发动机的转矩需求由加速踏板位置传感器输入至发动机控制模块（简称 ECM）。由 ECM 控制电子节气门电动机将节气门开大或减小，从而控制发动机的转矩输出，如图 3-2 所示。

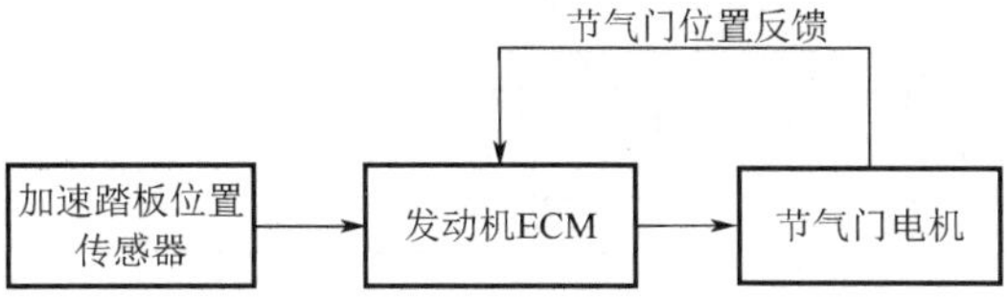

图 3–2　电控发动机转矩控制框图

2. 纯电驱动动力管理

纯电动汽车由于成本控制原因，在低速“电瓶车”和高速“电动汽车”的控制上是不同的。低速“电瓶车”控制如图 3-3 所示，电机控制 ECU 控制逆变器的三相电流输出，从而控制电动机的转矩输出。电机控制 ECU 在变频器内部，成为变频器的一部分，加速踏板位置信号直接进入电机控制 ECU。

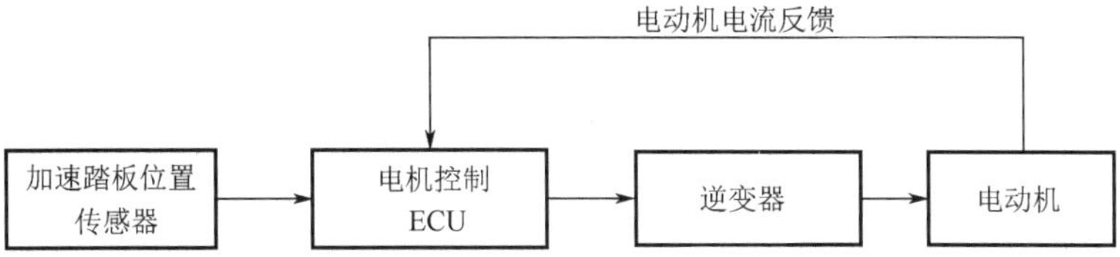

图 3–3　低速“电瓶车”控制框图

目前，高速纯电动轿车为使电机控制不仅受加速踏板控制，而且要受其他输入控制，增加了整车控制器。高速纯电动汽车的转矩需求由加速踏板位置传感器输入至电动汽车整车控制 ECU（简称 EV-ECU），由 EV-ECU 向电机控制 ECU 发送直接转矩数值。加速踏板信号先输入整车控制器，查表产生转矩需求数值，通过 CAN 通信传给电机控制 ECU，如图 3-4 所示。

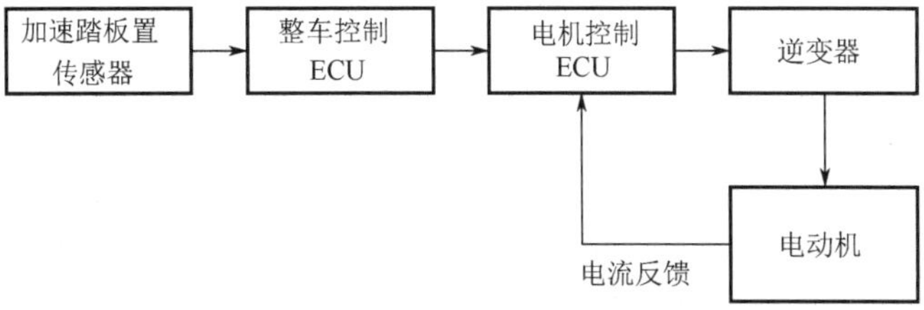

图 3–4　纯电动汽车转矩控制框图

3. 混动动力管理

混合动力汽车的转矩需求由加速踏板位置传感器输入至混合动力控制模块，简称为 HV-ECU，由 HV-ECU 根据发动机和电动机的效率确定两个动力机械各自承担的转矩数值，然后 HV-ECU 分别向发动机 ECM 和电机控制 ECU 发送直接转矩数值，由发动机 ECM 和电机控制 ECU 分别控制发动机和电动机实现由 HV-ECU 发送过来的直接转矩。发动机 ECM 和电机控制 ECU 两个电控模块对 HV-ECU 来说都是执行器，或者说是从模块和主模块的关系，如图 3-5 所示。

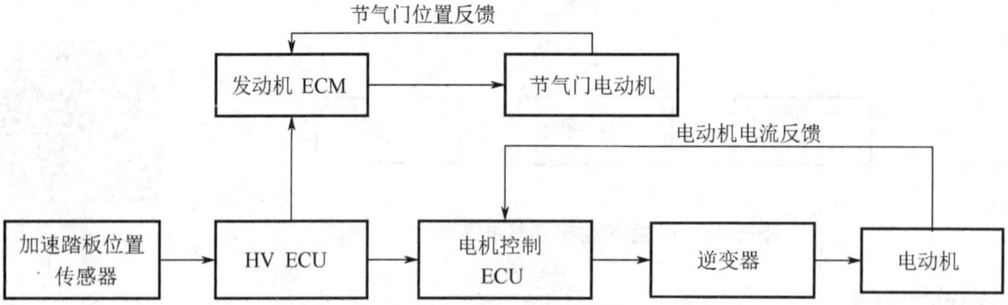

图 3-5　混合动力汽车转矩控制框图

·第4章·

典型ECU供电电路

4.1 主要元件位置和功能

1．元件位置

为了后几章的讲解能顺利进行，先对普锐斯元件位置和名称做出明示，如图4-1～图4-4所示。

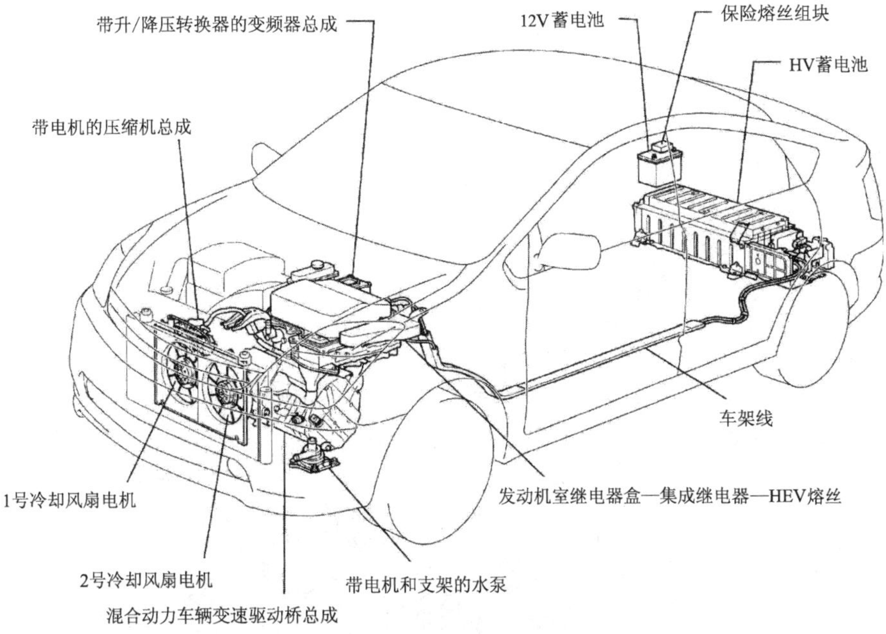

图4–1　普锐斯整车主要元件名称和位置

【完成任务】请在实车上找到图4-1中的元件，并将找到的元件名称写在下面。

1：____________；2：____________；3：____________；

4：____________；5：____________；6：____________；

7：________；8：________；9：________；
10：________；11：________。

【完成任务】请在实车上找到图 4-2 中元件，并将找到的元件名称写在下面。
1：________；2：________；3：________；4：________；
5：________；6：________；7：________；8：________。

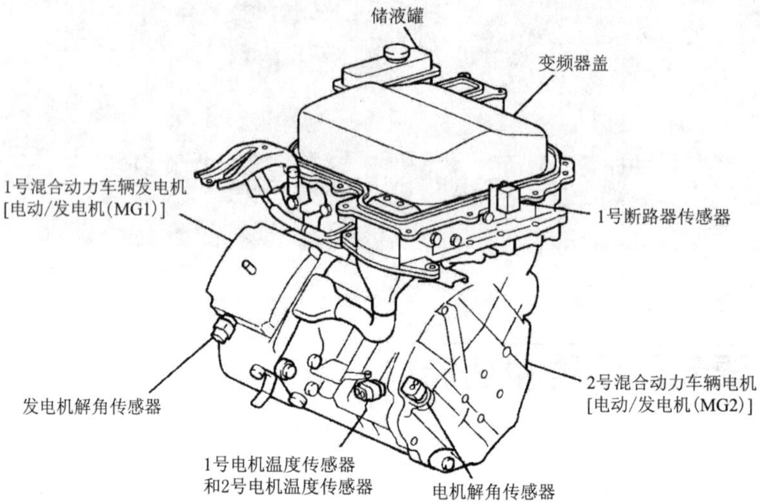

图 4-2　普锐斯发动机舱主要元件名称和位置

【完成任务】请在实车上找到图 4-3 的中元件，并将找到的元件名称写在下面。
1：________；2：________；3：________；4：________；
5：________；6：________；7：________；8：________；
9：________；10：________；11：________；12：________。

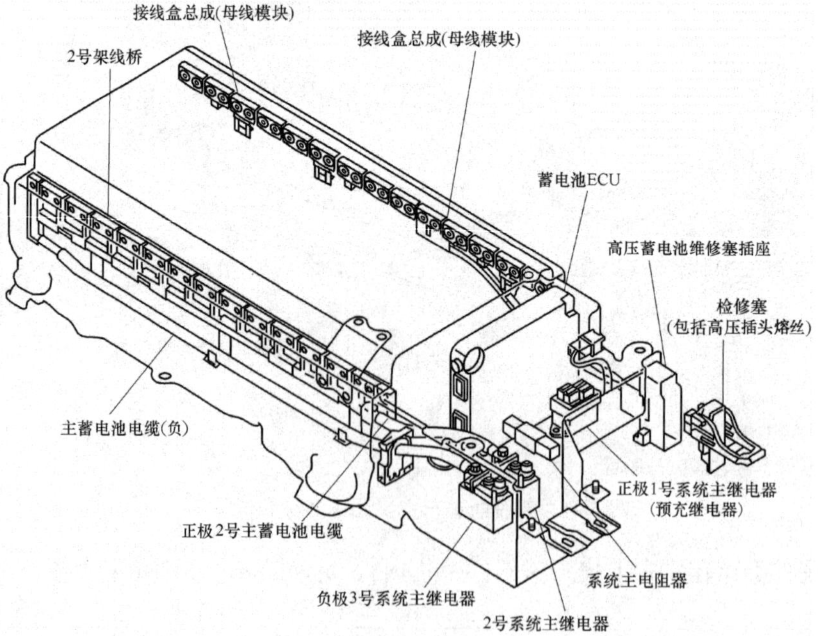

图 4-3　普锐斯高压蓄电池箱元件名称和位置

【完成任务】请在实车上找到图 4-4 中的元件，并将找到的元件名称写在下面。

1：________________；2：________________；3：________________；4：________________；

5：________________；6：________________；7：________________；8：________________；

9：________________；10：________________；11：________________；12：________________；

13：________________；14：________________；15：________________；16：________________；

17：________________；18：________________；19：________________；20：________________。

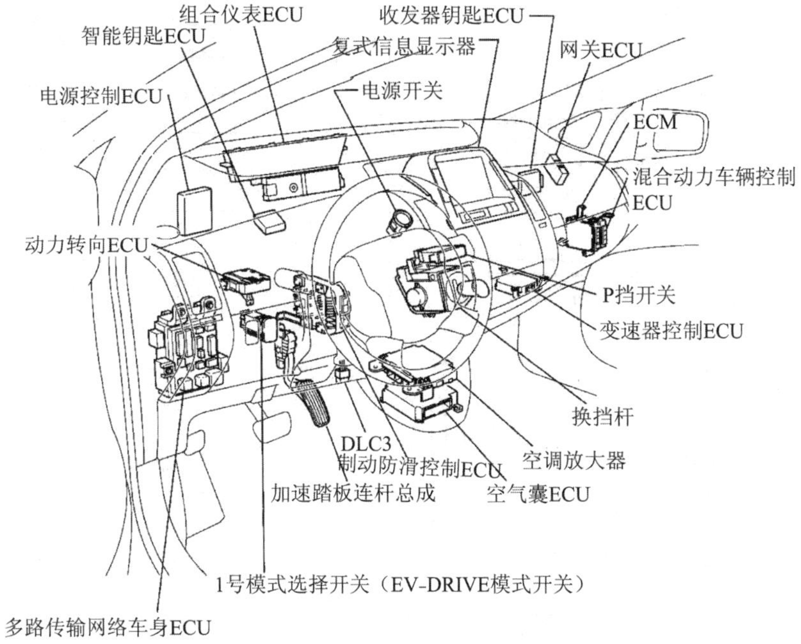

图 4–4　普锐斯仪表台附近主要元件名称和位置

2．系统简述

THS-II 控制系统如图 4-5 所示。

（1）HV 控制 ECU 控制概述

HV 控制 ECU 控制 MG1、MG2、发动机、再生制动控制和 HV 蓄电池 SOC。这些部件由挡位、加速踏板位置和车速决定。

HV 控制 ECU 监控 SOC 和 HV 蓄电池、MG1 和 MG2 的温度，以便更好地控制这些项目。

挡位在 N 挡时，HV 控制 ECU 切断电源，关闭 MG1 和 MG2。

如果驱动车轮失去牵引力，则 HV 控制 ECU 发挥电机索引力控制功能来限制 MG2 转动，以保护行星齿轮组并避免 MG1 产生过流。

为保护高压电路并确保电路安全切断，HV 控制 ECU 利用 3 个继电器连接并切断高压电路来进行 SMR 控制。

（2）ECM 控制概述

ECM 接收到来自 HV 控制 ECU 的电源需求值和目标转速，并控制 ETCS-i 系统、燃油喷射量、点火正时和 VVT-i 系统。

（3）变频器控制概述

根据 HV 控制 ECU 提供的信号，变频器将直流电（HV 蓄电池）转换为交流电（MG1 和 MG2），反之亦然。另外，变频器将 AC（MG1）的电力供给 AC（MG2）。然而，当电流从 MG1 到 MG2 的过程中，电流在变频器内变为直流电。

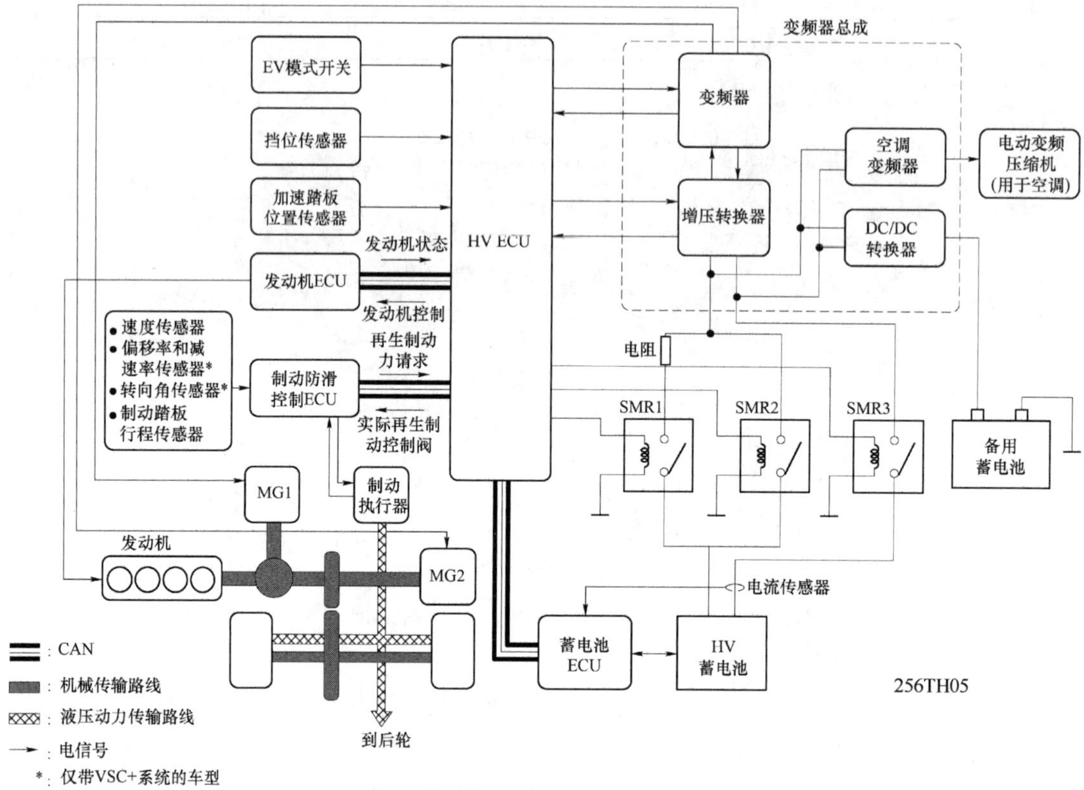

图 4–5　混合动力普锐斯动力流、信号流、电力流示意图

HV 控制 ECU 发送信号到变频器内部的功率晶体管以切换 MG1 和 MG2 的 U、V 和 W 相来驱动 MG1 和 MG2。

如果 HV 控制 ECU 收到来自变频器的过热、过流或异常电压信号，它会停止工作。

（4）增压转换器控制

根据 HV 控制 ECU 提供的信号，增压转换器将直流电 201.6 V（用于 HV 蓄电池）的正常电压升到直流电 500 V 的最高电压。

由 MG1 和 MG2 产生的 AC 500 V 的最高电压通过变频器转为直流电，增压转换器根据 HV 控制 ECU 的信号将直流电降至 DC 201.6 V。

（5）转换器控制

DC/DC 转换器将直流电 201.6 V 的正常电压降至直流电 12 V 以向车身电气部件供电，同时也对备用蓄电池（DC 12V）进行再充电。

转换器保持备用蓄电池端子的恒定电压。

（6）空调变频器控制

空调变频器将 HV 蓄电池正常电压从直流电 201.6V 改变为交流电 201.6V，给运行空调系统电动压缩机提供电力。

（7）MG1 和 MG2 主控制

MG1 由发动机控制旋转，产生高压（交流 500 V 的最高电压）以运行 MG 并给 HV 蓄电池充电。同时，MG1 也可作启动机来启动发动机。

MG2 主要将多余的电流供应给发动机，以提高整体驱动力。制动过程中或未踩下加速踏板时，MG2 产生电荷给 HV 蓄电池重新充电（再生制动系统）。

速度传感器检测到 MG1 和 MG2 的速度和位置后，将其输出到 HV 控制 ECU。

安装在 MG2 上的温度传感器检测到 MG2 的温度并将其输送到 HV 控制 ECU。

（8）制动防滑控制 ECU 控制概述

制动时，制动防滑控制 ECU 计算总制动力并传输再生制动力请求到 HV 控制 ECU。接收到此信号，HV 控制 ECU 就计算出再生制动力所需的数量并将其发送到制动防滑控制 ECU。根据这个值，制动防滑控制 ECU 计算并执行所需的液压制动力。

（9）蓄电池 ECU 控制概述

蓄电池 ECU 检测 HV 蓄电池的状况并控制冷却风扇，以使 HV 蓄电池保持在预测温度范围内，以此来有效地控制这些组件。

（10）换挡控制概述

HV 控制 ECU，根据挡位传感器提供的信号检测挡位（P、R、N、D 或 B），并控制 MG1、MG2 和发动机，以建立适合选择挡位的行驶条件。

变速器控制 ECU 通过 HV 控制 ECU 提供的信号检测到驾驶员已按下 P 挡开关。然后，变速器控制 ECU 运行换挡控制执行器以机械地锁止变速驱动桥。

（11）碰撞控制

发生碰撞时，如果 HV 控制 ECU 收到来自空气囊 ECU 的空气囊张开信号，或来自位于变频器内部的断路器传感器的执行信号，则关闭 SMR 和电源开关以使整个电源停止工作。

（12）电机驱动模式控制

驾驶员手动按下位于仪表板的 EV-drive 模式开关时，如果所需条件满足，则 HV 控制 ECU 只通过 MG2 行驶车辆。

（13）巡航控制系统运行控制

当安装在 HV 控制 ECU 中的巡航控制 ECU 收到巡航控制开关信号时，它计算巡航控制所需数值，并计算发动机、MG1 和 MG2 的驱动力以达到最佳运行效果。

（14）指示灯和警告灯点亮控制

使指示灯点亮或闪烁，以提示驾驶员车辆状况或系统故障。

（15）诊断

HV 控制 ECU 检测到故障时，HV 控制 ECU 诊断并存储故障对应的值。

（16）安全保护

当 HV 控制 ECU 检测出故障时，HV 控制 ECU 根据已经存储在存储器中的数据决定停止或控制执行器和各个 ECU。

4.2 ECU 供电系统检修

1．蓄电池 ECU

（1）简述

HV-ECU 根据从蓄电池 ECU 接收到的故障信号来提示驾驶员，并使安全保护控制起作用。例如来自蓄电池 ECU 异常信号输入（ROM/RAM 故障）检修 HV 蓄电池系统和蓄电池 ECU。

（2）监控说明

HV-ECU 一接收到来自蓄电池 ECU 的异常信号输入，就点亮 MIL 并设定 DTC。HV-ECU 计算已接收的 HV 蓄电池电压、增压转换器电压和变频器电压间的差。如果任一差值超过指定值，则 HV-ECU 判定蓄电池电压电路存在故障。如果 HV-ECU 检测到故障，则将点亮 MIL 并设定 DTC。

（3）检查步骤

提示：修理故障之后，重新启动系统（打开 READY 灯）并再次检查 DTC。

① 读取输出 DTC（HV 蓄电池）。

（a）将智能测试仪连接到 DLC3；

（b）打开电源开关（IG）；

（c）打开智能测试仪；

（d）进入下列菜单：Powertrain/HV Battery/DTC；

（e）读取 DTC。

蓄电池 ECU 将 HV 蓄电池电压的信息通过 CAN 通信传送到 HV-ECU。出现 HV 蓄电池电压电路故障，请检查 HV 蓄电池电压电路：如维修塞插头、高压熔丝、蓄电池维修塞、蓄电池 ECU。

② 检查步骤。

注意在检查高压系统之前，采取安全措施以避免发生触电事故。例如，戴上绝缘手套来拆下维修塞插头。下维修塞插头后，将它放入口袋内，防止在维修高压系统时，其他技师重新将它连接。

断开维修塞插头后，5 分钟内请不要接触任何高压连接器或端子。

提示：至少需要 5 分钟对变频器内的高压电容器进行放电。

2．电源控制 ECU 供电

如图 4-6 和图 4-7 所示，制动踏板踩下过程中，驾驶员同时按下电源开关，电源控制 ECU 发送 ST 信号到 HV-ECU。

HV 控制 ECU 监控 ST 信号以检测故障。如果 ST 信号不能满足+B 的电源需要，ST 将会持续打开，这将导致 HV 系统仅通过打开电源开关（IG）启动。HV 控制 ECU 监控 ST 信号以防止此类情况发生。

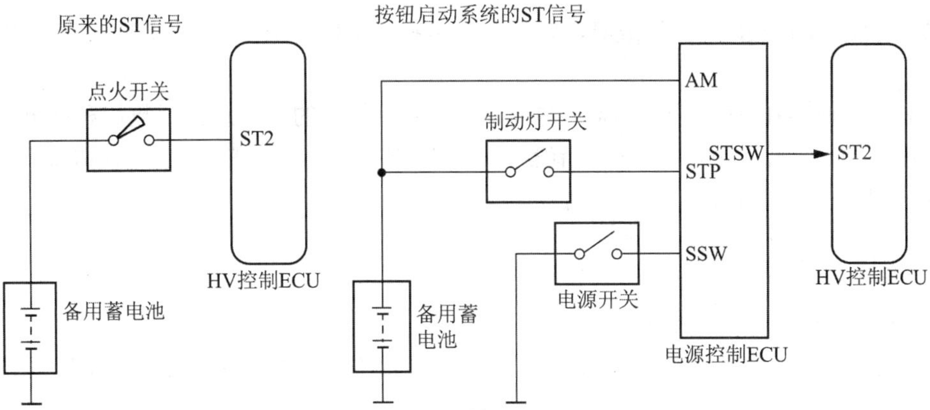

图 4-6 电源 ECU 供电控制方式

电源开关关闭时，HV 控制 ECU 的 ST 信号打开，若有故障检查线束或连接器和电源控制 ECU。

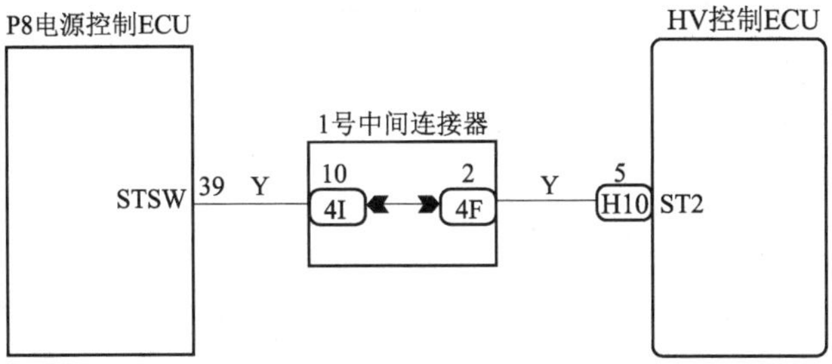

图 4-7 供电开关启动信号间接传输给 HV-ECU 电路图

检查步骤：

① 检查混合动力车辆控制 ECU（ST2 电压）；

② 检查线束和连接器（混合动力车辆控制 ECU-电源控制 ECU）。

HV 控制 ECU 进行大量诊断测试以确认 ECU 系统内部和外部是否正确运行。

① HV 控制 ECU 在其中一项诊断中检查发电机 CPU 自行测试结果。如果 HV 控制 ECU 通过发电机 CPU 自行测试检测到“Fail（故障）”，则会判定发电机 CPU 出现内部故障。

② HV 控制 ECU 进行大量诊断测试以确认 ECU 系统内部和外部是否正确运行。HV 控制 ECU 在其中一项监控中检查电机主 CPU 串行通信。如果 HV 控制 ECU 检测到故障，则会判定从 HV 控制 ECU 到电机主 CPU 串行通信都存在内部故障。

③ HV 控制 ECU 进行诊断监控以确认 ECU 系统内部和外部是否正确运行。HV 控制 ECU 在其中一项监控中监控电机主 CPU 电源。

④ HV 控制 ECU 在此诊断监控中检查电机解角传感器有无 R/D（解角传感器/数据转换器）故障。如果 HV 控制 ECU 检测到 R/D 故障，则将判定电机解角传感器存在内部故障。

⑤ HV 控制 ECU 在其中一项诊断中检查电机 CPU 自行测试结果。如果 HV 控制 ECU 通过电机 CPU 自行测试检测到“Fail（故障）”，则会判定电机主 CPU 出现内部故障。

⑥ HV 控制 ECU 在其中一项诊断中监控 HV 控制 ECU 重要的 RAM 电路。

如果 HV 控制 ECU 检测到重要的 RAM 电路故障，则将判定 HV 控制 ECU 存在内部故障。

⑦ HV 控制 ECU 在此项诊断监控中检查来自电机主 CPU 的 REF 信号有无故障。如果

HV 控制 ECU 检测到 REF 信号故障，则将判定电机主 CPU、REF 信号或 HV 控制 ECU 存在故障。

⑧ HV 控制 ECU 在此项诊断监控中检查 CAN 控制器的通信总断开数量和信息调节器。如查检测到通信总线断开数或信息调节器故障，则将判定 HV 控制 ECU 存在故障，HV 控制 ECU 点亮 MIL 并设定 DTC。

3. ECU 供电系统

（1）简述 VSI

如图 4-8 所示，蓄电池 ECU 将 IG2 电压信息通过 CAN 通信传送到 HV-ECU。

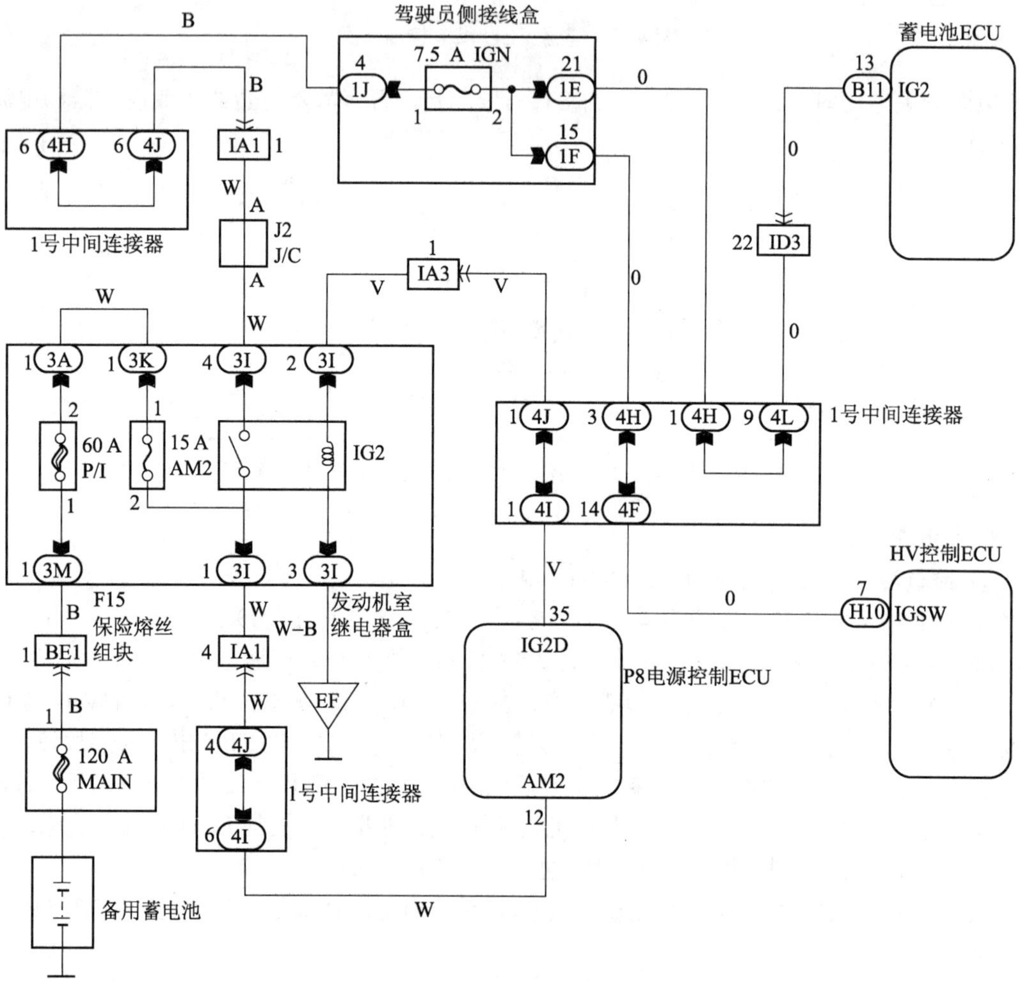

图 4-8　电源系统控制电路图

（2）监控说明

电源开关打开（IG）时，若所发送蓄电池 ECU 的 IG2 电压低，HV-ECU 判定蓄电池 ECU 的 IG2 端子存在电路故障。HV-ECU 检测到故障时会点亮 MIL 并设定 DTC。

4．HV 主继电器

如图 4-9 所示为 HV-ECU 供电电路图。HV 控制 ECU 通过监控 IGCT 继电器和 IG2 继电器来检测故障。

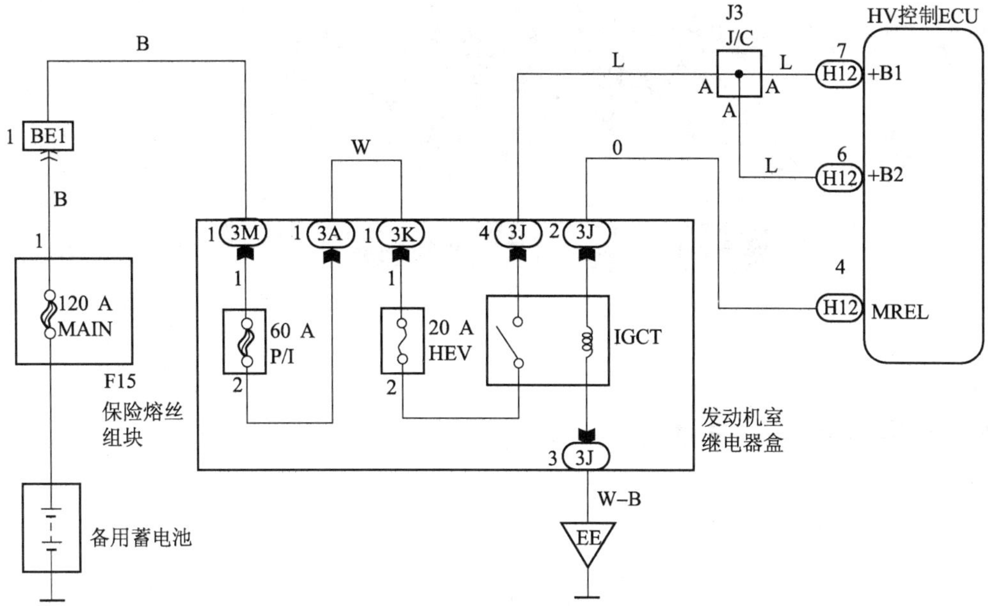

图 4–9　HV-ECU 供电电路图

5．故障检修

出现 IGCT 继电器始终关闭的情况时，检修线束或连接器和集成继电器（IGCT 继电器）；出现 IG2 逻辑矛盾的情况时，检修线束或连接器和集成继电器（IG2 继电器）。

·第5章·

蓄电池管理系统检修

5.1 蓄电池管理系统元件

1. 高压系统元件分布

高压系统主要相关元件的零部件位置如图 5-1 所示。

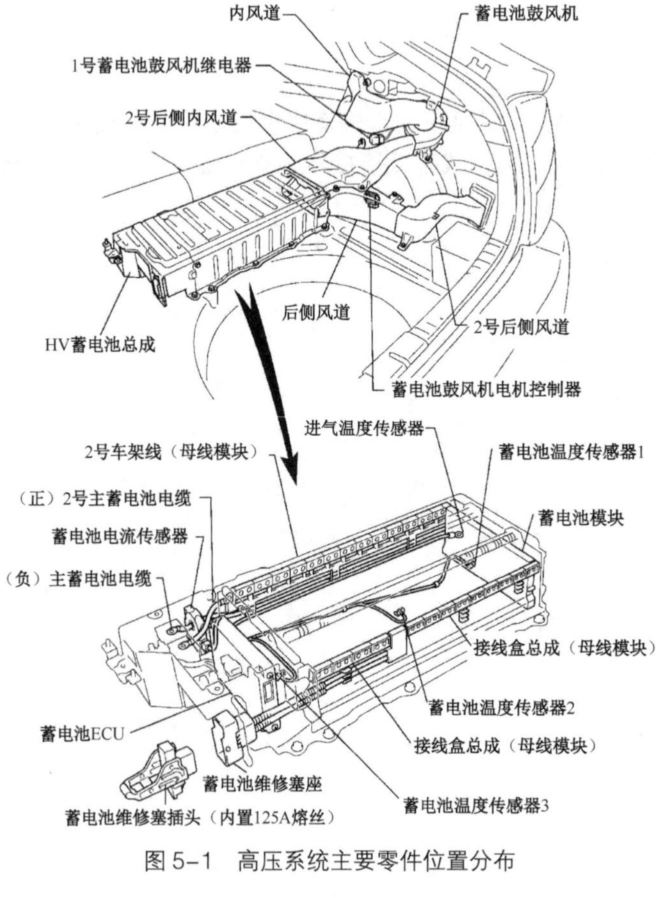

图 5-1　高压系统主要零件位置分布

【完成任务】请在实车上找到图 5-1 中的元件，并将找到的元件名称写在下面。

1：______________；2：______________；3：______________；4：______________；
5：______________；6：______________；7：______________；8：______________；
9：______________；10：______________；11：______________；12：______________；
13：______________；14：______________；15：______________；16：______________；
17：______________；18：______________；19：______________；20：______________；
21：______________；22：______________。

2. 电池管理系统电路

混合动力蓄电池系统图如图 5-2 和图 5-3 所示。

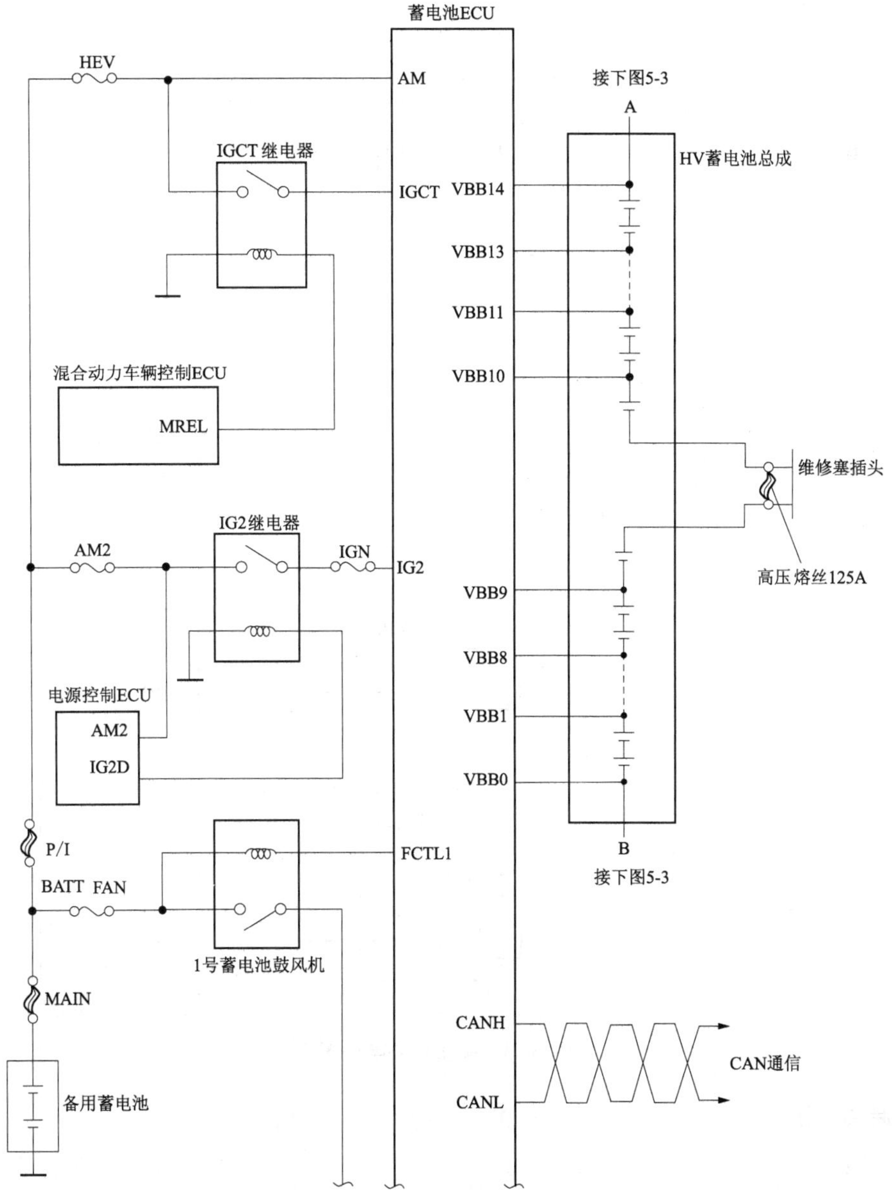

图 5-2　高压系统电路图

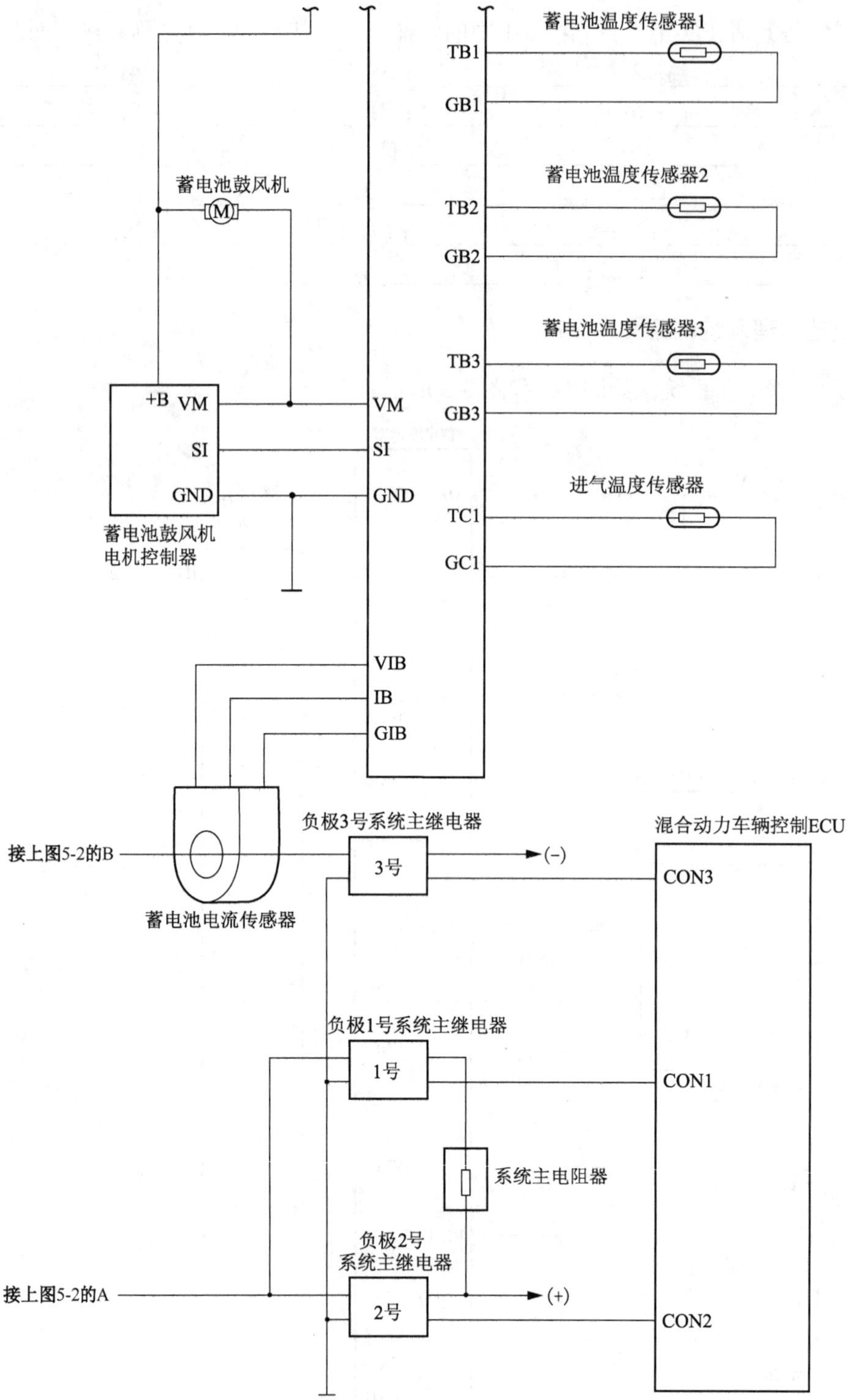

图 5-3　高压系统电路图

3. 通信系统

（1）系统简述

混合动力蓄电池系统的主要作用是通过使用蓄电池 ECU 监控 HV 蓄电池总成的状况，并将此信息传送给 HV-ECU。此外，混合动力蓄电池系统控制蓄电池鼓风机电机控制器，以使 HV 蓄电池总成的温度保持在适当的范围内。蓄电池 ECU 使用 CAN（控制器区域网络）保持与混合动力车辆控制 ECU、ECM 和空调放大器的通信。

提示：因为蓄电池 ECU 连接到 BEAN(Body Electrical Area Network，车身电气区域网络)，所以数据通过网关 ECU 传送。如图 5-4 所示为系统通信网络电路图。

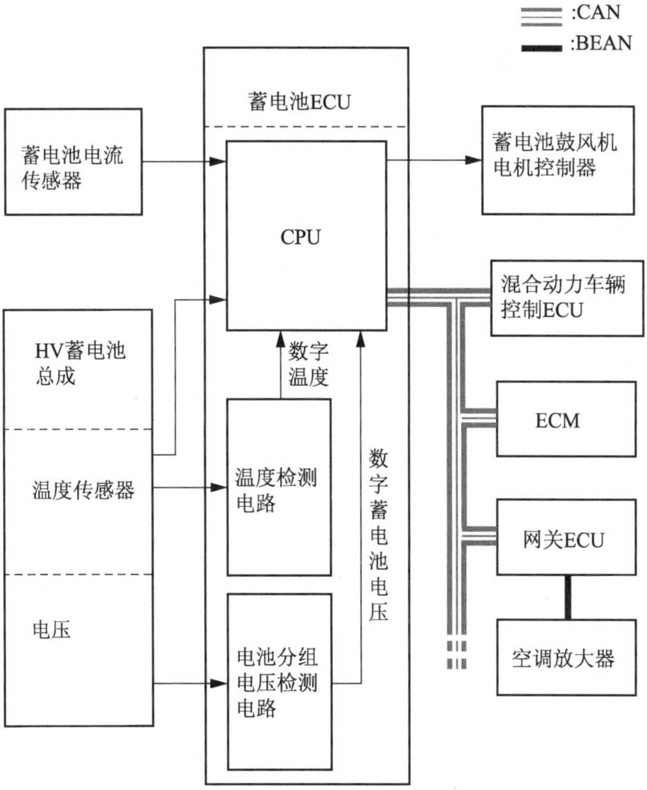

图 5-4　系统通信网络电路图

（2）控制说明

① HV 蓄电池总成管理和安全保护功能。

● 车辆加速时，蓄电池总成放电。车辆减速时，蓄电池总成通过转换制动能量充电。蓄电池 ECU 根据电压、电流和温度测算 HV 蓄电池的 SOC（充电状态），然后将结果发送至 HV-ECU。结果，混合动力车辆控制 ECU 根据 SOC 执行充电和放电控制。

● 如果故障发生，则蓄电池 ECU 执行安全保护功能，依照故障程度保护 HV 蓄电池总成。

② 蓄电池鼓风机电机控制。

● 车辆行驶时，为了控制 HV 蓄电池总成温度的升高，蓄电池 ECU 根据 HV 蓄电池总成的温度决定并控制蓄电池鼓风机的操作模式。

③ MIL 照明控制。

● 如果蓄电池 ECU 检测到影响排气的故障，它将把 MIL 照明请求输送给混合动力车辆控制 ECU。（蓄电池 ECU 不直接点亮 MIL。）

④ 检查间歇性故障。

● 进行模拟测试：

a．在模拟测试中，根据客户所述故障和用 DTC 记录的定格数据，再现故障发生时的行驶状态；

b．检查连接器和端子；

c．拨动线束和连接器。

5.2 蓄电池管理系统检修

【技师指导】实用的蓄电池管理系统包括蓄电池温度管理和蓄电池电压一致性监测。蓄电池电压一致性监测可以及时对电压一致性不好的蓄电池进行更换。如出现过高电压和过低电压的蓄电池，管理系统会及时报出蓄电池的箱号和位号。

1．HV 蓄电池故障

（1）简述

HV 控制 ECU 根据从蓄电池 ECU 接收到的异常信号向驾驶员发出警告并进行安全保护控制。

（2）故障检修

蓄电池 ECU 异常信号输入可以来自 HV 蓄电池系统故障、高压熔丝熔断、HV 蓄电池冷却系统故障，这时应检修 HV 蓄池系统和蓄电池 ECU。

由于车辆位于 N 挡、燃油耗尽或 HV 控制系统出现故障而导致 HV 蓄电池的 SOC（充电量）减少时，要检修 HV 控制系统、燃油不足和 HV 蓄电池总成。

2．冷却风扇控制

（1）简述

如图 5-5 所示为蓄电池组冷却风扇控制电路图。鼓风机电机控制器调节蓄电池鼓风机的电压。鼓风机电机控制器带有铝制散热片，从后侧风道向 HV 蓄电池总成吹入空气，对安装在后侧风道里的鼓风机电机控制器进行制冷。电流从蓄电池 ECU 的 FCTL1 端子流向 1 号蓄电池鼓风机继电器的继电器线圈；当继电器触点闭合时，则向蓄电池鼓风机供电。蓄电池 ECU 输出风扇运行信号时，鼓风机电机控制器调节施加给蓄电池鼓风机的电压（VM），以便获得需要的风扇转速。调节电压同时以监控信号的形式输送给蓄电池 ECU 的 VM 端子。鼓风机电机控制器通过监控蓄电池鼓风机+B 端子的电压来纠正鼓风机电机的电压。

FCTL1 控制 1 号蓄电池鼓风机继电器工作，开关闭合向蓄电池鼓风机供电，+B 向电机控制器供电，VM 端子监测电机控制器的分压，SI 是根据温度传感器确定的占空比信号，用于驱动功率三极管。

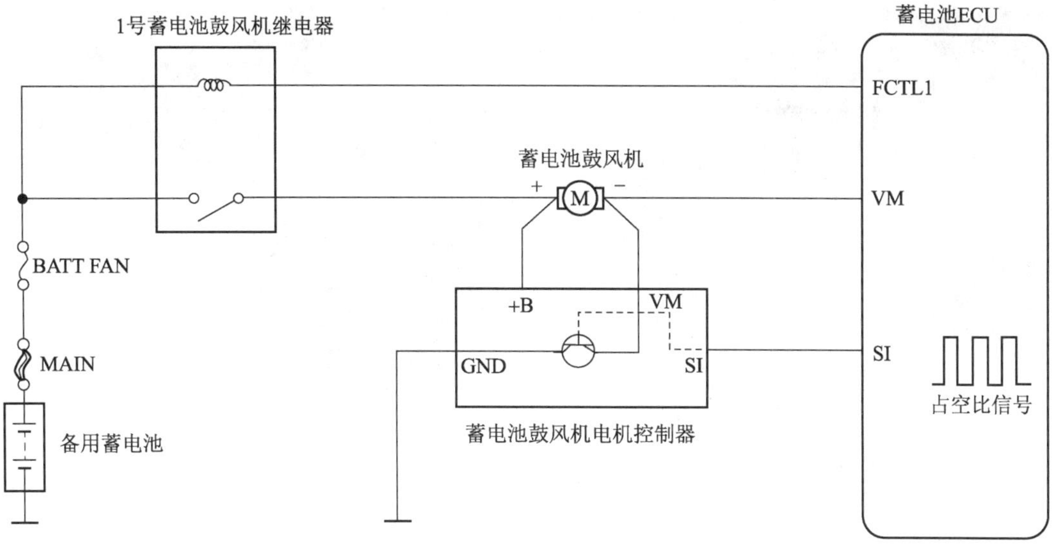

图 5–5 蓄电池组冷却风扇控制电路图

【**技师指导**】FCTL1 是 Fan Control 1 的缩写，VM 是 Voltage Monitor 的缩写，SI 是 Signal Input 的缩写。

（2）故障检修

出现车速恒定时，蓄电池鼓风机电压低于故障极限或高于故障极限应检修故障可能发生部位：线束或连接器、BATT FAN 熔丝、1 号蓄电池鼓风机继电器（线圈通断和触点电阻）、蓄电池鼓风机（采用加电法）、后侧风道（蓄电池鼓风机电机控制器）、蓄电池 ECU。

蓄电池鼓风机控制器如图 5-6 所示，鼓风机接线器如图 5-7 所示。

图 5–6 蓄电池鼓风机控制器

图 5–7 蓄电池鼓风机

3．高压熔丝

尽管互锁开关已嵌合，VBB9 和 VBB1O 端子间电压仍低于标准值（1 次检查逻辑），检修高压熔丝、维修塞插头、蓄电池维修塞和蓄电池 ECU。

检查维修塞插头、维修塞和高压熔丝电阻小于 1Ω 时，如图 5-8 和图 5-9 所示，检查蓄电池维修塞端子间的电阻。标准电阻 A-C、B-D 和熔丝间电阻要小于 1Ω。

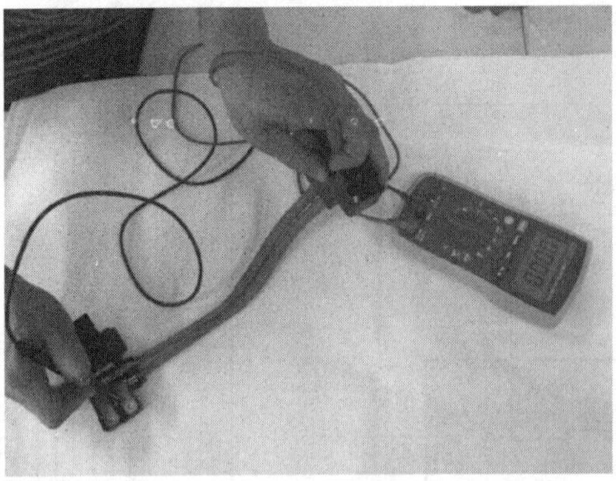

图 5-8　高压导线电阻测量 0Ω

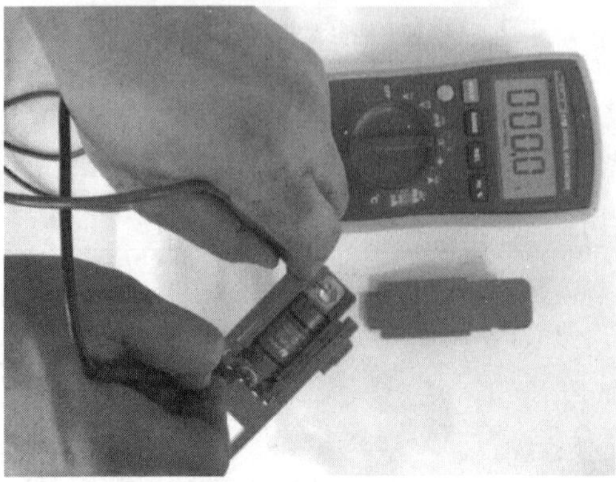

图 5-9　熔丝测量 0Ω

4．电流传感器电路

（1）简述

如图 5-10 所示为安装在 HV 蓄电池总成负极电缆侧的蓄电池电流传感器，检测流入 HV 蓄电池的电流值。蓄电池电流传感器向蓄电池 ECU 的 IB 端子输入一个电压，根据电流值在 0～5 V 变化，如图 5-11 所示。蓄电池电流传感器的输出电压低于 2.5 V 时指示 HV 蓄电池总成正在充电；高于 2.5 V 时指示 HV 蓄电池总成正在放电。

蓄电池根据输入到 IB 端子的信号来决定 HV 蓄电池总成的充电和放电，并通过确定电流值测算 HV 蓄电池的 SOC（充电状态）。

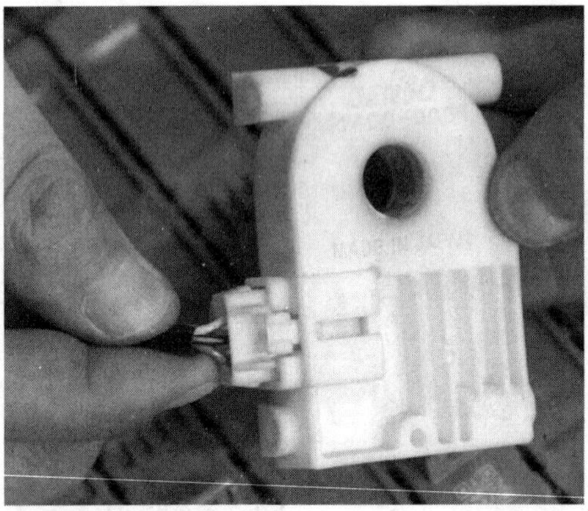

图 5-10　霍尔电流传感器

（2）传感器监测图和信号输出（见图 5-11）

（3）故障检修

传感器线路电路如图 5-12 所示。出现蓄电池电流传感器的电源、电流传感器故障，电流传感器内电压低、蓄电池电流传感器内电压高时应检测 HV 蓄电池总成（线束或连接器）、蓄电池电流传感器和蓄电池 ECU。

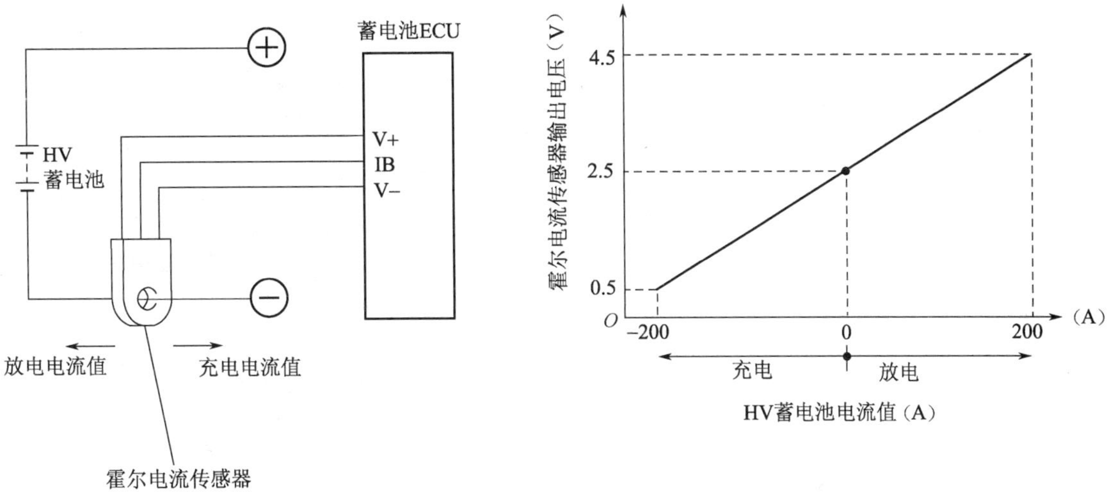

图 5-11 霍尔电流传感器测量电路电压信号输出

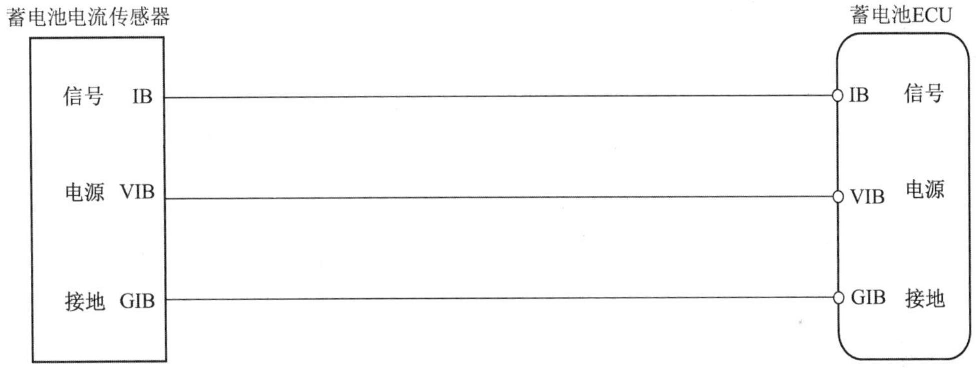

图 5-12 霍尔电流传感器电路图

5. 电池温度传感器

（1）简述

在 HV 蓄电池总成的底部安装有 3 个蓄电池温度传感器。封闭在每个蓄电池温度传感器里的热敏电阻的阻值随着 HV 蓄电池总成温度的改变而改变。蓄电池温度越低，热敏电阻的阻值越高。相反，温度越高，则阻值越低。

蓄电池 ECU 使用蓄电池温度传感器来检测 HV 蓄电池总成的温度。根据该检测结果，蓄电池 ECU 控制蓄电池鼓风机。这样，HV 蓄电池温度上升到预定温度时，鼓风机风扇启动。如图 5-13 所示为蓄电池温度传感器温度和电阻的关系，如图 5-14 所示为蓄电池温度传感器电路图。

（2）故障检修

出现蓄电池温度传感器故障，温度传感器内电阻小，温度传感器内电阻大时，应检修 HV 蓄电池总成（HV 蓄电池温度传感器）和蓄电池 ECU。

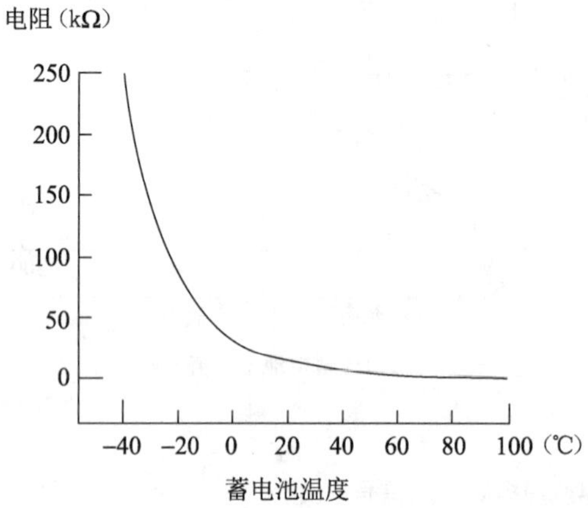

图 5-13　蓄电池温度传感器温度和电阻的关系

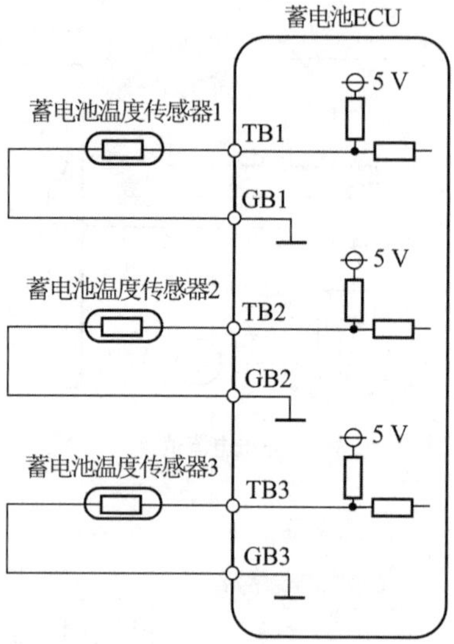

图 5-14　蓄电池温度传感器电路图

6．空气度传感器

（1）简述

如图 5-15 所示为蓄电池组空气温度传感器电路图。进气温度传感器位于 HV 蓄电池总成上，它的电阻值随着进气温度改变而改变。进气温度传感器的特性与蓄电池温度传感器的特性相同。蓄电池 ECU 使用进气温度传感器的信号调节蓄电池鼓风机的空气流速。

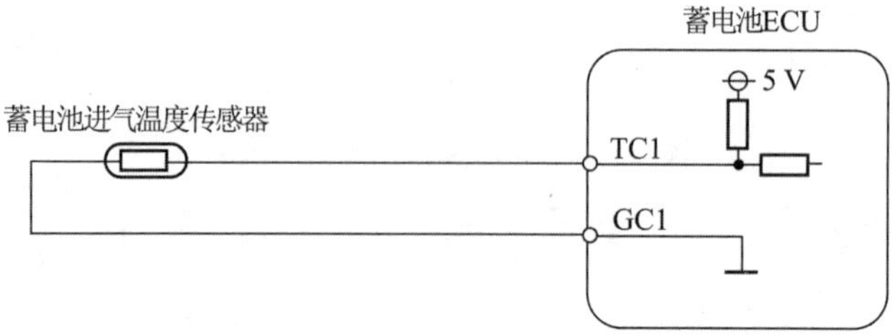

图 5-15　蓄电池组空气温度传感器电路图

（2）故障检修

进气温度传感器检测到开路或+B 短路显示-45℃，或 GND 短路显示 95℃（1 次检查逻辑），检修 HV 蓄电池总成（进气温度传感器）和蓄电池 ECU。

7．蓄电池系统电压

（1）简述

如图 5-16 所示为蓄电池分组电压采集电路图。出现以下任一状况（1 次检查逻辑）：各蓄电池盒电压低于 2V（2 组电池一监测），或所有蓄电池盒电压为-24～2V。故障可能发生部位为接线盒总成（母线模块）、2 号车架线（母线和线束）、蓄电池 ECU。

（2）故障检修

检查接线盒总成（母线模块）。如图 5-17 所示为镍氢蓄电池模块的串联。检查是否将 2 号车架线螺母拧紧至规定扭矩。扭矩：5.4 N·m。检查 2 号车架线（母线模块）各连接器电阻应小于 1Ω。

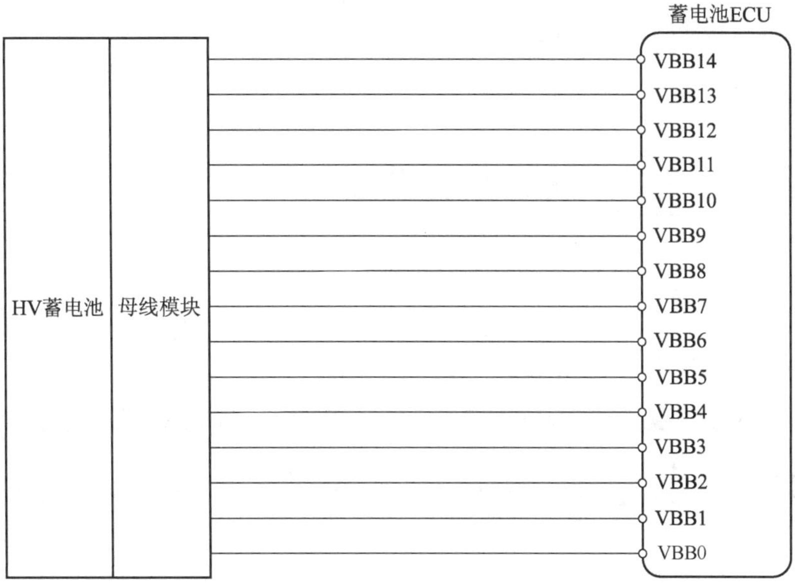

图 5-16　蓄电池分组电压采集电路图

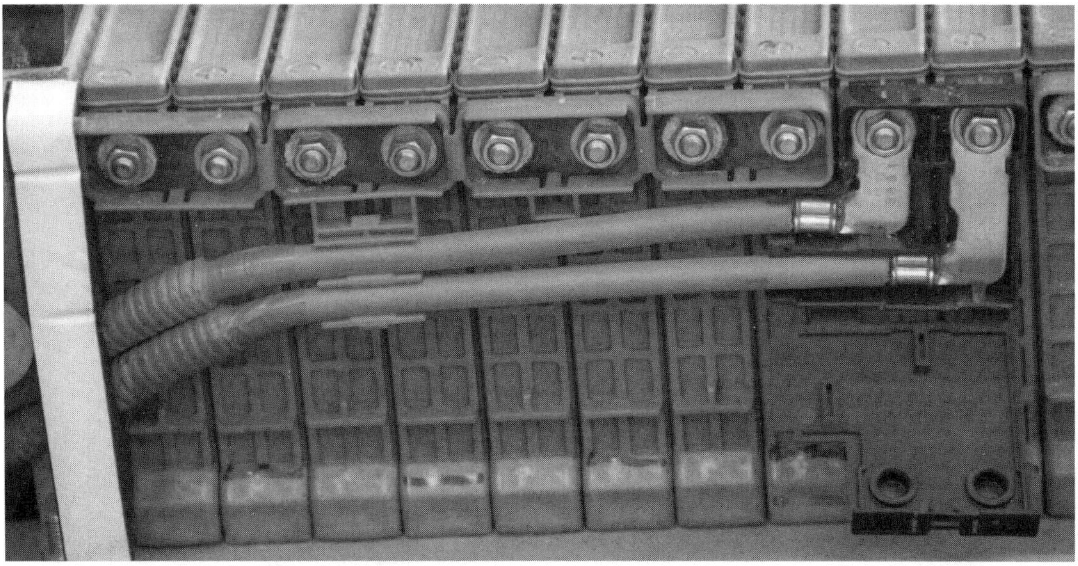

图 5-17　镍氢蓄电池模块的串联

第二代普锐斯电池共 168 块，分成 28 组，每组 6 块，每 12 块为一个被检单元，共 14 个被检单元，读取 Data List 时，当发现 14 个被检单元的最大电压和最小电压大于 0.3V 时，蓄电池被检为单元间电压差大。说明蓄电池有损坏，应尽快更换，否则将导致 168 块电池寿命大大缩短。所有被检单元电压相差应在 0.3V 以内，否则应更换电池。

8．蓄电池 ECU 与 HV-ECU 通信中断

蓄电池 ECU 通过 CAN（控制区域网络）通信接收来自混合动力车辆控制 ECU、发动机 ECM 和网关 ECU 的信号。

出现与发动机 ECM 的 CAN 通信故障（无信号接收）或混合动力车辆控制 ECU 的 CAN

通信故障（无信号接收）时，应检修 CAN 通信系统。

5.3 蓄电池 ECU 动态数据流

蓄电池管理 ECU 动态数据流共 8 页，如图 5-18～图 5-25 所示，其动态分析过程略（详见作者 bmdcar.com 试车的动态数据分析）。

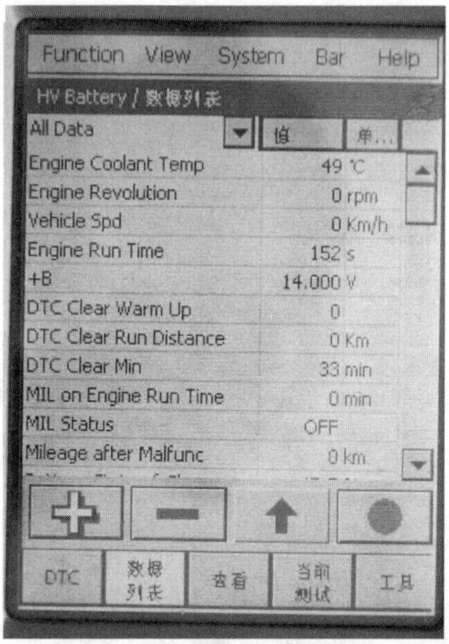

图 5-18　数据流第 1 页

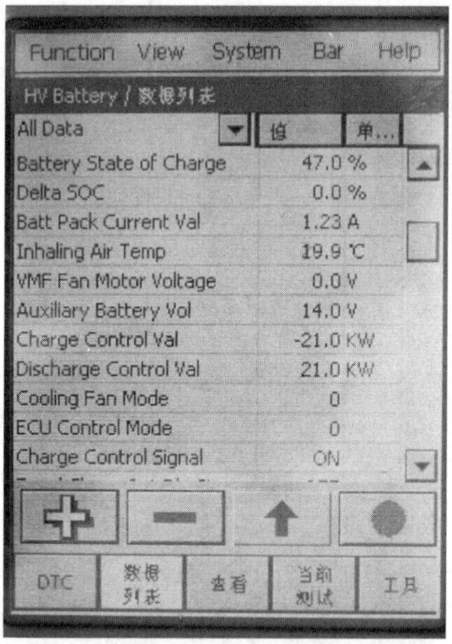

图 5-19　数据流第 2 页

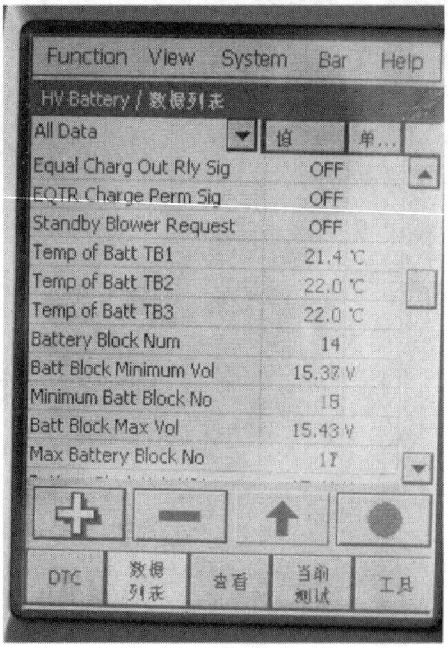

图 5-20　数据流第 3 页

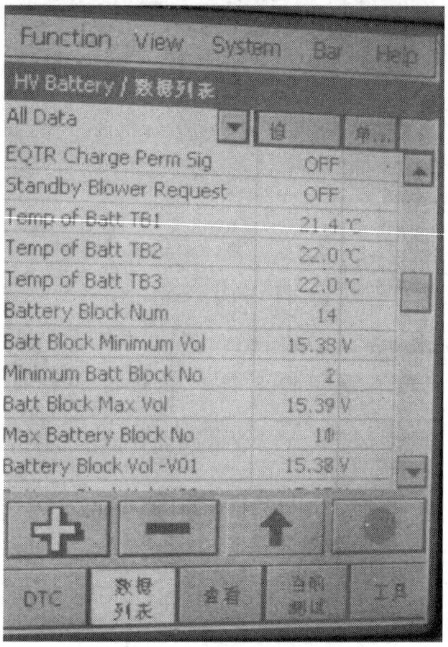

图 5-21　数据流第 4 页

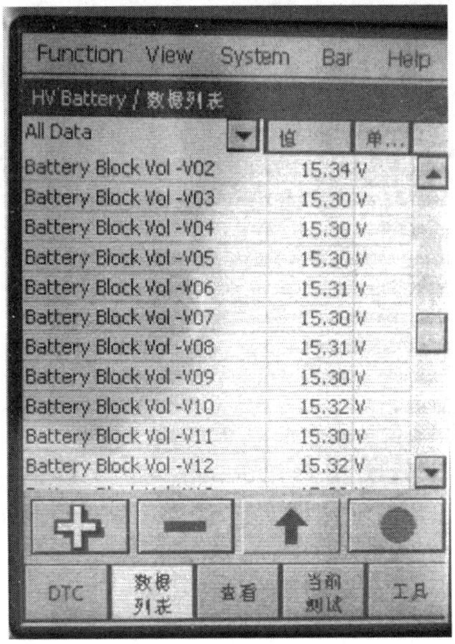

图 5-22 数据流第 5 页

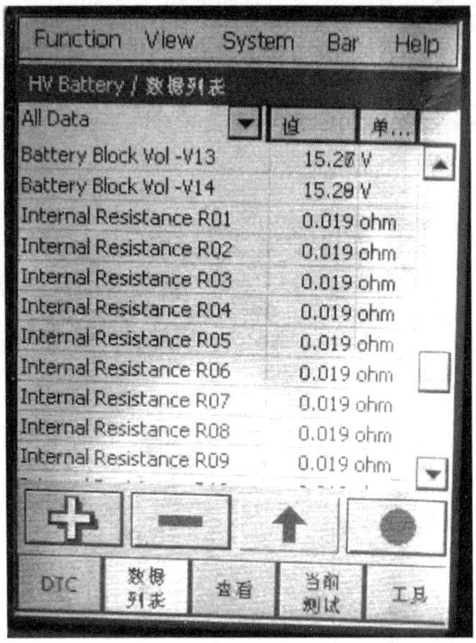

图 5-23 数据流第 6 页

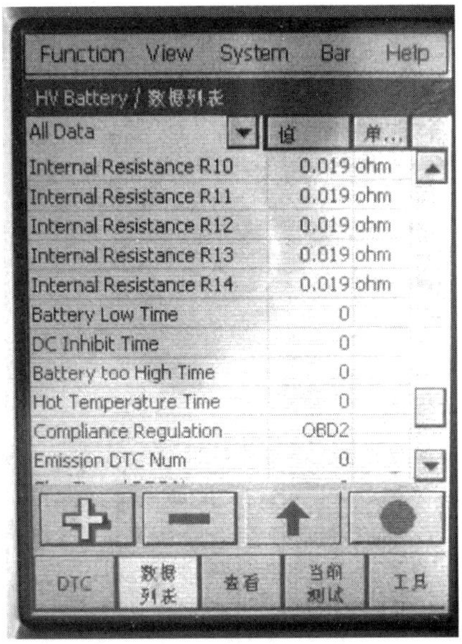

图 5-24 数据流第 7 页

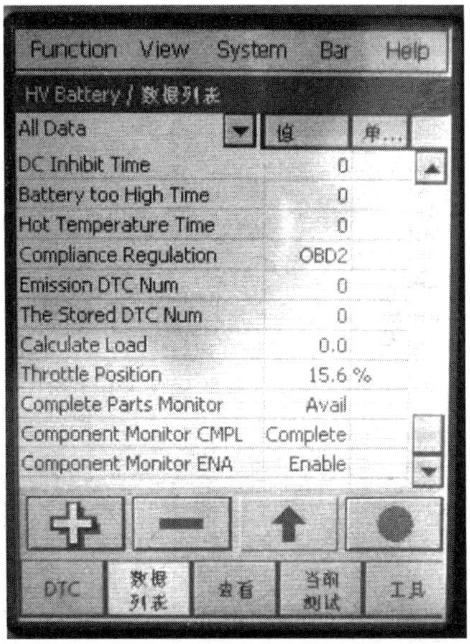

图 5-25 数据流第 8 页

·第 6 章·

高压配电箱检修

6.1 系统主继电器

1.高压配电系统电路

如图 6-1 所示为系统供电电路图。如果 1 号到 3 号任一系统主继电器粘接，则可能不能关闭高压系统，HV-ECU 监控 3 个系统继电器（System Main Relay，SMR），如果发现任一继电器有故障，则停止系统供电。

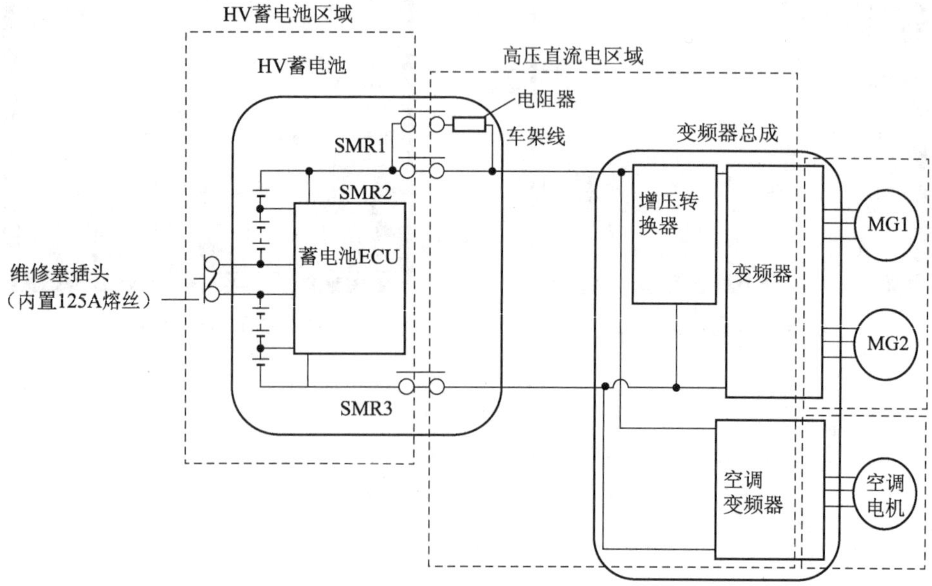

图 6–1　系统供电电路图

2．系统继电器工作原理

SMR（系统主继电器）根据 HV-ECU 的请求连接和断开高压电源电路。SMR 由 3 个继电器（1 个用于负极侧，2 个用于正极侧）组成以保证安全运行。连接时，SMR1 和 SMR3 先打开。接着，SMR2 打开且 SMR1 关闭。这个过程通过限制所允许流过电阻的额定电流值使电路免受高压大电流的冲击。断开时，SMR2 和 SMR3 依次关闭。

6.2 系统主继电器检修

1．继电器正确关闭检查

HV-ECU 检查继电器是否正确关闭。HV-ECU 监控 SMR（CON1、CON2 和 CON3）的正常工作状况来检查故障，如图 6-2 所示为高压系统上电控制电路图，即在继电器正确工作后，变频器应接收到 201.6V 的电压。

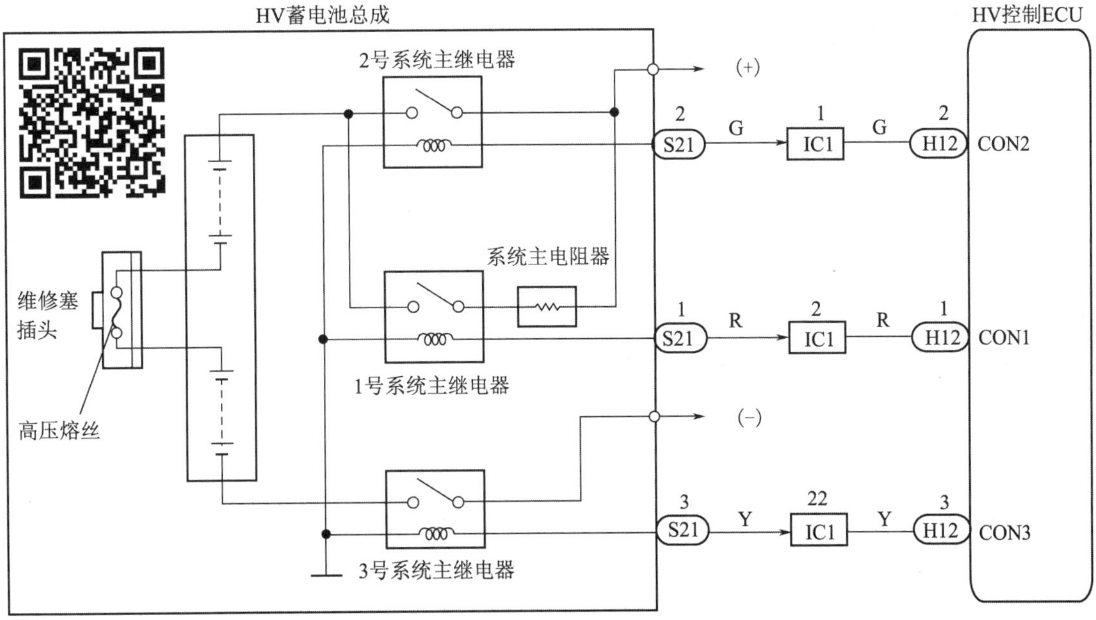

图 6-2　高压系统上电控制电路图

如图 6-3 所示系统主电阻为 20Ω，图 6-4 所示的蓄电池管理 ECU 为日本电装公司配套。

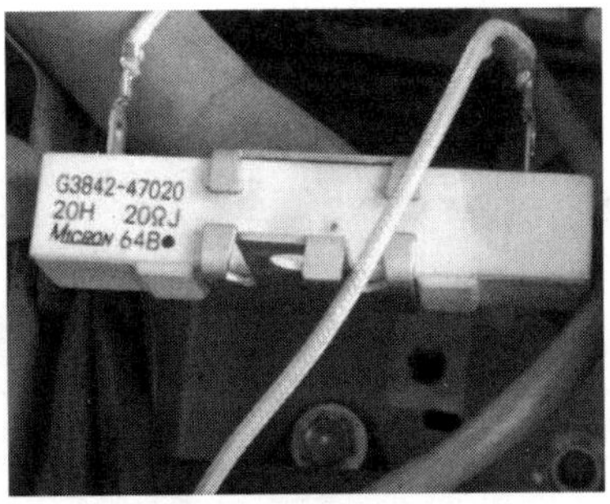

图 6-3　系统主电阻

图 6-4　蓄电池管理 ECU

● 故障检修

出现 HV 蓄电池正极侧的系统主继电器端子持续闭合，应检修 1 号系统主继电器和 2 号系统主继电器。

出现 HV 蓄电池正极侧和负极侧的系统主继电器端子持续关，应检修 1 号系统主继电器、2 号系统主继电器、3 号系统主继电器。

2．系统绝缘检查

混合动力蓄电池电压系统绝缘故障包括：高压电路和车身的绝缘电阻小；空调压缩机电机或空调变频器的绝缘电阻小；HV 蓄电池、蓄电池 ECU、系统主继电器或系统主电阻器的绝缘电阻小。

HV 变速驱动桥或电机和发电机变频器的绝缘电阻小；电机和发电机变频器、空调变频器、系统主继电器、系统主电阻器或车架线的绝缘电阻小。

空调高压系统绝缘电阻在 3MΩ 上（与系统有压缩机机油有关系），其他高压系统绝缘电阻在 10MΩ 上。

3．系统主继电器检查

（1）检查 2 号正极系统主继电器

将 2 个安装螺母分别安装到负极和正极端子。扭矩为 5.6 N • m。

① 用欧姆表测量正极和负极端子间的电阻。标准电阻为 10 kΩ 或更大，如果不符合标准，则更换 2 号系统主继电器。

② 用欧姆表将电压加到连接器端子间，然后测量正极和负极端子间的电阻。标准电阻小于 1 Ω，2 号系统主继电器线圈标准电阻为 20～50 Ω。

（2）混合动力蓄电池负极接触器电路持续关

① 简述

HV-ECU 监控 3 号系统主继电器（CON3）的正常运行情况来检查故障。

② 监控说明

HV-ECU 监控 3 号系统主继电器（CON3）的正常运行情况。如果 HV-ECU 检测到 VH 继电器电路开路、对+B 短路或 GND 短路故障，则 HV-ECU 点亮 MIL 并设定 DTC。

·第 7 章·

DC/DC 转换器原理与检修

7.1 升压 DC/DC 转换器

1. 升压 DC/DC 组成

如图 7-1 所示，增压转换器将 HV 蓄电池输出的额定电压 DC 201.6V 增压到 DC 500V 的最高电压。转换器包括增压 IPM（集成功率模块），其中内置的 IGBT（绝缘栅极双极型晶体管）进行转换控制，而反应器存储能量。通过使用这些组件，转换器将电压升高。MG1 或 MG2 作为发电机工作时，变频器通过其一将交流电 201.6V 转换为 201.6V 到 500V，然后增压转换器将其降低到 DC 201.6V 为 HV 蓄电池充电。

升压 DC/DC 本身在制动或减速时有降压充电功能，所以也称双向 DC/DC。升压直流斩波电路由 HV 蓄电池、电抗器（电感）L、V7、V8 两个智能模块（IPM）、二极管 D7、D8 和电容器 C1 组成。双向 DC/DC 工作原理可通过升压和降压来说明。

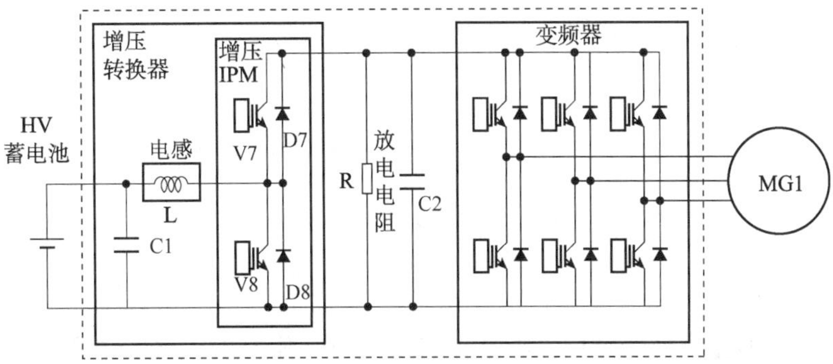

图 7–1　增压和降压转换器

2. 升压 DC/DC 原理

（1）升压工作原理

如图 7-1 所示，升压时，HV-ECU 控制 V8 导通，此时电感 L 吸能，在 V8 瞬间关闭时使电抗器上的感应电动势与 HV 蓄电池 DC 201.6V 电压串联叠加提供高压 500V 电源，通过二极管 D7 导入直流母线的正极线，波动的电流经电容 C2 存储以形成滤波，这时就产生了稳定的 500V 直流。电阻 R 阻值很大，可以不考虑。

（2）降压工作原理

如图 7-1 所示，发电机发出的直流脉动 500V 到达母线后，需要降至 DC 201.6V，再向蓄电池充电。降压电路由 V7 快速通断，电流经电感 L 开始分压大约 300V，经电容器 C1 滤波后，向蓄电池充电。

7.2 升压 DC/DC 转换器检修

在第 9 章图 9-1 变频器总成内部结构图中找到关于增压转换器控制的 7 个端子，本节主要讲解这 7 个端子的具体意义和检修方法。

1. OVL DC/DC 转换器过压

（1）简述

增压转换器检测到电路故障或过压时，通过增压转换器过压信号线路将此信息传输至 HV-ECU 的 OVL 端子。HV-ECU 监控增压转换器过压信号线路并检测故障。如图 7-2 所示为 OVL DC/DC 转换器过压电路图。

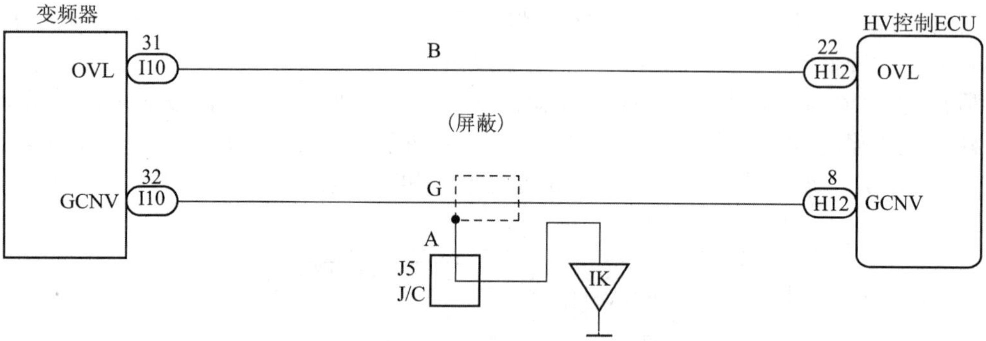

图 7-2　OVL DC/DC 转换器过压电路图

【技师指导】OVL 是 OVER Voltage 的缩写，意为过电压，此信号用于升/降压控制，影响 CPWM 的输出。

（2）监控说明

HV-ECU 监控增压转换器过压（OVL）信号线路。如果 HV-ECU 检测到 OVL 信号电路开路或短路故障，则 HV-ECU 点亮 MIL 并设定 DTC。

（3）信号线故障检修

出现增压转换器过压（OVL）信号电路开路或 GND 短路，增压转换器过压（OVL）信号电路+B 短路，请检修线束或连接器和带转换器的变频器总成。

（4）过压故障检修

如果增压转换器检测到电路故障或过压，则增压转换器通过增压转换器过压信号线路将此信息传输至 HV-ECU 的 OVL 端子。

可能出现增压转换器过压（OVL）信号的原因有 HV-ECU 故障导致过压，由变频器总成故障导致过压和由 HV 变速驱动桥总成故障导致过压。这时应检修如下器件：

① 线束或连接器；

② HV 变速驱动桥总成；

③ 混合动力车辆电机；

④ 混合动力车辆发电机；

⑤ HV-ECU；

⑥ 带转换器的变频器总成。

2．FCV 增压转换器故障

（1）简述

如果增压转换器出现电路故障、内部短路或过热，则增压转换器通过增压转换器故障信号线路将此信息传输至 HV-ECU 的 FCV 端子。HV-ECU 监控增压转换器故障信号线路并检测故障。如图 7-3 所示为 FCV 增压转换器故障输出电路图。

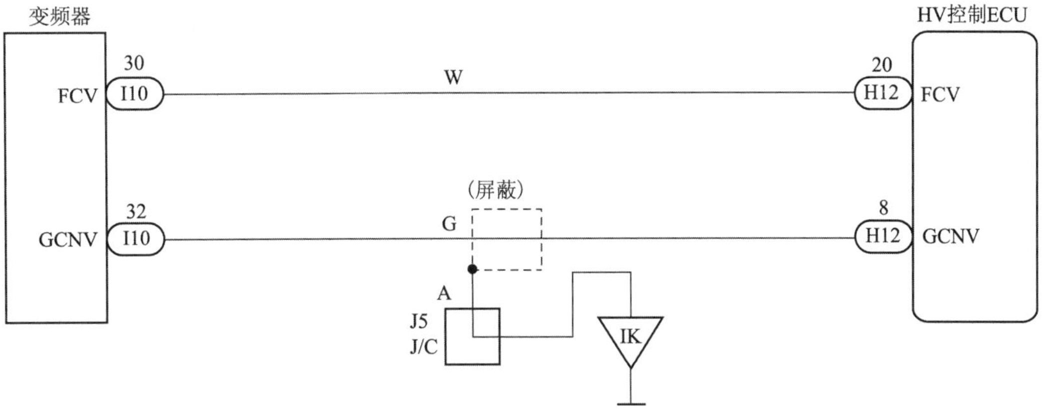

图 7–3　FCV 增压转换器故障输出电路图

【技师指导】FCV 是 Fault Converter 意为有故障的转换器或转换器有故障，转换器这里特指增压转换器。

（2）监控说明

HV-ECU 监控增压转换器故障（FCV）信号线路。如果 HV-ECU 检测到 FCV 信号电路开路或短路故障，则 HV-ECU 点亮 MIL 并设定 DTC。

（3）信号线故障检修

出现增压转换器故障（FCV）信号电路开路或 GND 短路，增压转换器故障（FCV）信号电路对+B 短路应检修线束或连接器和带转换器的变频器总成。

（4）信号线故障内容检修

如果增压转换器出现电路故障、内部短路或过热，则增压转换器通过增压转换器故障信号线路将此信息传输至 HV-ECU 的 FCV 端子。增压转换器过热故障可能发生部位如下：

① 线束或连接器；
② 变频器冷却系统；
③ 带电机和支架的水泵总成；
④ 冷却风扇电机；
⑤ 2 号冷却风扇电机；
⑥ HV 变速驱动桥总成；
⑦ 混合动力车辆电机；
⑧ 混合动力车辆发电机；
⑨ HV-ECU；
⑩ 带转换器的变频器总成。

增压转换器故障（FCV）信号检测可由 HV-ECU 故障导致过流，由变频器总成故障导致过流，由 HV 变速驱动桥总成故障导致过流。故障可能发生部位如下：

① 线束或连接器；
② HV 变速驱动桥总成；
③ 混合动力车辆电机；
④ 混合动力车辆发电机；
⑤ HV-ECU；
⑥ 带转换器的变频器总成。

3. CSDN 增压转换器门关闭

（1）简述

如图 7-4 所示为 CSDN 增压转换器门关闭电路图，一接收到 HV-ECU 的增压转换器门关闭信号，增压转换器将关闭激活增压转换器的功率晶体管强制停止增压转换器的工作。HV-ECU 监控增压转换器门关闭信号线路并检测故障。

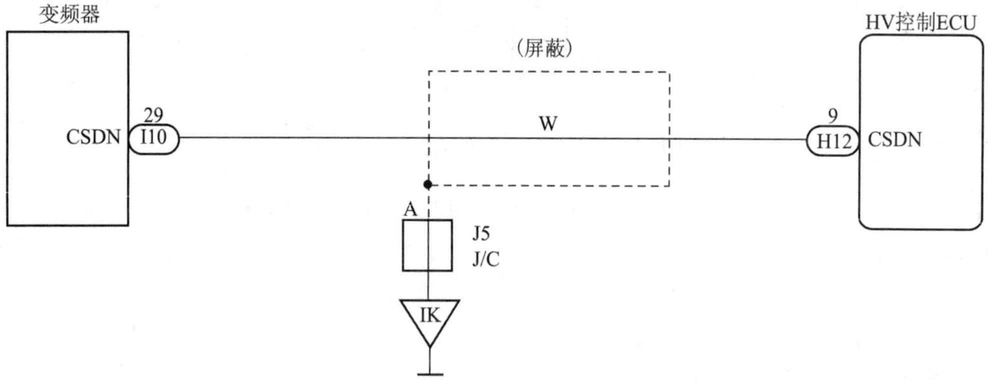

图 7–4 CSDN 增压转换器门关闭电路图

【技师指导】 CSDN 是 Control Signal Down 的缩写，意为驱动信号关闭。

（2）监控说明

HV-ECU 监控增压转换器门关闭（CSDN）信号线路。如果 HV-ECU 检测到 CSDN 信号电路开路或短路故障，则 HV-ECU 点亮 MIL 并设定 DTC。

（3）（CSDN）信号线自检

增压转换器门关闭（CSDN）信号电路对 GND 短路，增压转换器门关闭（CSDN）信号电路开路或对+B 短路，增压转换器门关闭（CSDN）信号电路开路等应检修线束或连接器和带转换器的变频器总成。

4．CT 增压转换器温度信号

（1）简述

HV-ECU 用安装在增压转换器内的温度传感器来检测增压转换器的温度。增压转换器温度传感器根据温度的变化输出值在 0～5 V 变化。增压转换器温度越高，输出电压越低。相反温度越低，电压越高。

根据增压转换器温度传感器输送的信号，HV-ECU 限定负荷以防止增压转换器过热。而且，HV-ECU 检测增压转换器温度传感器配线和温度传感器自身的故障。

如图 7-5 所示为 CT 增压转换器温度传感器信号输出。

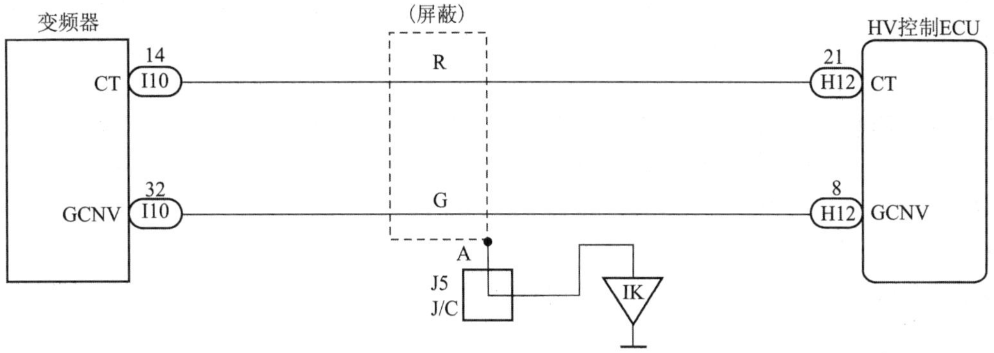

图 7–5　CT 增压转换器温度传感器信号输出

【技师指导】CT 是 Converter Temperature 的缩写，意为信号是用于温度控制或要去控制温度，增压转换器自身有功率损耗生热，当温度过高时，温度传感器输出的信号用于控制电动水泵和散热器风扇。而传统汽车散热器风扇仅由发动机温度和空调高压管压力控制。

（2）传感器信号输出

如图 7-6 所示为增压转换器温度传感器电压与温度关系。

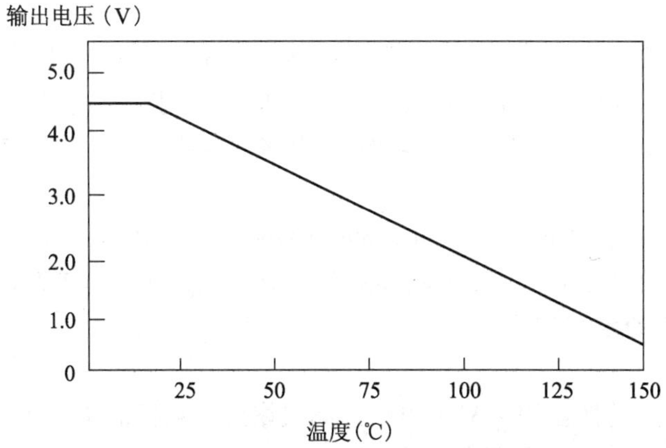

图 7–6　增压转换器温度传感器电压与温度的关系

（3）线束故障

HV-ECU 监控增压转换器温度传感器电路。如果 HV-ECU 检测到此传感器电路出现开路或短路故障，HV-ECU 点亮 MIL 并设定 DTC。出现增压转换器温度传感器电路开路或对 GND 短路显示 205℃，对+B 短路时显示-50℃，或增压转换器电压（VL）传感器出现性能故障时，应检修线束或连接器、带转换器的变频器总成和 HV-ECU。

5. 蓄电池电压监测和 DC/DC 增压后电压监测

（1）简述

HV-ECU 用两个电压传感器 VL 和 VB 来检测电压水平。VL 输出电压传感器内置于增压转换器内，用于检测增压前的电压。VB 传感器内置于蓄电池 ECU 内，用于检测 HV 蓄电池电压，VL 和 VB 的电压几乎相同，除非有压降。

（2）监控说明

HV-ECU 监控 HV 蓄电池电压（VB）和增压转换器输入电压（VL）传感器信号。如果 VB 和 VL 传感器间的电压出现较大差异，HV-ECU 判定 VB 和 VL 传感器出现故障。HV-ECU 点亮 MIL 并设定 DTC。

【技师指导】随蓄电池放电和充电，蓄电池电压在一个较大的范围内变化，不是标准数值 201.6V，VB 电压监测输入升压转换器的电压，从而初步确定了从蓄电池电压升至目标电压用的 PWM 调制波的百分数。

（3）故障检修

出现 HV 蓄电池电压（VB）传感器和增压转换器输入电压（VL）传感器间的电压差大时故障可能发生部位如下：

① 线束或连接器；

② 带转换器的变频器总成；

③ 检修塞插头；

④ 高压熔丝；

⑤ 蓄电池 ECU。

6. CPWM 增压控制 PWM 调制波

（1）简述

为改变流入电阻器的电流，增压转换器根据接收的来自 HV-ECU 控制功率晶体管的驱动信号，打开或关闭功率晶体管。增压转换器通过 PWM 来调节开关的持续时间（脉宽调制）控制增压电压。HV-ECU 监控增压转换器 PWM 电路并检测故障。如图 7-7 所示为 CPWM 增压控制 PWM 调制。

【技师指导】CPWM 是 Converter Pulse Width Modulator 的缩写，意为脉冲宽度调节控制。HV-ECU 根据蓄电池的实际电压 VL 和增压后的电压 OVL，调节 CPWM 端子来控制升压/降压转换器中 V8 和 V7 的控制信号。

（2）监控说明

HV-ECU 监控增压转换器的 PWM 电路。如果增压转换器的 PWM 电路驱动功率晶体管的信号有误，则 HV-ECU 判定增压转换器 PWM 电路出现故障。HV-ECU 点亮 MIL 并设定 DTC。

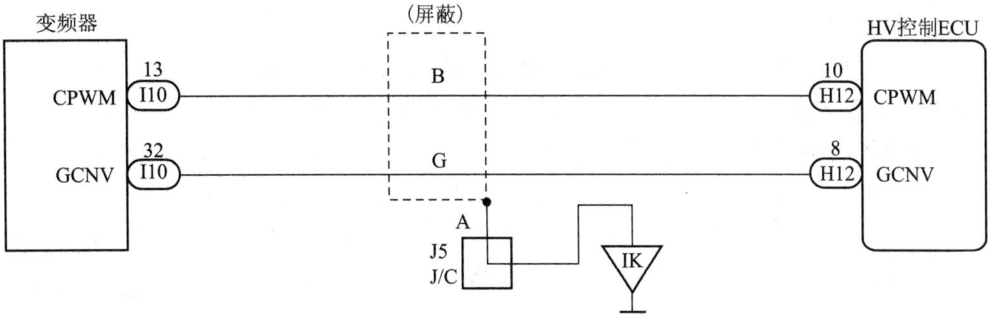

图 7-7　CPWM 增压控制 PWM 调制

7. VL 增压转换器输入电压传感器信号输出

（1）简述

HV-ECU 用安装在增压转换器内的电压传感器来检测增压前的高压进行增压控制，增压转换器电压传感器输出电压，该电压在 0～5V 变化，实际在 1.9～3.4V 变化。传感器电压越高，蓄电池输出电压越高，HV-ECU 监控增压转换器电压传感器过压信号线路并检测故障。

如图 7-8 所示为电压传感器信号输出，图 7-9 所示为 VL 增压转换器电压传感器信号输出电路图。

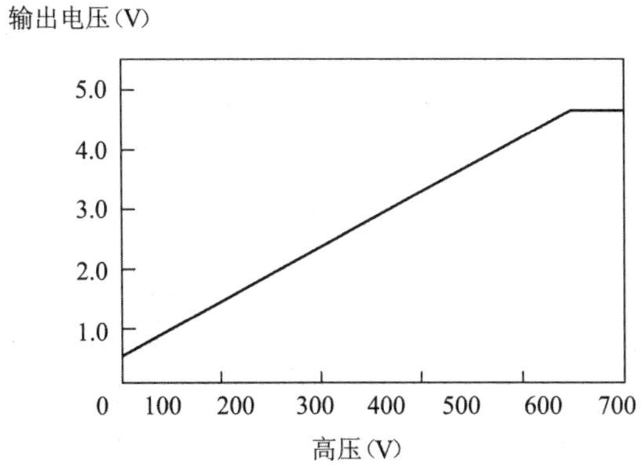

图 7-8　电压传感器信号输出

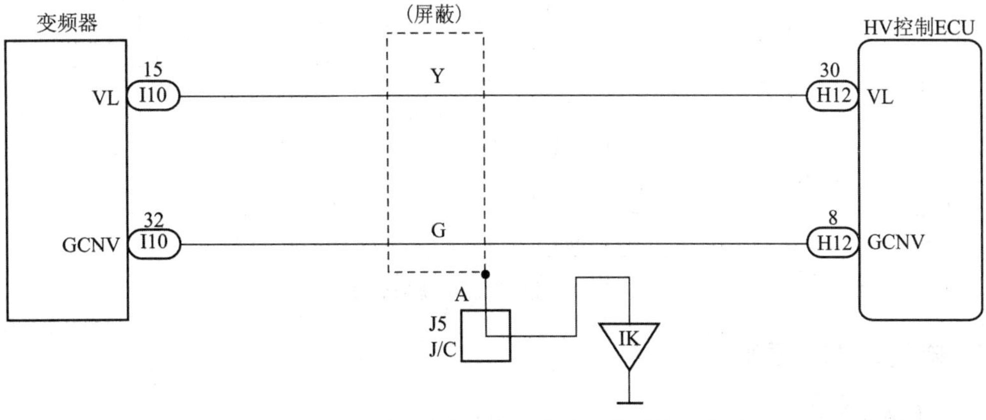

图 7-9　VL 增压转换器电压传感器信号输出电路

【技师指导】VL 电压传感器测量升压前的电压，从而精确控制增压后的电压输出。

（2）故障检修

出现增压转换器电压（VL）传感器电路开路或对 GND 短路将显示 0V，而对+B 短路将显示 510V 时，应检修线束或连接、带转换器的变频器总成和 HV-ECU。

增压转换器温度传感器输出突变或输出偏移应检修线束或连接器、变频器冷却系统、带电机和支架的水泵总成、冷却风扇电机、2 号冷却风扇电机和带转换器的变频器总成。

在传统汽车上电源由 12V 蓄电池和 12V 发电机组成。在电动汽车上没有 12V 发电机，需要将高压蓄电池的电能通过直流/直流转换为 12V，此时 DC/DC 的作用相当于传统汽车的发电机。

7.3 降压 DC/DC 转换器

1. 降压 DC/DC 组成

由于第二代混合动力普锐斯发电机输出额定电压为 DC 201.6 V，因此，需要转换器将这个电压降低到 DC12V 来为备用蓄电池充电。这个转换器安装于变频器的内部。12V DC/DC 转换器原理如图 7-10 所示。

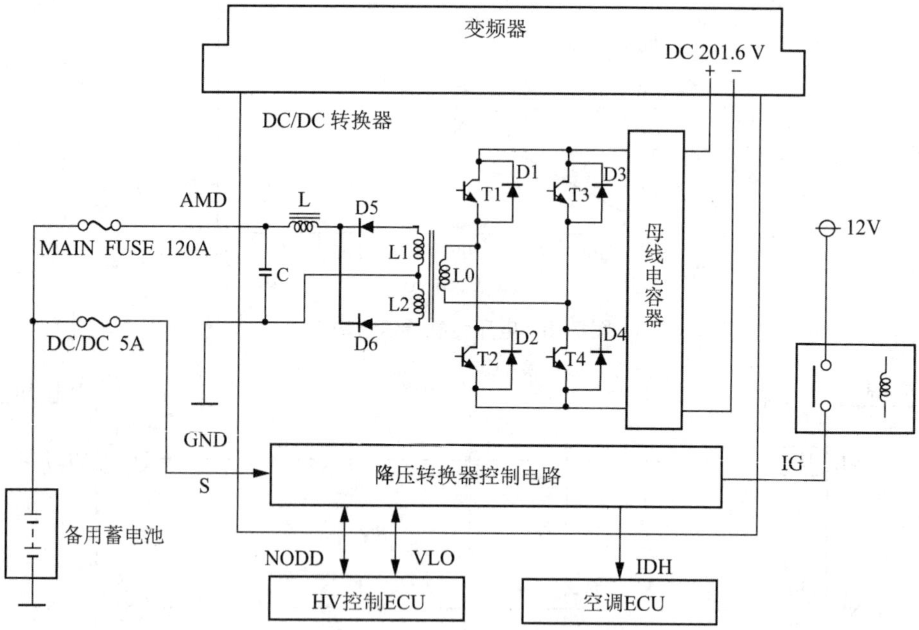

图 7-10　DC/DC 系统原理图

2. 降压 DC/DC 原理

（1）形成交流电

在初级线圈 L0 侧用四个开关管 T1、T2、T3、T4 振荡出一个交流电，方法是让开关管 T1、T4 导通一次，再让 T2、T3 导通一次，反复这样做将直流电转换为交流电。

（2）整流、滤波

在次级侧的线圈 L1、二极管 D5 和线圈 L2、二极管 D6 形成两个半波整流路，再经线圈 L 和电容 C 形成的 LC 滤波电路滤波。电流经 AMD 端子输出，再经 120A 熔丝向 12V 蓄电池充电。

（3）电压反馈

S 端子的作用是监测 12V 蓄电池的电压，在 12V 蓄电池的充电电压低时让 DC/DC 提升充电电压。在 12V 蓄电池的充电电压高时让 DC/DC 降低充电电压。本质相当于传统汽车的蓄电池电压检测法。

【完成任务】用万用表测量 12V 蓄电池的开路电压和不同工况的端电压，把测得的电压值写入表格，要求精确到小数点后两位。

工况	开路电压	供电开关 OFF	供电开关 ON	供电开关 READY	发动机启动后
电压					

写出 12V 降压 DC/DC 在什么工况下才向蓄电池充电？________________。

S（Sensor）端子感应蓄电池端电压，用于 DC/DC 输出电压调节，AMD（Ampere Direct）为直流，VLO（HV-ECU 对 DC/DC 的控制信号）电压过低 IDH（空调 PTC 加热禁止信号）输入直流电压高。

【技师指导】传统 S 线是发电机电压调节器进行蓄电池电压检测线，是 Source 电源的缩写。当蓄电池端电压偏离基准值时，电压调节器作出反向的电压调节。AMD 线相当于发电机的+B 线。

7.4 降压 DC/DC 转换器检修

1. NODD 信号

如图 7-11 所示，HV-ECU 用 NODD 信号线路可发送停止转换指令到达 DC/DC 转换器，并接收 DC/DC 的 12V 充电系统状态正常或异常的信号。

HV-ECU 通过 NODD 端子监控 DC/DC 转换器电路的状态。如果 ECU 检测到 DC/DC 转换器内部电路故障，将停止转换器的操作，这时备用蓄电池无法充电，电压会逐渐降至 11 V 以下，则 ECU 输出故障码。

DC/DC 转换器的 NODD 信号电路开路或 GND 短路，以及 DC/DC 转换器的 NODD 信号电路+B 短路这两种故障时，要检修线束、连接器和带转换器的变频器总成。

如果车辆在 DC/DC 转换器不工作的情况下行驶，备用蓄电池的电压将会降低，这将妨碍车辆继续行驶。因此，HV-ECU 监控 DC/DC 转换器的操作，如果检测到故障，将警告驾驶员。

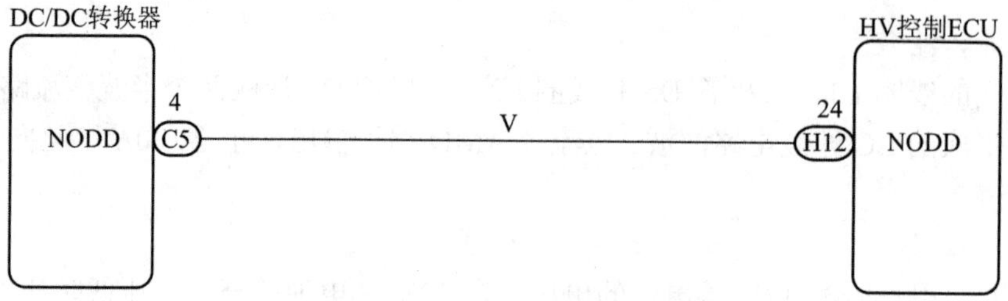

图 7-11　DC/DC 转换器监控电路

2. VLO 信号

如图 7-12 所示，HV-ECU 通过 VLO 信号线路发送输出电压开关信号到 DC/DC 转换器，以根据车辆状态开关输出电压。如果车辆在 DC/DC 转换器不工作的情况下行驶，备用蓄电池的电压将会降低，这将妨碍车辆继续行驶。因此，HV-ECU 监控 DC/DC 转换器的操作，如果检测到故障，将警告驾驶员。

DC/DC 转换器的 VLO 信号电路开路或 GND 短路，DC/DC 转换器的 VLO 信号电路+B 短路时，要检修线束、连接器和带转换器的变频器总成。

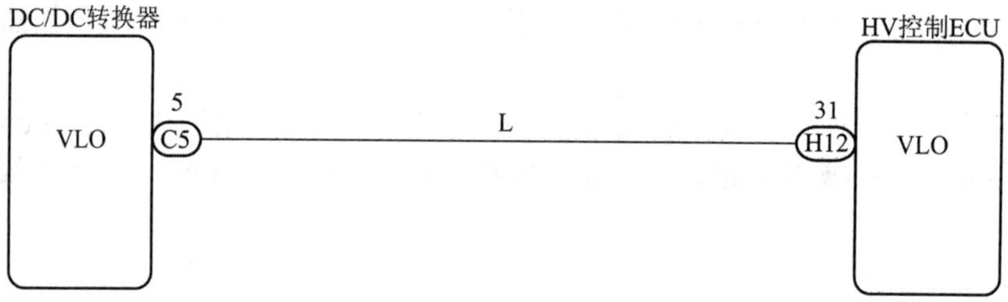

图 7-12　VLO 信号电路图

3. 系统监控检修

（1）故障码和故障部位

● DTC 检测条件

检测到 DC/DC 转换器内部电路故障；

DC/DC 转换器进入安全保护模式；

备用蓄电池电压降至 11V 以下。

● 故障可能发生部位

备用蓄电池；

保险熔丝组块；

熔丝（12V 电子设备）；

发动机室继电器盒；

变频器冷却软管；

带电机和支架的水泵总成；

冷却风扇电机；

2 号冷却风扇电机；

线束或连接器；

带转换器的变频器总成（DC/DC 转换器）。

（2）检查备用蓄电池端子的电缆连接情况

① 关闭电源开关。

② 在下列各点检查备用蓄电池（12 V）电缆连接情况：蓄电池正极和负极端子没有松动；蓄电池负极电缆的车身接地没有松动；保险熔丝组块螺母没有松动（正常是都没有松动的）；检查线束和连接器（带转换器的变频器总成，蓄电池和车身接地）。

③ 断开 C5 和 C6 转换器变频器连接器 C。

④ 打开电源开关（IG）。测量线束侧连接器的电压。标准电压：S——车身接地始终为 12 V 蓄电池电压；AMD——车身接地始终为 12 V 蓄电池电压；电源开关打开 IGCT——车身接地电压应为 8～16 V。

⑤ 检查线束侧连接器间的电阻。标准电阻 NODD——车身接地时为 100～140 Ω。

（3）检查带转换器的变频器总成的工作情况

① 连接 C5 和 C6 转换器变频器连接器。

② 将带 AC/DC 400 A 探针的电气测试仪连接到 C6 连接器的线束。

③ 将 114 和 115 连接器（颜色为橙色）连接到变频器。

④ 安装变频器盖，安装检修塞插头。

⑤ 打开电源开关（READY），等待 5 分钟。

⑥ 操作下面列出的电子装置，将用电负荷开至最大：将灯开关设定为远光，将加热器鼓风机风扇设定至 HI，打开除雾器，踩下制动踏板，同时按下车窗玻璃调节器主开关的所有开关，向右或左转动方向盘。

⑦ 测量电流和电压。

标准 DC/DC 转换器输出电流应在 40～100 A。蓄电池电压应在 13～15 V。

（4）检查变频器冷却液

① 检查变频器冷却液量是否正常，软管是否弯曲、扭曲、损坏或堵塞。

② 检查电机是否正常转动。正常：储液罐中的冷却液液面波动。也可用蓄电池直接向电机加电检查冷却风扇电机，冷却风扇应转动平稳，电机工作电流为 92～110 A。

·第 8 章·

电机传感器原理与检修

8.1 旋变变压器原理与检修

1. 旋变变压器原理

丰田普锐斯混合动力汽车电机解角传感器采用旋变变压器式，旋变变压器结构如图 8-1 所示。传感器的定子包含 3 个线圈，如同一个初级线圈 A，两个次级线圈 B、C 的变压器，输出线圈 B 和 C 相位交错 90°。

工作原理：HV-ECU 将直流 12V 经 HV-ECU 内部的正弦振荡发生器振荡为频率 10kHz、幅值为 12V 的正弦交流电，电流通过线圈 A 后，在线圈 B 和 C 感应出同频的正弦交流电，电动机转子端部的信号轮是椭圆的，椭圆形信号轮的转动导致 B、C 线圈内的磁通量 Φ 发生变化，而变化时间取决于 A 线圈的振荡频率，磁通量 Φ 变化量取决于椭圆型转子外圆曲线，B、C 线圈输出的幅值随转子位置变化。检测线圈 B 和 C 的输出电压，在 HV-ECU 内部，通过高速模/数转换器将线圈 B 和 C 的输出电压转换为数字信号，再经旋变变压器信号专用处理芯片处理后，把信号传给微控制器（MCU）。为了把旋变变压器用作一个速度传感器，MCU 内部的 CPU 计算出在一段预定的时间内位置的变化次数来计算电机转子转速。

普锐斯的这种结构十分紧凑，具有高稳定性的传感器可精确地检测到磁极位置，这对 MG1 和 MG2 的有效控制起到了非常重要的作用。变压器 A、B、C 线圈静止时的波形如图 8-2 所示，转动时的波形如图 8-3 所示。

【技师指导】丰田二代普锐斯有发电机 MG1（靠近发动机侧）和电动机 MG2（靠近变速器末端）两台电机，每台电机转子的转子轴上都安有旋变变压器。MG2 的主要功能是电驱动，电动机驱动汽车的能量来自燃油，MG2 在纯电动工况和混合工况起电驱作用，在制动或减速时向蓄电池充电。MG1 的主要功能是发电。在加速踏板踏下深度较小时，而发动机电子节气门可相对较大，这样增大发动机负荷，输出的机械能用于驱动 MG1 发电机发电，向蓄电池充电。MG1 有启动发动机和急加速时为发动机助力的作用。

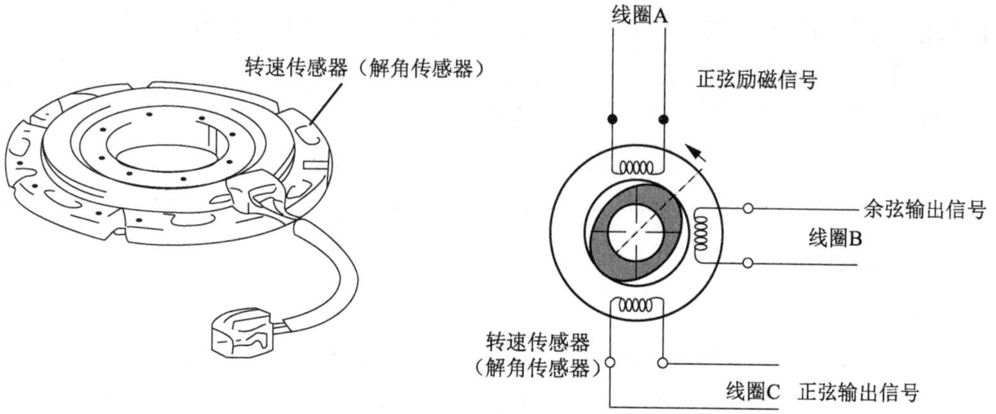

图 8-1　丰田普锐斯旋变变压器传感器结构

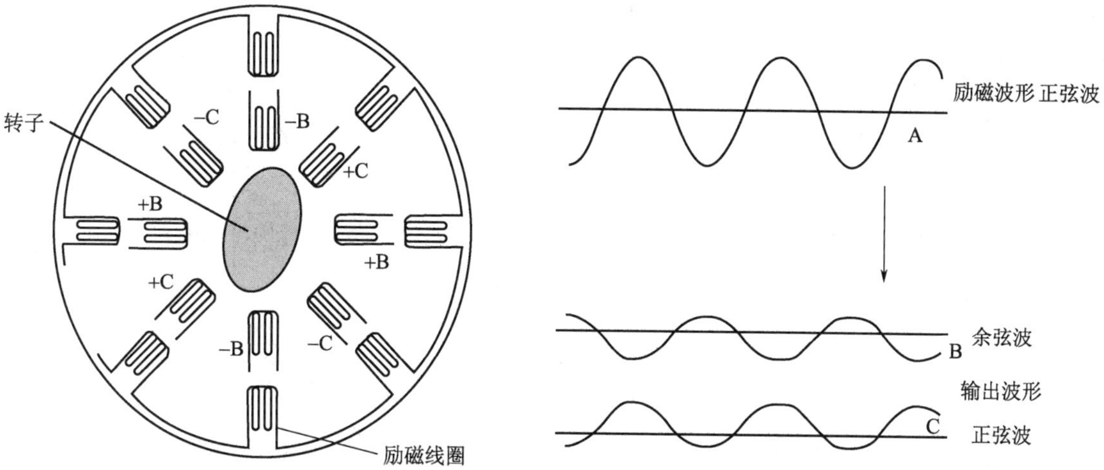

图 8-2　线圈 B 和 C 在转子不动时的信号 (经测量励磁信号 A 的频率为 10kHz，幅值 12V)

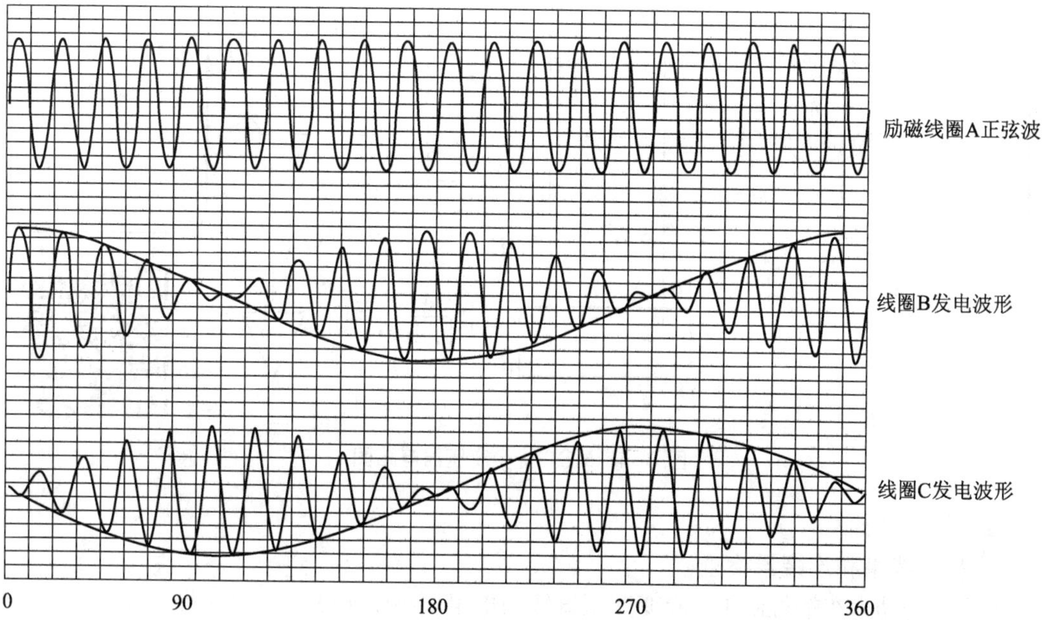

图 8-3　线圈 B 和 C 在转子转动时的信号 (励磁信号 A 频率 10kHz，幅值 12V)

【完成任务】利用四通道示波器测量旋变变压器 A、B、C 信号波形。

测量用的时基是多少？________________；幅值是多少？__________________；电动机不转时和转动时 A、B、C 信号波形有什么变化？

____

____。

2. 旋变变压器检修

（1）故障自诊断

HV-ECU 监控旋变变压器输出信号，若旋变变压器电路出现相间短路，输出不在正常范围内，传感器电路开路或短路等将判定转子旋变变压器存在故障。HV-ECU 点亮 MIL 并设定 DTC。出现上述不正常时，检修线束或连接器、混合动力车辆发电机和 HV-ECU。如图 8-4 所示为 MG2 旋变变压器电路图

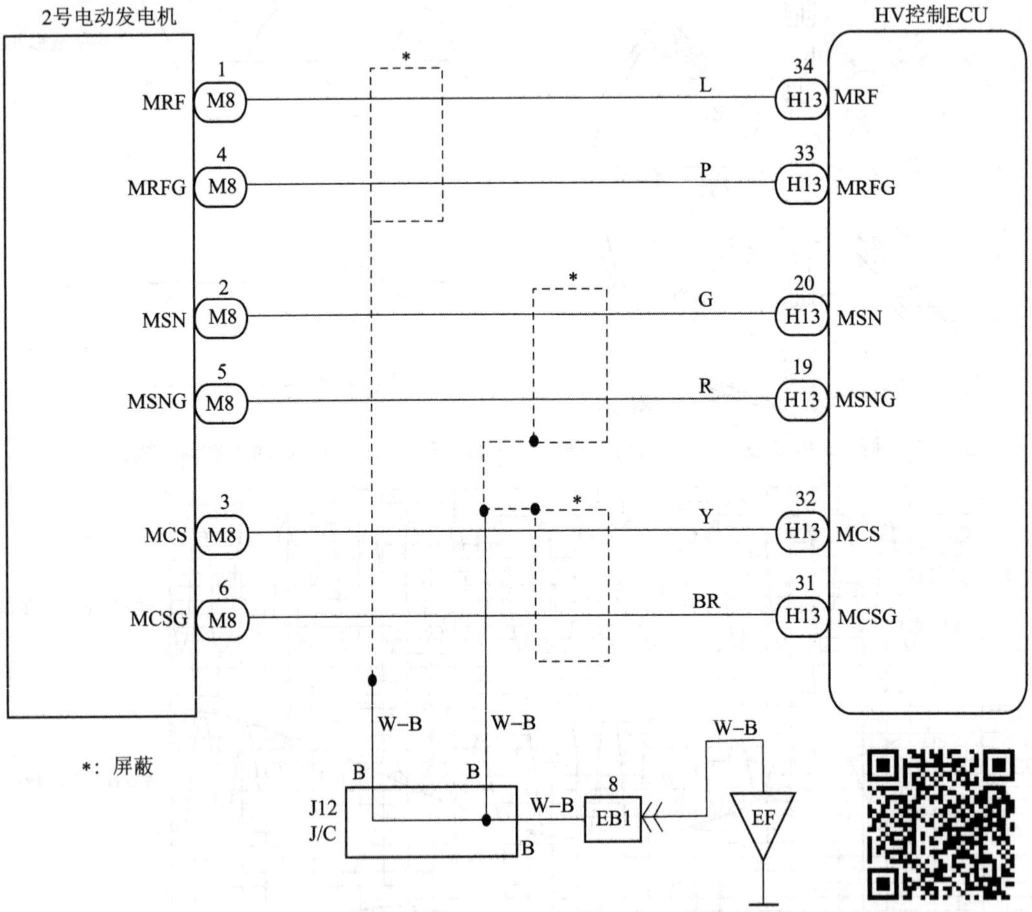

图 8-4　MG2 旋变变压器电路图

（2）检查步骤

① 检查线束和连接器检查

检查混合动力车辆控制 EC 旋变变压器线间电阻要小于 1 Ω。

② 旋变变压器电阻

测量旋变变压器端子间的电阻。励磁线圈 MRF-MRFG 间电阻为 7.65～10.2 Ω，信号输出端子 MSN-MSNG 间电阻为 12.5～16.8 Ω，MCS-MCSG 间电阻为 12.5～16.8 Ω。

③ 绝缘电阻测量

用兆欧表检查旋变变压器不同相端子间的绝缘电阻和不同相的对地电阻时，标准电阻应在 10 MΩ 或更大。

MG2 驱动电机位置和转速传感器与 MG1 号驱动电机位置和转速传感器结构、传感器数据和检修方法与 MG1 电动机相同。如图 8-5 所示为 MG1 旋变变压器电路图。

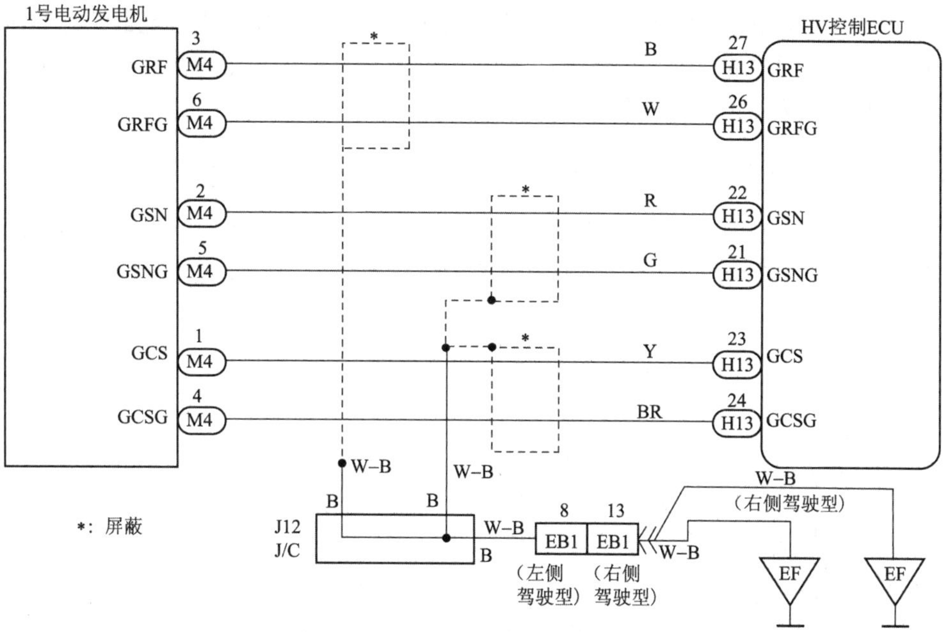

图 8-5　MG1 旋变变压器电路图

【技师指导】三相永磁电机和工业电机在检修时定子检修方法相同，注意到工业电机的端子盒中性点将三相线圈连在一起，可以拆开中性点测量三相匝间短路和匝内短路。三相永磁电机中性点隐藏在电机内，无法拆开测量，所以要利用两相间串联电阻是否相同，或电感是否相同来测量，实际电阻测量因接线端子氧化，测量部位选取，以及测量误差等导致电阻反而不同，甚至相差较大。最好用测量电感的方法测量，电感测量每相两端头的氧化电阻可忽略不计，电感相同说明线圈绝缘良好。

8.2 霍尔电流传感器

1. 霍尔电流传感器原理

霍尔传感器是基于霍尔效应的一种传感器。霍尔传感器可测量电流，也可测量电压。测电流时，电流可以是直流、交流和脉动电流。测量电压的本质是通过测量流过一个精密电阻的电流来推出电压大小。另外，霍尔电流传感器在电流检测中具有电隔离的作用。

霍尔电流传感器在汽车变频器中的典型应用如下：

（1）在正、负母线间接入一个阻值较大的高精密电阻，通过监测流过电阻的电流来反应正、负母线的电压；

（2）在电动汽车蓄电池的正极线或负极线上套有电流传感器，来检测母线直流电流；

（3）在电动汽车逆变器的三相输出 U、V、W 上，利用电流传感器检测输出电流，一般取 U、V、W 三相中的两相测电流即可。

在电动汽车中，蓄电池为直流电源，这时的电流传感器只起测量母线的充放电电流大小，以积分算出蓄电池的电量（SOC），以及在电流过大时，控制高压上电继电器断开的作用。而电流传感器接入变频器的 U、V、W 输出中，用来检测随频率变化的交流电流，可以更好地控制转矩，也提供了防止电机过载所需要的信号。

2. 直放式（开环）电流传感器（CS）

如图 8-6 所示，当原边电流 I_P 流过一根长导线时，在导线周围将产生一磁场，这一磁场的大小与流过导线的电流成正比，产生的磁场聚集在磁环内，通过磁环气隙中霍尔元件进行测量并放大输出，其输出电压 V_S 精确地反映原边电流 I_P。一般的额定输出标定为 4V。

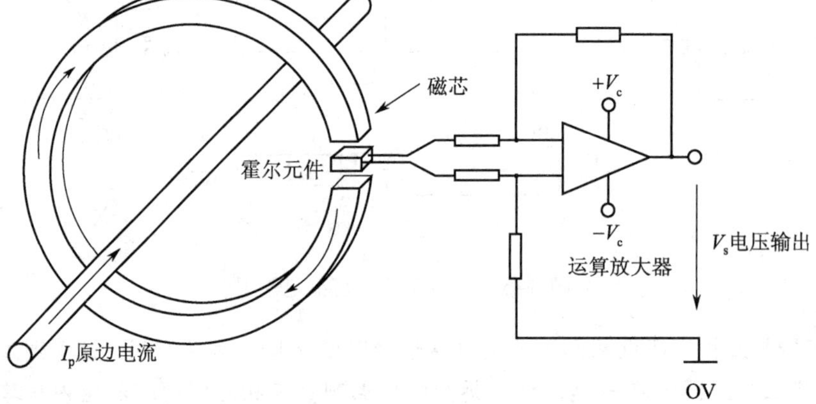

图 8–6　直放式（开环）电流传感器（CS）

3. LEM 磁平衡式电流传感器（CSM 系列）

如图 8-7 所示，磁平衡式电流传感器也称补偿式传感器，即原边电流 I_p 在聚磁环处所产生的磁场通过一个线圈电流所产生的磁场进行补偿，其补偿电流 I_s 精确地反映原边电流 I_p，从而使霍尔器件处于检测零磁通的工作状态。

具体工作过程为：当主回路有一电流通过时，在导线上产生的磁场被磁环聚集并感应到霍尔器件上，所产生的信号输出用于驱动功率管并使其导通，从而获得一个补偿电流 I_s。这一电流再通过多匝绕组产生磁场，该磁场与被测电流产生的磁场正好相反，因而补偿了原来的磁场，使霍尔器件的输出逐渐减小。当 I_p 与匝数相乘所产生的磁场相等时，I_s 不再增加，这时的霍尔器件起到指示零磁通的作用，此时可以通过 I_s 来测试 I_p。当 I_p 变化时，平衡受到破坏，霍尔器件有信号输出，即重复上述过程重新达到平衡。被测电流的任何变化都会破坏这一平衡。一旦磁场失去平衡，霍尔器件就有信号输出。经功率放大后，立即就有相应的电流流过次级绕组以对失衡的磁场进行补偿。从磁场失衡到再次平衡，所需的时间理论上不到

1μs，这是一个动态平衡的过程。因此，从宏观上看，次级的补偿电流安匝数在任何时间都与初级被测电流的安匝数相等。

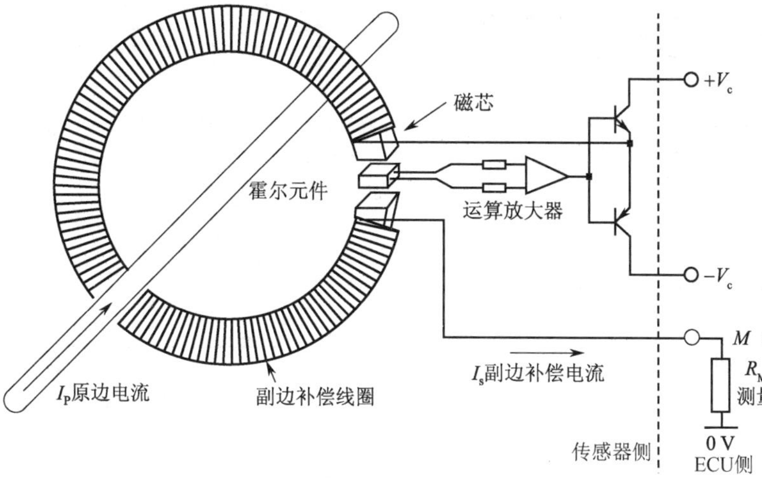

图 8–7　LEM 磁平衡式电流传感器原理

交流电流传感器主要测量交流信号电流。是将霍尔感应出的交流信号经过 AC/DC 转换，变为 0～4V、0～20mA（或 4～20mA）的标准直流信号输出供各种系统使用。

【完成任务】根据图 8-7 LEM 磁平衡式电流传感器原理图，完成下列问题。

图 8-7 中的上部三极管是 NPN 型，下部三极管是 PNP 型；三极管是 NPN 型导通时，电流由+VC 至 0V；三极管是 PNP 型导通时，电流由哪流向哪？______________________。

4．电机电流传感器

（1）简述

电机的线电流传感器原理与母线电流传感器相同，这里以母线电流传感器为例加以说明。

如图 8-8 所示为安装在 HV 蓄电池总成负极电缆侧的蓄电池电流传感器，检测流入 HV 蓄电池的电流值。蓄电池电流传感器向蓄电池 ECU 的 IB 端子输入一个电压信号，电压信号数值根据母线上的电流值输出电压在 0～5 V 变化，如图 8-9 所示。蓄电池电流传感器的输出电压低于 2.5 V 时指示 HV 蓄电池总成正在充电；高于 2.5 V 时指示 HV 蓄电池总成正在放电。

蓄电池根据输入到 IB 端子的信号来决定 HV 蓄电池总成的充电和放电，并通过确定电流值测算 HV 蓄电池的 SOC（充电状态）。

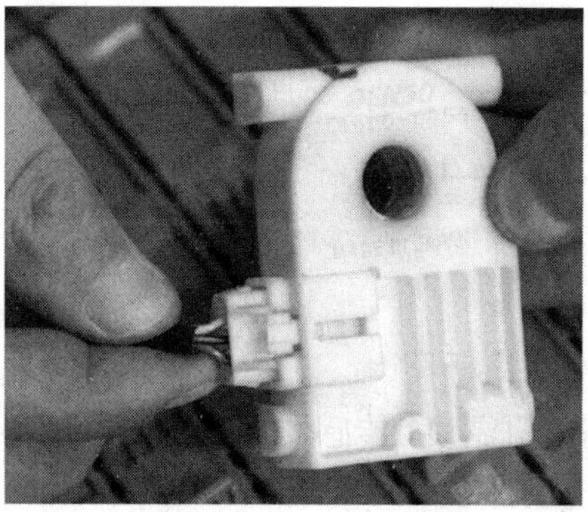

图 8–8　霍尔电流传感器

（2）电路和信号输出（见图 8-9）

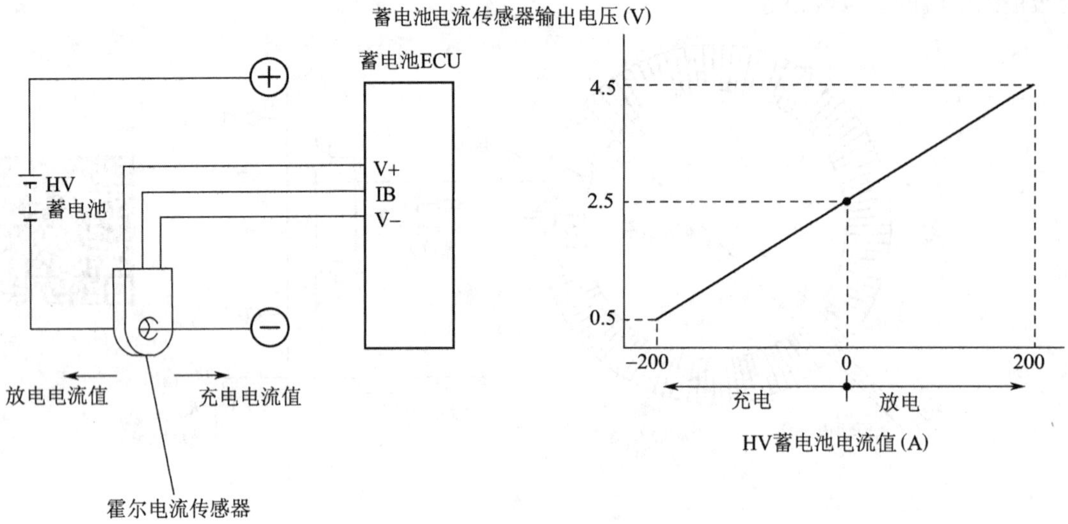

图 8–9　霍尔电流传感器测量电路电压信号输出

（3）故障检修

传感器线路电路如图 8-10 所示。出现蓄电池电流传感器的电源、电流传感器故障、电流传感器内电压低、蓄电池电流传感器内电压高时，应检测 HV 蓄电池总成（线束或连接器）、蓄电池电流传感器、蓄电池 ECU。

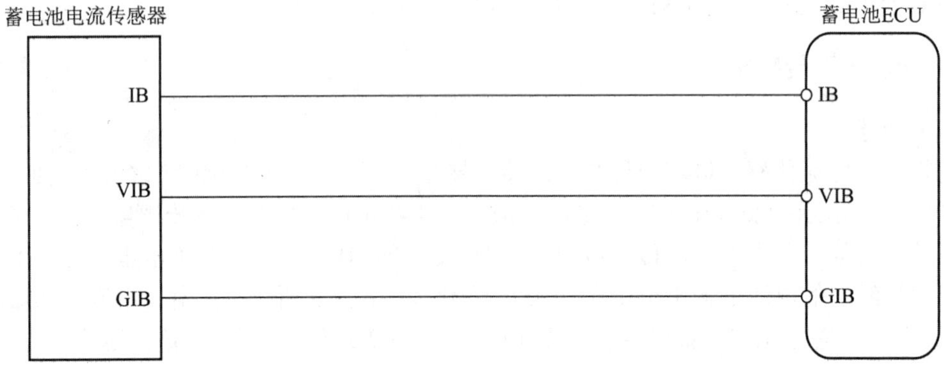

图 8–10　霍尔电流传感器电路图

8.3 电机温度传感器

1．电机温度传感器信号

电机温度传感器用于监测电机温度，传感器电阻为负温度系数形式。如图 8-11 所示，20℃时电阻在 60～70kΩ，40℃时电阻在 30～40kΩ。

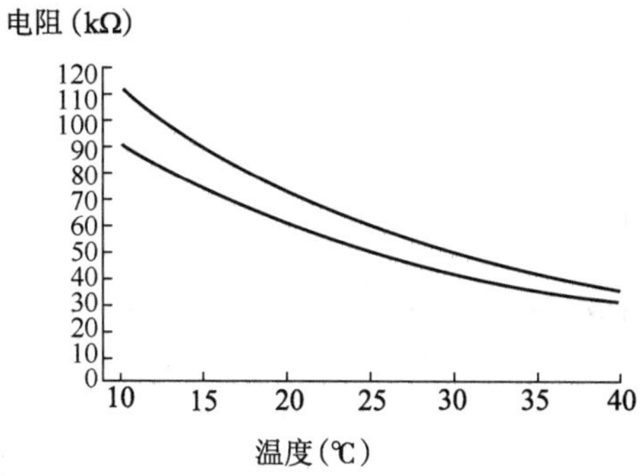

图 8-11　电阻和温度对应关系图

2. 电机温度传感器检查

电机温度传感器出现故障时，应检修混合动力车辆电机。普锐斯电机温度传感器不能作为单独的维修部件。因此，当更换温度传感器时，混合动力车辆电机也必须更换。

1 号电机温度传感器结构和 2 号相同，电路分别如图 8-12 和图 8-13 所示，但 1 号电机温度传感器检测变速驱动桥油的温度。根据 1 号电机温度传感器提供的信号，HV-ECU 限制电机电流防止电机过热。HV-ECU 检查 1 号电机温度传感器是否存在电路故障和传感器本身故障。例如当电机温度传感器 OMT-OMTG 大约为 5 V 时，检查线束。同时要检查变速驱动桥的油质和油位。

（3）检查步骤

读取智能测试仪的值。如果存在电路开路或+B 短路，则智能测试仪显示-50℃，如果存在 GND 短路，则智能测试仪显示 205℃。50+205=255，恰好是一个 8 位能显示的数值 0～255。一个开路和两个短路都要检修线束或连接器、混合动力车辆电机和 HV-ECU。

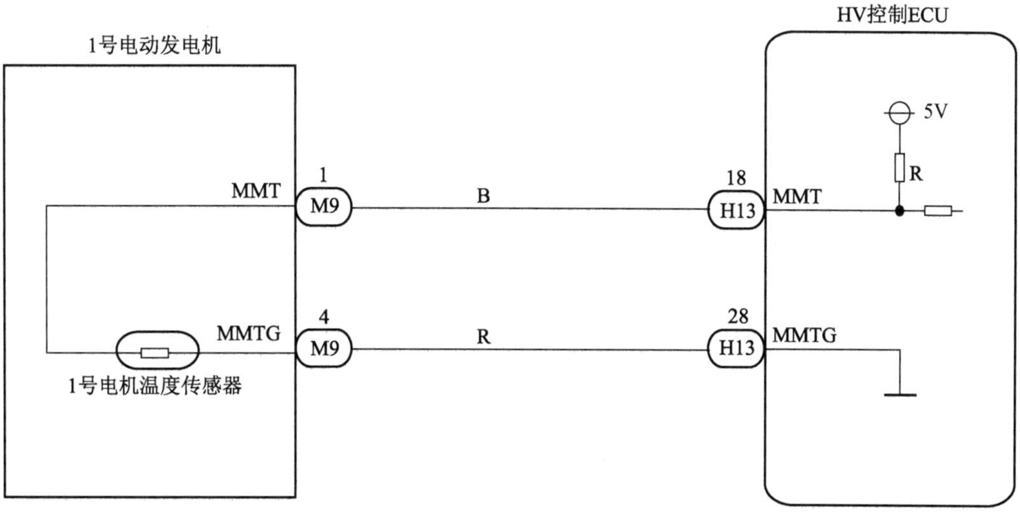

图 8-12　MG1 电动机温度传感器电路图

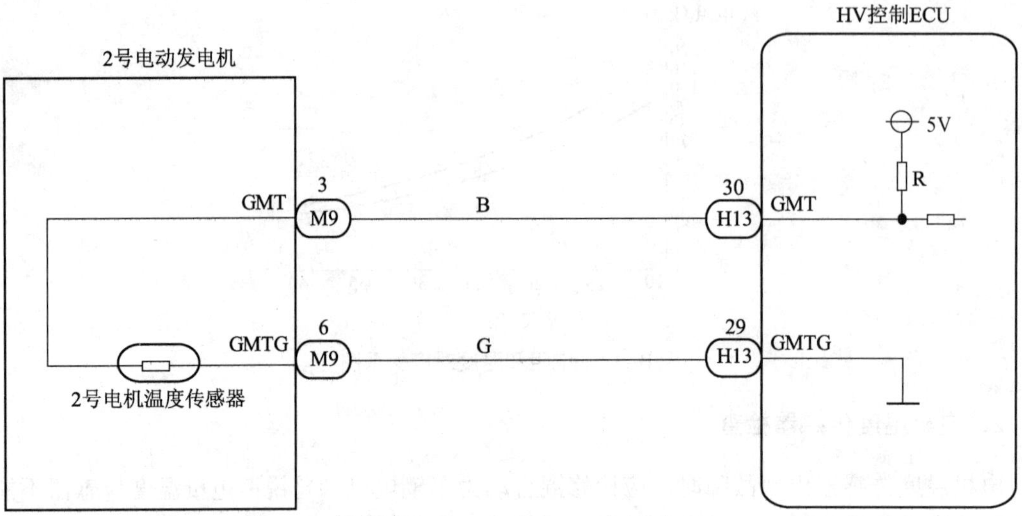

图 8-13　MG2 电动机温度传感器电路图

【技师指导】电机温度传感器采用 5V 供电，传感器线路断开时，MMT 和 MMTG 间大约为 5 V。当传感器信号线异外与+B 连通时，MMT 和 MMTG 间大约 9 ~ 14 V。无论是 5V，还是 9 ~ 14V，电压都过高，不在实际可能的温度范围内。信号线异外与车身地接通时，MMT 和 MMTG 间大约 0V，也不在实际可能的温度范围内。自诊断系统只要诊断出上述故障，就可设置温度传感器故障码，但不指出具体原因，具体原因可通过读取传感器的数据流显示是最大极限值，还是最小极限值加以区分。以后的线路诊断不再赘述。

·第 9 章·

汽车变频器检修

9.1 变频器检修

1. 变频器的组成

（1）汽车变频器的正常组成

电动汽车电源为直流电源，所以变频器内部元件的主要功能是逆变功能，即把直流变成三相交流。为降低成本，同时提高蓄电池组的可靠性，设计上通常要减少蓄电池串联的数目，导致蓄电池总电压降低，电动机效率下降。为提高电动机的效率，通常要采用升压 DC/DC 将低电压升压为高电压，再经变频器把高压直流变成三相交流电。

（2）汽车变频器内可能的元件

混合动力汽车没有 12V 发电机，需要通过降压 DC/DC 将蓄电池由高压降为 12V 为 12V 蓄电池充电，12V 蓄电池为全车电气系统供电。

电动汽车空调压缩机采用电机驱动，一般直接用蓄电池电压，不用再升压。电动压缩机的变频功率元件和降压 DC/DC 的功率元件，为了散热好装在驱动电机的变频器内部。也有汽车将降压 DC/DC 的功率元件布置在变频器外部，这样的冷却系统是将变频器、电机、DC/DC、电动冷却液循环泵和散热器等串联。

2. 普锐斯变频器

普锐斯包括 MG1、MG2 和空调压缩机三套变频器，升压和降压两套 DC/DC。

如图 9-1 所示为丰田普锐斯的结构原理图，逆变电路主要由智能功率模块（IPM）构成的逆变桥组成，IPM 内部的核心是电动汽车换流的绝缘栅双极型晶体管，也称 IGBT。变频器总成内升压 DC/DC 和两套变频器担负着向 MG1 和 MG2 电机提供交流电的功能。

空调压缩机变频器和降压 DC/DC 分别隶属空调系统和电源系统。变频器 U、V、W 三相输出中的 V、W 相设计有霍尔电流传感器，在电机系统检修中霍尔电流传感器已讲过。

【技师指导】正、负母线间的电解电容和薄膜电容在蓄电池放电时起无内阻电源的作用，在充电时有滤波稳压作用，电容对蓄电池充电和放电都有好处。但导致继电器开关触点在上电时容易烧结开关，因为蓄电池向电容充电时的电流很大，因此高压上电设计上采用缓冲电阻来减小上电时的电流。

3. 电路示意图

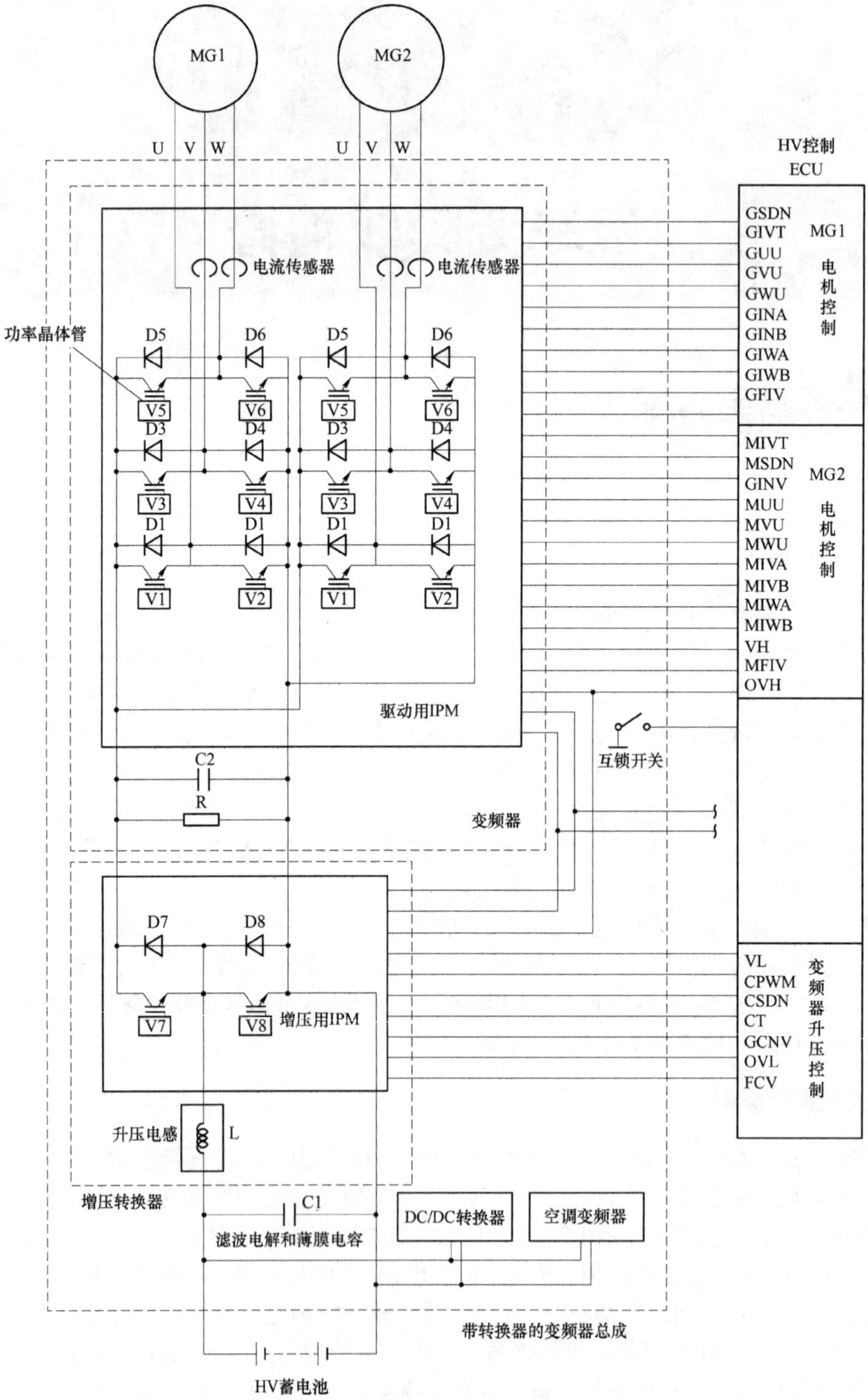

图 9-1　变频器总成内部结构原理图（本图版权保护）

9.2 变频器电路检修

在图 9-1 变频器总成内部结构图中找到关于 MG1 控制的 10 个端子，和 MG2 控制的 13 个端子，本节主要讲解这 23 个端子的具体意义和检修方法。

1．变频器电压传感器

（1）简述

HV-ECU 使用安装在变频器内部的电压传感器来检查“增压”后的高压。变频器电压传感器根据高压的变化输出的值在 0～5 V 变化。传感器高压越高表示输出电压越高；高压越低，输出电压越低。实际输出电压范围在 1.6～3.8 V。HV-ECU 监控变频器电压并检测故障。

如图 9-2 所示为变频器电压传感器，如图 9-3 所示为变频器电压输出电路。

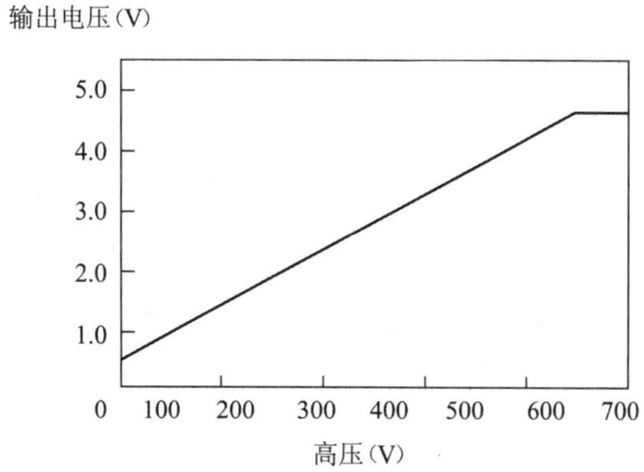

图 9-2 变频器电压传感器

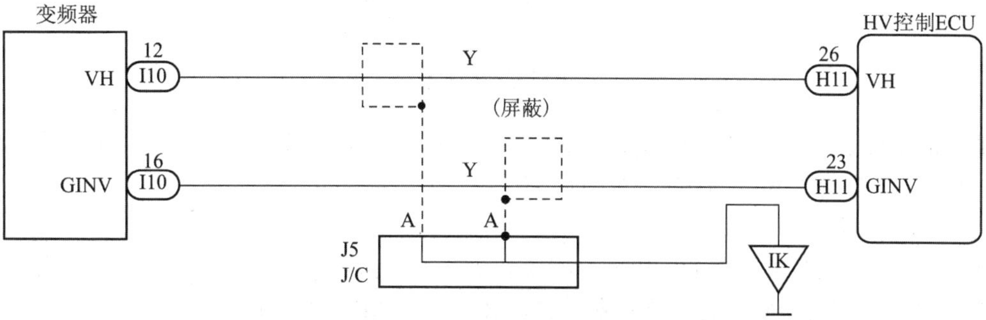

图 9-3 变频器电压输出电路

【技师指导】 VH=Voltage High 增加后的高电压，GINV=Ground Inverter 变频器接地。

（2）监控说明

HV-ECU 监控变频器电压（VH）传感器电路。如果 HV-ECU 检测到 VH 传感器电路开路或短路故障，则 HV-ECU 点亮 MIL 并设定 DTC。

（3）故障检测

变频器电压（VH）传感器电路开路或 GND 短路显示为 0V，变频器电压（VH）传感器电路+B 短路显示电压为 765 V 时，检修线束或连接器、带 DC/DC 的变频器总成和 HV-ECU。

提示：如果存在+B 短路，则智能测试仪显示 765 V。如果存在电路开路或 GND 短路，则智能测试仪显示 0 V。

2. 电机三相驱动信号

（1）简述

为了改变通过 MG1/MG2 的电流方向，HV-ECU 向变频器输出 PWM 波信号，控制 IPM 智能功率晶体管激活信号，打开或关闭功率晶体管。同时，为了控制加在 MG1/MG2 上的电压，变频器通过 PWM（调谐脉冲宽度）控制调整开关时间的周期对应直接扭矩控制大小。如图 9-4 所示为电机三相驱动信号电路图。

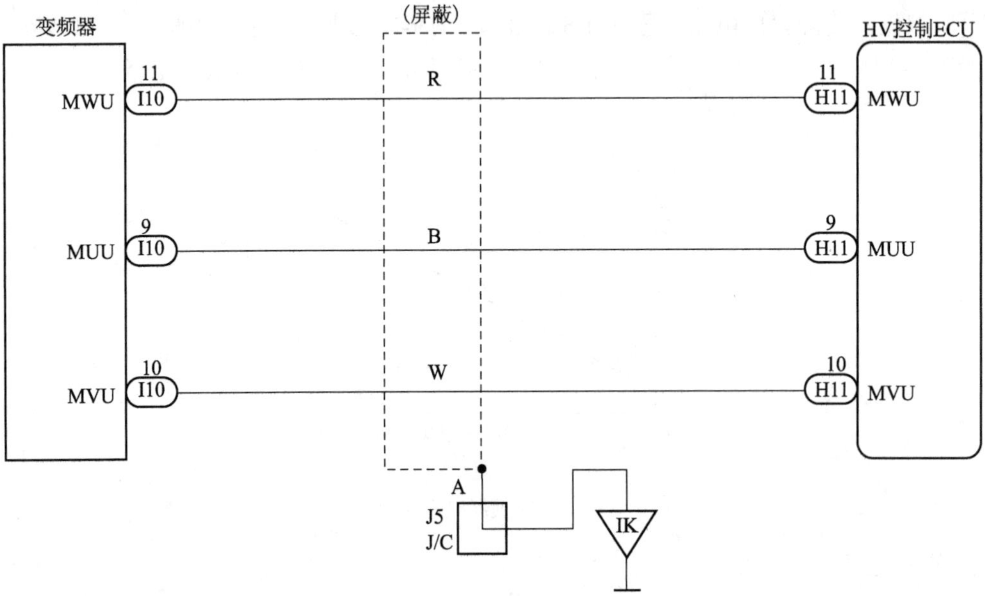

图 9–4　电机三相驱动信号电路图

【技师指导】MWU=Motor W Phase 意为电机 W 相。对于 MG1 电机三相监控的驱动只要把 M 换为 G，即为 GWU、GUU、GVU，不再赘述。

（2）监控说明

HV-ECU 监控电机 PWM 电路。如果传送至变频器的功率晶体管激活信号有误，则 HV-ECU 判定电机 PWM 电路存在故障。HV-ECU 点亮 MIL 并设定 DTC。

（3）故障检修

出现电机 PWM 电路异常时，检修线束或连接器和带 DC/DC 的变频器总成。

3. 电机过压检测

（1）简述

如果电机变频器检测到电路故障或过压，则变频器通过电机变频器过压信号线路将此信息传输至 HV-ECU 的 OVH 端子。HV-ECU 监控电机变频过压信号线路以检测故障。如图 9-5

所示为电机过压检测电路图。

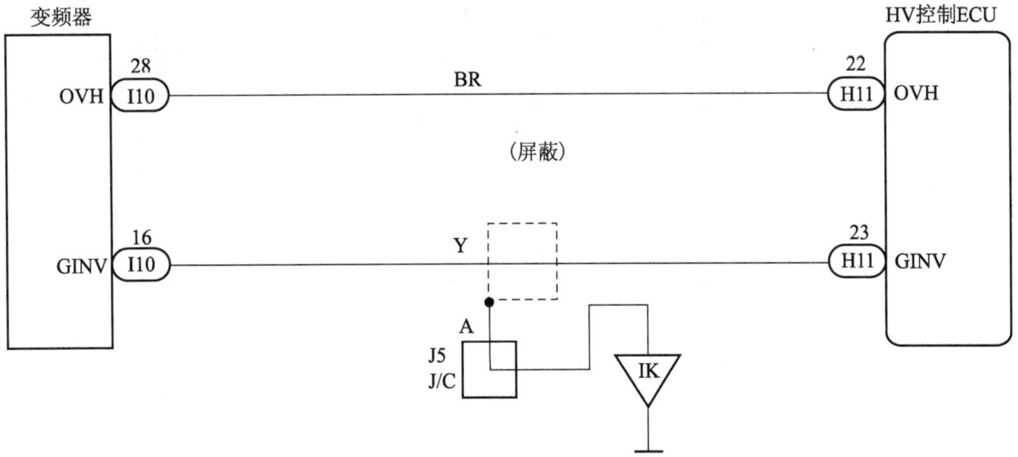

图 9-5　电机过压检测电路图

【技师指导】 OVH=Over High 电压过高。

（2）监控说明

HV-ECU 监控电机变频器过压（OVH）信号线路。如果 HV-ECU 检测到 OVH 信号电路开路或短路故障，则 HV-ECU 点亮 MIL 并设定 DTC。如果电机变频器检测到过压，则将过压信号传输到 HV-ECU。一接收到此信号，HV-ECU 点亮 MIL 并设定 DTC。

（3）故障检修

变频器过压（OVH）信号电路+B 短路，电机变频器过压（OVH）信号电路开路或 GND 短路，检修线束或连接器和带 DC/DC 的变频器总成。

如果电机变频器检测到电路故障或过压，则变频器通过电机变频器过压信号线路将此信息传输至 HV-ECU 的 OVH 端子。过压原因如下：

① 电机变频器过压（OVH）信号检测（由变频器总成故障导致过压）；

② 电机变频器过压（OVH）信号检测（由 HV-ECU 故障导致过压）；

③ 电机变频器过压（OVH）信号检测（由 HV 变速驱动桥总成故障导致过压）。

检修包括：线束或连接器、HV 变速驱动桥总成、混合动力车辆电机、混合动力车辆发电机、HV-ECU、带 DC/DC 的变频器总成。

4．电机驱动信号

（1）简述

MG1（MOTOR & GENERATOR1，1 号发电机和电动机）有电动和发电两种功能，但主要还是发电，所以端子用 G 表示。而 MG2（MOTOR & GENERATOR2，2 号电动机和发电机），主要是作电动机，所以端子用 M 表示。其中 GUU、GVU、GWU 为驱动 MG1，而 MUU、MWU 和 MVU 用于驱动 MG2。如图 9-6 所示为电机驱动信号电路图。

U、V、W 三相电动机的电源输入端子。检查混合动力车辆电机总成时要注意高压安全操作，只有经过高压安全操作培训的人员才可以进行此项操作。

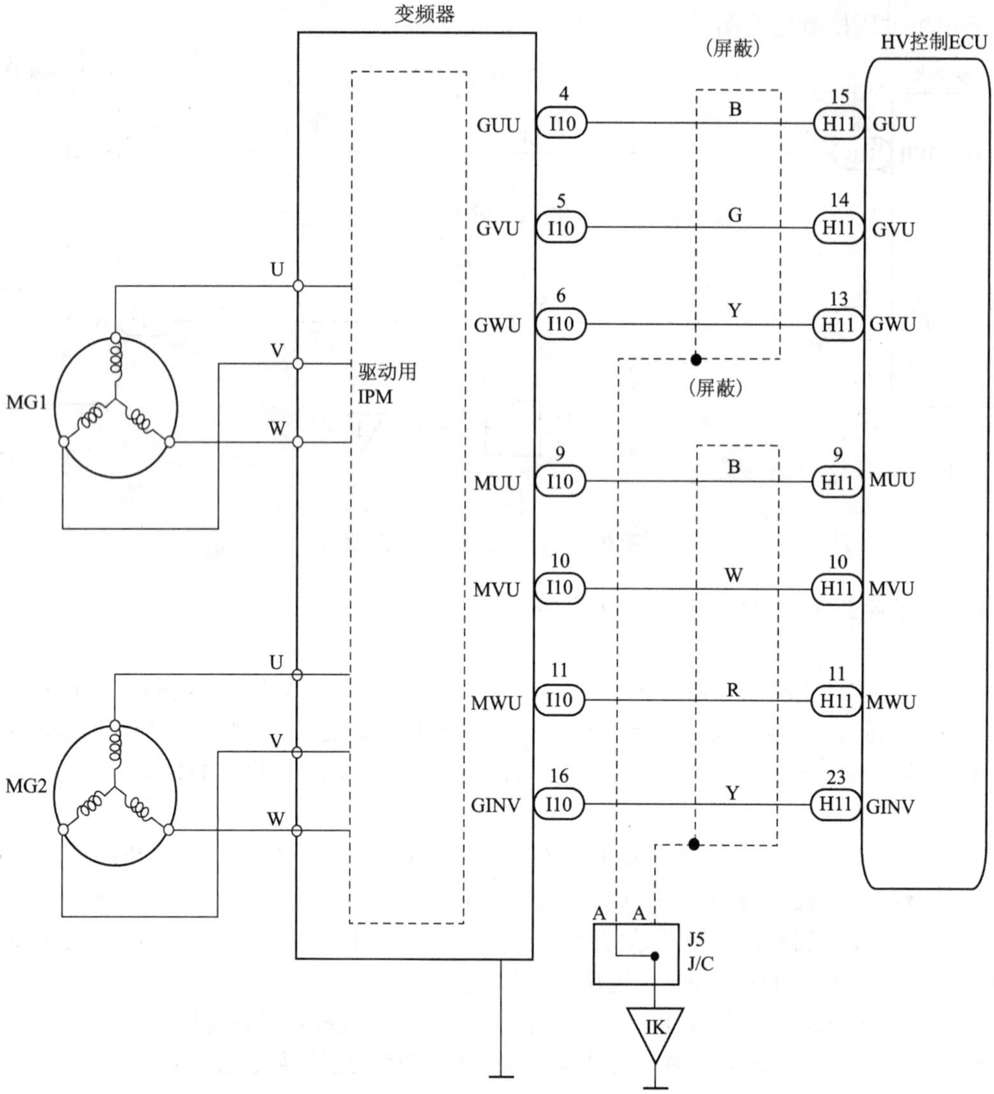

图 9–6　电机驱动信号电路图

【技师指导】变频器 IPM 功率管的发出的等幅 SPWM（Sinusoidal Pulse Width Modulator）正弦波脉冲宽度调节）矩形电流和电机线圈作用后最后得到的正弦波形如图 9-7 所示（在 3000 r/min 测到的波形）。

（2）电动机和发电机的检修

① 用毫欧表测量混合动力车辆电机的三相交流电电缆端子间的电阻。电动机和发电机标准电阻每两相串联后电阻在 20℃时小于 135mΩ 和 109mΩ。如果电动机温度过高，电阻会有显著变化，这有碍于检测故障。因此，至少将车辆熄火 8 小时以后再测量电阻。

用下面的公式修正电阻，$R_{20}=R_t/[1+0.00393(T-20)]$，其中 R20 为转换至 20℃（mΩ）的电阻，$R_t$ 为测量线路间的电阻（mΩ），T 为测量时的环境空气温度（℃）。端子 U-V，V-W 和 W-U 的最大电阻和最小电阻的差应小于 2 mΩ。

② 绝缘电阻用兆欧表检查混合动力车辆电机的三相交流电电缆端子与车身接地间的绝缘电阻，应在 10MΩ 以上。

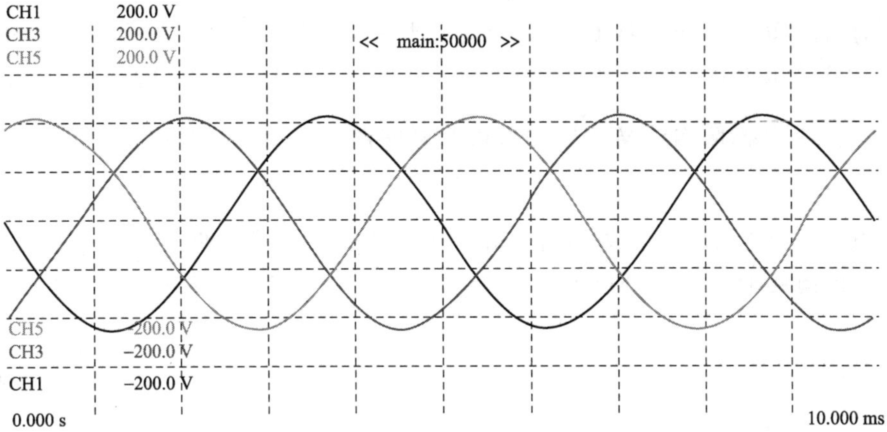

图 9–7　在 3000 r/min 测到的波形

（3）动态测试

用智能测试仪进行 ACTIVE TEST（动态测试）（变频器驱动强制停止）。

① 拆下检修塞插头和变频器盖后，如果打开电源开关（IG），则将输出互锁开关系统的 DTC。

② 将智能测试仪连接到 DLC3。

③ 打开电源开关（IG）。

④ 打开智能测试仪。

⑤ 进入下列菜单：Powertrain/Hybrid Control/Act iveTest。

⑥ 变频器驱动强制停止时，测量变频器连接器端子间的电压。6 根驱动线对地电压为 12～16V。

5．IGCT 变频器复位

（1）简述

打开点火开关 ON 挡时，首先是 HV-ECU 复位工作，HV-ECU 复位程序运行后，HV-ECU 的 MREL 端子输出电流使主继电器 IGCT 开关闭合，向变频器的 IGCT 端子供电，变频器收到 IGCT 的控制信号后变频器复位运行，即 HV-ECU 通过 IGCT 控制变频器的复位运行。如图 9-8 所示为 IGCT 变频器复位电路图。

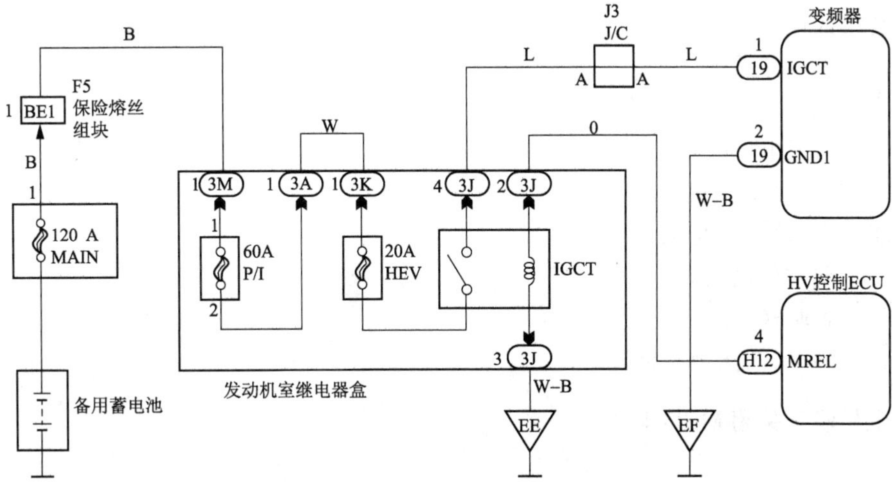

图 9–8　IGCT 变频器复位电路图

【技师指导】IGCT=Ignition Control 意为点火控制，GND=Ground 意为地，MREL=Main Relay（供电）主继电器。

6. 电机变频器故障输出 MFIV 和 MFIV 线故障监控

（1）简述

如果电机变频器出现电路故障、内部短路或过热，则变频器通过电机变频器故障信号线路将此信息传输至HV-ECU的MFIV端子。如图9-9所示为电机变频器故障输出MFIV和MFIV线故障监控。

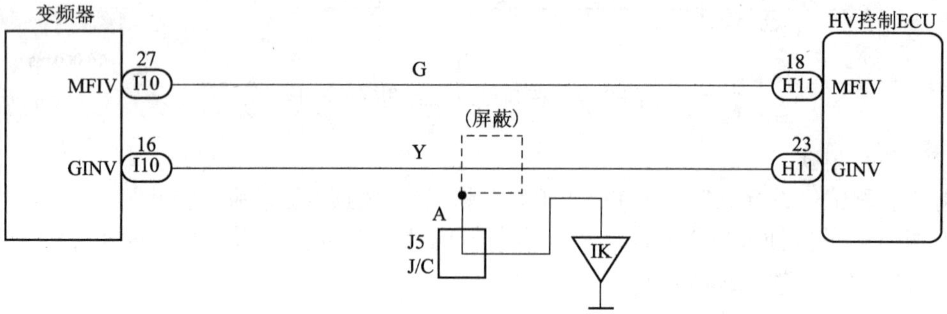

图 9-9　电机变频器故障输出 MFIV 和 MFIV 线故障监控

【技师指导】MFIV=Malfunction Inverter 变频器故障。

（2）监控说明

HV-ECU 监控电机变频器故障（MFIV）信号线路。如果 HV-ECU 检测到 MFIV 信号电路开路或短路故障，则 HV-ECU 点亮 MIL 并设定 DTC。

（3）MFIV 监控故障检修

HV-ECU 监控电机变频器故障信号线路并检测故障。电机变频器故障（MFIV）信号电路 +B 短路，电机变频器故障（MFIV）信号电路开路或 GND 短路时，检修线束或连接器和带 DC/DC 的变频器总成。

（4）变频器电路故障、过热和短路故障检修

如果 MFIV 输出故障，故障原因较多要参考故障码。这时进行如下检修；

① 线束或连接器；

② 变频器冷却系统；

③ 带电机和支架的水泵总成；

④ 冷却风扇电机；

⑤ 2 号冷却风扇电机；

⑥ HV 变速驱动桥总成；

⑦ 混合动力车辆电机；

⑧ HV 控制 ECU；

⑨ 带 DC/DC 的变频器总成。

7. 电机驱动关闭 MSDN

（1）简述

变频器 ECU 接收到 HV-ECU 的 MSDN 线送来的电机驱动关闭信号，变频器将停止向

MG2 电机的 6 个 IPM 发送驱动信号。HV-ECU 监控电机门关闭信号线路并检测故障。如图 9-10 所示为电机驱动关闭 MSDN 和 MSDN 监测。

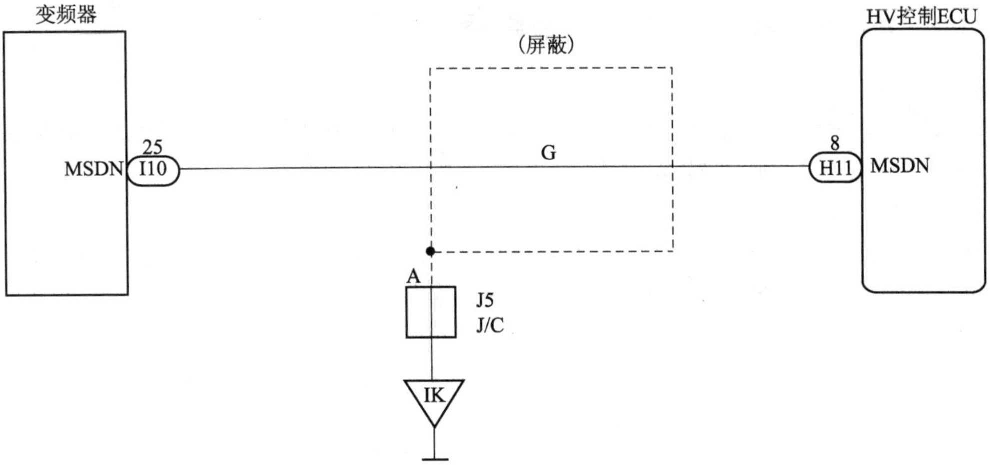

图 9-10　电机驱动关闭 MSDN 和 MSDN 监测

【技师指导】MSDN=Motor Signal Down 意为电机驱动信号关闭。

（2）监控说明

HV-ECU 监控电机门关闭（MSDN）信号线路。如果 HV-ECU 检测到 MSDN 信号电路开路或短路故障，则 HV-ECU 点亮 MIL 并设定 DTC。

（3）故障检修

电机门关闭（MSDN）信号电路开路或+B 短路，电机门关闭（MSDN）信号电路 GND 短路，电机门关闭（MSDN）信号电路开路，应检修线束或连接器和带 DC/DC 的变频器总成。

8．MG2 扭矩监控

（1）简述

HV-ECU 根据行驶情况控制 MG2 扭矩。

（2）监控说明

如果 MG2 规定扭矩与实际 MG2 扭矩之间的差超过预定值，则 HV-ECU 判定 MG2 扭矩的执行和监控存在故障。然后，HV-ECU 点亮 MIL 并设定 DTC。

（3）故障检修

出现监控 MG2 扭矩性能故障，检修混合动力车辆电机和带 DC/DC 的变频器总成。

9．MG2 电机门关闭

（1）简述

一接收到 HV-ECU 的电机门关闭信号，变频器将关闭激活 MG2 的功率晶体管，强制停止 MG2 的工作。HV-ECU 监控电机门关闭信号并检测故障。

（2）监控说明

HV-ECU 监控电机门关闭（MSDN）信号。如果 HV-ECU 检测到 MSDN 信号故障，则将点亮 MIL 并设定 DTC。

（3）故障检修

出现电机门关闭（MSDN）信号故障，检修线束或连接器和 HV-ECU。

10．变频器增压输出电压（VH）传感器偏移

（1）简述

本故障内容是检测到不正常的升压后电压，原因可能是升压后电压有问题，控制失控，或位于变频器中的电流传感器有故障。

（2）监控说明

HV-ECU 监控变频器电压（VH）传感器信号。如果 HV-ECU 检测到传感器信号故障，则 HV-ECU 判定 VH 传感器增压后的故障。HV-ECU 点亮 MTL 并设定 DTC。

（3）故障检修

出现变频器电压（VH）传感器偏移故障时，检修系统主继电器和带 DC/DC 的变频器总成。

出现变频器电压（VH）传感器性能故障时，检修线束或连接器和带 DC/DC 的变频器总成。

11．发电机 MG1 变频器故障

（1）简述

如果发电机变频器出现电路故障、内部短路或过热，则变频器通过发电机变频器故障信号线路将此信息传输至 HV 控制 EEU 的 GFIV 端子。HV-ECU 监控发电机变频器故障信号线路并检测故障。如图 9-11 所示为发电机 MG1 变频器故障输出电路。

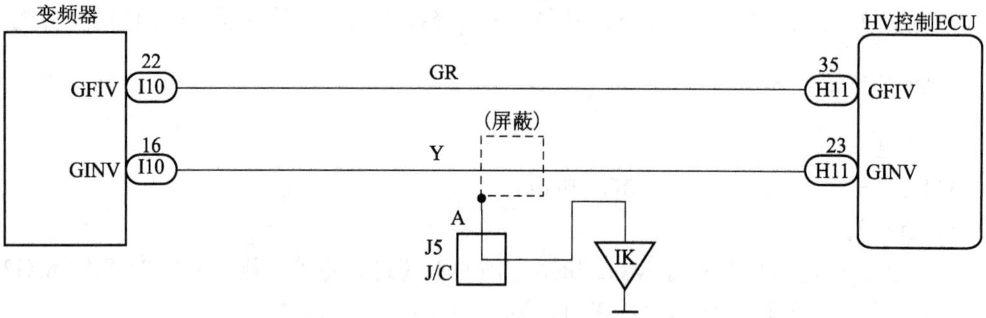

图 9-11　发电机 MG1 变频器故障输出电路

【技师指导】GFIV=Generator Fault Inverter 发电机变频器故障。

（2）监控说明

HV-ECU 监控发电机变频器故障（GFIV）信号线路。如果 HV 控制 EEU 检测到 GFIV 信号电路开路或短路故障，则 HV 控制 EEU 点亮 MIL 并设定 DTC。

（3）GFIV 线故障检修

出现发电机变频器故障（GFIV）信号电路+B 短路，发电机变频器故障（GFIV）信号电路开路或 GND 短路时检修线束或连接器和带 DC/DC 的变频器总成。

（4）GFIV 故障内容检修

如果发电机变频器出现电路故障、内部短路或过热，则变频器通过发电机变频器故障信

号线路将此信息传输至 HV-ECU 的 GFIV 端子。检测仪显示发电机变频器故障（GFIV）信号检测（变频器过热），这时要检修如下部位：

① 线束或连接器；
② 变频器冷却系统；
③ 带电机和支架的水泵总成；
④ 冷却风扇电机；
⑤ 2 号冷却风扇电机；
⑥ HV 变速驱动桥总成；
⑦ 混合动力车辆发电机；
⑧ HV-ECU；
⑨ 带 DC/DC 的变频器总成。

12．发电机 MG1 驱动关闭

（1）简述

一接收到 HV-ECU 的发电机门关闭信号，变频器将关闭激活 MG1 的功率晶体管，强制停止 MG1 的工作。HV-ECU 监控发电机门关闭信号线路并检测故障。如图 9-12 所示为发电机 MG1 驱动关闭电路图。

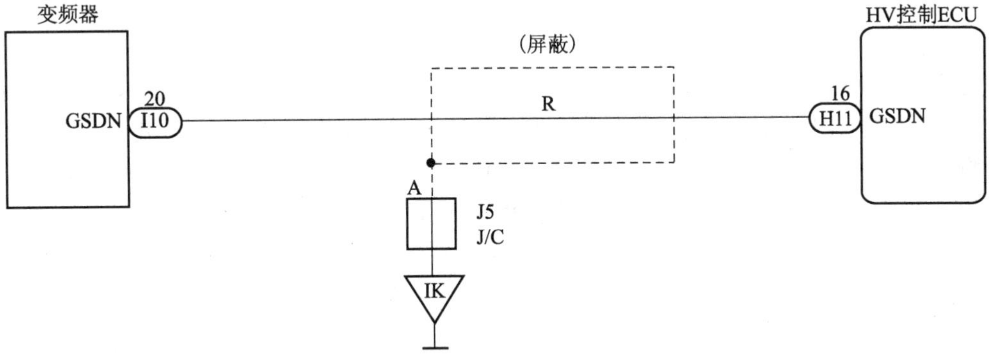

图 9–12　发电机 MG1 驱动关闭电路图

【技师指导】GSDN=Generator Signal Down 意为发电机驱动信号关闭。

（2）监控说明

HV-ECU 监控发电机门关闭（GSDN）信号线路。如果 HV-ECU 检测到 GSDN 信号电路开路或短路故障，则 HV-ECU 点亮 MIL 并设定 DTC。

（3）故障检测

出现发电机门关闭（GSDN）信号电路开路或+B 短路，发电机门关闭（GSDN）信号电路 GND 短路，发电机门关闭（GSDN）信号电路开路时要检修线束或连接器和带 DC/DC 的变频器总成。

13．发电机 MG1 扭矩监测

（1）简述

HV-ECU 根据行驶情况控制 MG1 扭矩。

（2）监控说明

如果 MG1 规定扭矩与实际 MG1 扭矩之间的差超过预定值，则 HV-ECU 判定 MG1 扭矩的执行或监控存在故障。然后，HV-ECU 点亮 MIL 并设定 DTC。

（3）故障检修

监控到 MG1 扭矩性能故障，检修混合动力车辆发电机和带 DC/DC 的变频器总成。

14．MG1 发电机驱动关闭

（1）简述

接收到 HV-ECU 的发电机门关闭信号，变频器将关闭激活 MG1 的功率晶体管，强制停止 MG1 的工作。HV-ECU 监控发电机门关闭信号线路并检测故障。

（2）监控说明

HV-ECU 监控发电机门关闭（GSDN）信号，如果 HV-ECU 检测到 GSDN 信号故障，则将点亮 MIL 并设定 DTC。

（3）故障检修

发电机门关闭（GSDN）信号故障，检修线束或连接器和 HV-ECU。发电机变频器门关闭时故障检修线束或连接器和带 DC/DC 的变频器总成。

15．电机电流传感器

（1）简述

变频器内部的 MG1 电机和 MG2 电动机的 U、V、W 三相输出中，V 和 W 两相套有非接触式电流传感器，电流传感器检测到流过变频器和电机的 V 相和 W 相电缆电流的安培数。变频器将其作为控制所必需的信息，例如安培数和电压传送到 HV-ECU。控制 ECU 监控电机变频器电流传感器。如果检测到故障，则将会点亮 MIL 并设定 DTC。

如图 9-13 所示为 MG1 电动机电流传感器电路图，图 9-14 所示为 MG2 电动机电流传感器电路图。

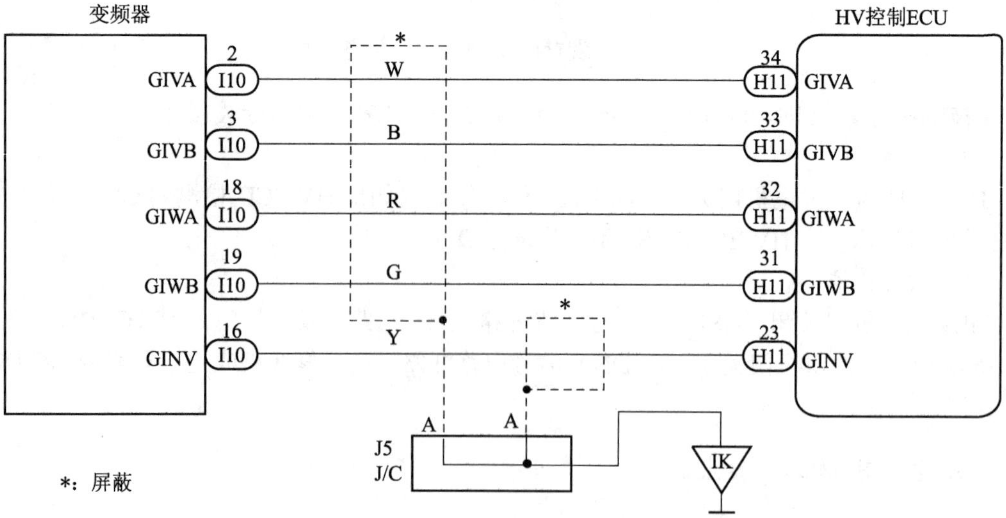

图 9-13　MG1 电动机电流传感器电路图

【技师指导】GIVA 中 G 是发电机，I 是电流，V 是 V 相绕组，意为 V 相电流。GIWA 是 W 相电流。GINV 是两电流传感器的公用端子。

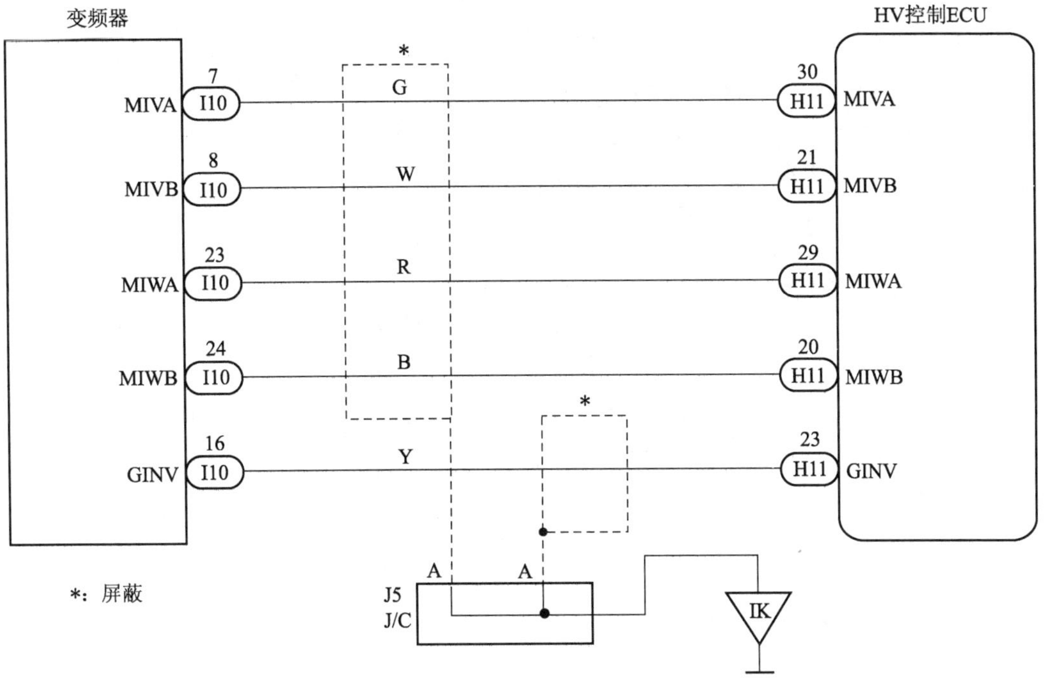

图 9-14　MG2 电动机电流传感器电路图

【技师指导】MIVA 中 M 是电动机，I 是电流，V 是 V 相绕组，意为 V 相电流。MIWA 是 W 相电流。GINV 是两电流传感器的公用地端子。

（2）检修步骤

检修线束电阻、对地和对+B 是否有短路。

HV-ECU 监控发电机变频器的电流传感器。如果 HV-ECU 检测到故障，则将会点亮 MIL 并设定 DTC。1 号发电机与 2 号电动机电流传感器检修方法相同。

16. 三相电机驱动

（1）简述

三相交流电流过定子线圈的三相绕组时，电机就会产生一个旋转的磁场。系统根据旋转位置和转子转速控制旋转磁场，转子上的永磁体就被拉向转动方向，从而产生扭矩。产生的扭矩和电流的大小成正比，系统通过调节交流电频率来控制电机的转速。

电机定子和转子夹角控制。为了在高速时有效地产生更大的扭矩，在高速控制定子磁场偏移一定角度。如图 9-15 所示，定子的励磁磁极 N 和 S 不在中间，这样更有利于吸引转子的 N 极和 S 极产生更大转矩。

（2）监控说明

HV-ECU 监控混合动力车辆电机（MG2）。如果 HV-ECU 检测到 MG2 的磁力减退或相间短路，则判定 MG2 故障。HV-ECU 点亮 MIL 并设定 DTC。

（3）故障检修

出现 MG2 电机故障时，检修电机和变频器总成。MG1 在电机自诊故障上与 MG2 相同。

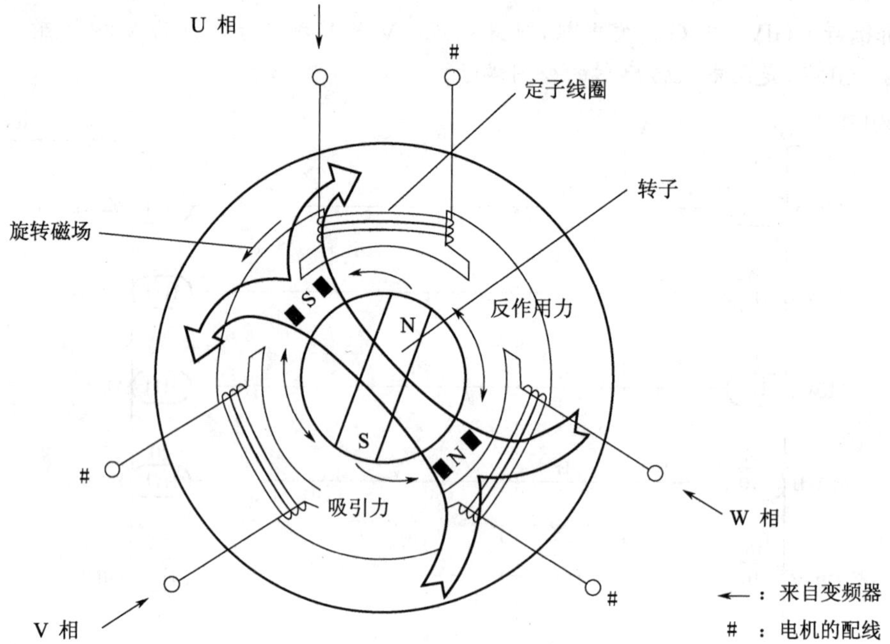

图 9-15 电机定子和转子夹角控制

17. MG2 电机的动力补偿

（1）监控说明

HV-ECU 监控电机 MG2 的能量平衡。MG2 充电或放电时，如果 HV-ECU 通电流传感器检测到电量故障，则点亮 MIL 并设定 DTC。

（2）故障检修

出现 MG2 小动力补偿和大动力补偿故障时，检修蓄电池电流传感器和混合动力车辆电机。

（3）检查蓄电池电流传感器

标准电阻：将正极探针连接到端子 1（VIB），将负极探针连接到端子 2（GIB），电阻在 3.5～4.5 kΩ，反向测量电阻在 5～7 kΩ 或更大。将正极探针连接到端子 1（VIB），将负极探针连接到端子 3（IB），阻值在 3.5～4.5 kΩ，反向在 5～7 kΩ 或更大。MG1 在电机自诊故障上与 MG2 相同。

18. 电机变频器温度传感器故障

（1）简述

HV-ECU 使用安装在变频器内部的温度传感器来检测电机变频器的温度，用通往 MG1 和 MG2 的同一冷却系统冷却变频器，冷却系统与发动机冷却系统相独立。电机变频器温度传感器的特点与增压转换器温度传感器相同。为检查变频器冷却系统的作用和防止冷却系统过热，HV-ECU 根据电机变频器温度传感器传来的信号来限制负载的大小。而且，HV 控制还检测电机变频器温度传感器电路故障和传感器本身的故障。如图 9-16 所示为变频器温度监测电路。

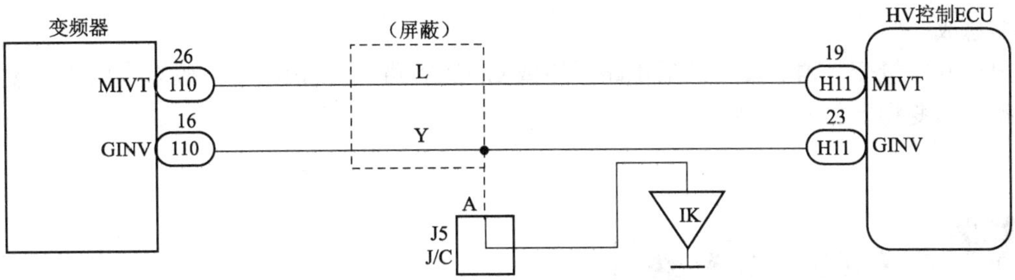

图 9-16　变频器温度监测电路

（2）故障检修

出现电机变频器温度传感器输出突变，信号偏移应检修故障可能发生部位：

① 线束或连接器；

② 变频器冷却系统；

③ 带电机和支架的水泵总成；

④ 冷却风扇电机；

⑤ 2 号冷却风扇电机；

⑥ 带转换器的变频器总成。

出现电机变频器温度传感器电路开路或 GND 短路显示 205℃，+B 短路显示为-50℃，应检修线束或连接器、带转换器的变频器总成、HV-ECU。

19. 发电机变频器温度传感器

（1）简述

HV-ECU 使用安装在变频器内部的温度传感器来检测发电机变频器的温度。用通往 MG1 和 MG2 的同一冷却系统冷却变频器。冷却系统与发动机冷却系统相独立。发电机变频器温度传感器的特点与增压转换器温度传感器相同。

为检查变频器冷却系统的作用和防止冷却系统过热，HV-ECU 根据发电机变频器温度传感器传来的信号来限制负载的大小。而且，HV-ECU 还检查发电机变频器温度传感器电路故障和传感器本身的故障。如图 9-17 所示为发电机变频器温度传感器电路图。

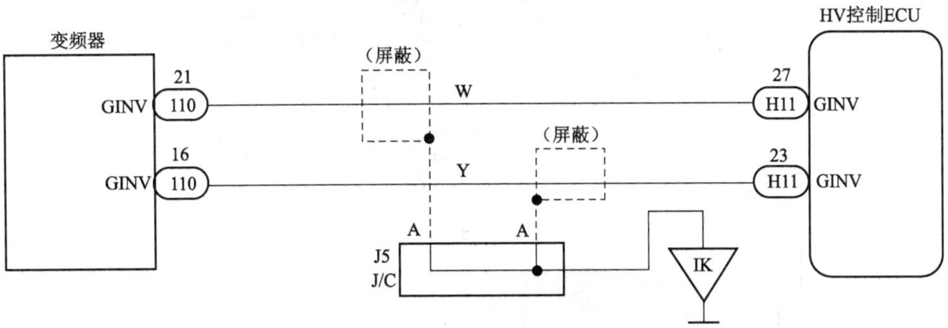

图 9-17　发电机变频器温度传感器电路图

（2）故障检修

出现发电机的变频器温度传感器输出突变，输出偏移性故障，请检修线束或连接器、变频器冷却系统、带电机和支架的水泵总成、冷却风扇电机、2 号冷却风扇电机、带转换器的变频器总成。

出现发电机变频器温度传感器电路开路或 GND 短路，+B 短路时，检修线束或连接器、带转换器的变频器总成、HV-ECU。

9.3 变频器冷却系统

发动机冷却系统可称为第一冷却系统，由变频器和电动机所组成的冷却系统可称第二冷却系统，尽管带转换器的变频器总成和电机生热功率并不是很高，但换流器件要想在大功率条件下稳定工作的一个重要条件就是控制温度要低，一般在 65℃以下。

1. 冷却系统循环

变频器利用 IGBT 将 HV 蓄电池直流电压转换为 MG1 和 MG2 的交流电压，在转换过程中 IGBT 要产生热量，一套变频器的热功率一般为 150～200W。如果不经冷却系统散热，则累积的热量可能损坏变频器。变频器由专用的冷却系统散热，这个系统由电动水泵、冷却风扇和散热器组成。此冷却系统的温度控制较低，因此要与发动机冷却系统间分开，独立为一个冷却系统，相比发动机冷却系统，这个系统要简单得多。

如图 9-18 所示为第二冷却系统管路图。HV-ECU 根据电机温度和变频器温度传感器的信号，控制水泵电机继电器。水泵工作将储液罐内的冷却液压入电机 MG1、MG2 后经发动机前部的散热器底部回流变频器，经变频器后回储液罐底部。为保证管内空气能较容易放干净，在变频器上有放气螺钉用于放气。

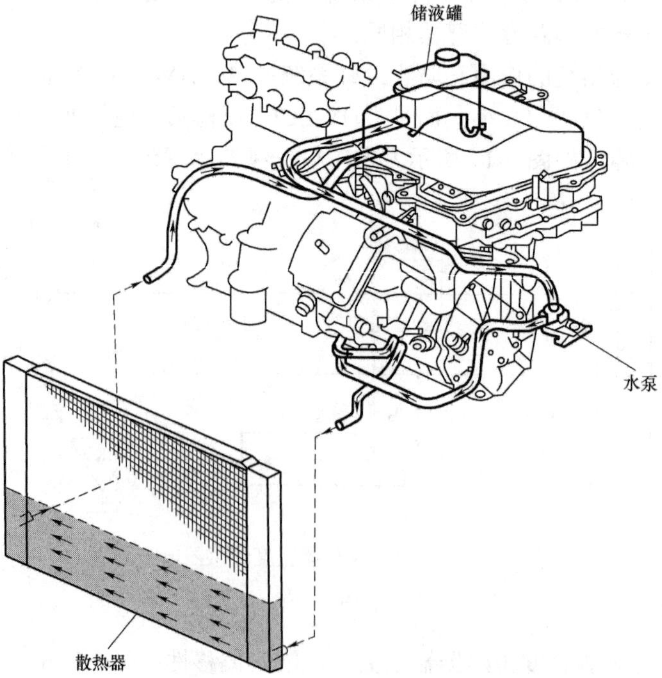

图 9-18　第二冷却系统管路图

【技师指导】第二冷却系统循环要加丰田指定的粉色冷却液，从储液罐加冷却液时，要注意加至 min 和 max 之间，水泵工作时可见粉色冷却液在储液罐内流动。

【完成任务】请写出第二冷却系统冷却循环路径。

____

____。

2. 冷却系统电路检修

(1) 监控说明

如图 9-19 所示为第二冷却系统水泵控制电路图，如果 HV-ECU 检测到电动水泵、风扇或散热器故障，则将点亮 MIL 并设定 DTC。

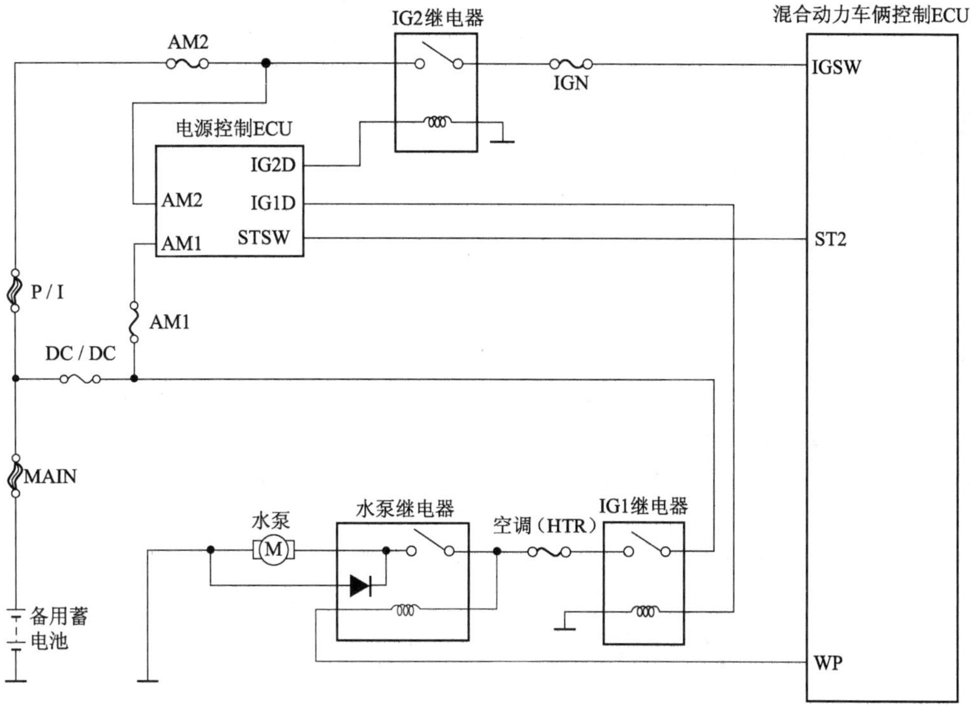

图 9-19　第二冷却系统水泵控制电路图

(2) 故障检修

HV-ECU 控制电子水泵、冷却风扇和冷却系统并检测故障。出现变频器冷却系统故障（水泵系统故障）和变频器冷却系统故障（电子冷却风扇系统故障）检修如下：

① 线束或连接器；

② 变频器冷却系统；

③ 带电机和支架的水泵总成；

④ 冷却风扇电机；

⑤ 2 号冷却风扇电机；

⑥ 带 DC/DC 的变频器总成。

·第 10 章·

线控驻车挡原理与检修

10.1 线控驻车挡控制

1．P 挡开关

（1）简述

与传统换挡杆的驻车挡不同，P 挡开关由换挡杆上部独立控制。开关为点动复位开关。P 挡开关包含电阻器 R1 和 R2。当 P 挡开关没有按下时，开关提供 R1 和 R2 两串联电阻；当 P 挡开关按下时，开关只提供R1 电阻。HV-ECU 的P1 端子上的电压随着开关电阻的变化而改变。HV-ECU 根据这个信号，控制变速驱动桥内部电机转动，电机的高速转动经减速机构减速后再锁止行星排的内齿圈，实现 P 挡锁止驱动轮的操作，操作时会有明显的电机工作噪声。

（2）故障码和故障部位

出现 P 挡开关电路对 GND 短路，P 挡开关电路开路或+B 短路时，要检修线束或连接器、P 挡开关和 HV-ECU。

（3）P 挡开关检修

（4）电阻检查

如图 10-1 所示，测量 4 和 3 脚电阻。因为 R1=3900Ω，R2=680Ω。所以按下开关旁路 R2 时，仅为电阻 R1 时为 3900Ω，松开开关测量两个电阻的和为 4580Ω。

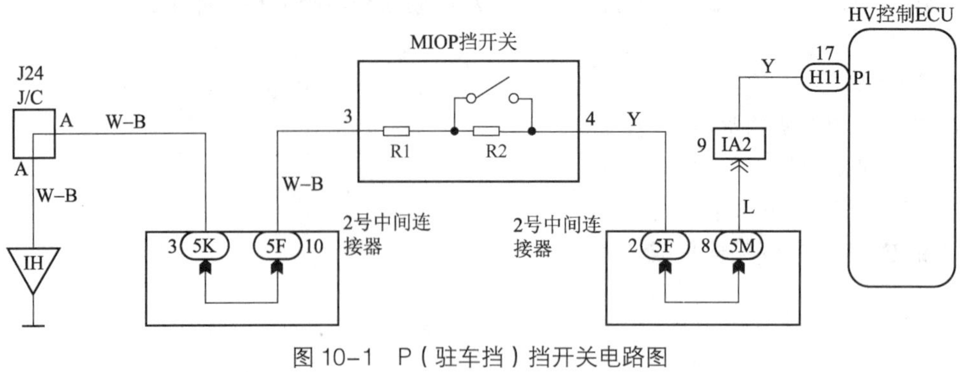

图 10–1　P（驻车挡）挡开关电路图

【技师指导】不要把 P 挡（驻车挡）和制动系统驻车制动弄混，P 挡是变速器系统，驻车制动是制动系统，P 挡功能为锁止驱动轮，驻车制动为制动后轮。

2. P 挡控制

（1）简述

变速驱动桥 P 挡为按键开关，电子换挡为 R、N、D、B 四个挡位，它们全是电子开关，与变速器驱动桥没有任何机械连接，如图 10-2 所示，当输入来自 P 挡开关或换挡杆的信号时，HV-ECU 发送 P 挡控制（PCON）信号到变速器控制 ECU。变速器控制 ECU 根据该信号激活变速器内的 P 挡锁止控制电机（换挡控制执行器），机械地锁止或解锁 HV 变速驱动桥总成的中间驱动齿轮。如果变速器内 P 挡锁止控制电机确实锁止了中间驱动齿轮，则向变速器控制 ECU 发送反馈信号，变速器控制 ECU 再将完成动作的信号通过向 HV-ECU 发送 P 挡位置（PPOS）信号到 HV-ECU，实现闭环控制。

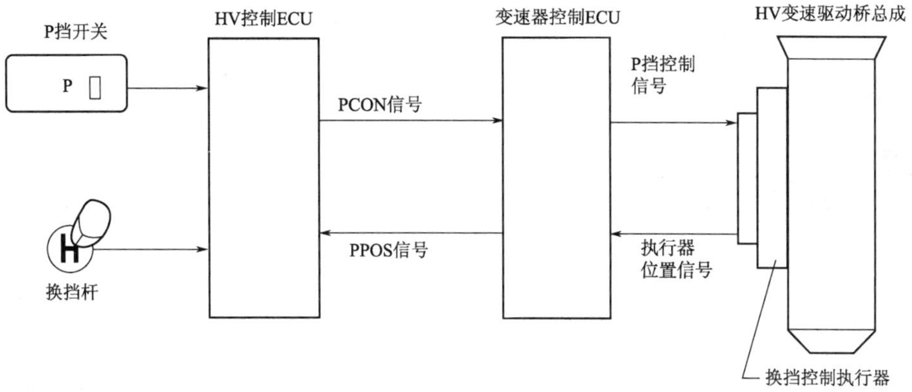

图 10–2　换挡位置和驻车信号传输

（2）故障检修

如图 10-3 所示为变速驱动桥挡位信号电路图，出现变速器控制 ECU 的车身电气网络（BEAN）通信故障，ECU 点火开关供电断开故障和 ECU 故障。检修线束或连接器、变速器控制 ECU、HV-ECU 和电源控制 ECU。出现 P 挡（PPOS）信号逻辑矛盾、P 挡（PPOS）信号电路 GND 短路、P 挡（PPOS）信号电路+B 短路和 P 挡（PPOS）信号故障（输出脉冲异常）时，应检修线束或连接器、变速器控制 ECU、HV-ECU 和电源控制 ECU。

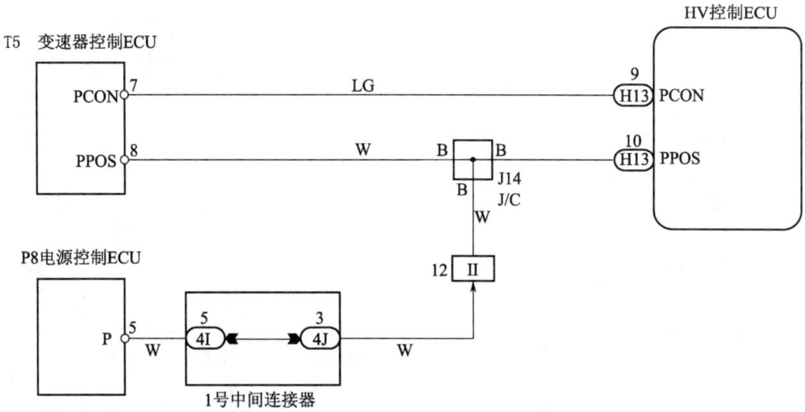

图 10–3　变速驱动桥挡位信号电路图

检查 HV-ECU 连接器端子 PCON（H13-9）和 GND1（H1O-1）、端子 PPOS（H13-10）和 GND1（H1O-1）间的电压波形，以检查信号线路 PCON 和 PPOS 是否+B 短路。如果信号线路中存在+B 短路，则输出电压保持在 9～14V。如果信号线路正常，则波形如 10-4 图所示。

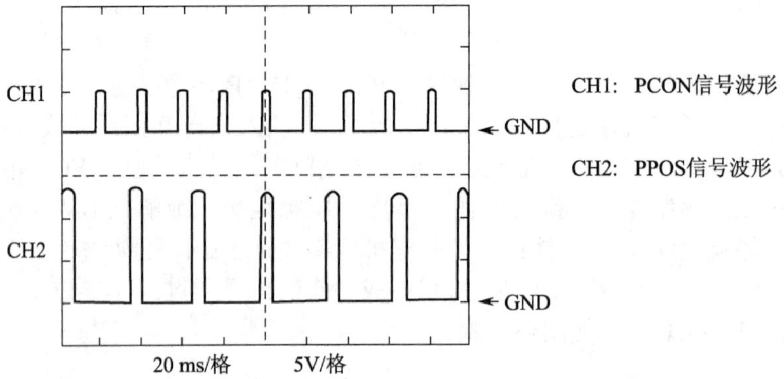

图 10-4　PCON 和 PPOS 端子波形测量

10.2 挡位传感器

1. 挡位传感器

如图 10-5 所示，换挡控制系统是一种不使用换挡拉索的无线型系统。包括换挡传感器和选挡传感器，两种传感器的信号组合起来才能来判别挡位，传感器是霍尔非触型。

换挡杆是点动复位型，当驾驶员换挡后，手从换挡杆松开时，换挡杆通过弹簧的反作用回到主挡位置。换挡杆上包含一个换挡传感器和一个选挡传感器，来检测换挡杆的挡位（R、N、D 或 B）。传感器形式为霍尔传感器，可以精确地检测到挡位。每个传感器包含两套位置检测系统，也称为主系统和副系统，主、副系统组成判别自身故障的冗余设计。

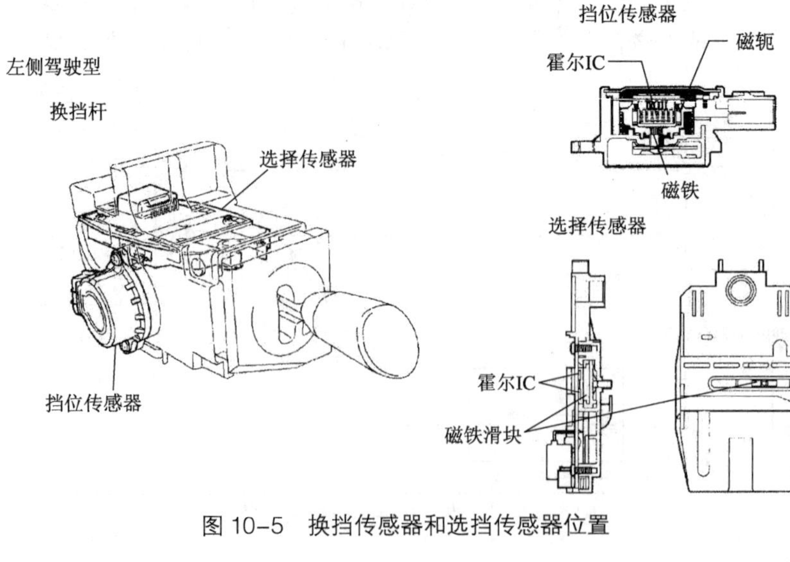

图 10-5　换挡传感器和选挡传感器位置

2．换挡传感器

如图 10-6 所示，换挡传感器向 HV-ECU 输出变化的电压反映换挡杆的前、后运动。该电压随着换挡杆的垂直运动在 0～5V 变化。HV-ECU 认为换挡传感器输入低电压换挡杆在 D 或 B 挡，中间电压信号时在主挡或 N 挡，高电压在 R 挡。

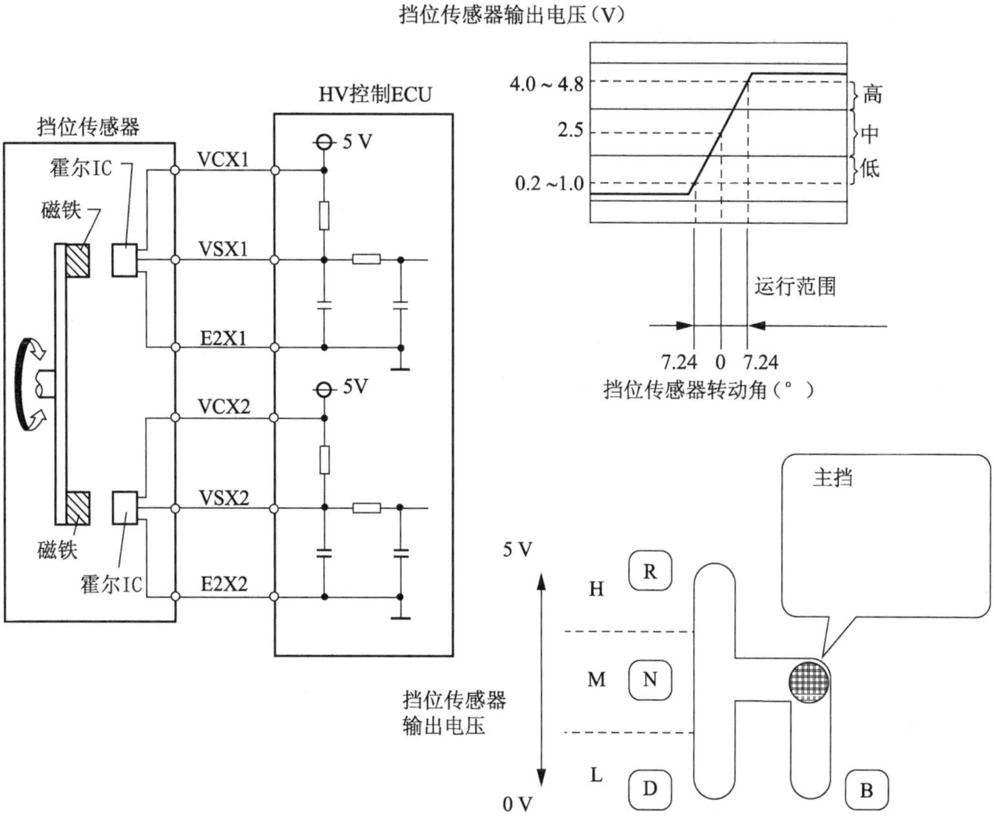

图 10-6　换挡传感器电路和信号输出与挡位对应关系

3．选挡传感器

【技师指导】选挡传感器采用两线电流型传感器，这种传感器的地线既是地线也是信号线，原理是+B 通过 VC 给霍尔传感器供电 12V，通过 VS，并经过下拉电阻接地，信号取自下拉电阻上部，换挡杆的滑动导致霍尔电流发生变化，经放大器放大后从 VS 输出，变化的电流会导致下拉电阻的电压发生变化，这个变化反映了换挡杆位置。

如图 10-7 所示，选挡传感器向 HV-ECU 输出电压信号，该电压随着换挡杆的水平运动在 0～5V 变化。HV-ECU 认为选挡传感器低压输入在 B 挡，高压在 R、N 或 D 挡。HV-ECU 根据换挡传感器和选挡传感器的信号组合决定换挡杆位置。

出现挡位主或副传感器电路开路或 GND 短路，或出现挡位主传感器电路+B 短路，故障可能发生部位在线束或连接器、换挡杆和 HV-ECU。

出现挡位主传感器值和挡位副传感器值间的差值大或选择主传感器值和选择副传感器值间的差值大时，检修线束或连接器、换挡杆和 HV-ECU。

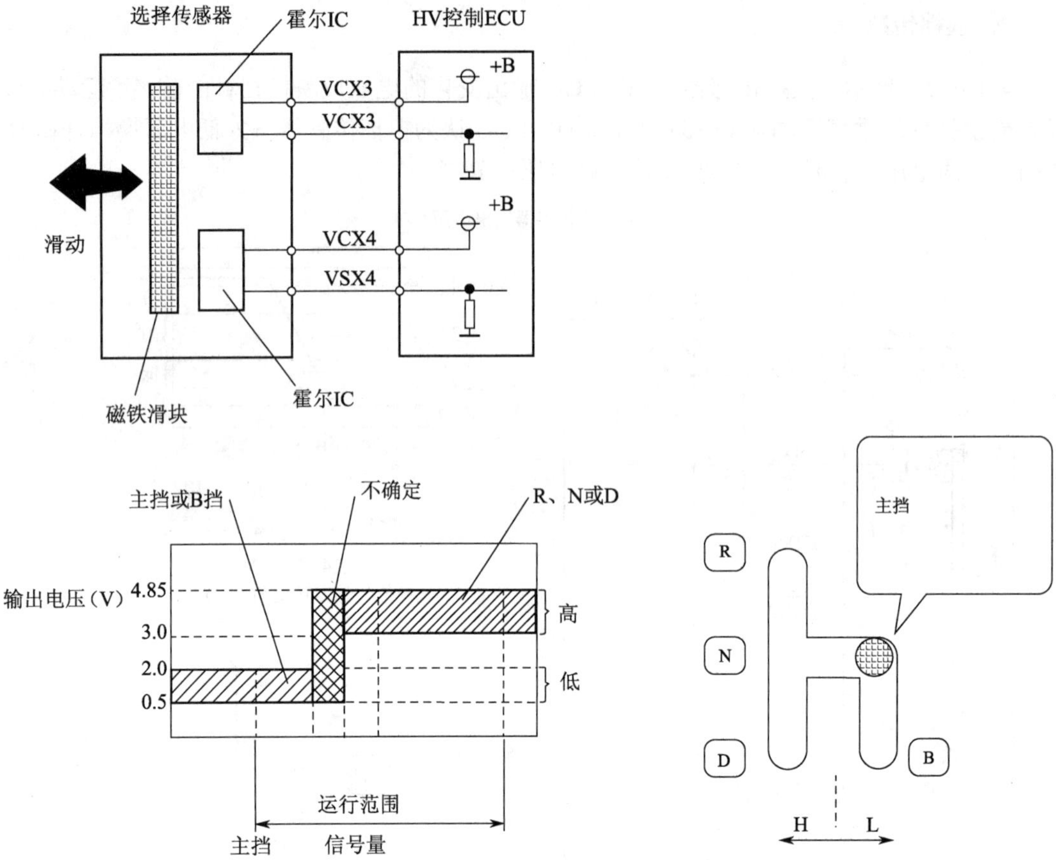

图 10-7　挡位选挡传感器和挡位与信号对应关系

4. 电路图

参考电路图 10-8 检修变速驱动桥挡位电路，检查步骤：

（1）读取智能测试仪的值（主和副换挡传感器）：

（a）将智能测试仪连接到 DLC3；

（b）打开电源开关（IG）；

（c）打开智能测试仪；

（d）进入下列菜单：Power train/Hybrid Control/Data List；

（e）读取主和副换挡传感器电压值，如表 10-1 所示。

（2）检查挡位开关供电：

（a）断开换挡传感器连接器；

（b）打开电源开关（IG）；

（c）测量换挡传感器连接器端子间的电压。

挡传感器供电标准电压规定为 4.5～5.5V，选挡传感器供电标准电压规定为 9～14V。

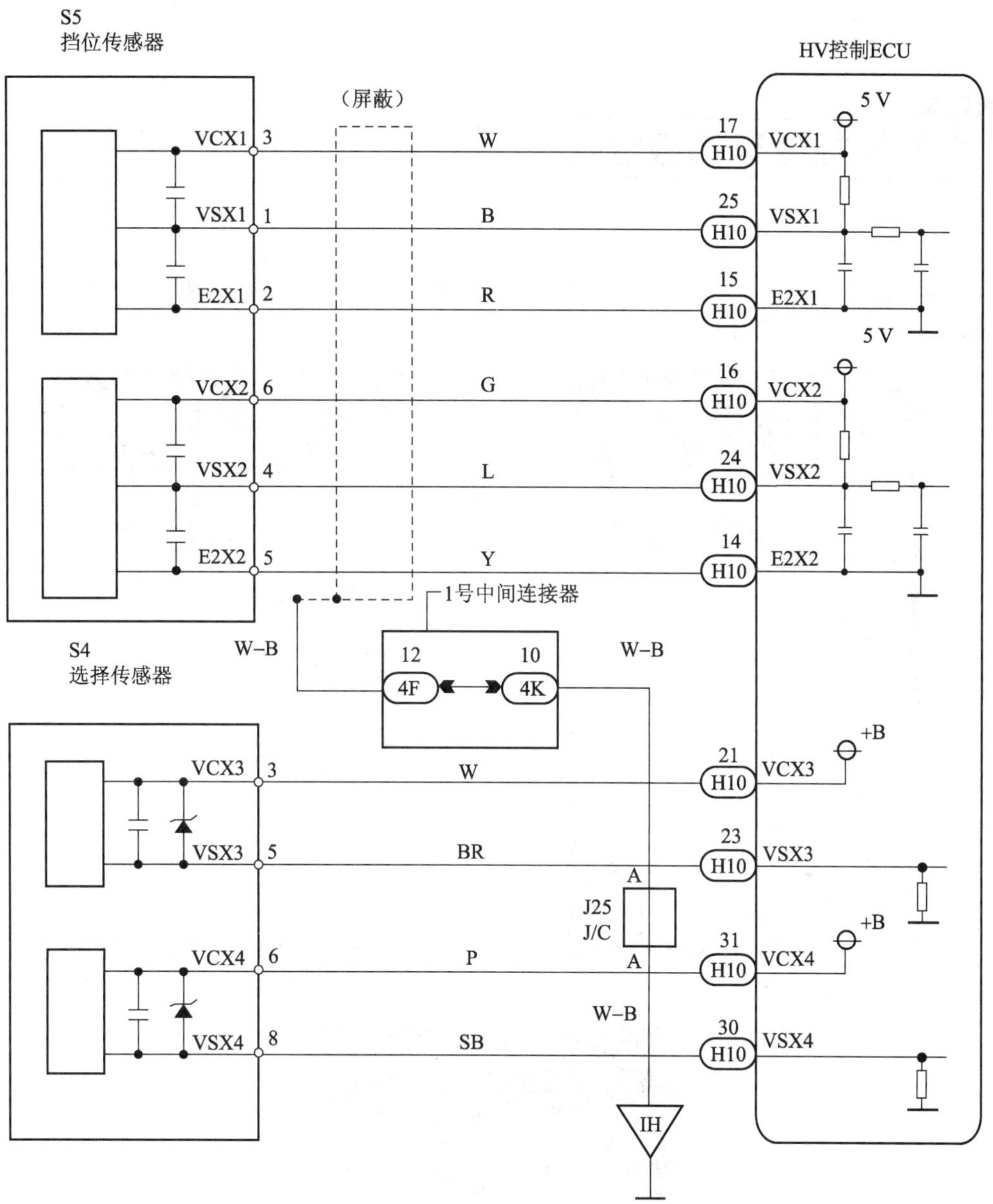

图 10–8　换挡杆水平选挡和垂直换挡传感器电路图

表 10-1　主和副换挡传感器电压值

挡位	主换挡传感器	副换挡传感器
R 挡	4.0～4.8 V	4.0～4.8V
主挡或 N 挡	2.0～3.0 V	2.0～3.0 V
D 挡或 B 挡	0.2～1.0 V	0.2～1.0 V

10.3 线控驻车挡数据流

变速驱动桥 ECU 系统数据流有 3 页，如图 10-9～图 10-11 所示，数据分析略。详见作者在 bmdcar.com 的数据流分析

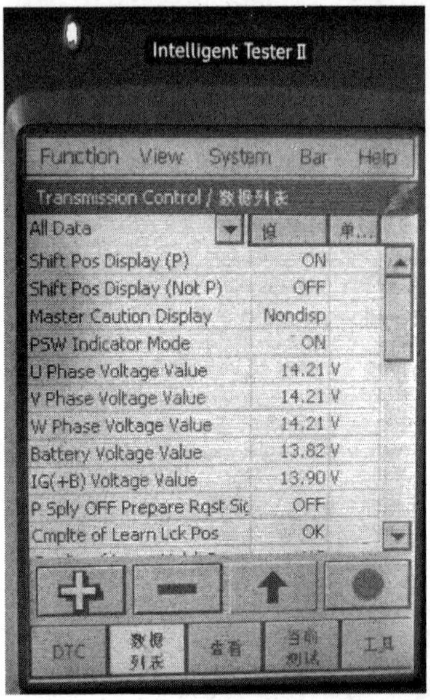

图 10-9 变速驱动桥 ECU 系统数据流第 1 页

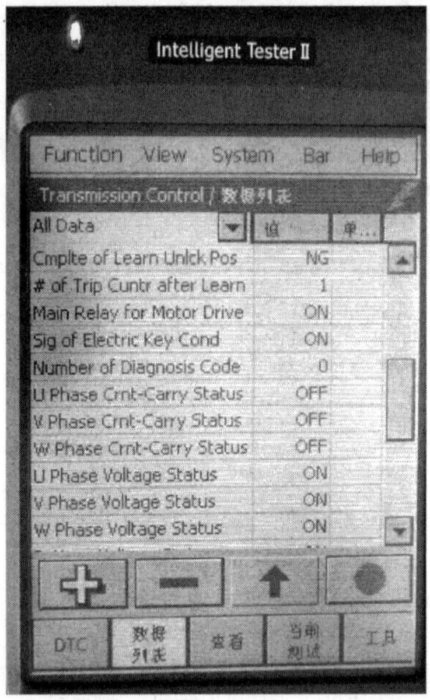

图 10-10 变速驱动桥 ECU 系统数据流第 2 页

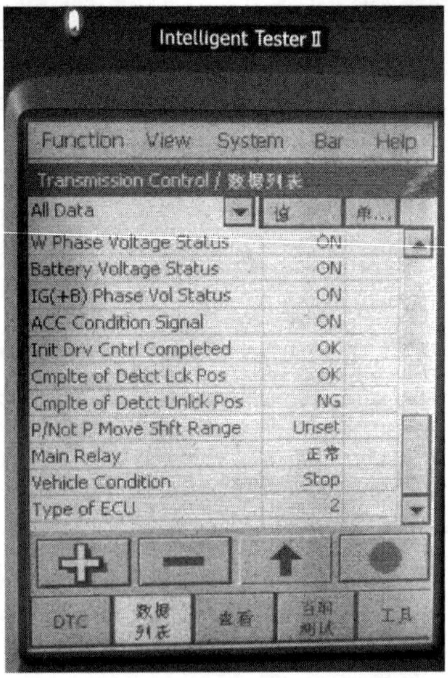

图 10-11 变速驱动桥 ECU 系统数据流第 3 页

·第 11 章·

电动汽车空调

11.1 电动涡旋压缩机

电动汽车普遍采用电动旋涡压缩机，下面以丰田普锐斯为例讲解电动涡旋压缩机。

1. 功能

新款普锐斯上的 ES18 电动变频压缩机由内置电机驱动。除由电机驱动的部件外，压缩机的基本结构和工作原理与旧款普锐斯上的涡旋压缩机相同。空调变频器提供的交流电（201.6 V）驱动电机，变频器集成在混合动力系统的变频器上。这样，即使发动机不工作，空调控制系统也能工作。这样，能达到良好的空气状况，也减少了油耗。由于采用了电动变频压缩机，压缩机转速可以被控制在空调 ECU 计算的所需转速范围内。因此，冷却性能和除湿性能都得到了改善，并降低了功率消耗。压缩机的进气、排气软管采用了低湿度渗入软管，这样，可以减少进入制冷循环中的湿气。压缩机使用高压交流电。如果压缩机电路发生开路或短路，HV-ECU 将切断空调变频器电路来停止向压缩机供电。为保证压缩机和压缩机壳内部高压部分的绝缘性能，新款普锐斯采用了有高绝缘性的压缩机油（ND11）。因此，绝对不能使用除 ND11 型压缩机油外的与其同等品质的压缩机油。

2. 结构

如图 11-1 所示，电动变频压缩机包含一对螺旋线缠绕的固定涡形管和可变涡形管、无刷电机、油挡板和电机轴。固定涡形管安装在壳体上，轴的旋转引起可变涡形管在保持原位置不变时发生转动，这时，由这对涡形管隔开的空间大小发生变化，实现制冷气的吸入、压缩和排出等功能。将进气管直接放在涡形管上可以直接吸气，从而可以提高进气效率。压缩机中有一个内置油挡板，可以挡住制冷循环过程中与气态制冷剂混合的压缩机油，使气态制冷剂循环顺畅，从而降低机油的循环率。

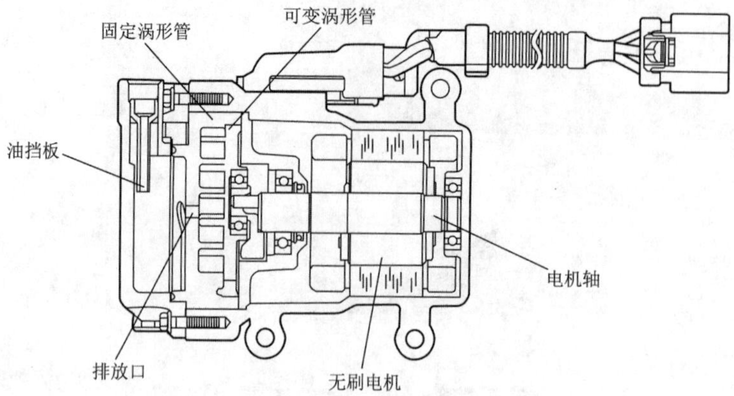

图 11–1 电动变频压缩机内部结构

3. 工作原理（见图 11-2）

（1）吸入过程

在固定涡形管和可变涡形管间产生的压缩室的容量随着可变涡形管的旋转而增大，这时，气态制冷剂从进风口吸入。

（2）压缩过程

吸入步骤完成后，随着可变涡形管继续转动，压缩室的容量逐渐减小。这样，吸入的气态制冷剂逐渐压缩并被排到固定涡形管的中心了。当可变涡形管旋转约 2 周后，制冷剂的压缩过程完成。

（3）排放过程

气态制冷剂压缩完成而压力较高时，通过按压排放阀，气态制冷剂通过固定涡形管中心排放口排出。

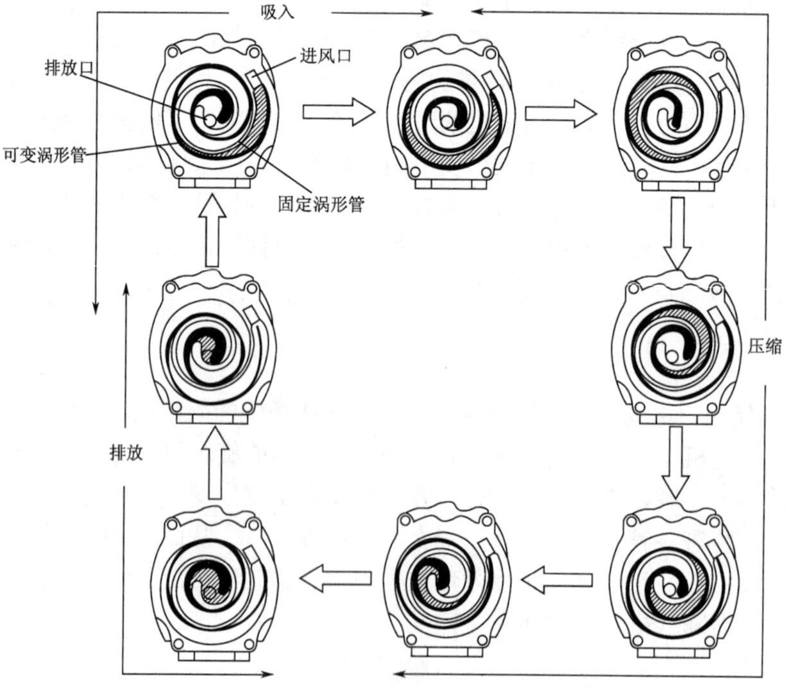

图 11–2 电动变频涡旋压缩机工作原理

11.2 普锐斯空调系统

1. 空调变频器

如图 11-3 所示为变频器总成中的空调变频器内部图，变频器总成中的空调变频器为空调系统中电动变频压缩机供电，变频器将 HV 蓄电池的额定电压 DC 201.6 V 转换为三相交流电为电动压缩机供电。

【技师指导】 $1mm^2$ 通常额定通过 5A 电流，若 6kW 电动机 12V 则需要供电线为 $100mm^2$，可以说这样的线又粗又硬，且根本无法绕成电机内的绕组，事实上电动汽车上的大功率设备全需高压供电，否则供电线都成问题。

具体工作原理可描述如下：HV-ECU 控制变频器总成中的 MCU（微控制器）对门驱动电路进行驱动，通过 6 个 IGBT 把直流电逆变成交流电，电机的转速由变频控制信号的频率决定，而变频控制信号频率由空调 ECU 通过 HV-ECU 控制电动压缩机。

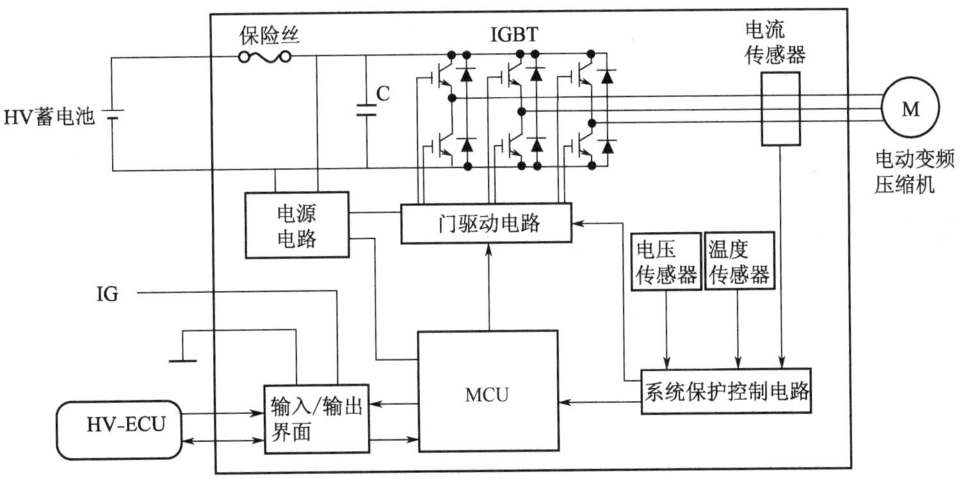

图 11-3 变频器总成中的空调变频器内部图

2. 转速控制

如图 11-4 所示为电动变频压缩机转速控制。空调 ECU 根据目标蒸发器温度（由车内温度传感器、湿度传感器、环境温度传感器和日照传感器计算而来）和蒸发器温度传感器检测的实际蒸发器温度计算压缩机目标转速。然后，空调 ECU 发送目标转速到 HV-ECU。HV-ECU 根据目标转速控制空调变频器，控制压缩机以符合空调系统操作的速度工作。空调 ECU 计算包含根据车内湿度（从湿度传感器获得）产生校正数值的目标蒸发器温度和风挡玻璃内表面湿度（从湿度传感器、日照传感器、车内温度传感器、模式风门位置和刮水器工作状态计算而来）。这样，空调 ECU 控制压缩机转速使冷却性能和除雾性能不受影响。因此，车辆实现了乘坐舒适和低油耗等目标。

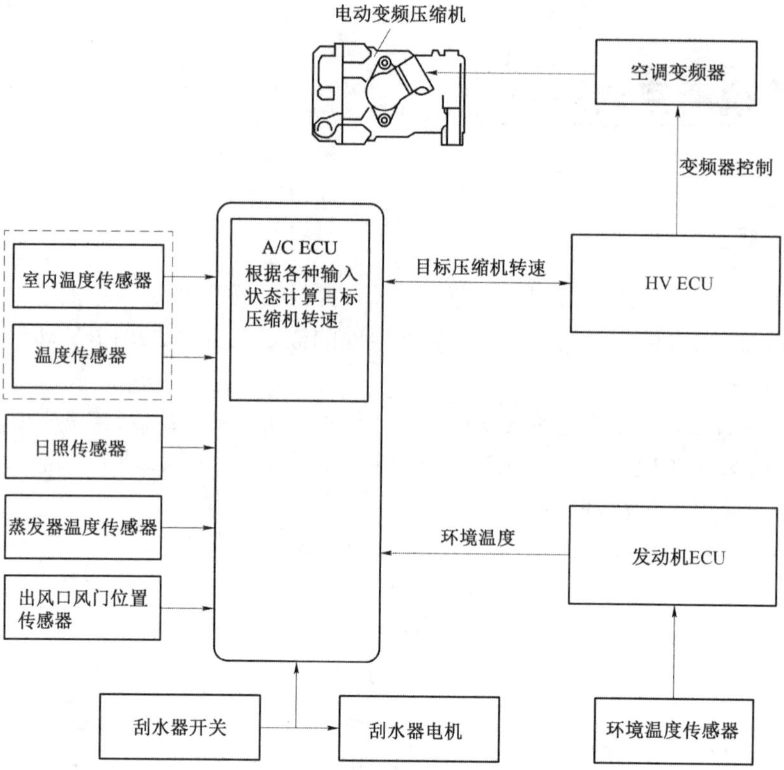

图 11-4　电动变频压缩机转速控制

11.3 典型混合动力汽车空调

1. 普锐斯空调简介

这里以第二代丰田普锐斯的空调系统为例进行介绍。

（1）采用了 ES18 型电动变频压缩机。该压缩机由空调变频器提供交流电来驱动，安装在混合动力系统的变频器上。这样，即使发动机不工作，空调系统也能工作。这样，能达到良好的空气状况，也减少了油耗。

（2）将自动空调系统作为标准配置而采用，此系统能自动改变出风口、出风口温度和出气量。

（3）采用了鼓风机脉冲控制器。该控制器根据空调 ECU 提供的占空信号控制输出电压来调节鼓风机电机的转速。这样，就减少了由于传统鼓风机线性控制器发热所造成的功率损失，从而实现了低油耗。

（4）车内温度传感器增加了湿度传感器功能。这样，空调系统工作时，优化了除湿性能。

（5）采用了紧凑、轻型和高效的电动水泵。这样，发动机停止时也能保证合适的暖风机性能。

（6）采用了模糊控制功能来计算要求的出风口温度（TAO：出风口温度）和自动空调控

制系统的鼓风量。从而空调 ECU 可以计算出出风口温度、鼓风量、出风口和与运行环境相适合的压缩机转速。这样，提高了乘坐舒适性。

注： 模糊控制这种控制方式是计算机上用来模拟人类模糊决策的程序。它使用"IF-THEN"控制规则的数学函数来断定普通计算不能处理的周围环境（如"稍微大"或"特别大"）因此这种控制使用类似于人类语言的计算机语言在计算机上模拟人类如何处理大量信息。

在常规自动空调控制系统中，空调 ECU 根据预定的计算公式以传感器提供的温度信息为基础，依据设定温度计算所需的出风口温度（TAO：出风温度）。通过自动控制伺服电机和鼓风机电机以达到计算出 TAO 数值，此系统保持车内温度稳定，确保了乘坐舒适性。但是，根据 TAO 数值统一决定所有控制数值的常规自动空调控制系统对控制的限制较大（因为它是线性系统的结合）。因此，新款普锐斯采用了模糊控制（非线性控制），可进行微调控制。模糊控制根据它们各自数学函数确定温度偏差、环境温度和太阳辐射符合等级程度。此外，系统使用模糊计算方法计算所需的出风口温度（TAO）和鼓风机鼓风量。根据这些计算结果，空调 ECU 对出风口温度、鼓风机鼓风量、压缩机和出风口进行控制。温度偏差的一致性等级程度根据实际的车内温度和设定温度可定义为 9 个等级，太阳辐射的符合等级程度根据日照传感器数值可定义为 4 个等级（低、中低、中和高），环境温度的符合等级程度根据环境温度传感器数值可定义为 6 个等级（隆冬、冬天、春秋、春夏和盛夏）。空调模糊控制功能确定的鼓风机鼓风量如图 11-5 所示。

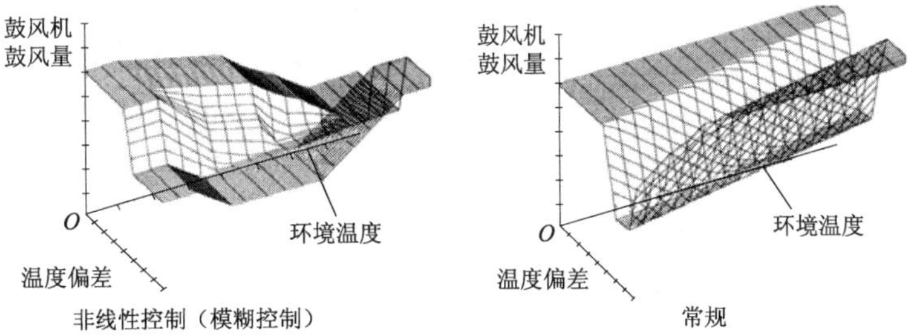

图 11-5 空调模糊控制功能确定的鼓风机鼓风量

（7）旧款普锐斯中，空调由空调控制面板控制。在新款普锐斯中，如图 11-6 所示，改为由复式显示器的空调屏幕显示上的开关和方向盘衬垫上的开关来控制操作。除空调屏幕显示外，AUTO、再循环、前除霜器和后除霜器开关的操作条件也可以由组合仪表上的指示灯来表示。

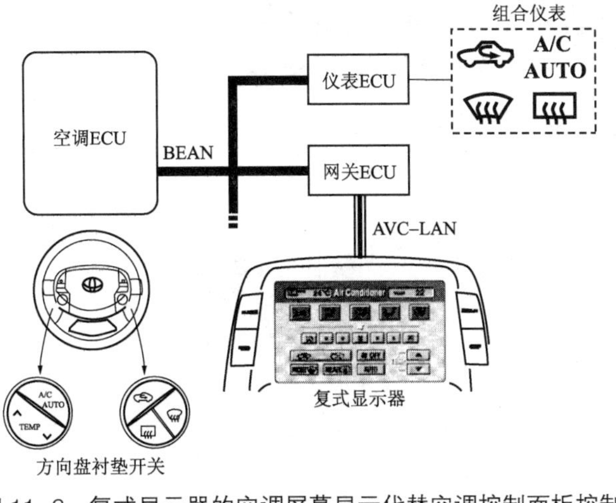

图 11-6 复式显示器的空调屏幕显示代替空调控制面板控制

2．元件位置图

如图 11-7 所示为元件位置图。

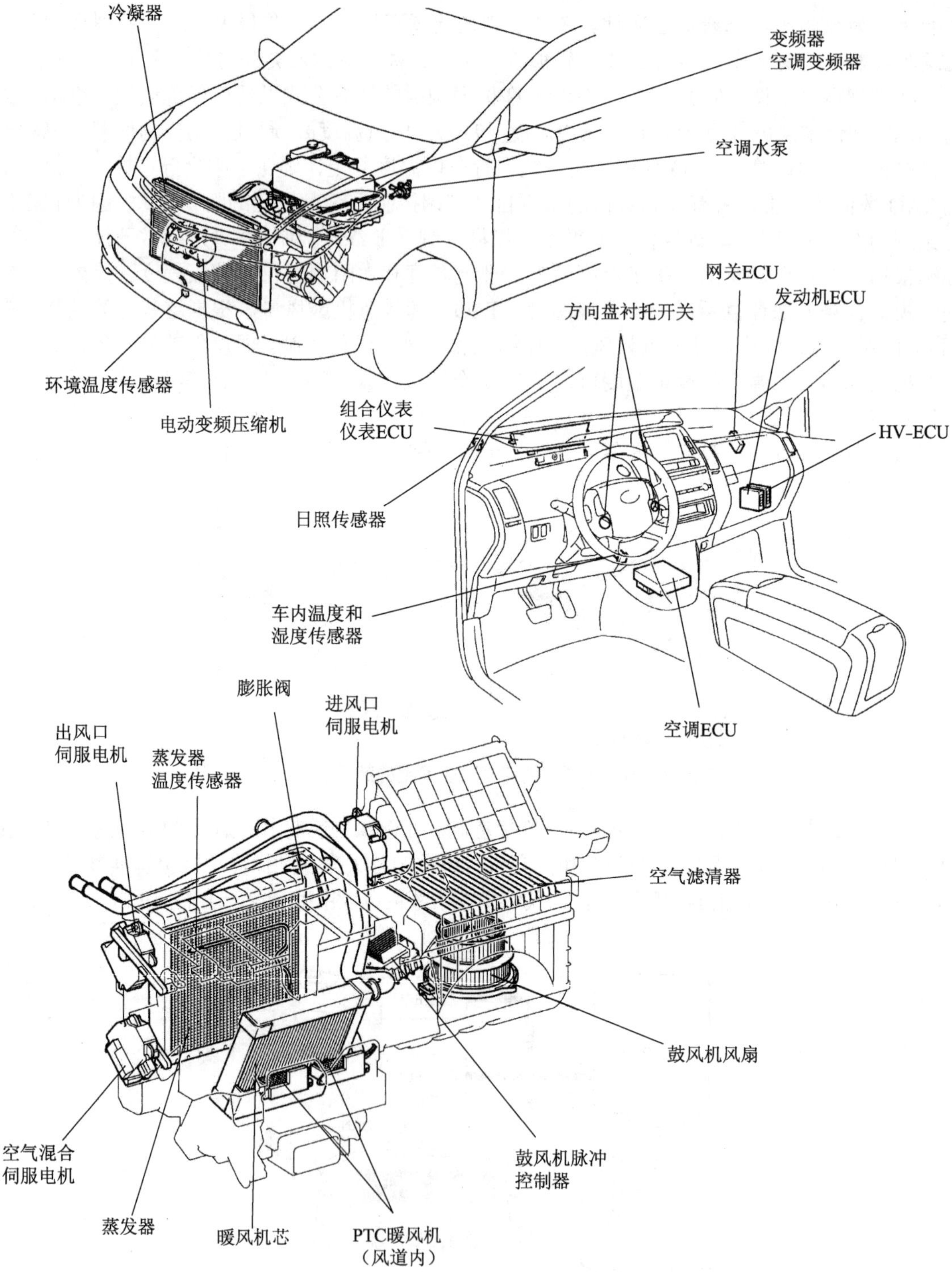

图 11–7　元件位置图

3. 空调元件结构

（1）蒸发器

新车型采用了 RS（改良型条状）蒸发器。在蒸发器装置的顶部和底部有储液罐并使用了微孔管结构，从而达到增强导热性、散热更集中、使蒸发器更薄的效果。为了最大地减少异味和细菌的滋生，蒸发器体涂抹了一层含有灭菌剂的树脂。在这层树脂的下面是一层保护蒸发器的铬酸盐自由层。

（2）暖风机芯

采用 SFA（直吹铝制）暖风机芯。与传统 SFA 暖风机芯是同样的直吹（全程吹风）型暖风机芯。但是此暖风机芯采用了密集暖风机芯结构，从而达到紧凑、高效的性能。

（3）PTC 暖风机

如图 11-8 所示，2 个 PTC（正温度系数）暖风机安装在暖风机芯上，此暖风机芯在欧洲左侧驾驶型上为选装配置。PTC 暖风机包含在中间插有 PTC 元件的电极，电流通过 PTC 元件来加热流经散热片的空气。

在欧洲左侧驾驶型上，PTC 暖风机作为选装配置，安装在空调装置前部的足部通风口内。PTC 暖风机是一个蜂房型的热敏电阻，直接加热风道中的空气。

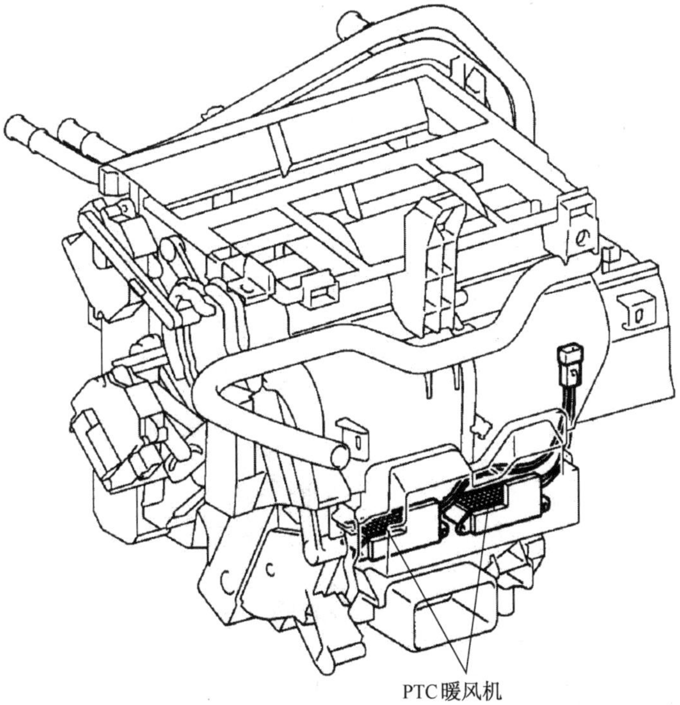

图 11–8　PTC 加热器位置

（4）鼓风机脉冲控制器

如图 11-9 所示暖风鼓风机的无级调速。鼓风机脉冲控制器根据空调 ECU 输入的占空循环信号控制输出到鼓风机电机的电压。它比旧车型使用的鼓风机控制器产生热量小。因此，与常规的鼓风机线性控制器相比，热量损耗得以减少，燃油消耗量得以降低。

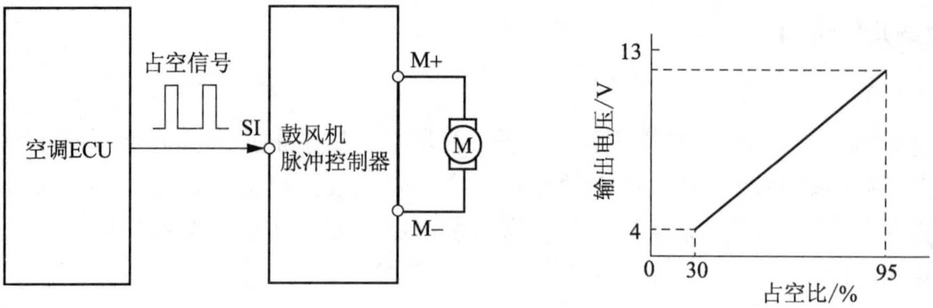

图 11-9　暖风鼓风机的无级调速

（5）冷凝器

新款普锐斯保留了旧款普锐斯的分级制冷冷凝器。但是，新款普锐斯的冷凝器芯更小，因此，制冷剂量也减少。冷凝器的冷却循环系统采用了分级制冷循环，这样，导热性增强。分级制冷循环分为冷凝和超冷两部分，并在两者之间有一个液气分离器（调节器）。经过调节器的液体制冷剂在超冷部分被再次冷却，增加了制冷剂自身的冷却容量，从而可以得到高效的制冷性能。

（6）水泵

普锐斯系统采用了电动水泵。即使发动机由于混合动力的功能需要停止工作，暖风机仍可正常工作。

（7）湿度传感器

如图 11-10 所示，湿度传感器被加入车内温度传感器中。通过检测车内的湿度，这个功能优化了空调系统操作期间的除湿效率。因此，压缩机的功耗得以减少，车内达到了舒适的湿度。

湿度传感器中内置的湿度传感阻力膜吸收并释放车内的湿气。在吸收和释放的过程中，湿度传感阻力膜扩张（吸收湿气时）和收缩（释放湿气时）。湿度传感阻力膜的碳粒的间隙在吸收和释放湿气时扩张和收缩，改变电极间电阻，从而引起湿度传感器的输出电压变化。空调 ECU 通过电极间的电阻造成的湿度传感器输出电压的变化检测车内湿度。

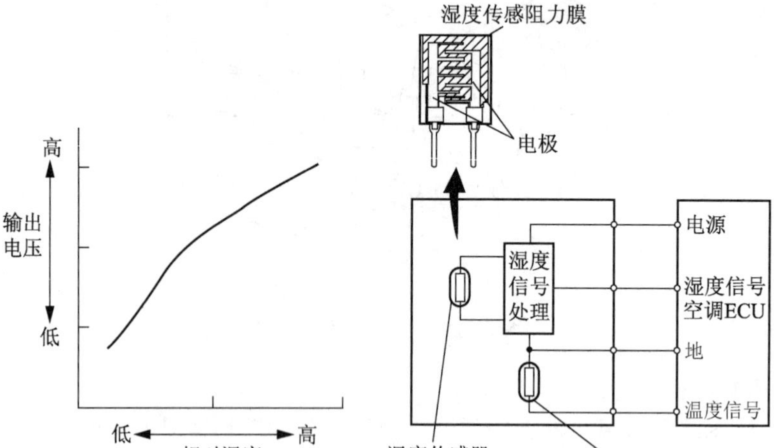

图 11-10　车内温度和湿度传感器

（8）空气过滤器

鼓风机装置内的空气过滤器（标准型粒子过滤器）能够除去粉尘。此过滤器由聚合物制成，用于清洁车内的空气。因此，可将它作为可燃物质处理，有利于环保。空气过滤器（标准型粒子过滤器）应在车辆行驶 3 万千米后更换。但这与使用状况（或环境）有关。

4．自诊断

空调 ECU 具有自诊断功能。它以故障码的形式将所有操作故障存储在空调系统存储器中。通过操作空调控制开关，存储的故障码可显示于复式显示器上。由于诊断结果的存储由蓄电池直接提供电能，所以，在点火开关关闭后它们也不会消失。

修理中可进行如下工作：可利用指示灯检查检查模式和温度设定显示；可利用传感器检查过去和现在的传感器空调变频器的故障，清除过去的故障数据；可利用执行器检查模式检查鼓风机电机、伺服电机和电磁式离合器是否按 ECU 信号正常工作。

·第12章·

线控制动原理与检修

12.1 线控制动系统的组成

普锐斯混合动力汽车采用线控制动系统，也称 ECB（Electronic Control Brake，电子控制制动）系统。ECB 系统能根据驾驶员踩制动踏板的位置程度和所施加的力所产生的液压大小计算所需的制动力。液压制动力和再生制动力的分配随车速及制动时间的变化而改变。通过控制液压制动来实现，液压制动和再生制动的总制动力要与驾驶员所需的制动力一致。如果由于系统故障导致再生制动失效，则制动系统会影响控制，驾驶员所需的全部制动力就由液压制动系统提供。

【完成任务】什么是线控制动系统？________________________________；

ECB 是什么的缩写？___________________________________；ECB 系统和传统制动系统的区别是什么？____。

ECB 系统中的 ABS（防抱死制动系统）在过猛的制动或在易滑路面制动时，能防止车轮抱死。EBD（电子制动力分配）控制利用 ABS，根据行驶条件在前轮和后轮间分配合适的制动力。另外，转向制动时，它还能控制左右车轮的制动力，以保持车辆平稳行驶。通过尽量使用电动机的再生制动力和控制液压制动实现再生制动与液压制动的联合控制。ECB 中的 VSC+（增强型车辆稳定系统）功能可以防止转向时前轮或后轮急速滑动产生的车辆侧滑。和 EPS ECU（电动转向）一起进行联合控制，以便根据车辆的行驶条件提供转向助力。ECB 系统的制动助力有 2 个功能：一是紧急制动时，如果制动踏板力不足，可以增大制动力；二是需要强大制动力时增大制动力。

设计上可以取消传统的制动真空助力器，变为采用 VSC 车辆稳定控制系统的油泵电动机供能，正常制动时，总泵的双腔串联主缸产生的液压不直接作用在轮缸上，而是通过制动行程模拟器的协助，由制动行程传感器和制动压力传感器转换为液压信号体现驾驶员的制动意图。电控系统通过调整作用于轮缸的制动执行器上液压泵的液压压力，从而获得实际需要的控制压力。控制系统的 ECB ECU 和制动防滑控制 ECU 集成在一起，并和液压制动控制系统（包括带 EBD 的 ABS、制动助力和 VSC+）一起进行综合控制，一般要增加制动控制系统警告灯。

例如，日本丰田普锐斯混合动力汽车的线控制动系统相对于传统带真空助力的制动系统主要增加了行程模拟器，增加了带有高压蓄能器的车辆稳定控制液压制动执行器，增加了取消真空助力的双腔串联制动总泵，增加了一个备用电源系统，如图 12-1 所示。

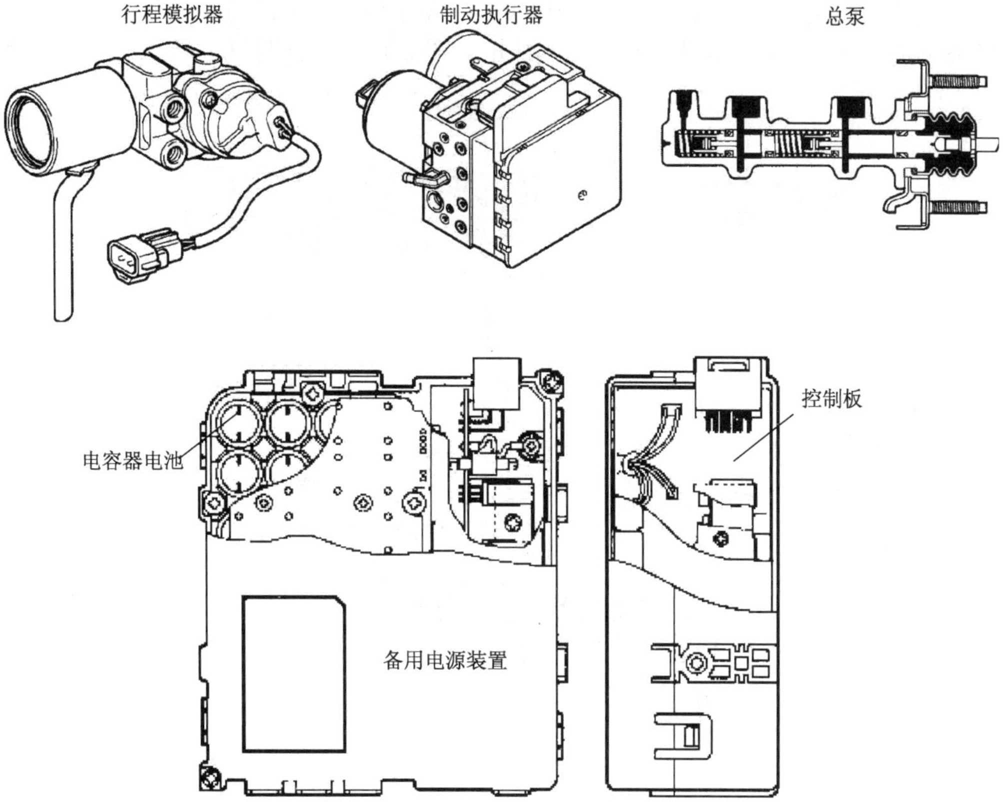

图 12–1 相对于传统制动系统新增加的四种部件

行程模拟器：如图 12-2 所示，制动时根据驾驶员的踏板力度产生踏板行程。行程模拟器位于总泵和制动执行器之间，它根据制动中驾驶员踏制动踏板的力产生踏板行程。行程模拟器包括弹性系数不同的两种螺旋弹簧，分别具有对应于总泵压力两个阶段的踏板行程特性。

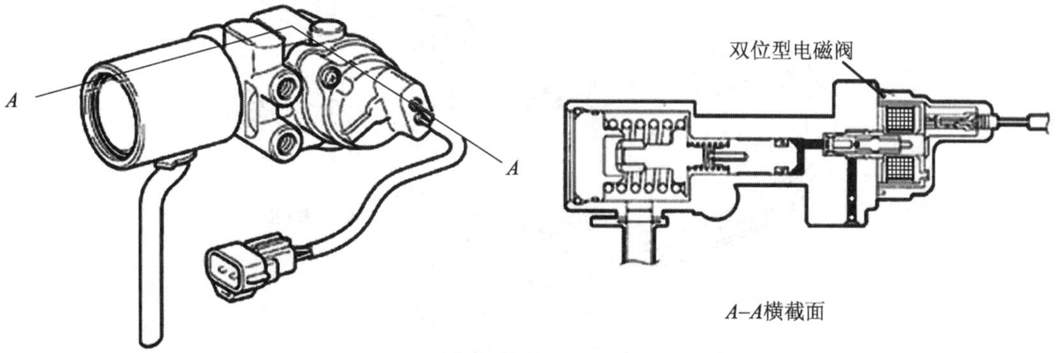

图 12–2 行程模拟器解剖图

备用电源装置：用作备用电源以保证给制动系统稳定地供电。该装置包括 28 个电容器电池，用于存储车辆电源（12 V）提供的电量。当车辆电源电压（12 V）下降时，电容器电池中的电就会作为辅助电源向制动系统供电。关闭电源开关后，HV 系统停止工作时，存储在电容器电池中的电量放电。因此，维修中电源开关关闭后，备用电源装置就处于放电状态，但电容器中仍有一定的电压。因此，在从车辆上拆下备用电源装置或将其打开检查内部之前，一定要检查它的剩余电压，如果必要则使其放电。普锐斯的主要组件位置如图 12-3（a）所示。

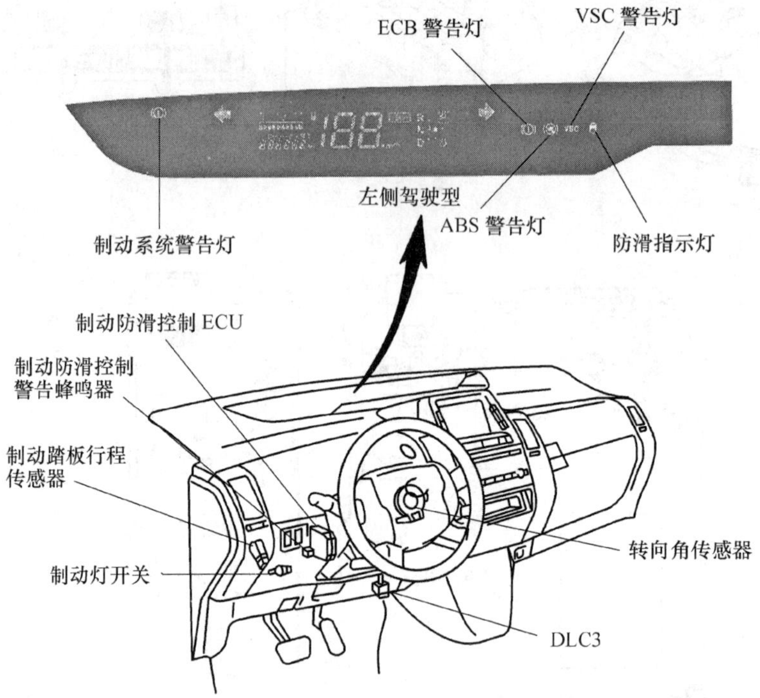

图 12-3（a） 普锐斯的主要组件位置 1

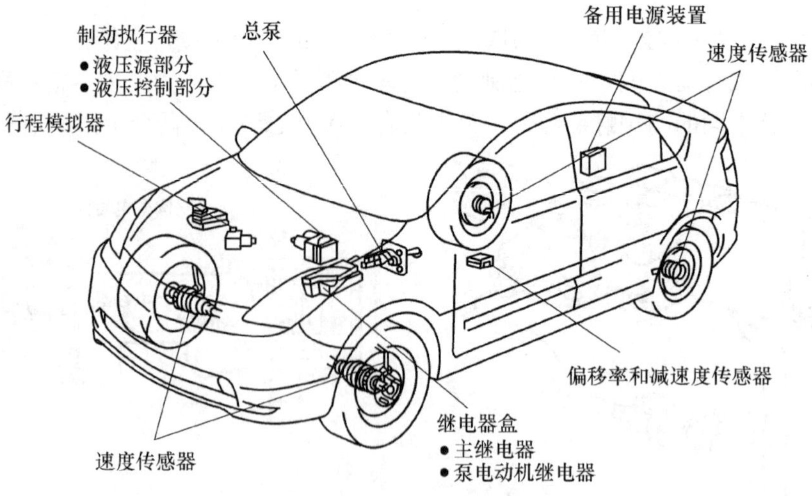

图 12-3（b） 普锐斯的主要组件位置 2

【完成任务】在图 12-3（a）中画出制动警告灯和 ECB 警告灯的符号：________；ABS 故障警告灯的符号：________；车身稳定系统警告灯符号：________；

防滑指示灯符号：________________；制动防滑 ECU 位置：________________；蜂鸣器的作用：________________；

制动踏板行程传感器的位置和作用：________________；方向盘转角传感器的作用：________________。

【完成任务】在图 12-3（b）中，制动总泵是否有真空助力器？________________；制动执行器上除电动机外，还增加了什么？______________________；行程模拟器的作用是什么？________________；行程模拟器上的线束接的是什么元件？________________；储液罐的位置在哪？________________；备用电源的位置在哪？________________；备用电源的作用是什么？________________；偏移率和减速度传感器的作用是什么？________________。

1．普锐斯主要组件的功能

制动执行器液压源部分包括泵、泵电动机、蓄能器、减压阀和蓄能器压力，液压源部分产生并存储制动防滑控制 ECU 用于控制制动的液压。

蓄能器压力传感器安装在制动执行器中。

制动执行器液压控制部分包括 2 个总泵切断电磁阀、4 个增压电磁阀和 4 个减压电磁阀。

2 个双位型总泵切断电磁阀由制动防滑控制 ECU 控制来打开或关闭总泵和轮缸间的通道。

4 个线性增压电磁阀和 4 个线性减压电磁阀，它们由制动防滑控制 ECU 控制以增减轮缸中的液压。

总泵压力传感器和轮缸压力传感器都安装在制动执行器中。

制动防滑控制 ECU 处理各种传感器信号和再生制动信号以便控制再生制动联合控制、带 EBD 的 ABS、VSC+、制动助力和正常制动。根据各传感器的信号来判断车辆行驶状况，并控制制动执行器。

制动总泵：当电源部分出现故障时，制动总泵直接向轮缸提供液压（由制动踏板产生）。

制动踏板行程传感器：直接检测驾驶员踩下制动踏板的程度。此传感器包括触点式可变电阻器，它用于检测制动踏板行程踩下的程度并发送信号到制动防滑控制 ECU，信号采用反向冗余设计，用于检测传感器故障。

ABS 警告灯：当制动防滑控制 ECU 检测到 ABS、EBD 或制动助力系统中的故障时，ABS 警告灯就会点亮，来警告驾驶员。

VSC 警告灯：如图 12-3 所示，当制动防滑控制 ECU 检测到 VSC+系统中的故障时，VSC 警告灯就会点亮，来警告驾驶员。

防滑指示灯：如图 12-3 所示，当 ABS 系统、VSC+系统或电机牵引力控制工作时，防滑指示灯闪烁来提示驾驶员。

制动控制系统警告灯：如图 12-3 所示，当制动系统产生不影响制动力的小故障（如再生制动故障）时，该警告灯点亮，来警告驾驶员。

制动系统警告灯：如图 12-3 所示，制动防滑控制 ECU 检测到制动分配系统的故障时，该警告灯点亮，来警告驾驶员。驻车制动打开或制动液液面低时，该警告灯点亮，来提示驾驶员。

制动防滑控制警告蜂鸣器：液压或电源部分有故障时，该蜂鸣器连续鸣叫，以提示驾驶员。对于装有 VSC+的车型，该蜂鸣器间断鸣叫，以提示驾驶员 VSC+启动。

HV-ECU：收到制动防滑控制 ECU 的信号后激活再生制动。发送实际再生制动控制值到制动防滑控制 ECU。

VSC+系统工作时，根据制动防滑控制 ECU 的输出控制请求信号来控制动力。上坡需要制动助力控制时，HV-ECU 发送后轮制动启动信号到制动防滑控制 ECU。

制动液液面警告开关：检测低制动液液面。

普锐斯的制动执行器包括液压控制和液压源部分，见图 12-3 中的制动执行器。制动执行器中安装有 2 个总泵压力传感器、4 个轮缸压力传感器和 1 个蓄能器压力传感器、10 个液压电磁阀、1 个直流电动机。

（1）制动执行器液压源

液压源部分包括泵、泵电动机、蓄能器、减压阀、2 个电动机继电器和蓄能器压力传感器。

蓄能器压力传感器：蓄能器压力传感器持续检测蓄能器中的制动液压力，并发送信号到制动防滑控制 ECU。因此，制动防滑控制 ECU 控制泵电动机。

泵和泵电动机：采用柱塞泵，泵由电动机驱动的凸轮轴带动工作，提供高压液体到蓄能器。

蓄能器：储存泵产生的液压。新款普锐斯蓄能器的内部和旧车型的相同，充满高压氮气并予以密封。新款普锐斯上采用了金属波纹管以提高蓄能器的气密性。

减压阀：如果由于蓄能器压力传感器故障导致泵持续工作，则减压阀能使制动液流回储液罐以防止压力过大。

电动机继电器包括以下执行不同泵速的继电器：继电器 1（低速）和继电器 2（高速）。如图 12-4 所示，通常使用低泵速的继电器 1。当由于需要更大液压而使液压迅速降低，如 ABS 液压控制时，才使用高泵速的继电器 2。如果其中的一个出现故障，则用另一个启动泵。蓄能器压力传感器持续监控蓄能器中的压力并将信号发送到制动防滑控制 ECU。如果蓄能器中的压力低于设定值，则制动防滑控制 ECU 发送启动信号到电动机继电器，以便启动泵电动机，直到蓄能器中的压力达到设定值。

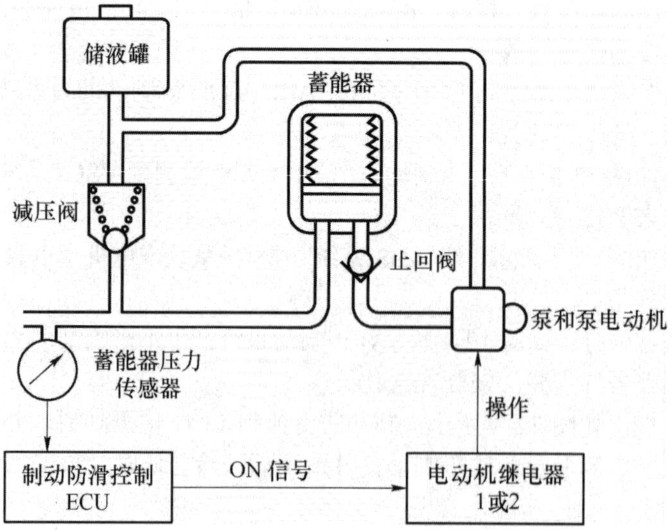

图 12-4　继电器 1（低速）和继电器 2（高速）控制

如果泵和泵电动机意外地持续工作，从而使蓄能器中的压力过高或蓄能器传感器出现故障，则减压阀打开，使制动液流回储液罐，以降低蓄能器中的压力。

如果蓄能器中的压力异常下降到 ECU 的设定压力以下，则制动防滑控制 ECU 点亮制动系统警告灯、制动控制系统警告灯、ABS 警告灯和 VSC 警告灯，并使制动防滑控制警告蜂鸣器鸣叫来警告驾驶员制动液压力异常。

（2）液压控制部分

10 个电磁阀和 6 个压力传感器如下：2 个总泵切断电磁阀[（1），（2）]；4 个供压阀[（3），（4），（5），（6）]。

4 个减压阀[（7），（8），（9），（10）]；2 个总泵压力传感器[（a），（b）]；4 个轮缸压力传感器[（c），（d），（e），（f）]。

总泵切断电磁阀（双位两通常开型）：制动系统启动时，该阀切断总泵和轮缸间的液压通道。

制动系统停止工作或液压源部分有故障时，该阀打开以保持前轮缸液压通道畅通并确保制动有效。但是，这需要比平常更大的力来踩制动踏板。

增压电磁阀（线性）：增压电磁阀由制动防滑控制 ECU 控制，它调节蓄能器的液压以便增大轮缸中的液压。

减压电磁阀（线性）：该阀由制动防滑控制 ECU 控制，调节液压以便降低轮缸的液压。

总泵压力传感器：总泵压力传感器将总泵产生的液压转换为电信号并将电信号发送到制动防滑控制 ECU。因此，制动防滑控制 ECU 可判定驾驶员所需的制动力。

轮缸压力传感器：这些传感器检测作用在各轮缸上的液压，并将这些信号以反馈的形式发送到制动防滑控制 ECU。因此，制动防滑控制 ECU 监控各轮缸的液压并控制增压电磁阀和减压电磁阀以获得最优的轮缸压力。

2. 电机再生制动

驱动桥内的主减速器和电机以机械方式连接在一起，驱动轮带动电机转子转动而发电。这种联合控制提供再生制动和液压制动的合制动力。这样的控制能够最大限度地减少正常液压制动的动能损失，并把这些动能转化为电能。结构设计上增大电机功率有利增大了再生制动力。

例如，日本丰田普锐斯混合动力汽车的永磁电动/发电机（MG2）的永磁转子在车轮的带动下扫描定子，当然发的电压不会超过当时外界施加的电压。通过混合动力电脑 HV-ECU 控制换流开关元件的斩波时间，实现斩波发电。

12.2 线控制动系统原理

1. 制动力分配

EBD 的英文全称是 Electric Brake force Distribution（电子制动力分配），德文缩写为 EBV。

如果车辆在直线前行时制动，道路的变化就会减小后轮的负荷。制动防滑控制 ECU 通过速度传感器的信号可以检测到这种情况，制动执行器就会调节后轮的制动力分配达到最优控制。例如，制动时后轮制动力的大小根据车辆是否有载荷而不同。后轮制动力的大小还跟减速的程度有关。因此，在这种情况下需要给后轮分配较少的制动力，从而可以有效地利用后轮制动力。

左、右轮制动力分配（转向制动时）。车辆转向制动时，内侧车轮的载荷减小，外侧车轮的载荷增大。制动防滑控制 ECU 根据速度传感器的信号检测到这种状况后，制动执行器就会调节制动力以便最优地控制内侧车轮和外侧车轮的制动力分配。

传统无电控制的制动系统中，制动力的分配过去是通过后轴上的比例阀或感载阀以机械方法实现的，现在是制动防滑控制 ECU 通过电子控制 ABS 进液电磁阀和出液电磁阀的方法实现前、后轮制动力分配。制动防滑控制 ECU 能根据车辆行驶条件精确地控制制动力，如图 12-5 所示为前、后轴制动力比例关系。

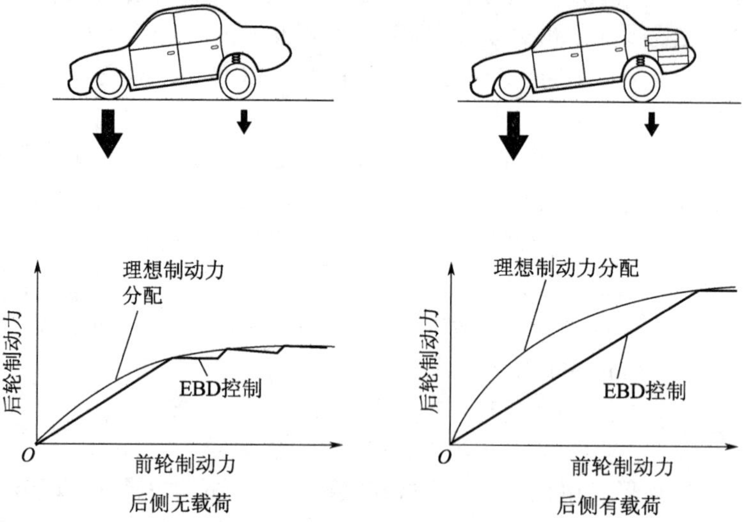

图 12-5 前、后轴制动力比例关系

（1）工作原理

制动防滑控制 ECU 根据 4 个车轮速度传感器发出的信号来计算各车轮的转速和减速度，并检查车辆滑移状况。根据滑移率情况，制动防滑控制 ECU 控制供压阀和减压阀，以便用下列 3 种模式来调节各轮缸的液压：减压模式、压力保持模式和增压模式。

如图 12-6 所示，正常制动时，总泵切断电磁阀关闭，各轮缸的液压回路保持独立。因此，总泵产生的液压不会直接启动轮缸。制动防滑控制 ECU 根据总泵压力传感器和制动踏板行程传感器的信号来计算驾驶员所需的制动力。然后，制动防滑控制 ECU 计算所需制动力所缺少的再生制动力值并将计算值发送到 HV-ECU，HV-ECU 收到值后产生再生制动力。同时，HV-ECU 发送实际再生制动力值到制动防滑控制 ECU，实现制动防滑控制。

<table>
<tr><td colspan="2">未激活</td><td>正常制动</td><td>—</td><td>—</td></tr>
<tr><td colspan="2">激活</td><td>增压模式</td><td>保持模式</td><td>减压模式</td></tr>
<tr><td colspan="2">液压回路</td><td>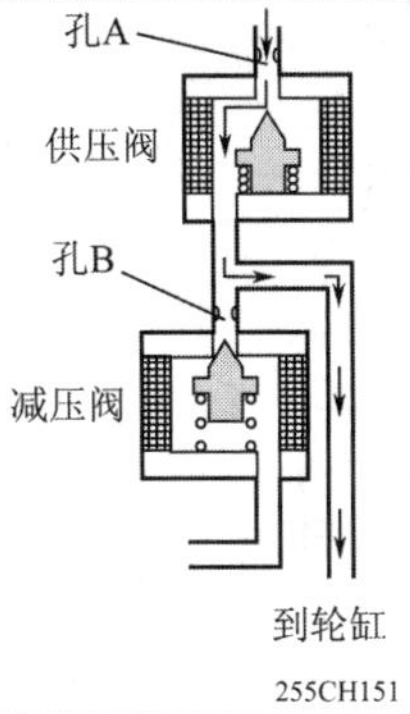</td><td>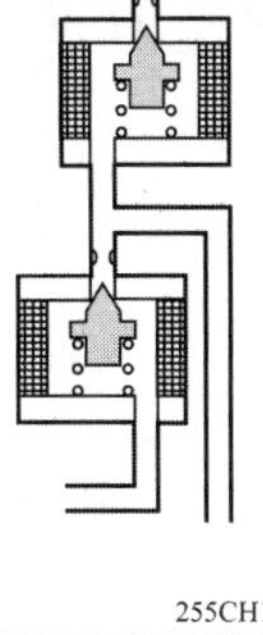</td><td>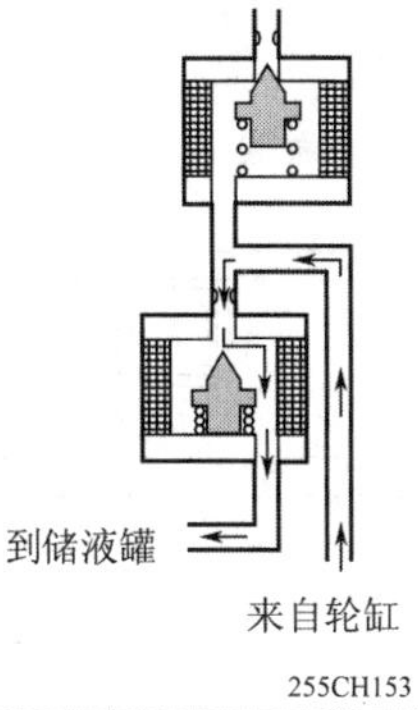</td></tr>
<tr><td rowspan="2">前</td><td>供压电磁阀（孔A）</td><td>ON（半开*）</td><td>OFF（关闭）</td><td>OFF（关闭）</td></tr>
<tr><td>减压电磁阀（孔B）</td><td>OFF（关闭）</td><td>OFF（关闭）</td><td>ON（半开*）</td></tr>
<tr><td colspan="2">液压回路</td><td>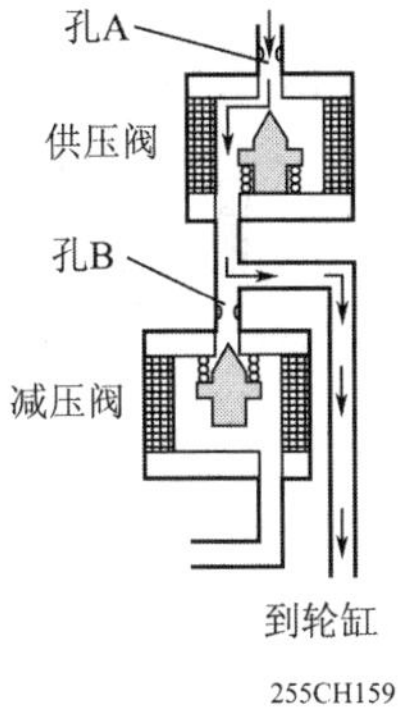</td><td>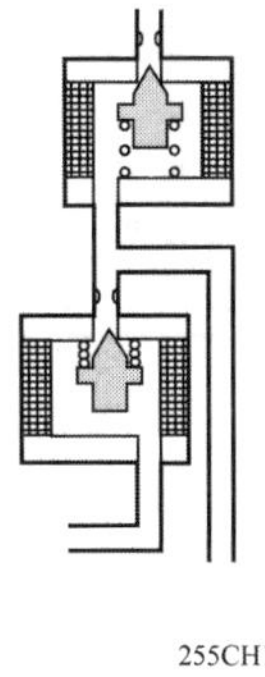</td><td>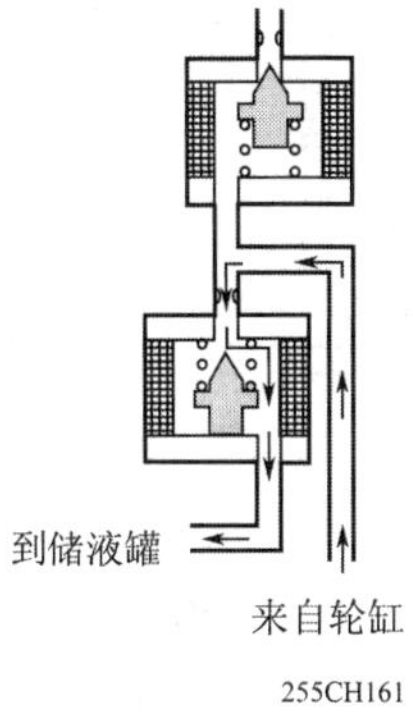</td></tr>
<tr><td rowspan="2">后</td><td>供压电磁阀（孔A）</td><td>ON（半开*）</td><td>OFF（关闭）</td><td>OFF（关闭）</td></tr>
<tr><td>减压电磁阀（孔B）</td><td>ON（关闭）</td><td>ON（关闭）</td><td>ON（半开*）</td></tr>
<tr><td colspan="2">轮缸压力</td><td>增压</td><td>保持</td><td>减压</td></tr>
</table>

* 电磁阀根据使用条件持续调节孔的大小来控制液压。

图 12-6　EBD 系统的工作原理

2．线控液压 ABS 制动

防抱死制动系统 ABS 全称是 Anti-lock Braking System，其工作原理如下。

（1）增压过程

如图 12-7 所示为增压过程，制动防滑控制 ECU 根据总泵压力传感器和制动踏板行程传感器的信号来计算目标轮缸压力（和驾驶员所需制动力相等），然后制动防滑控制 ECU 将轮缸压力传感器信号和目标轮缸压力进行对比。如果目标轮缸压力低，则制动防滑控制 ECU 就向制动执行器加压。因此，蓄能器中的液压就被加到轮缸里。此外，当液压制动力必须增加以便根据再生制动力的变化进行联合控制时，操作与此相同。

【完成任务】根据图 12-7 所示增压过程，写出增压控制过程。

____。

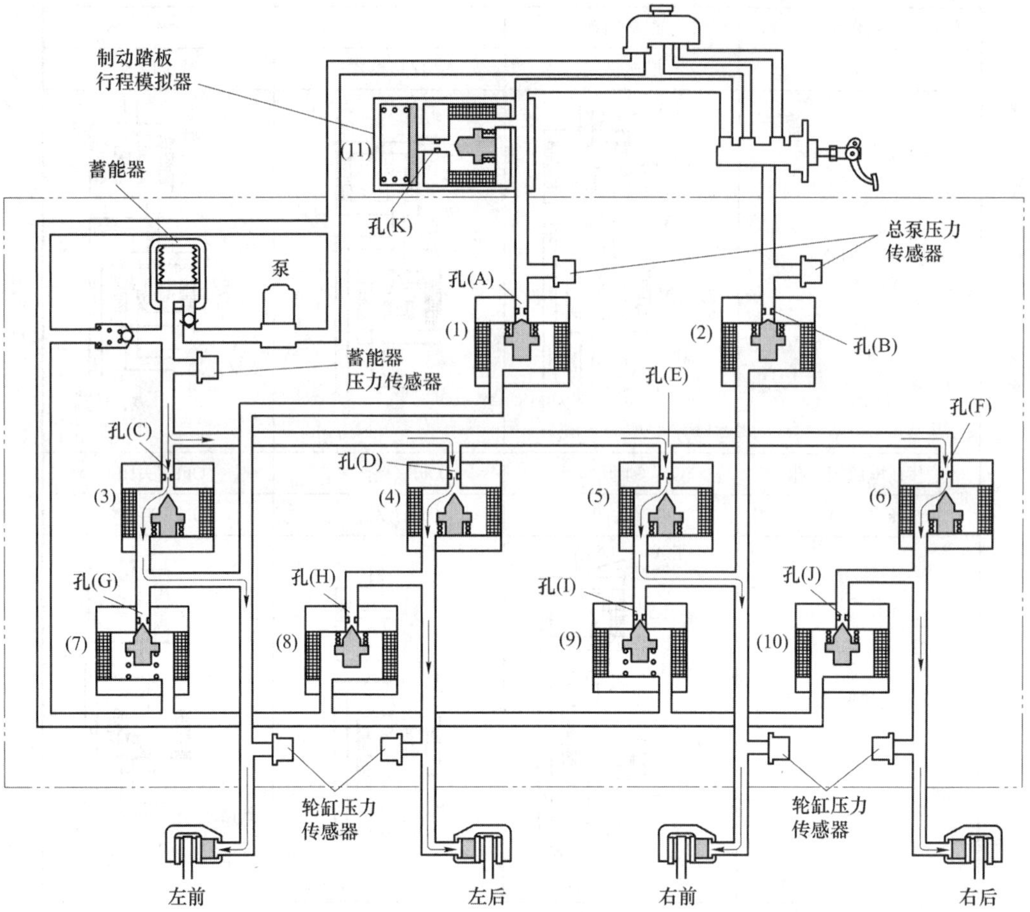

图 12–7　增压过程

（2）保持过程

如图 12-8 所示，制动防滑控制 ECU 根据总泵压力传感器和制动踏板行程传感器的信号来计算目标轮缸压力（和驾驶员所需制动力相等）。制动防滑控制 ECU 将轮缸压力信号和目标轮缸压力进行对比，如果相等，则制动防滑控制 ECU 将控制制动执行器保持在固定状态。因此，轮缸也将保持恒定压力。

【完成任务】根据图 12-8 所示保持过程，写出保压控制过程。

____。

（3）减压过程

如图 12-9 所示，制动防滑控制 ECU 根据总泵压力传感器和制动踏板行程传感器的信号计算目标轮缸压力（和驾驶员所需制动力相等）。然后制动防滑控制 ECU 将轮缸压力传感器信号和目标轮缸压力进行对比，如果目标轮缸压力高，则制动防滑控制 ECU 就给制动执行器减压。因此，轮缸中的压力就会下降。此外，当液压制动力必须减小以便根据再生制动力的变化进行联合控制时，操作与此相同。

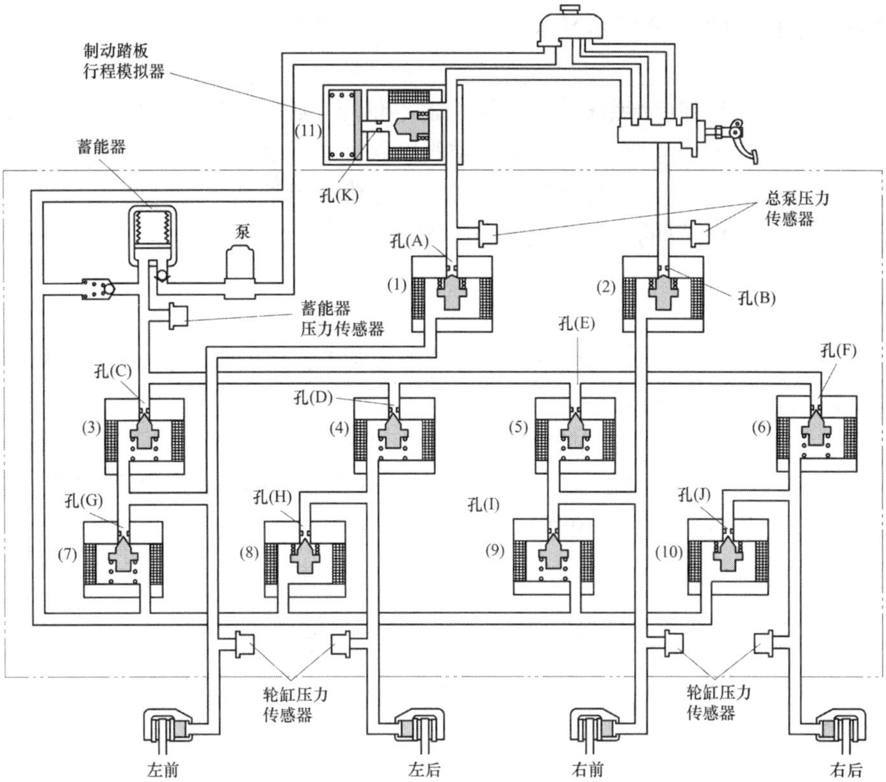

图 12-8　保持过程

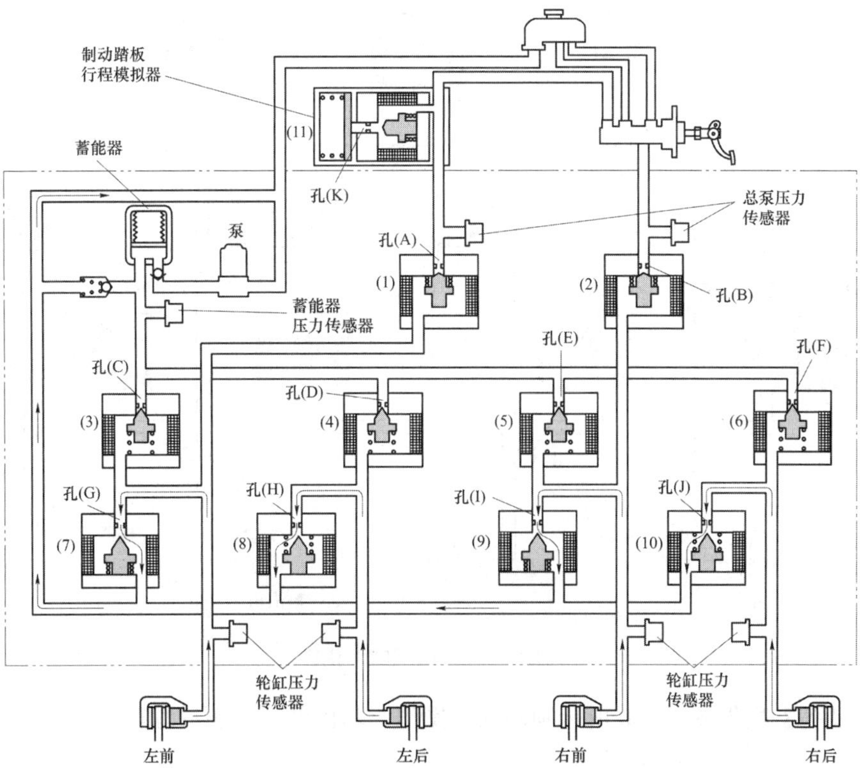

图 12-9　减压过程

【完成任务】根据图 12-9 所示减压过程，写出减压控制过程。

____。

如果由于某些故障使制动系统停止或蓄能器不供压，则制动防滑控制 ECU 会激活安全保护功能。此功能打开制动执行器中的总泵电磁阀以保证总泵和轮缸间的液压通道畅通。这样，总泵产生的液压仅可使前轮缸实施制动。此时，行程模拟器切断电磁阀的孔（K）关闭，以防止行程模拟器的运行对总泵的液压产生负面影响。

3. 制动助力操作

如图 12-10 所示，紧急制动情况下，制动防滑控制 ECU 根据压力传感器信号测定的总泵压力增加的速度检测驾驶员的意图。

如果 ECU 检测到需要额外的制动助力，则执行器中的泵就会产生液压并作用于轮缸来增大压力。在车辆满载情况下，制动防滑控制 ECU 也提供制动助力。车辆满载时，制动防滑控制 ECU 用总泵压力传感器和车速信号来检测工作条件。

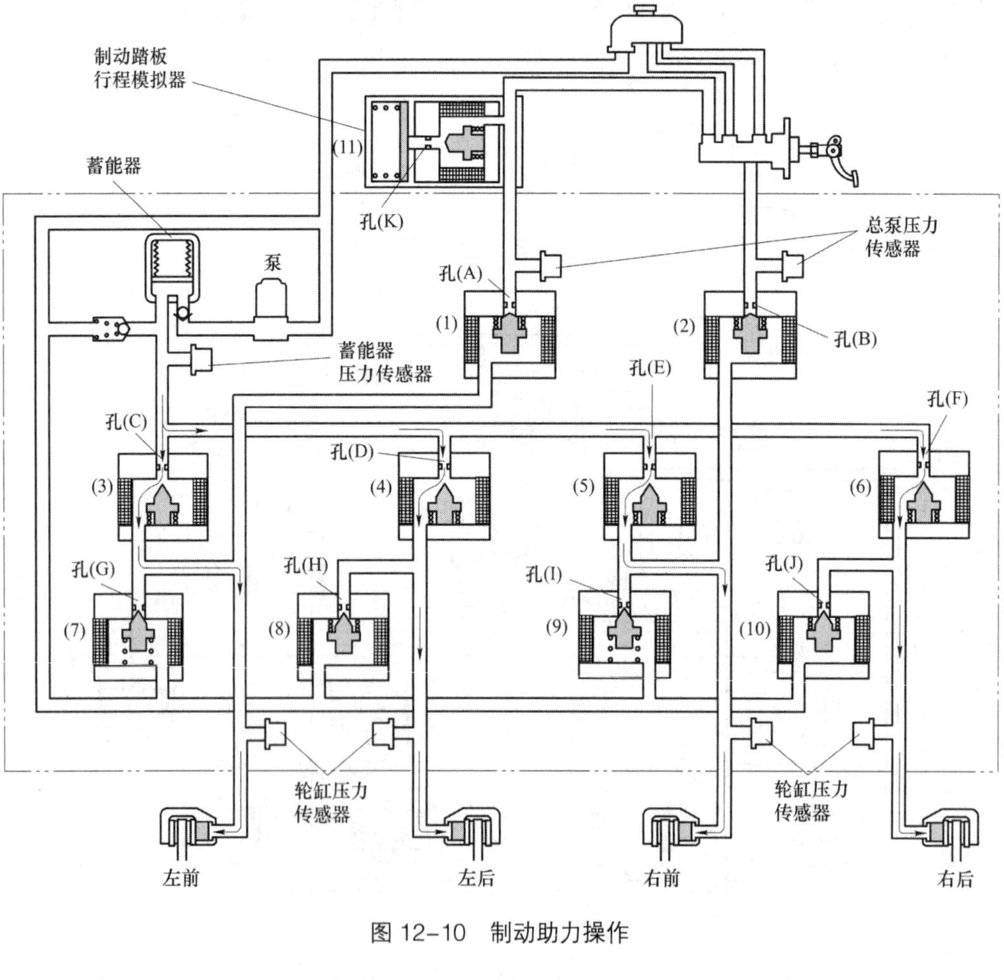

图 12-10 制动助力操作

【完成任务】根据图 12-10 所示制动助力操作，写出助力控制过程。

____。

12.3 车身稳定控制

车身稳定控制系统（Vehicle Stability Control，VSC）是丰田公司开发的一种汽车主动安全系统，能够极大地提高车辆操控安全系数和驾驶便利性。当出现紧急转弯、紧急加速和紧急制动等突发情况时，车辆可以迅速感知并采取相应的制动措施，如对每个轮胎进行单独控制，同时降低引擎的输出，维持车身的稳定。

1. VSC+系统

（1）判定车辆状态的方法

为判定车辆状态，传感器检测转向角、车速、车辆偏移率和车辆的横向加速度，然后将这些值输入制动防滑控制 ECU 来计算。

① 判定前轮滑动

如图 12-11（a）所示为判定前轮滑动车辆前轮是否滑动是通过目标偏移率和实际偏移率的差判定的。车辆的实际偏移率小于驾驶员操作方向盘时产生的偏移率（目标偏移率是通过车速和转向角判定的）时，就意味着车辆的转向角度大于行驶轨迹。这样，制动防滑控制 ECU 就判定前轮有很大的滑动趋势。

② 判定后轮滑动

如图 12-11（b）所示为判定后轮滑动，车辆后轮是否滑动是通过车辆偏离角和偏离角速度（单位时间内偏离角的变化）的值判定的。车辆偏离角大时，偏离角速度也大，制动防滑控制 ECU 就判定车辆的后轮有很大的滑动趋势。

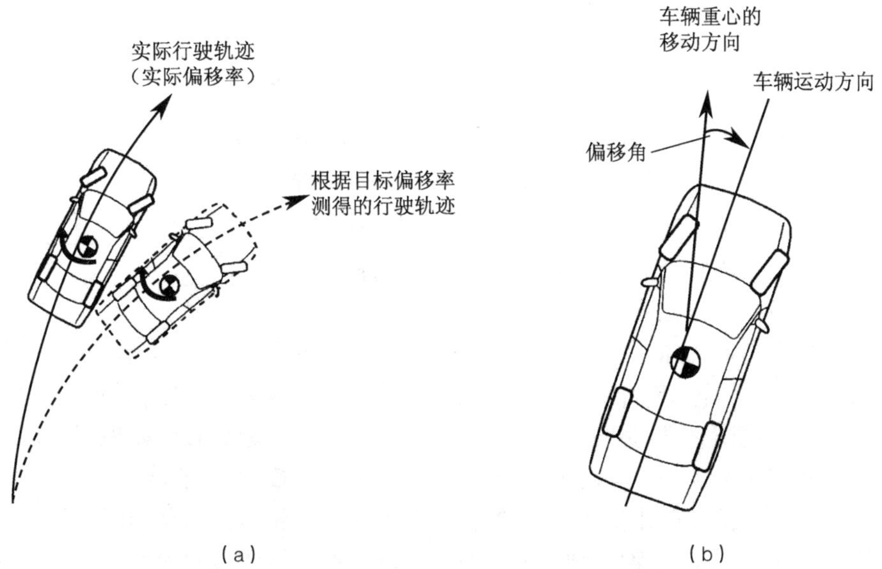

图 12-11　判定前轮滑动和判定后轮滑动

（2）VSC+控制方法

制动防滑控制 ECU 判定出现前轮或后轮滑动趋势时，它就降低发动机的输出功率并在前后轮施加制动来控制车辆的偏移力矩。VSC+的基本工作原理说明如下。但控制方法根据车辆特性和行驶条件的不同而不同。

① 阻止前轮滑动

如图 12-12（a）所示，制动防滑控制 ECU 判定前轮有很大的滑动趋势时，它就会根据滑动趋势的大小来抵消滑动趋势。转向时，制动防滑控制 ECU 控制发动机的功率输出并在外侧前轮和两个后轮上施加制动来抑制前轮的滑动趋势。

② 阻止后轮滑动

如图 12-12（b）所示，制动防滑控制 ECU 判定后轮有很大的滑动趋势时，就会根据滑动趋势的大小来抵消滑动趋势。为了抑制后轮滑动趋势，它会给外侧前轮施加制动并产生向外侧倾的外向力矩。除由制动力降低车速外，还能保证车辆的高稳定性。在有些情况下，制动防滑控制 ECU 在必要时也给后轮施加制动力。

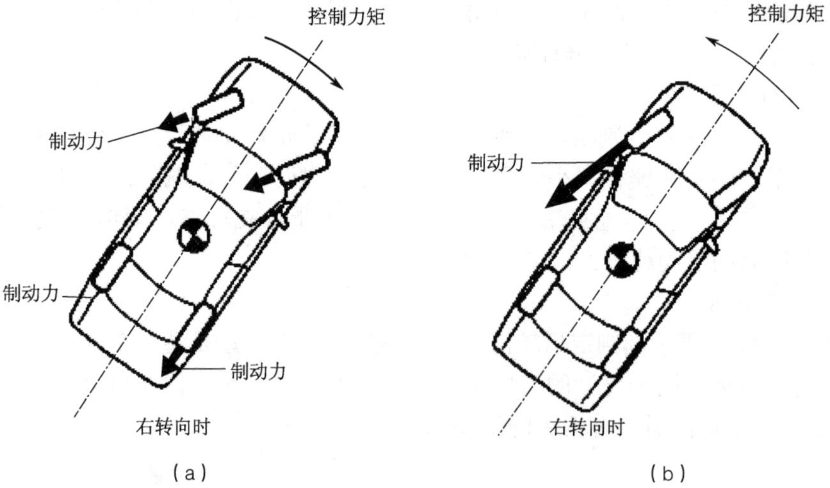

图 12-12　阻止前轮滑动和阻止后轮滑动

注：图中箭头长度代表制动力的大小，可以向汽车重心取矩，

根据转矩的方向来分析控制对汽车姿态的影响。

【完成任务】在车辆右转弯，发生不足转向时，VSC 系统如何控制？______________；在车辆左转弯，发生过度转向时，VSC 系统如何控制？________________________。

③ 和 EPS 系统的联合控制

VSC+除一般的 VSC 控制功能外，还能对 EPS 电动转向系统进行控制，对驾驶员根据车辆状况进行的转向操作提供转向助力。后轮失去抓地力时，本系统会控制制动力和动力。同时，系统还控制转向扭矩来帮助驾驶员转向。出现前轮滑动的趋势时，如果驾驶员转动方向盘的力过大，就会使情况恶化。为了防止这种情况出现，VSC+提供了转向扭矩助力。

两侧车轮所受路面阻力不同时的制动操作，车辆左右车轮所在的路面阻力不同而进行制动时，根据制动强度，左右车轮的制动力也不同。这会产生导致转向的偏移力矩。这种情况下，VSC+和 EPS ECU 一起进行联合控制，在方向上产生一个转向扭矩助力来抵消已产生的力矩。通过这样操作 EPS 和增强驾驶员转向效果，VSC+提高了车辆的稳定性。

（3）VSC+系统传感器

根据车轮轮速传感器、偏移率传感器、减速传感器和转向传感器发出的 4 种信号，制动防滑控制 ECU 判断车辆状况。

紧急避让或急转向时，如果前轮或后轮有很大的滑动趋势，并且制动防滑控制 ECU 检测到超过规定的车辆状况，则它根据车辆状况来控制动力和制动液液压。激活的轮缸根据车辆状况的不同而不同。

① 偏移率传感器（带 VSC+系统）

减速度传感器安装在偏移率传感器中，用于检测偏移率和侧向加速度，并将此信号发送到制动防滑控制 ECU。

维修更换偏移率传感器或制动防滑控制 ECU 后，制动防滑控制 ECU 侧的减速度传感器和偏移率传感器两者都必须进行初始化。

② 转向角传感器（带 VSC+系统）

转向角传感器用于检测转向方向和转向角，并将信号发送到制动防滑控制 ECU。转角传感器包括 3 个具有相位的光敏断路器。带槽的盘阻断光线从而使光敏 IC 打开或关闭，以便检测转向方向和转向角。维修或更换转向角传感器或转向柱总成后，转角传感器将会自动校准。

（4）VSC+的液压系统操作

VSC+系统控制电磁阀并通过与正常制动时的不同管路来发送蓄能器中存储的液压到各车轮的制动轮缸。这样，系统在下列 3 种模式下工作：减压模式、压力保持模式和增压模式。这样，前轮或后轮的滑动趋势得到了抑制。

① 前轮滑动抑制（右转向）

在前轮防滑控制中，2 个前轮和转向内侧后轮上施加制动力。另外，根据制动是 ON 或 OFF 和车辆状况，某些时候原本需要实施制动的车轮也许得不到制动力。图 12-11 显示的是增压模式下的液压回路，车辆右转向时，它能抑制前轮滑动。增压电磁阀和减压阀根据 ABS 的工作模式打开或关闭。

② 后轮滑动抑制（右转向）

控制后轮滑动时，在 2 个前轮和转向外侧后轮上施加制动力。例如，图 12-12 显示的是增压模式下的液压回路，车辆右转向时，它能抑制后轮滑动。抑制前轮滑动时，增压电磁阀和减压阀根据 ABS 的工作模式打开或关闭。

2. 自诊断和安全保护

（1）自诊断

如果制动防滑控制 ECU 检测到 ECB、再生制动、带 EBD 的 ABS、制动助力和 VSC+系统中的故障，则制动控制系统、ABS、制动系统和 VSC 系统和这些故障相关的功能警告灯会指示或点亮，来提示驾驶员。指示灯的情况见表 12-1。

表 12-1　指示灯的情况

项目	再生制动联合控制	ABS	EBD	制动助力	VSC+	ECU
制动控制系统警告灯	○	○	○	○	—	○*2
制动系统警告灯	—	—	○	○	—	○
ABS 警告灯	—	○	○	○	—	○
VSC 警告灯*1	—	○	○	○	○	○*2

○：灯亮；—：灯灭；*1：仅带 VSC+系统的车型；*2：可能不亮

（2）安全保护

混合动力或 VSC 系统有故障时，制动防滑控制 ECU 会禁止 VSC+工作；ABS 和/或制动助力系统有故障时，制动防滑控制 ECU 会禁止带 EBD 的 ABS、制动助力和 VSC+系统工作；EBD 控制系统有故障时，制动防滑控制 ECU 会禁止 EBD 工作。因此，在没有带 EBD 的 ABS 系统、制动助力和 VSC+系统的情况下，制动对燃油喷射系统的燃油切断控制会中断。

12.4 线控制动数据流

普锐斯线控制动系统数据流共 13 页，如图 12-13～图 12-25 所示，数据流分析略。详见作者 badcar.com 数据流分析

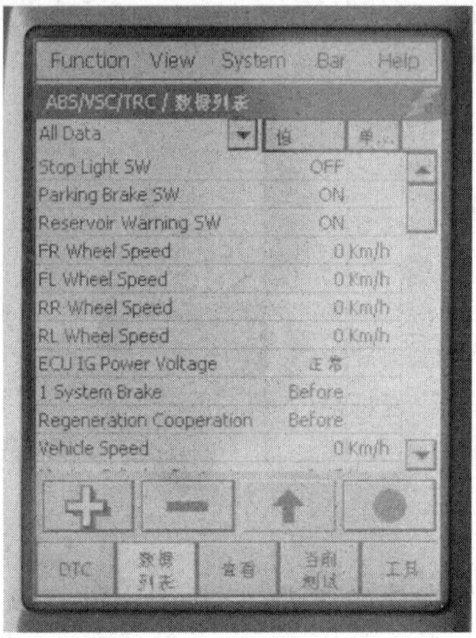

图 12-13 数据第 1 页

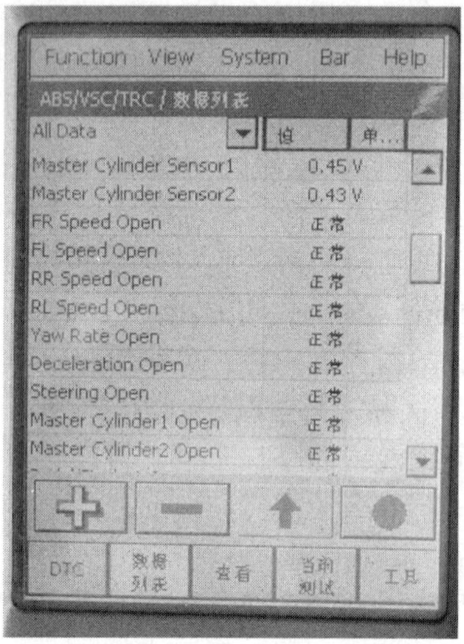

图 12-14 数据第 2 页

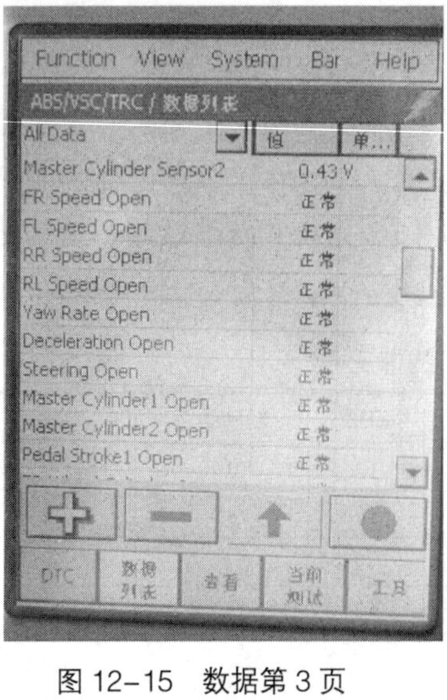

图 12-15 数据第 3 页

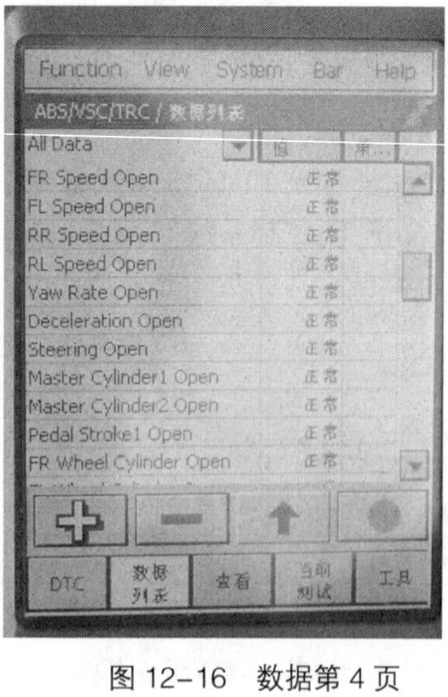

图 12-16 数据第 4 页

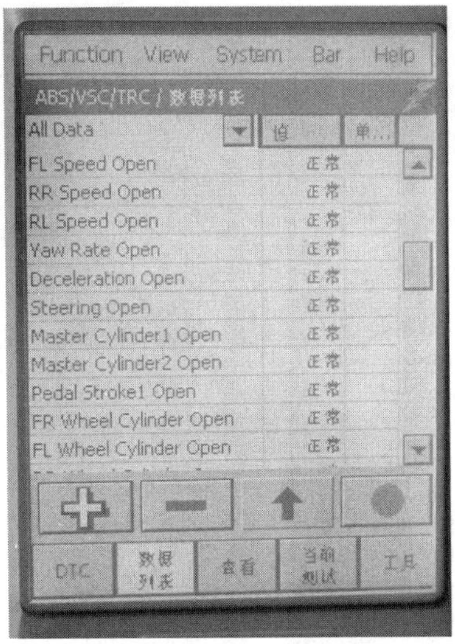

图 12-17　数据第 5 页

图 12-18　数据第 6 页

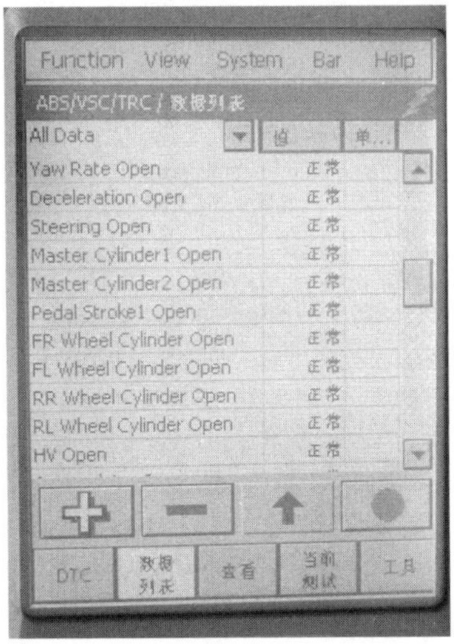

图 12-19　数据第 7 页

图 12-20　数据第 8 页

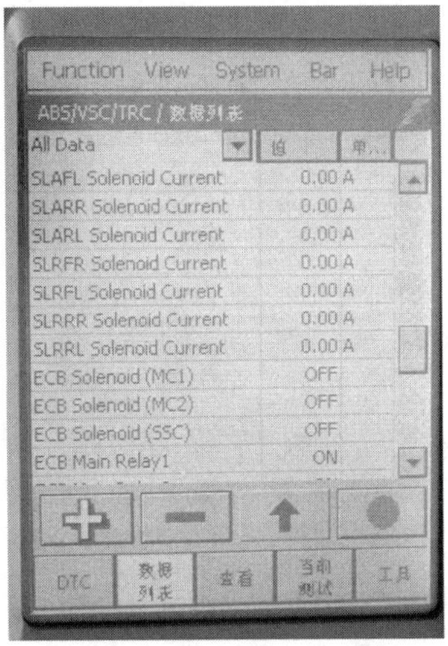

图 12-21　数据第 9 页

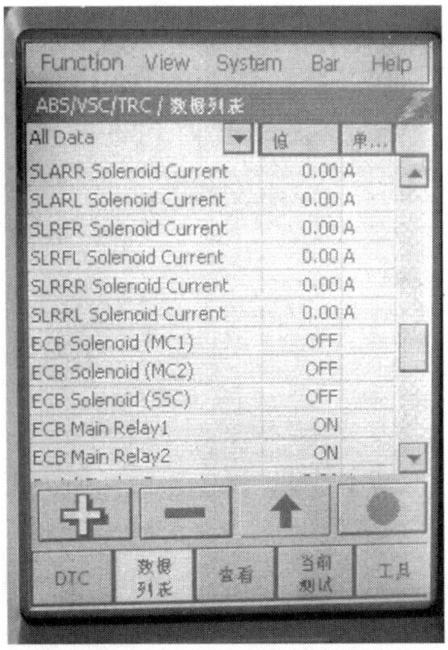

图 12-22　数据第 10 页

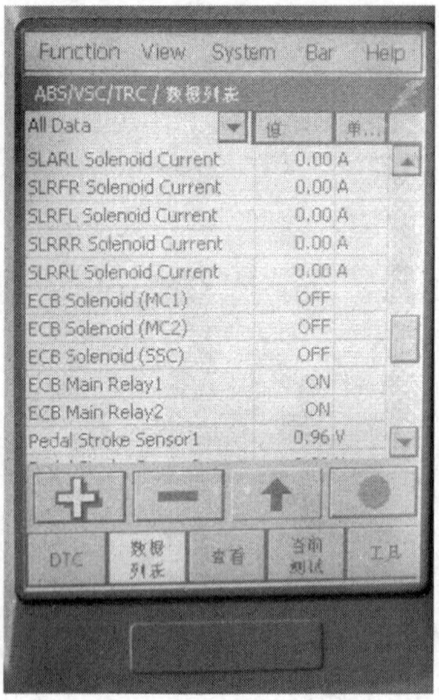

图 12-23　数据第 11 页

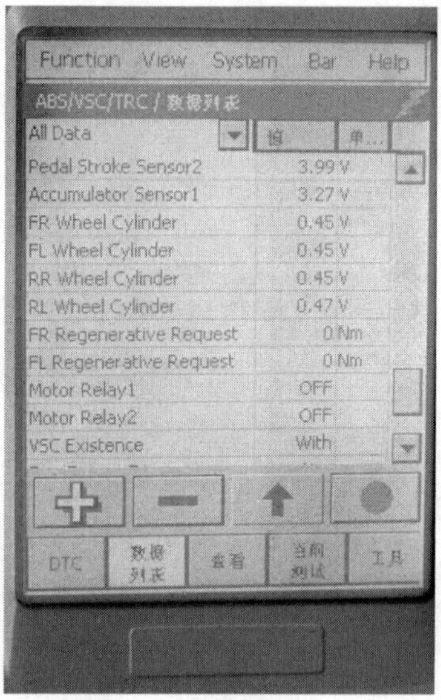

图 12-24　数据第 12 页

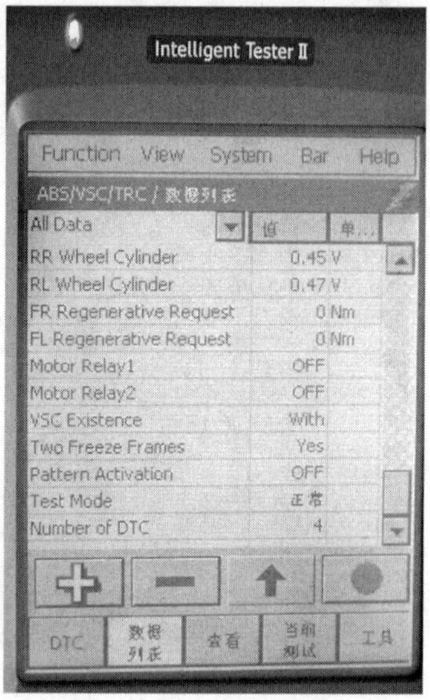

图 12-25　数据第 13 页

·第 13 章·

奥迪 Q5 混合动力汽车

13.1 混动奥迪 Q5 简介

奥迪公司早在 1989 年就以 Audi 100 Avant C3 车型为基础开发出了第一代 Audi 混合动力轿车。该 Audi 混合动力轿车用 5 缸汽油发动机驱动前轮，用一台 9kW 的电动机驱动后轮，使用镍镉蓄电池储存电能。两年以后（1992 年），又以 Audi 100 Avant quattro C4 车型为基础推出了另一款 Audi 混合动力轿车。在 1997 年，奥迪公司以 A4 Avant B5 车型为基础开发并小批量生产了“全混”式混合动力汽车。该车使用一台 66 kW 的 1.9L TDI 发动机和一台水冷式 21kW 电机来提供动力，使用安装在车后部的铅酸凝胶蓄电池来提供电能，油电两种动力装置都是驱动前轮的。量产的 Audi 混合动力轿车采用插电（Plug-in）式设计，在纯电动模式时，Audi 混合动力轿车的最高车速可达到 80 km/h；要是以 TDI 发动机作为动力，其最高车速可达 170 km/h。

奥迪轿车 e-tron 采用了插电（Plug-in）串联式混合动力技术，即增程式电动汽车，增程用的发动机和前轮之间没有任何机械连接，发动机带动发电机发电来驱动汽车。

1. Audi Q5 hybrid quattro

Audi Q5 hybrid quattro（奥迪 Q5 混合四驱）是奥迪公司第一款使用 155 kW 的 2.0L-TFSI 发动机的高级 SUV 级完全混合动力车，这种混合动力是一种并联式混合动力技术，其动力接近 V6 发动机，油耗接近 4 缸 TDI 发动机。

2. 能量流

电驱动阶段：高压蓄电池放电给电机供电，为了提高电机效率电压还要升高。同时 12V 的车载电网也由高压蓄电池来供电，如图 13-1 所示为蓄电池向电机和低压电气系统供电。

电动加速（E-Boost）阶段：执行电动加速（E-Boost）功能时，发动机功率是 155kW，电动机功率是 40kW（本电机作为发电机时功率是 31kW）。总体算来，发动机和电动机共计可产生 180kW（并不是 195kW）的功率。

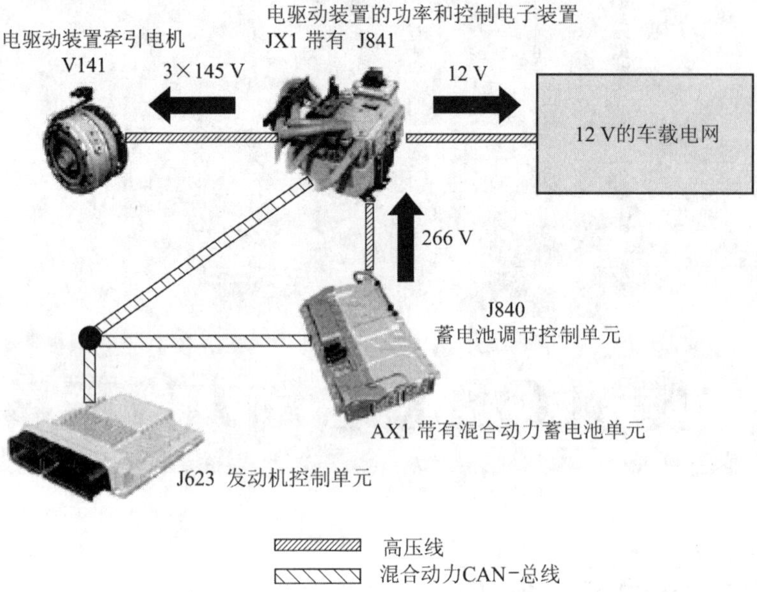

图 13-1　蓄电池向电机和低压 12V 电气系统供电

能量回收阶段：如图 13-2 所示，在减速阶段，牵引电机以发电方式来实施制动，从而为高压蓄电池充电。驾驶员刚一松开油门踏板，一部分能量就得到了回收，另外在制动过程中，回收的能量会更多，12V 铅酸蓄电池的车载电网由牵引电机发电来充电。

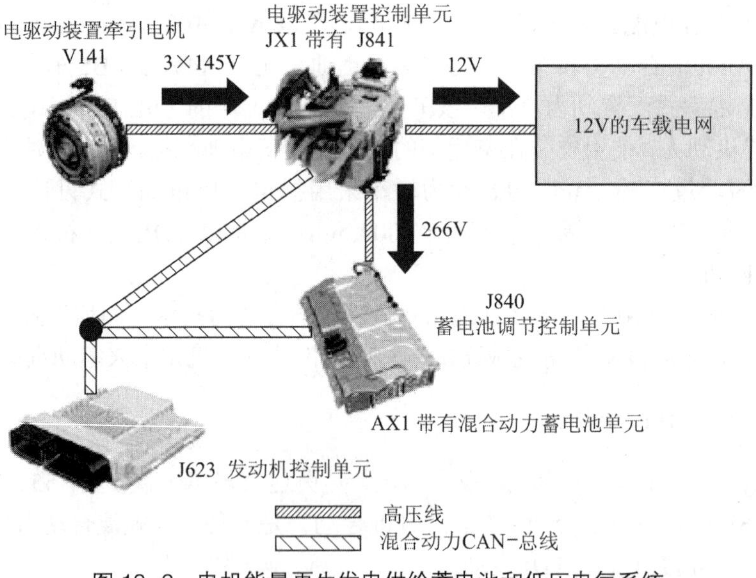

图 13-2　电机能量再生发电供给蓄电池和低压电气系统

下坡阶段：车轮处在车身推动的滚动状态，这时离合器断开，发动机关闭，电机通过能量回收，再降压为 12V，为 12V 的车载电网供电。

13.2 混动发动机

1. 发动机工作曲线和技术数据

如图 13-3 所示为奥迪 Q5 混合动力 2.0L-TFSI 发动机（发动机代码 CHJA）的扭矩-功率特性曲线，从虚线可以看出，扭矩和功率都得到了提升，低速小功率时产生了大扭矩，这才是汽车行驶需要的扭力输出。

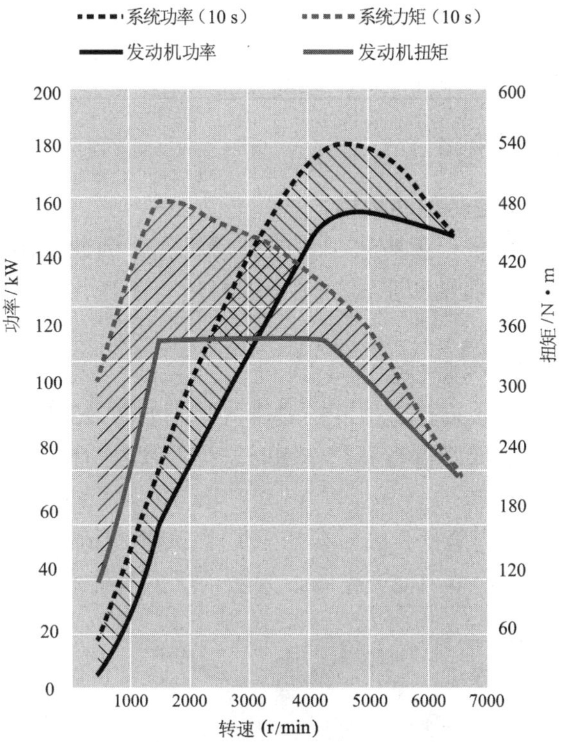

图 13-3　2.0L 发动机 TFSI 扭矩-功率特性曲线

如表 13-1 所示为奥迪 Q5 汽车技术参数。

表 13-1　奥迪 Q5 汽车技术参数

发动机代码	CHJA
结构形式	四缸直列发动机和三相交流电机
排量/cm^3	1985
内燃机功率/kw（PS），转速/（r/min）	155（211），4300～6000
系统功率/kw（PS）	180（245）
内燃机扭矩/N・m，转速/（r/min）	350，1500～4200
系统扭矩/N・m	480

续表

发动机代码	CHJA
纯电力驱动时的最高车速/（km/h）	100
纯电力驱动时的可达里程/（km）	3（车速为60km/h时）
每缸气门数	4
缸径/mm	82.5
行程/mm	92.8
压缩比	9.6：1
传动形式	8-挡自动变速器，quattro
发动机管理系统	EMD 17.1.1
燃油	高级无铅汽油 R0Z 95
排放标准	EUV（欧五）
CO_2 排放/（g/km）	159
混合动力部件所增加的额外质量/kg	＜130

2．2.0L-TFSI 发动机的变化

（1）省去了辅助装置的皮带传动机构

由于没有了传统的发电机，就省去了皮带传动机构，因此使用新的辅助装置支架，该支架用于电动空调压缩机。曲轴和平衡轴轴承的材质有所变化，以满足启动停止模式的工作需要。

（2）后消音器上的可控式排气阀

只有左侧的后消音器上才装有这种可控式排气阀，如图 13-4 所示，该阀由排气控制阀 1-N321 来控制。该排气控制阀膜盒有真空作用时，排气管内的排气阀关闭，断电后开真空消失，排气阀打开。

在发动机停机时，排气阀是打开的。在扭矩低于 300N·m 或者转速低于 1800r/min，以及怠速工况电机作为发电机给蓄电池充电时，为防止产生节流的噪声，排气阀关闭。

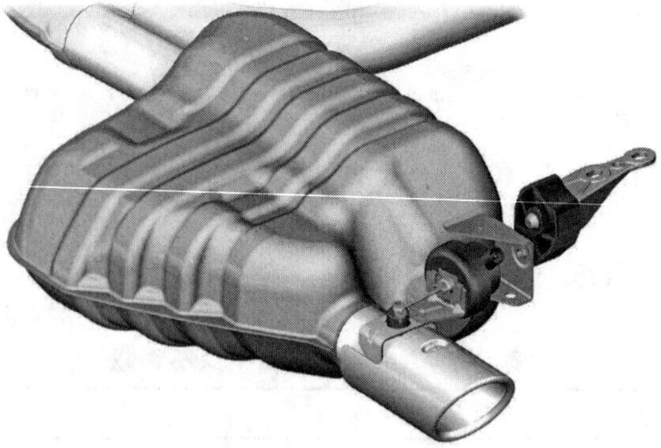

图 13-4　左侧的后消音器真空单元（用于通过真空来控制排气阀）

（3）冷却

如图 13-5 所示为冷却电驱动装置的功率控制装置 JX1，增设了一个低温冷却循环回路。在冷却液循环和温度管理方面引入了发动机控制系统 MED.17.1.1，它有三个处理器，因此也可以实现创新温度管理。使用这种控制单元的目的是通过改进车辆热平衡来进一步降低油耗

和 CO_2 排放。所谓改进热平衡，是指将所有受热部件和连接在冷却系统上的部件，比如发动机或变速器上的温度保持功能将能使发动机效率保持在最佳的范围内。

Audi Q5 hybrid quattro 的冷却系统分为低温循环和高温循环两部分。在发动机不工作时，冷却液是由电动冷却液泵来循环的。

发动机冷却系统为高温循环部分，组件包括暖风热交换器、冷却液截止阀 N82、电动机 V141、高温循环冷却液泵 V467、冷却液泵、废气涡轮增压器、发动机机油冷却器、冷却液温度传感器 G62、特性曲线控制的发动机冷却系统节温器 F265、冷却液续动泵 V51、高温循环散热器、变速器机油冷却器。

电机驱动为低温循环部分，组件包括电驱动装置的功率和控制电子装置 JX1、低温循环冷却液泵 V468、低温循环散热器。

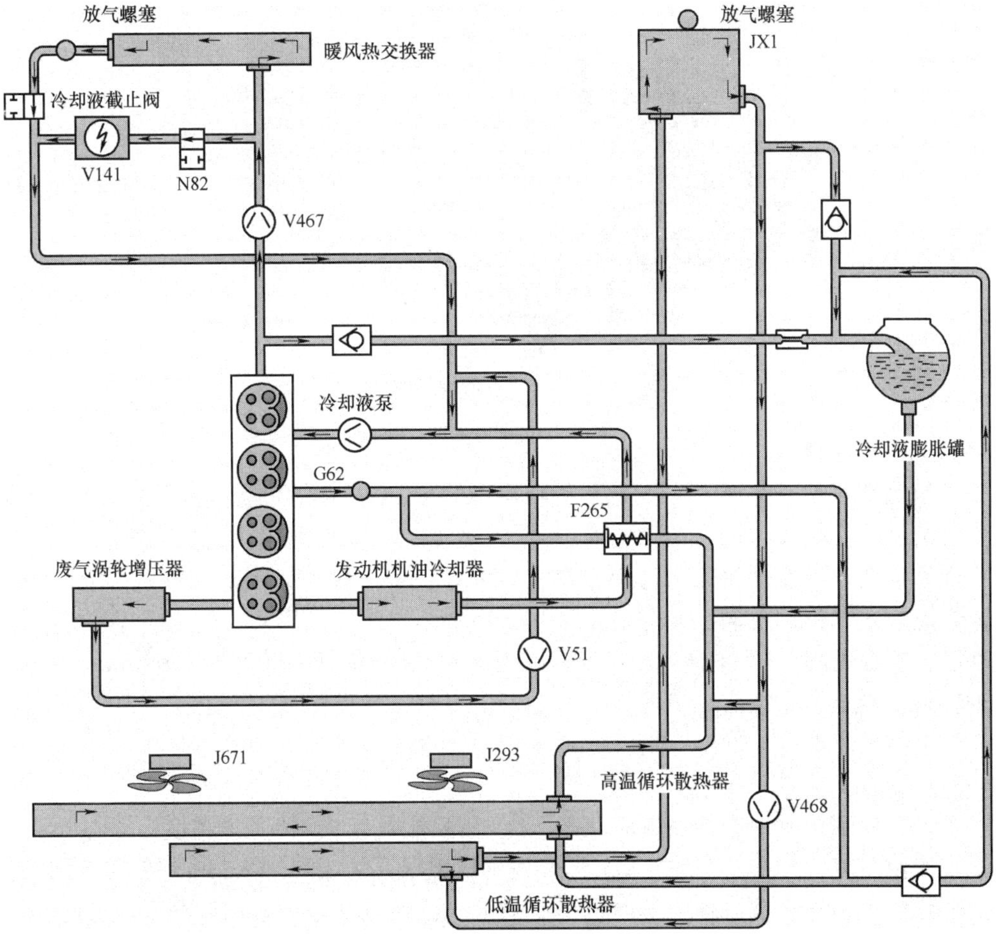

F265—特性曲线控制的发动机冷却系统节温器[②]（开启温度 95℃）；G62—冷却液温度传感器；J293—散热器风扇控制单元[②]；J671—散热器风扇控制单元 2[②]；JX1—电动机构功率和控制装置；N82—冷却液截止阀[②]（在热的一侧）；V51—冷却液续动泵[②]；V141—电动机[①]；V467—高温循环冷却液泵[②]；V468 低温循环冷却液泵[①]

① 由电驱动装置的功率和控制电子装置 JX1 来控制。

② 由发动机控制单元 J623 来控制。

③ 由空调控制单元 J255 经空调冷却液截止阀 N422 来间接控制。

图 13–5　奥迪 Q5 混合动力汽车冷却系统

【完成任务】在图 13-5 中找出这个冷却系统工作的发动机高温循环部件和电动机驱动的低温循环部件，并试写出发动机高温循环和电动机驱动的低温循环路径。

发动机高温循环路径：______________________________。

电动机驱动的低温循环路径：______________________________。

（4）发动机控制单元 J623

如图 13-6 所示为发动机控制单元 J623。J623 不仅要控制发动机工作，还要控制温度管理系统，发动机控制单元在执行温度管理功能时会控制所有冷却液循环过程。J623 还是车辆混合动力功能的管理单元，决定是否要用电动方式来驱动车辆，并将驾驶员期望的车速通知功率控制电子系统 JX1。

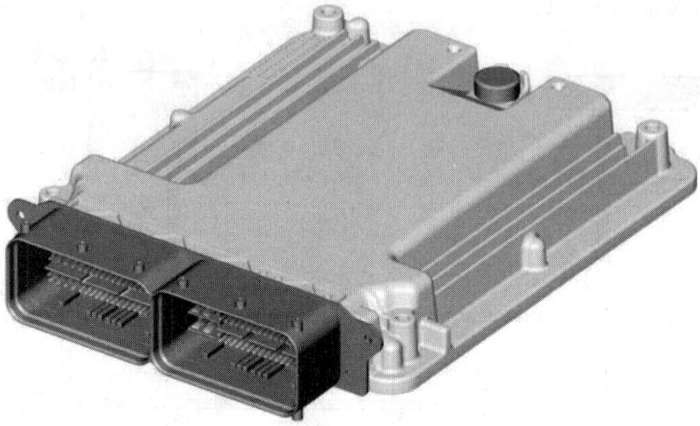

图 13-6　发动机控制单元 J623

（5）运输模式

采用运输和售后服务模式，可以在故障诊断时让发动机持续运转：随后发动机一直运转，直至挂上某个挡位行驶为止。在电动模式下，车速调节装置总是处于激活状态。

在运输模式下，发动机运转时会一直为高压蓄电池充电。电机就只作为发电机来使用，不能靠电动方式来驱动车辆，无电动加速（E-Boost）功能，无启动　停止模式功能，无能量回收功能。在运输模式时，汽车最高车速为 35km/h，发动机最高转速为 3500r/min。如果未关闭运输模式，当车辆在下次 15 号线（ON 挡）供电时，如果行驶距离超过了 100km，运输模式就会自动被关闭。

（6）售后服务模式

在发动机控制单元内进行自适应，就可激活售后服务模式，冷却液温度必须不低于 25℃。作为识别标记，废气警报灯 K83（MIL）和发动机电子系统指示灯 K149（EPC）会亮起。在售后服务模式下，电机就只作为发电机来使用了，且运转时会一直为高压蓄电池充电。因此也就不能靠电动方式来驱动车辆，无电动加速（E-Boost）功能，无启动-停止模式功能，无能量回收功能。

此外，可以通过 12V 辅助启动机来启动发动机。若未取消自适应过程，当车辆在下次 15 号线供电时，如果行驶距离超过了 50km，该模式就会被关闭。

【完成任务】维修发动机系统，需要发动机工作时，要启动什么模式才能让发动机工作？__________。用诊断仪进入哪个控制单元进行自适应才能使供电开关 READY 挡起点火开关 START 挡的作用？______________。

带有混合动力模块的 8 挡自动变速器如图 13-7 所示。自动变速器控制单元 J217 是混合动力 CAN-总线和驱动 CAN 的总线的用户。

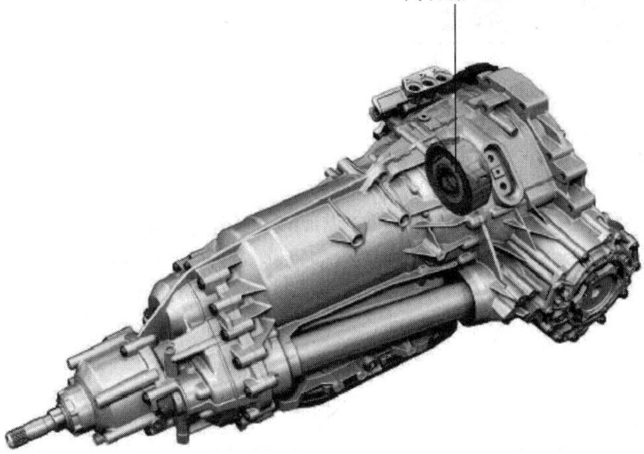

图 13–7　奥迪 Q5 混合动力 8 挡自动变速器

多片式离合器 K0 与电机转子一体取代了变扭器。多片式离合器浸在油池中工作，它用于将发动机和电机断开或连接上。由于取消了变扭器，离合器 K1 就用来做起步元件用了。执行元件具体工作可参考表 13-2。

表 13-2　各工况变速器执行元件的工作情况

行驶状态	离合器 K0	离合器 K1
发动机启动	接合	未接合
纯电力驱动时	未接合	结合
能量回收	未接合	接合
内燃机驱动车辆行驶	接合	结合
内燃机在怠速运转	接合	未接合
电动加速（E-Boost）	接合	接合
车辆滑行（无能量回收）	未接合	未接合
车辆滑行（有能量回收）	未接合	接合

为了能在电机不工作时润滑自动变速器，并为液压操纵机构建立起必要的 ATF 液压压力，安装了一个变速器 ATF 油辅助液压泵 1-V475。温度较低时，该泵可能无法建立起所需要的压力。

由于在被动牵引时，变速器是得不到润滑的，因此要是需要牵引车辆，其规定与以前的自动变速器一样，需要将选挡杆挂在 N 位置，牵引距离不超过 50km，牵引车速不超过 50km/h。

【完成任务】离合器 K0 的位置在哪？＿＿＿＿＿＿＿＿＿＿；作用是＿＿＿＿＿＿＿＿＿＿。

离合器 K1 的位置在哪？＿＿＿＿＿＿＿＿＿＿；作用是＿＿＿＿＿＿＿＿＿＿。

13.3 转向和制动系统

1．电动转向系统

如图 13-8 所示为奥迪 Q5 混合动力四轮驱动（Audi Q5 hybrid quattro）汽车上使用的电动助力循环球式转向机，转向助力控制单元 J500 是组合仪表/底盘 CAN-总线的用户。

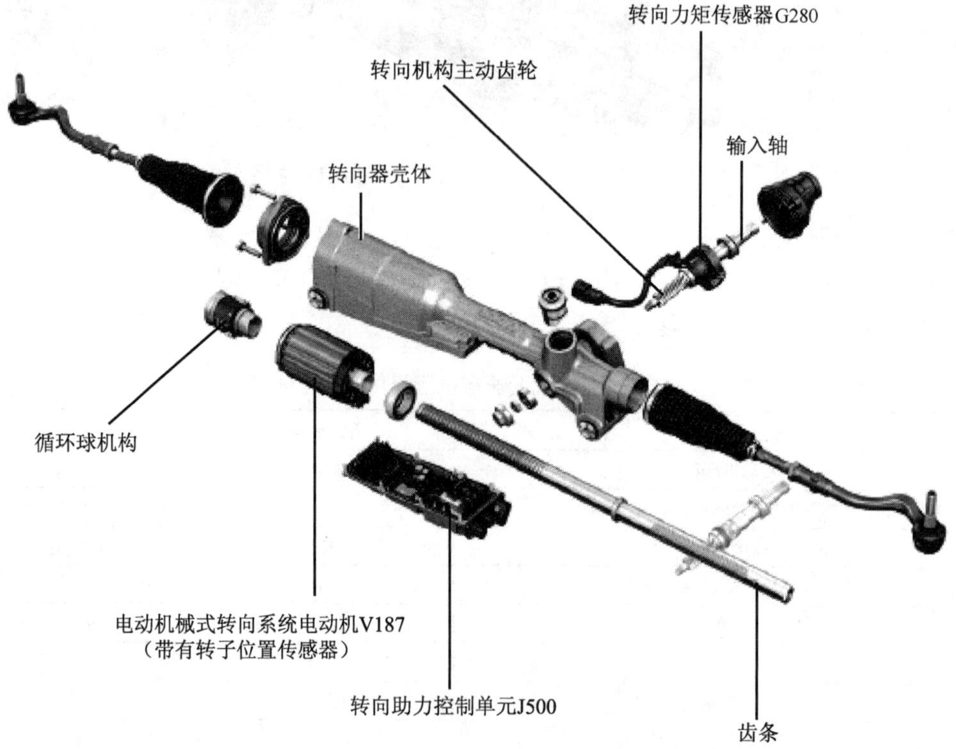

图 13-8　奥迪 Q5 混合动力电动转向系统

2．奥迪制动系统电动真空泵 V192

电动真空泵 V192 固定在 ESP 整体总成的前面，如图 13-9 所示。该泵的作用是在发动机关闭期间，为制动助力器提供足够的真空度。真空度低时，通过制动助力压力传感器 G294 产生信号，由发动机控制单元 J623 经继电器 J318 来操控。

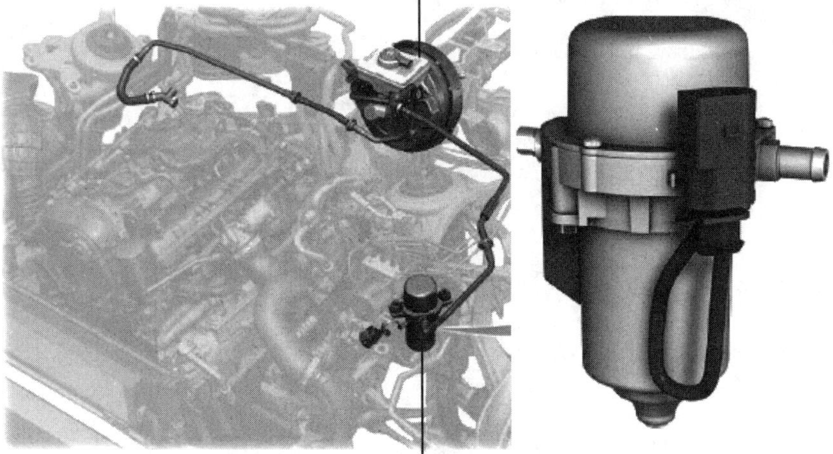

图 13-9　电动真空泵位置

【完成任务】奥迪 Q5 混合动力制动系统采用电动真空泵 V192 后，发动机工作时，电动真空泵是否还工作？＿＿＿＿＿＿＿＿＿＿＿＿＿；纯电动工况电动真空泵工作的机会多还是少？＿＿＿＿＿＿＿＿＿＿。

3．ESP-总成

Audi Q5 hybrid quattro 车上的 ESP 总成，其结构与 Audi Q5 上的是一样的，但软件方面在混合动力发动机牵引力矩调节（MSR）功能做了如下变动。

在电力制动（能量回收）时，出于稳定考虑不会令制动压力泄压，所以发动机控制单元在需要时会下令去调节驱动力矩。如果在挡位 D 时关闭了 ESP 或者是接通了坡路起步辅助系统，那么在车辆行驶过程中，发动机一直都在工作。

制动踏板位置传感器 G100 连接在发动机控制单元上。发动机控制单元通过制动踏板位置传感器 G100 的信号来操控“电力制动（能量回收）”和“液压制动”的比例分配。制动踏板在制动助力器上有一段约 9mm 的空行程。在这段空行程中是仅有能量再生制动的，等到制动时就可以很好地过渡到液压制动了。

在更换了制动踏板位置传感器或者是更换了发动机控制单元时，必须进行制动踏板位置传感器 G100 与发动机控制单元之间的自适应（学习）。

【完成任务】奥迪 Q5 混合动力制动系统中哪个传感器控制能量回收？＿＿＿＿＿＿＿。

13.4 高压系统元件

1．混合动力蓄电池单元 AX1

混合动力蓄电池单元 AX1 在行李箱内的备胎坑中，结构如图 13-10 所示，由高压蓄电池

A38、电池管理控制单元 J840、高压系统保养插头接口 TW、安全插头接口 TV44、高压线束接口 PX1、12V 车载电网接口构成。

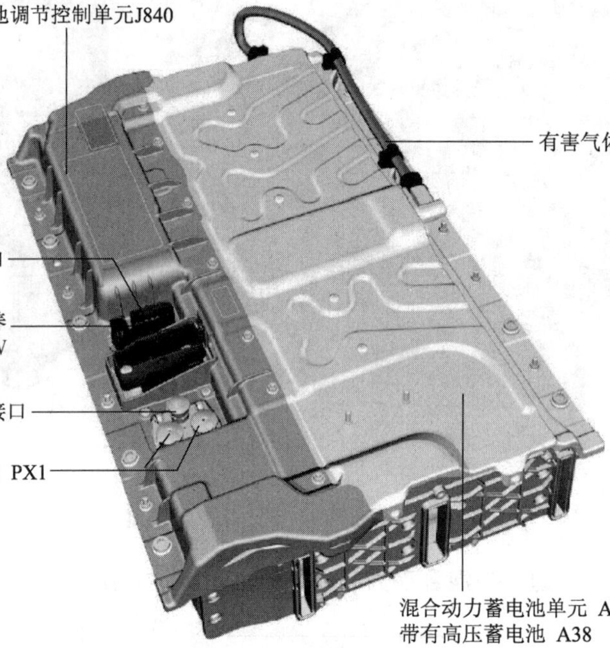

图 13-10　混合动力蓄电池单元 AX1

在这个蓄电池壳体内，集成有用于吸入和排出冷却空气的开口。混合动力蓄电池单元电池参数如表 13-3 所示，壳体使用电位补偿线（电位均衡线）与车辆相连。

【完成任务】蓄电池壳体使用电位均衡线后，壳体一旦漏电，人站在车身上是否会被电击？__________________；实践中见到这根电位均衡线没有接到车身上是错误的。

为了能在蓄电池出现过热故障时，将溢出的气体引至车底部位，在该壳体上装了一根有害气体排出管，这根管子从车底通向车外。

表 13-3　混合动力蓄电池单元电池参数

高压蓄电池	
额定电压/V	266
单格电压/V	3.7
电池格数量	72（串联的）
容量/A·h	5,0
工作电压/℃	+15～+55
总能量/kW·h	1.3
可用能量/kW·h	0.8
功率/kW	最大 40
质量/kg	38

2．蓄电池管理控制单元 J840

J840 集成在混合动力蓄电池单元 AX1 的左侧，该控制单元是混合动力 CAN-总线和驱动

CAN-总线。J840 监测高压蓄电池的温度，并通过蓄电池冷却模块来调节蓄电池冷却状况，这个控制称为温度管理。同时该控制单元监控充电状态、单格电池电压和蓄电池总电压的信息，并将这些信息通过混合动力 CAN-总线传至发动机控制单元 J623。

（1）高压上电继电器

高压蓄电池通过高压上电继电器与外部高压部件连接。高压上电继电器采用正极和负极各一个继电器的形式。一旦 15 号线接通，蓄电池管理控制单元 J840 会立即接通高压继电器，继电器触点闭合。如果蓄电池管理控制单元 J840 供电的 12V 电压中断，则高压触点断开。当出现车载 12V 电网无法向 J840 供电时，高压继电器无法上电，因此高压装置无法工作。

出现下述情况之一，高压继电器的触点由蓄电池管理控制单元 J840 断开：

- 点火开关已关闭；
- 安全线已切断；
- 安全带张紧器已触发；
- 安全气囊已触发；
- 两个 12V 蓄电池在“15 号线接通”的情况下已与车载电网断开。

【完成任务】丰田普锐斯的高压上电继电器是由哪个控制单元控制的？______________；和奥迪 Q5 有什么区别？__________________。

（2）高压蓄电池 A38

高压蓄电池 A38 集成在混合动力蓄电池单元 AX1 内，一个霍尔电流传感器用于在充电和放电时监测电流。另有霍尔传感器用于监测高压触点前和后的电压。

控制高压蓄电池的电量状态（SOC）保持在 30%～80%可以明显提高高压蓄电池的寿命，但组合仪表上的蓄电池是以 0%～100%来显示的。电池电量状态百分数分作为一个信息被放置在混合动力 CAN-总线上，哪个控制单元想用，哪个控制单元就接收。

在达到了高压启动能力最低极限值（高压蓄电池电量状态低于 25%了）或者是没能启动发动机时，发送机控制单元会给仪表显示发送一个信息，随后就会显示“车辆现在无法启动”，请参见随车的使用说明书。如果电量状态低于 20%，就不允许有放电电流了。此时高压蓄电池仍给 12V 车载电网供电。

【完成任务】奥迪 Q5 混合动力仪表的 SOC 表在 0%说明电池电量为多少？____________；奥迪 Q5 混合动力仪表的 SOC 表在 100%说明电池电量为多少？____________；电池电量状态低于多少时无法进行高压启动？____________；电量状态低于 20%，高压上电继电器是否断开？____________。

（3）高压蓄电池的充电

如果组合仪表上显示“车辆现在无法启动”这个内容（见随车的使用说明书），就必须给高压蓄电池充电了。要充电的话，请先关闭点火开关，将充电器（至少 30A）或者带有三相发电机的发电车接到“跨接启动销”上。充电过程完成后接通点火开关，仪表就会显示“正在形成启动能力，请稍等……”这个信息。

如果在 1min 内，高压蓄电池无法吸收充电电流，那么就会显示“充电过程已中断，无法形成启动能力”。其原因是充电器或者发电车的充电能力太弱。另外，这种故障信息也可以红色的混合动力警报灯来提示。如果识别出充电电流，那么当高压蓄电池被充电到 35%的状态时，组合仪表上会显示一个绿色的充电插头，表示 12V 蓄电池这时被充电。如果高压蓄电池的电量状态降至 5%以下，12V 蓄电池就无法再充电了。

【完成任务】奥迪 Q5 混合动力汽车高压蓄电池无电时，充电机要跨接到什么上？____________；如何在车上找到这个启动销？____________；充电过程中断说明什么？____________；电量状态低于 5%时，高压蓄电池还能向 12V 蓄电池充电吗?____________。

（4）高压系统保养（维修）插头 TW

该插头是两部分高压蓄电池之间的中间保险，如果拔下这个保养插头，那么这两部分电池的连接就断开了。如果在高压部件上或者在高压部件附近要使用车削工具、成型工具或棱角锋利的工具，则必须拔下这个保养插头。要想恢复供电的话，请在诊断仪中进行故障码清除操作，这也是一个安全设计。

① 保养插头的开锁和上锁

请关闭点火开关。要想够着高压系统保养插头 TW，就必须打开行李箱内的高压系统保养盖板。这个保养插头就在混合动力蓄电池单元 AX1 的橘黄色橡胶盖下，因此必须先移开这个橡胶盖。操作如图 13-11 所示。

② 拔下保养插头

高压上电继电器断开，只控制了外部 P1 和 P2 的供电输出。在些维修操作是在高压蓄电池箱内部进行的，为安全起见，一个途径就是操作这个保养插头，因为该插头是高压蓄电池两个部分之间的连通。

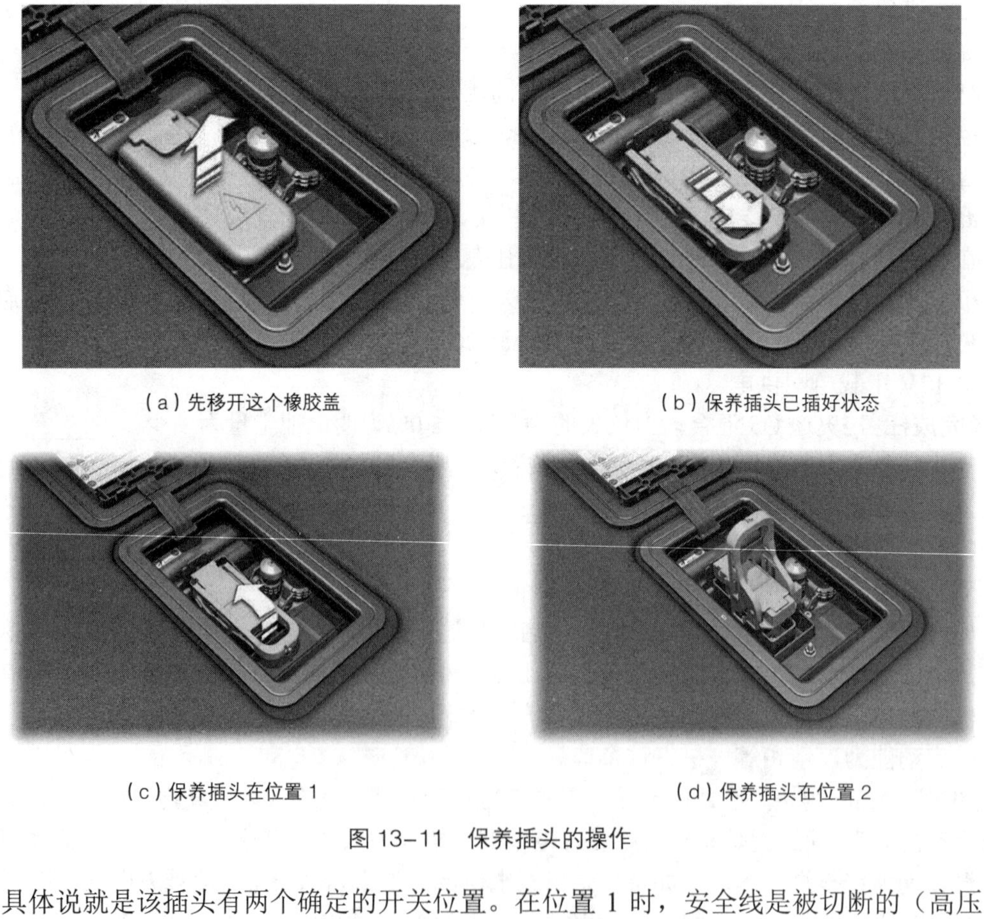

（a）先移开这个橡胶盖　（b）保养插头已插好状态

（c）保养插头在位置 1　（d）保养插头在位置 2

图 13-11　保养插头的操作

具体说就是该插头有两个确定的开关位置。在位置 1 时，安全线是被切断的（高压上电继电器断开）。在位置 2 时，蓄电池两个部分之间的串联连接就被断开了（蓄电池中间熔丝被拔下了）。这时可以将保养插头从支架上拉出，高压装置就被关闭了，从更安全的角度讲，应检查是否可靠断电（就是验电）。

保养插头内有一个直流高压装置熔断式熔丝，其额定规格是 125A（与丰田普锐斯相同），如图 13-12 所示。

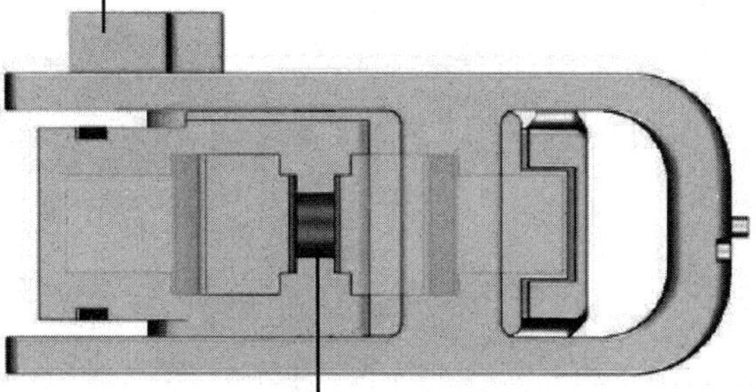

图 13-12 保养插头内的熔丝

要想让高压系统再次恢复工作，请按相反顺序将保养插头回位。再次工作时的测量操作细节详见诊断仪的故障导航。说明：只有受训合格的高压电技工才可以拔这个保养插头，以保证装置处于停电状态。

【完成任务】针对奥迪 Q5 混合动力汽车，组织一次蓄电池箱维护的安全操作。

3. 高压安全设计

如图 13-13 所示为蓄电池单元上的安全设计。

（1）绝缘控制

整个高压回路包括高压蓄电池内部、正负母线、功率控制电子装置（逆变器）、电机的三相线和连接空调压缩机（包括空调压缩机）的导线。为了识别整个高压回路上的绝缘故障，系统每 30s 对高压电网完成一次绝缘测量。如果有绝缘故障的话，那么组合仪表上会有信息，提示用户去服务站寻求帮助。

（2）带有安全插头 TV44 的安全设计

安全设计包含一个电气元件和一个机械元件。电气元件的设计是用安全线串联所有高压元件，一旦将某个高压部件与电网分离了，控制单元就控制高压上电继电器断开。机械部分是由安全插头与锁环一起构成的一个机械锁，该锁可防止高压线在未断开高压上电继电器（即 P1 和 P2 有电）时被拔出。

德国奥迪汽车的安全线和日本丰田汽车的互锁开关是同一个功能，但德国奥迪汽车的安全线串联了更多的高压元件。

（3）安全线接合

高压装置的所有部件都是通过一根单独的低压呈环状彼此相连的导线串联的。当所有部件都可以工作时，高压继电器触点就可以接合了。

（4）安全线中断

如果安全线脱开（如因为某个部件无法工作或者安全插头已拔下），即使再插上这个高压元件，高压上电继电器也不会闭合，这是因为系统检测到安全线断开后，系统存储了针对安全线断开的故障码。就功能方面来说，安全线在控制方法与前、后车灯的冷监控相似。

检查安全线插头是接合还是断开着的工作由混合动力蓄电池单元（电池箱）内的蓄电池管理控制单元来完成。如果该控制单元判断出安全线是断开的，它就不会去操控高压继电器触点闭合，于是高压蓄电池与高压装置之间的连接就中断了。

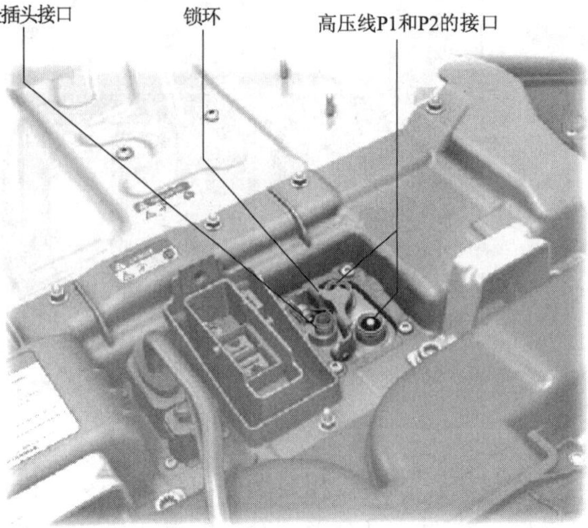

混合动力蓄电池单元上的带有锁环的安全插头座（插头和高压线均已拔下）

图 13-13　蓄电池单元上的安全设计

【完成任务】P1 是蓄电池的正极，还是负极？ ____________。

（5）安全插头 TV44

安全插头操作参考图 13-14 用锁环为 P1 和 P2 上锁，开始进行电池箱的拆开或移动工作前，必须拔下保养插头（只有培训合格的高压电技工才允许执行此项工作）。只有在先拔下了安全插头 TV44 后，才允许断开混合动力蓄电池单元的高压线。由于断开了安全线，所以高压线上就没有电了（无电压），在拔高压线时就不会遭电击了。操作时先拔离了锁环后，才能拔下高压线的插头，断开 P1 和 P2 的两条正、负高压线。

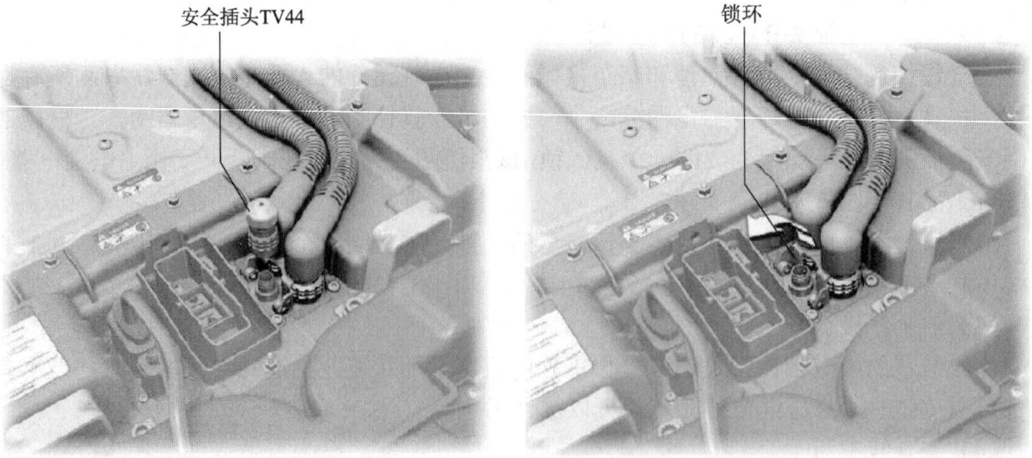

（a）拔下安全插头 TV44　　（b）拔离锁环

图 13-14　安全插头 TV44

说明：只有受训合格的高压电技工才可以拔这个保养插头，以保证装置处于停电状态。

【技师指导】 安全插头 TV44 是为防止不拔维修塞而直接拔 P1 和 P2 供电线而设计的，因为不拔检修塞时要断开 P1 和 P2 供电线是有一定危险的，而在安全插头下加了 TV44 这个安全插头后，必须要断开这个 TV44 插头和转动锁环才能实现断开 P1 和 P2 供电线，而在断开 TV44 这个安全插头后，安全线断开，高压上电继电器下电（断开）。

4．蓄电池冷却

Audi Q5 hybrid quattro 车上的高压蓄电池总是在不断地充电和放电，蓄电池在充电或放电都会放出热量。热量除导致蓄电池老化外，最重要的是还会使得相关导体上的电阻增大，这会导致电能不转换为功，而是转换成热量释放掉了。因此，高压蓄电池有一个冷却模块，该模块上有自己的蒸发器，并连接在电动空调压缩机的冷却液循环管路上。这个冷却模块使用 12V 的车载电网电压工作。

如图 13-15 所示为蓄电池冷却系统元件位置，冷却模块的部件如下：

- 蓄电池风扇 1 V457；
- 混合动力蓄电池循环空气翻板 1 的伺服电动机 V479；
- 混合动力蓄电池循环空气翻板 2 的伺服电动机 V480；
- 混合动力蓄电池蒸发器前的温度传感器 G756；
- 混合动力蓄电池蒸发器后的温度传感器 G757；
- 混合动力蓄电池冷却液截止阀 1 N516；
- 混合动力蓄电池冷却液截止阀 2 N517。

如果蓄电池管理控制单元通过蒸发器前传感器 G756 或者蒸发器后传感器 G757 探测到蓄电池的温度过高了，那么蓄电池管理控制单元接通风扇 V457。控制单元内设置了冷却功能模型，根据具体温度情况，在蒸发器工作时可从新鲜空气模式切换为循环空气模式。发往自动空调控制单元 J255 的冷却功率请求分为三级，鼓风机转速由蓄电池管理控制单元 J840 通过 LIN-总线来控制。

在新鲜空气工作模式时，风扇 V457 从备胎坑内抽入空气，空气经蒸发器被引入到蓄电池，热空气经后保险杠下方被引出。在循环空气工作模式时，循环空气翻板 1 和 2 都是关闭着的，不会吸入新鲜空气。

在需要时，控制单元 J840 将请求信息通过 CAN-总线发送给空调控制单元，以便去接通电动空调压缩机 V470、蓄电池风扇 1 V457、混合动力蓄电池循环空气翻板 1 的伺服电动机 V479 和混合动力蓄电池循环空气翻板 2 的伺服电机 V480 由控制单元经 LIN-总线来调节。伺服电动机 V479 和 V480 是串联的。混合动力蓄电池制冷剂截止阀 1-N516 在不通电时是关闭着的，它控制去往混合动力蓄电池空调器的制冷剂液流；混合动力蓄电池制冷剂截止阀 2N517 在不通电时是打开的，它控制去往车内空调器的制冷剂液流。冷却模块有一个维修位置，以便能够着其下的 12V 蓄电池。

【完成任务】 奥迪 Q5 的蓄电池降温是通过在电池箱内使用空调的蒸发箱，这与丰田普锐斯是否相同？____。

数一数电池箱内的电池单元个数是多少？__________________；热空气遇冷会生成水，设计上是否应该有排水装置？__________________；循环空气模式是否从备胎坑中吸入空气？________________。

请写出图 13-15 所示蓄电池冷却系统中各元件名称，不要从前面直接抄录下来。

G757：________________；N516：________________；G756：________________；

V479：________________；V457：________________；V480：________________。

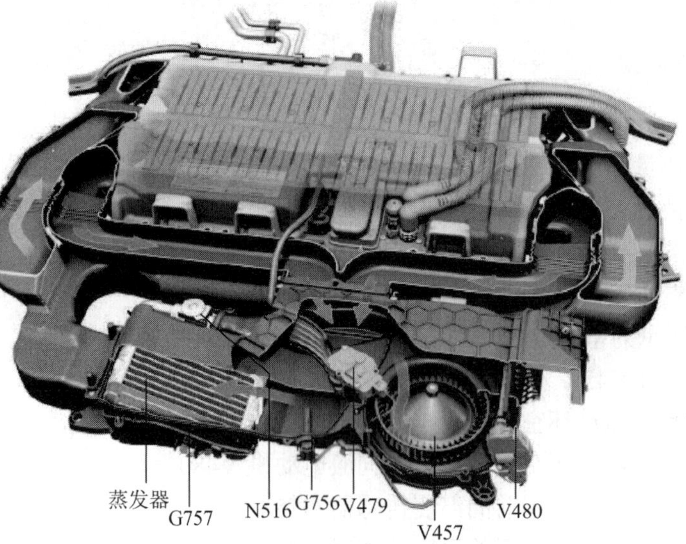

图 13-15　蓄电池冷却系统元件位置

5. 电驱动装置的功率和控制电子系统 JX1

电驱动装置的功率和控制电子系统 JX1 是翻译名称，实际上是电机的逆变器和电机控制单元（DSP 控制器，微控制器中的高速型）。表 13-4 列出了控制功率的电子装置参数。

电驱动装置（逆变器）的功率和控制电子系统 JX1 由电机驱动控制单元 J841、交流电机驱动装置 VX54、牵引电机逆变器 A37、降压 DC/DC 转换器 A19 和中间电容器 1 C25 组成。电机驱动控制单元 J841 是混合动力 CAN-总线和驱动 CAN 总线用户，承担混合动力控制单元发送来的直接扭矩数值控制。牵引电机逆变器 A37 将高压蓄电池的直流电转换成三相交流电，供交流电机使用。在能量回收时和发电机工况时，会将三相交流电经过“斩波控制”转换成直流电，用于给高压蓄电池充电。电动机的转速是通过改变逆变器的输出频率来进行调节的。比如在转速为 1000r/min 时，供电频率约为 267Hz，扭矩是通过脉冲宽度调制来进行调节的。降压 DC/DC 转换器 A19 用于将高压蓄电池（266V）的直流电压转换成较低的 12V 车载电网用直流电压。中间电容器 1 C25 用在电机转动时作为一个物理电源，在充电时起缓冲作用，功能相当一个电的蓄能器。在“15 号线关闭”或者高压系统切断（因有撞车信号）时，该中间电容器会通过电驱动装置的内部电路主动放电。

由于 A19 这个 DC/DC 变压器可双向工作，因此它也能将 12V 较低的车载电网电压转换成高压蓄电池的高电压（266V），但该功能仅用于跨接启动时，目的是给高压蓄电池充电。

功率控制电子装置（IGBT 或 IPM）在逆变和整流时要生热，为电子装置能正常工作，要将温度控制在一定范围内（一般 70℃或 80℃以下），因此要有自己的低温循环管路，该管路连接在发动机冷却循环管路的冷却液膨胀罐上。冷却液通过低温循环冷却液泵按需要来进行循环，低温循环管路是温度管理功能的一个组成部分，发动机控制单元 J623 负责触发该泵。

在电动驱动车辆行驶时，发动机控制单元为功率控制电子装置提供关于能量回收、发电模式和车速方面的信息。功率控制电子装置通过电驱动装置的位置传感器 1 G713 来检查转子的转速和位置，用电驱动装置温度传感器 1 G712 来检查电机 V141 的冷却液温度。

表 13-4 控制功率的电子装置参数

功率控制电子装置	
DC/AC	266V（额定），189V（有效）AC
AC 恒定电流	240A（有效）
AC 峰值电流	395A（有效）
AC/DC	189V（有效）266V（额定）
电机（E-Maschine）驱动	0～215V
DC/DC	266～12V 以及 12～266V（双向的）
DC/DC 功率/kW	2.6
质量/kW	9.3
体积/L	6

接通点火开关在 READY 挡，且已踩制动器时，高压上电控制如下："15 号线接通，且 50 号线接通"，仪表显示"Hybrid Ready"（混合动力已准备完毕）这个信息。表明正、负极母线的高压上电继电器有工作电流流过，高压电从高压蓄电池到功率控制电子装置，并且能从功率控制电子装置到电驱动装置的电机，也可从高压蓄电池到 12V 车载电网。

【完成任务】从单/双向角度说一说奥迪 Q5 的 12V DC/DC 和丰田普锐斯的 12 VDC/DC 的不同。____。

丰田普锐斯汽车的功率电子装置的冷却电动循环泵是由哪个控制单元控制的？________________；

奥迪 Q5 混合动力汽车的冷却电动循环泵是由哪个控制单元控制的？________________。

Q5 混合动力汽车电机控制上采用了电机相线电流传感器、电机转子位置传感器 1G713（检查转子的转速和位置），电机温度传感器 1G712（来检查电机 V141 的冷却液温度），从控制传感器的种类上与丰田普锐斯是否相同？________。

13.5 混动电机

1. 电驱动装置的电机 V141

表 13-5 列出了空调电机 V141 的参数。

电驱动装置的电机安装在 2.0L TFSI 发动机和 8 挡自动变速器之间的空隙处，取代了变扭器，如图 13-16 所示。该电机是永磁同步电机，由一个三相场来驱动，转子上装备有永久磁铁（由钕-铁-硼制成，NdFeB）。电机 V141 的电驱动装置集成在三相交流驱动装置 VX54 内。电驱动装置的电机由电驱动控制单元 J841 和电驱动功率和控制电子装置 JX1 来操控，通过改变频率来调节转速，通过脉冲宽度调制来调节扭矩，通过功率控制电子装置来将 266V 的直流电转换成三相交流电。

表 13-5　电机 V141 参数

电驱动装置的电机	
功率/kW（相应转速/r/min）	40（2300）
扭矩/N·m	210
模块质量/kg	31
电机（E-Maschine）质量/kg	26
电压/V	AC 3～145

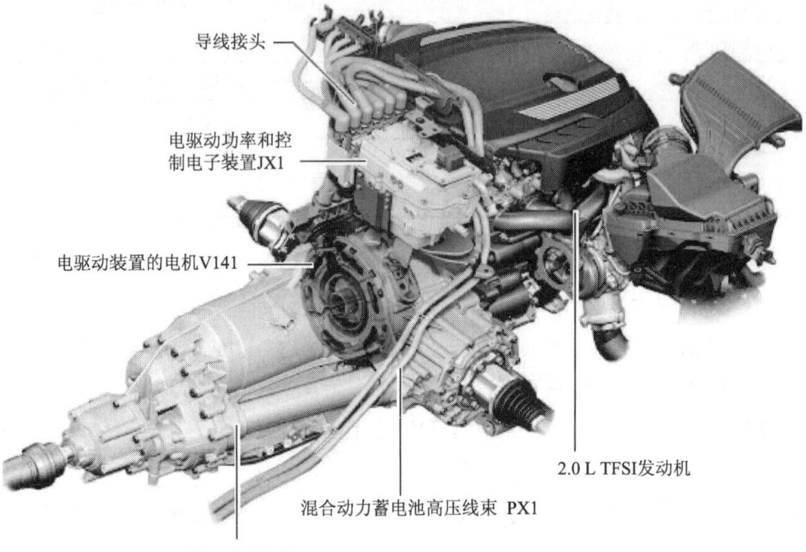

图 13-16　电机 V141 在变速器壳体内部

电机除用于启动发动机外，在发电机模式时借助于电驱动功率和控制电子装置 JX1 内的 DC/DC 变压器来给高压蓄电池和 12V 蓄电池充电。Audi Q5 hybrid quattro 四轮驱动汽车可使用这个电驱动装置的电机来以纯电动方式驱动车辆行驶（但是车速和可达里程是受限制的），且该电机可在车辆加速（Boost）时给发动机提供助力。如果混合动力管理器识别出电驱动装置的电机足够用于驱动车辆行驶了，那么发动机关闭。

【完成任务】奥迪 Q5 发动机的排量是多少？__________；电驱动功率和控制电子装置 JX1 的位置：__________；电机控制器的位置：__________；电机 V141 位置：__________；从逆变器引入几根电缆？__________；从逆变器又引出几根电缆？__________。

2．永磁同步电机

电机是水冷式的，它集成在发动机的高温循环管路上。冷却液由高温循环管路冷却液泵 V467 根据需要情况来进行分三级调节，该泵由发动机控制单元 J623 来操控。电驱动装置温度传感器 1 G712 是一个负温度系数电阻（NTC），它测量电机线圈间的温度。如果这个温度高于 200℃，那么电机的功率就被降至零了。重新启动发动机取决于电机的温度情况，这种情况若必要可通过 12V 启动机来启动。电机转子位置传感器 1 G713 是按坐标转换器原理来工作的，它用于监测转子的实际转速和角位置。

如图 13-17 所示，电驱动装置的电机由铸造铝壳体、带有电磁线圈的定子、永久磁铁（由钕-铁-硼 NdFeB 制成）、轴承盖（用于连接到自动变速器的变扭器上）、分离离合器、三相动力接头组成。

图 13-17　电机 V141 结构

如图 13-18 所示，电机温度传感器 1 G712 通过一个温度模型来判定出该电机的最热点。这个温度传感器的信号用于操控高温循环的冷却能力，这个冷却循环管路是创新温度管理的组件。通过一个电动冷却液辅助泵和接通发动机的冷却液泵，可实现让冷却液状态在静止不流动到最大冷却能力之间进行调节。该传感器出故障了，组合仪表上就会显示黄色的混合动力系统警告灯。这时驾驶员必须到就近的服务站寻求帮助。这时车辆也无法重新启动，但可以继续靠发动机工作来行驶。由于没有发电机，发动机单独行驶的里程取决于 12V 蓄电池，即直至 12V 蓄电池提供的电压不能维持汽车控制单元或发动机电控元件工作为止。

图 13-18　电机线圈温度传感器 G712、电机转速和位置传感器 G713

同时，如图 13-18 所示，电机转子位置传感器 1 G713 由于带有自己的转速传感器的发动机，在以电动模式工作时与电驱动装置的电机是断开的，因此电驱动装置的电机需要有自己的传感器，以便用于监测转子位置和转子转速。为此，就在电驱动装置的电机内集成了一个转速传感器。该传感器要是出故障了，组合仪表上就会显示红色的混合动力系统警告灯。失效时的影响是电机关闭，车辆滑行至停止，无法使用电动方式来驱动车辆行驶，发电机工作模式关闭，无法启动发动机，这时驾驶员应寻求服务站帮助。

发动机管理系统和变速器管理系统根据 G713 这个传感器传来的信号，来判断电驱动装置的电机是否转动以及转速是多少。该信号用于操控电机发电，操控电机电动，还可操控电机做发动机的启动机使用。

【完成任务】奥迪 Q5 混合动力的电机冷却在发动机的高温回路上，还是低温回路上？__________；与丰田普锐斯电机冷却的区别是什么：______________________________。在学习发动机冷却系统时，请掌握创新温度管理的控制思路，为学习奥迪发动机高温冷却系统提供技术支撑。

13.6 混动汽车空调

电动空调压缩机 V470 使用压缩机内置的功率控制电子装置的交流高电压来工作。在电动空调压缩机 V470 上，工作参数如表 13-6 所示，压缩机上集成有空调压缩机控制单元 J842。该控制单元连接在扩展 CAN-总线上。转速是通过脉冲宽度调制（PWM）信号来调节的（PWM 信号从 0～100%）。该压缩机由自动空调控制单元 J255 来激活，“OFF”或者“AC 关闭”功能只会影响到为车内制冷的空调。

表 13-6 电动空调压缩机 V470 参数

电动空调压缩机 V470	
电机	无电刷式异步电机
消耗功率/kW	最大 6
供电/V	266 DC
电流消耗/A	最大 17
转速/（r/min）	800～8600
冷却	通过吸入冷却液
质量/kg	7

对高压蓄电池进行冷却是单独激活该压缩机的（不依赖于自动空调控制单元 J255）。另外还安装了柴油发动机上常见的、用于空气辅助加热器 Z35 的 PTC（正温度系数）加热元件。空气辅助加热控制单元 J604 负责操控小循环继电器 J359 和大循环继电器 J360。

【完成任务】奥迪 Q5 混合动力汽车空调电机的逆变器位置：__________；电机外部的高压线为几根线芯？____________。丰田普锐斯电机空调电机逆变器位置：____________。

电动空调系统元件如图 13-19（a）所示，电动空调压缩机 V470 是用螺栓固定在缸体上的，如图 13-19（b）所示，它通过一条四芯线与功率电子（逆变桥）和控制电子装置连接。该四芯高压线与其他单芯高压线不同，有两条用于高压空调压缩机电机逆变桥的正、负高压线，另外两条线用作安全线。

（a）电动空调系统元件位置

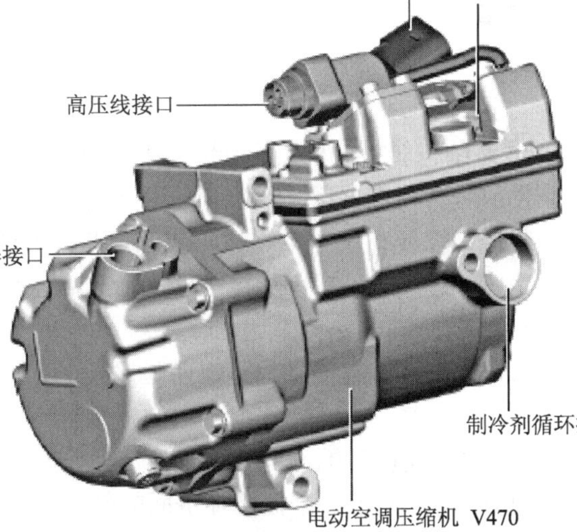

（b）电动空调压缩机 V470 和压缩机控制单元 J842

图 13-19　空调压缩机控制单元

空调系统与总线系统的电气连接如图 13-20 所示。

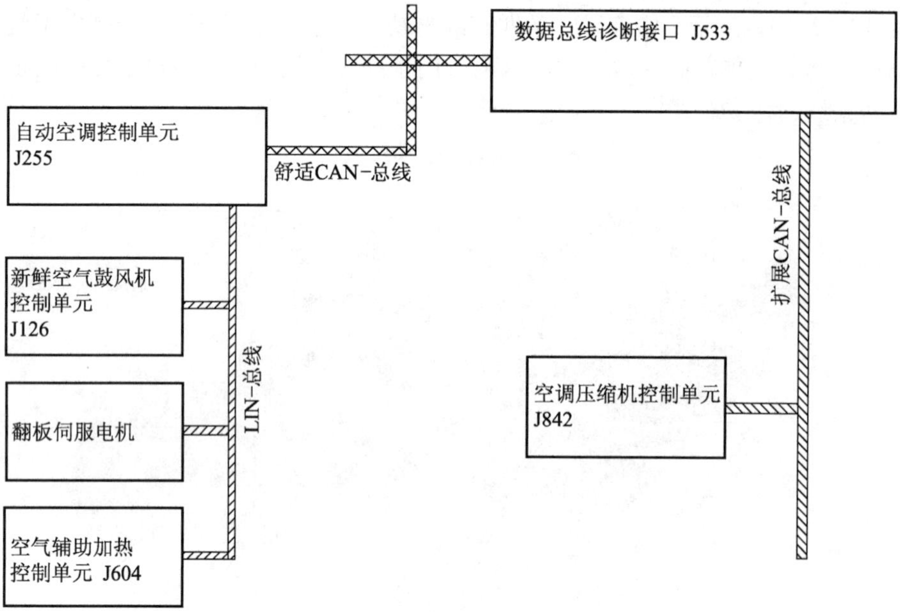

图 13-20　奥迪 Q5 混合动力汽车电动空调系统通信

【完成任务】请写出奥迪 Q5 混合动力汽车调元件的位置和名称。

V470：________________；________________。J842：________________；________________。

G395：________________；________________。N157：________________；________________。

13.7 汽车高压系统

在高压系统内要完成 IT 线路结构转换。I 代表绝缘传递电能（通过单独的、对车身绝缘的正极导线和负极导线）。T 表示所有用电器都采用等电位与车身相连，该导线由蓄电池控制单元 J840 在绝缘检查时一同监控，以便识别出绝缘故障或者短路。另外，高压线的圆形触点上也有机械编码。在高压电网中，所有插头都有防接触层，所有高压导线都有厚厚的绝缘层和一个波纹管（多加了一层抗刮磨层）。

高压装置的导线与车载 12V 电气系统用的导线是有明显区别的。由于电压高、电流大，所以高压装置导线的横截面积要明显大一些，且使用专用的插头触点来连接。为了让人们注意到高压导线所在位置，高压导线都是橙色的，在这方面所有生产厂商均已达成一致。为避免安装错误，高压导线都有机械编码，并用一个插接环下面的颜色环做了标记。图 13-21 展示了奥迪 Q5 混合动力汽车高压系统连接，表 13-7 展示了奥迪 Q5 混合动力汽车高压系统连接的详细内容。

【完成任务】从图 13-21 中奥迪 Q5 混合动力汽车高压系统连接提示说出高压线芯数的功能。

P3：________________；________________。P1 和 P2：________________；________________。

P4、P5、P6________________；________________。

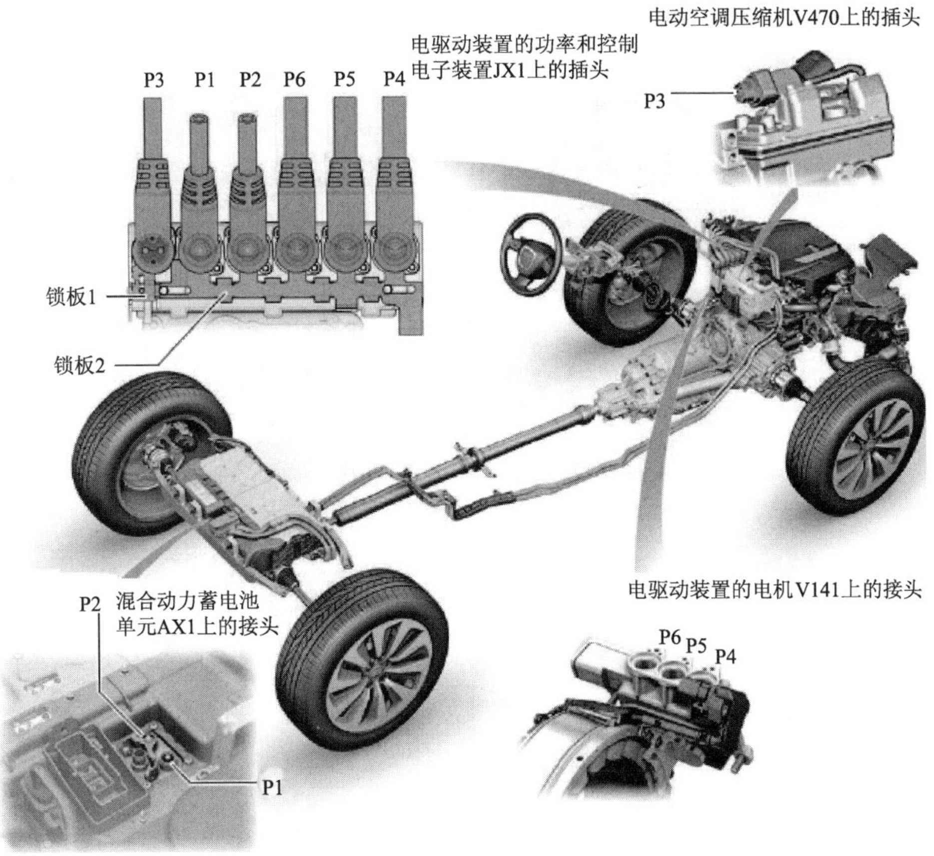

图 13-21　奥迪 Q5 混合动力汽车高压系统连接

高压装置内有如下线路段：

- 从高压蓄电池到功率控制电子装置的两根高压线（P1，P2）；
- 从功率控制电子装置到电机的三根高压导线（P4 U 编码环为蓝色，P5V 编码环为绿色，P6 W 编码环为紫色）；
- 从功率控制电子装置到空调压缩机的一根双芯高压线（P3 编码环为红色）。

表 13-7　奥迪 Q5 混合动力汽车高压系统连接

接头	编号	环颜色和局部颜色	状态
功率控制电子装置—高压蓄电池混合动力蓄电池高压线束 PX1	P1	红色	T+（HV-Plus）
	P2	棕色	T-（HV-Minus）
功率控制电子装置—空调压缩机	P3	红色	—
功率控制电子装置—电驱动装置的电机 电机高压线束 PX2	P4	蓝色	U
	P5	绿色	V
	P6	紫色	W

1. 导线高压插头环编码和机械编码

如图 13-22 所示为高压插头的使用介绍。给空调压缩机供电的 P3 导线与其他导线插头是不同的，该插头有正、负双芯的双圆形触点和两个用于安全线的触点，所以 P3 实际是四芯结构，其余 5 根均为单芯结构。

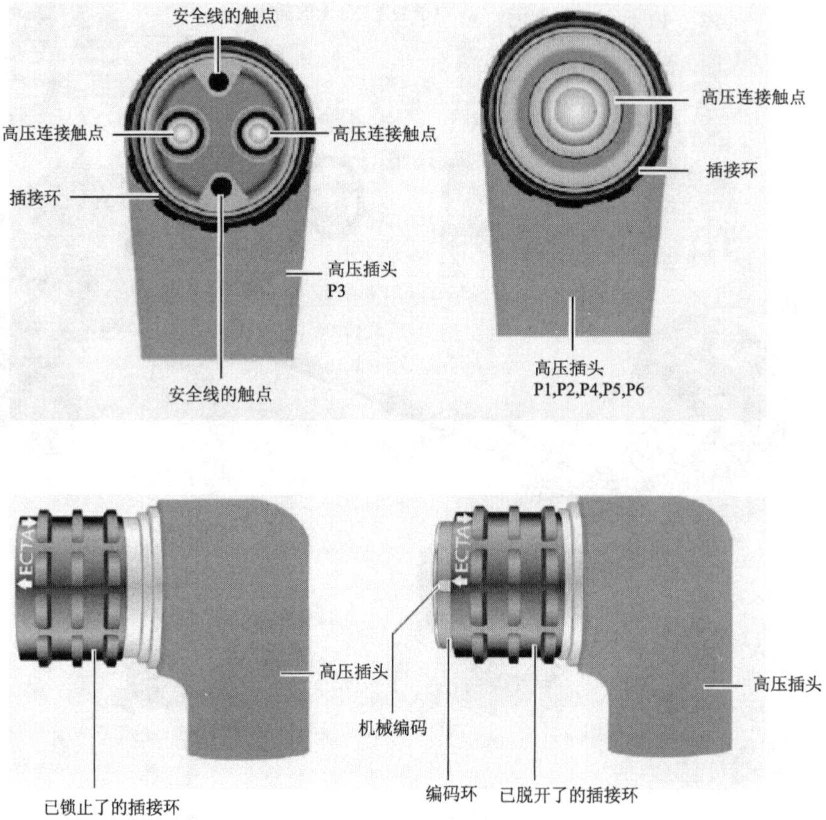

图 13-22　高压插头使用介绍

【完成任务】机械编码是点还是环？______________。

如果向上拔出并松开插接环的话，就能看见环编码的颜色了。在插上插头后，必须向下压插接环，直至其卡止，这样才算真正接好。除通过颜色环来标出编码外，高压插头和接口上还有机械编码。编码的位置用黄色标记标出。

2. 功率控制电子装置的连接

如图 13-23 所示 P1、P2 从高压蓄电池到功率控制电子装置混合动力蓄电池高压线束 PX1 接头 P1、P2。高压蓄电池和功率控制电子装置是通过两根橙色的高压线连接的。这两根导线是单极的，都有屏蔽功能，各有各自的电位。

如图 13-24 所示为 P3 从功率控制电子装置到空调压缩机接头，空调装置因空调压缩机的原因而成为 Audi Q5 hybrid quattro 车高压装置的一部分了。这种新颖的操控方式的优点在于：即使发动机不工作了，也仍能对车内的空间进行空调调节。该空调装置视蓄电池充电状态来工作。如果高压蓄电池的充电量下降了，系统会自动启动发动机来给高压蓄电池充电。

为防止弄混高压线，采用颜色标识和机械标识带有屏蔽功能和安全线。如果将该导线两个插头中的一个拔下，相当于拔下了安全插头，高压系统将关闭。

如图 13-25 所示为功率控制电子装置的 P4、P5 和 P6 通过三相电缆经电机高压线束夹 PX2 到电动机。

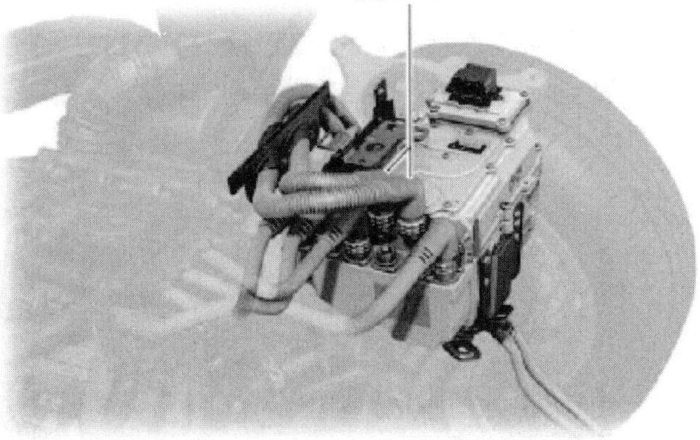

图 13-23 高压电插头 P1，P2 的位置

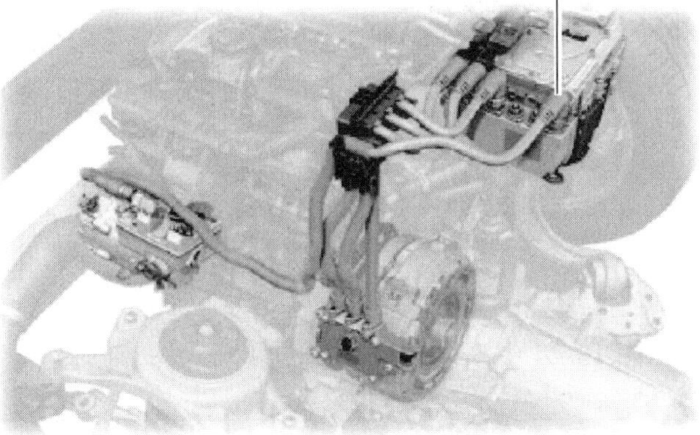

图 13-24 高压电插头 P3 的位置

图 13-25 高压电插头 P4、P5 和 P6 的位置

3. 12V 车载供电网

如图 13-26 所示为高压和低压电源系统元件位置，与传统燃油 Audi Q5 汽车相比 12V 车载供电网取消了 12V 的交流发电机，交流发电机的功能由高压电机来接管。12V 车载供电网

由功率控制电子装置中的DC/DC来供电。一个备用蓄电池A1（12Ah）安装在左后侧围板内。12V的蓄电池监控控制单元2 J934连接在数据总线诊断接口J533的LIN-总线上。备用蓄电池在“15号线接通”时由蓄电池分离继电器J7来接通。取消了稳压器J532，其再生能量由备用蓄电池来承担。在“15号线关闭”时，备用蓄电池不消耗电能。

图 13-26 高压和低压电源系统元件位置

【完成任务】请写出图13-24中高压和低压电源系统元件的位置和名称

A1：__________；__________。2 J934：__________；__________。

J387：__________；__________。J7：__________；__________。

TV1：__________；__________。J850：__________；__________。

（1）12V辅助启动机

Q5混合动力汽车仍保留12V启动机，在高压蓄电池无法启动高压电动机的特定情况下用于启动发动机。这时发动机舱的12V、68Ah启动用蓄电池A（不是备用A1蓄电池）就由发动机控制单元通过启动蓄电池转换继电器J580来与车载供电网断开了，以便将全部能量都用于启动机。断开后的车载电网由备用蓄电池A1和DC/DC转换器来供电。

说明：在检修12V车载供电网时，必须将这两个12V蓄电池的接线都断开。跨接启动螺栓可在诊断仪的自诊断中找到帮助，通过外接启动螺栓可以给12V蓄电池充电，也可在12V蓄电池没电时，可借助于跨接启动螺栓来启动，通过外接启动螺栓也可以给高压蓄电池充电。而备用蓄电池A1只有在接通点火开关时才能充上电。

【完成任务】丰田普锐斯只有备用12V蓄电池，没有12V启动机用蓄电池的优缺点各是什么？

____。

奥迪Q5采用备用12V蓄电池和12V启动机用蓄电池的优点是什么？

____。

（2）电子点火开关

通过“点火钥匙已插入”这个信息，点火开关告知高压装置：现在准备要行车了。对蓄电池管理控制单元来说，“点火钥匙已插入”这个信息是个必须要满足的条件，满足该条件后，蓄电池管理控制单元才能将高压蓄电池的高压继电器上电的高压触点闭合，将高压电从电池箱的 P1、P2 输出。如果拔出了点火钥匙，蓄电池管理控制单元将高压蓄电池与高压供电网断开。

高压上电控制。踩下制动踏板，操作点火开关实现“15 号线接通”和“50 号线接通”，并在仪表上显示“Hybrid Ready”（混合动力已准备完毕），才可以靠电动机来驱动车辆行驶（当然在高压蓄电池电量严重不足时会自动启动发动机）。

（3）安全气囊控制单元 J234

为避免在碰撞后高压装置对乘员和救援人员造成危害，安全气囊控制单元识别出碰撞信号后，蓄电池管理控制单元 J840 利用这个碰撞识别信号将高压上电继电器触点断开，从而将高压蓄电池与高压供电网络分离。

在第一个碰撞级时，安全带张紧器触发，同时高压上电继电器触点断开。第一级碰撞引起的高压断开这个过程是可逆的，也就是说：当再次接通点火开关后，高压触点可以再次合上。在第二个碰撞级时，安全带张紧器和安全气囊就都触发了，高压蓄电池与高压供电网的分离就是不可逆的，只能使用诊断仪来重置此过程。救援人员根据被触发了的安全气囊就可知道高压上电继电器已断开。

（4）系统管理

如图 13-27 所示为系统管理功能涉及的控制单元，这个系统功能图展示了使用电机来驱动行驶时所用到的部件。所有参与行驶的车辆系统之间要交换大量的输入和输出信号，比如用于驱动暖风和空调、助力转向和制动器等。其中最重要的是在从电驱动切换到发动机驱动或反之时两个动力系统的配合问题，以便使驱动力矩的变化不影响行驶舒适性。

因此，发动机管理系统、变速器管理系统和混合动力管理系统彼此之间的配合就需要非常精确。对发动机驱动和电动驱动来说，发动机控制单元和电机控制单元是混合动力管理系统单元的两个子单元。

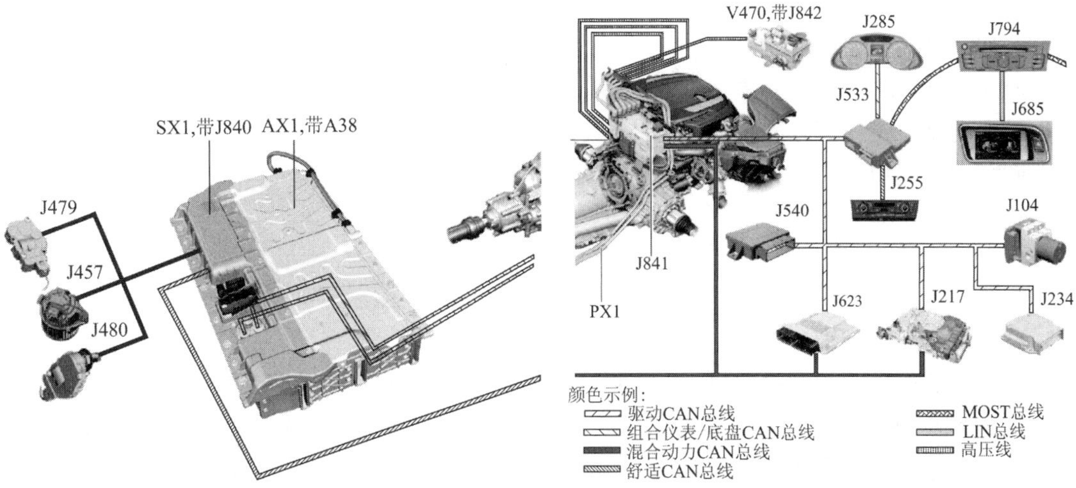

（a）　　（b）

图 13-27　系统管理功能涉及的控制单元

AX1 混合动力蓄电池单元

PX1 混合动力蓄电池高压线束

SX1 插头和配电盒 1

- 高压线监控

A38 高压蓄电池

J104 ABS 控制单元

- 制动装置液压压力，制动压力
- 车轮转速监测

J217 自动变速器控制单元

- 变速器转速
- 挡位识别
- 变速器液压系统温度
- 电动液压泵，变速器液压压力，挡位切换
- 发动机/电驱动电机的离合器操纵

J234 安全气囊控制单元

- 碰撞信号

J255 自动空调控制单元

- 激活空调压缩机

J285 组合仪表内控制单元

- 组合仪表显示屏上的文字信息和行驶状态说明

J457 蓄电池风扇 1

J479 混合动力蓄电池循环空气翻板 1 的伺服电机

J480 混合动力蓄电池循环空气翻板 2 的伺服电机

J533 数据总线诊断接口

- 不同总线系统之间的数据传递

J540 电动机械式驻车制动器

- 驾驶员下车识别

J623 发动机控制单元

- 电动驱动模式接通/关闭
- 制动操作信号
- 电子油门 E-Gas 信号
- 发动机转速
- 发动机温度
- 驾驶员缺席识别
- 电驱动电机的冷却液温度

J685 MMI-显示器

- 显示行驶状态说明

J794 信息电子控制单元 1

- 传送显示信息

J840 蓄电池管理控制单元

- 蓄电池温度

- 操控高压触点

J841　电驱动控制单元

- 电驱动电机的转速
- 电驱动电机的温度
- 功率电子控制装置的温度
- 电压监控

J842　空调压缩机控制单元

- 压缩机转速

V141　电驱动电机

V470　电动空调压缩机

4．下车识别和自动驻车功能

如果满足驾驶员车门已关闭，行驶准备状态为“Hybrid Ready”或者发动机正在运行，车速低于 7km/h 已挂入挡位 D，R，S 或 Tip 等行驶挡位，未踩下脚制动踏板的全部条件。若驾驶员车门打开了，就识别为驾驶员下车了，这时电动机械式驻车制动器自动实现驻车。要想再次激活驾驶员下车识别功能，车速必须要高于 7km/h。变速器在挡位 N（车辆在洗车机中）或 P（自动变速器内的机械锁）时，电动机械式驻车制动器不会自动驻车。

5．驾驶员缺席识别

如果满足行驶准备状态为“Hybrid Ready”，并识别出驾驶员在场（通过驾驶员车门关闭，且驾驶员扎安全带）或驾驶员车门已关闭且已挂入某个行驶挡位三个条件的话，就判定为驾驶员在场。

如果在挂入挡位 P 时，打开了驾驶员车门或者摘下了安全带，将判定为驾驶员缺席。如果是在发动机工作着时识别出这种情况，那么发动机会继续工作。如果是在发动机不工作时识别出这种情况，则混合动力管理系统将转换为待命状态，此时高压蓄电池不会有电流输出，且发动机也不能再启动。由于没有高压蓄电池给 12V 蓄电池充电，12V 蓄电池会放光电能。

【完成任务】 请创造出驾驶员缺席的假象，测试这时 DC/DC 是否给 12V 蓄电池供电，丰田普锐有这个功能吗？

6．行驶程序

Audi Q5 hybrid quattro 车有三种行驶程序可供用户来选择，如表 13-8 所示。

表 13-8　行驶程序控制

行驶挡位	程序	可能的影响
EV	扩展了的电驱动模式	▸ 电动行驶，只能使用到高压蓄电池的充电状态不低于 30% ▸ 纯电动行驶的最大车速为 100km/h ▸ 滑行（内燃机和电机都不产生驱动力） ▸ 启动–停止 ▸ 无 Boost 功能 ▸ 制动能量回收

续表

行驶挡位	程序	可能的影响
D	燃油消耗情况最佳，Boost 功能适中	▸ 电动行驶，只能使用到高压蓄电池的充电状态不低于 30% ▸ 滑行（内燃机和电机都不产生驱动力） ▸ 启动-停止 ▸ Boost 功能适中 ▸ 制动能量回收
S 和 Tip-通道	电驱动的 Boost 功能较强	▸ 启动-停止 ▸ 出色的 Boost-功能 ▸ 制动能量回收 ▸ 无电动行驶功能

13.8 显示和操纵单元

Audi Q5 hybrid quattro 车装备了以下装置和功能，用于操纵和显示电动驱动系统：

- 功率表取代了发动机转速表；
- 高压蓄电池充电状态显示；
- 取消了冷却液温度显示；
- 电驱动切换按钮 E709。

1. 功率表上的显示

如图 13-28 所示为仪表显示功能，在行车过程中，功率表上会显示各种车辆状态、混合动力系统的动力输出情况或者充电功率情况。

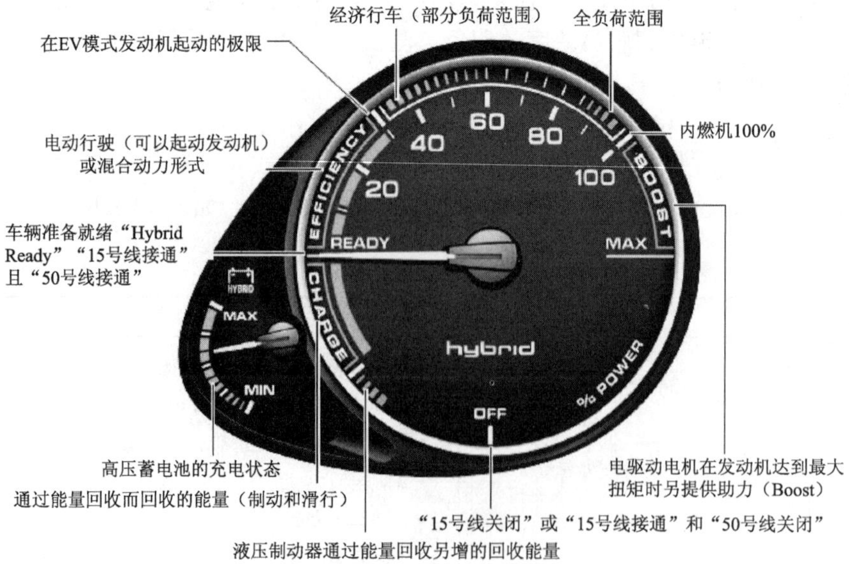

图 13-28　仪表显示功能

【完成任务】请在图 13-28 仪表显示功能中找到高压蓄电池的 SOC 表；在发动机工作时，将油门踏板踩到底，仪表指针应指到哪里？大指针的这个仪表是功率表还是转速表？

2．显示屏

（1）显示故障

如果高压系统有故障，那么组合仪表显示屏上的警报灯会加以提示。该警报灯以黄色亮起表示有故障但还能行驶，以红色亮起表示车辆无法行驶。根据高压系统的故障类型会显示相应的提示文字（见图 13-29）。

显示	文字提示	含义
	Hybridantrieb（混合动力驱动装置）车辆仍能行驶。 Systemstörung（系统故障）可以使用内燃机来驱动车辆继续行驶 Bitte Service aufsuchen（请寻求服务站帮助）	
	Hybridantrieb（混合动力驱动装置）车辆无法再行驶了 Systemstörung（系统故障） Ausfall Lenk-und Bremsunterstutzung möglich（转向助力和制动助力可能失灵）	

图 13–29　显示屏显示功能

（2）显示充电状态

如图 13-30 所示为高压蓄电池充电的仪表显示，如果识别出有充电电流，组合仪表显示屏会出现一个“绿色”的充电插头。

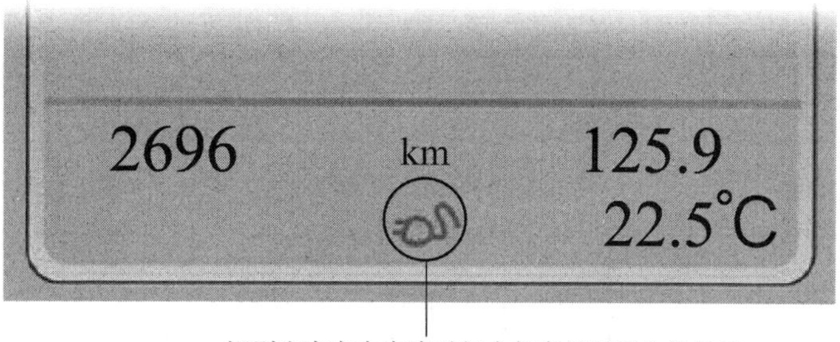

识别出有充电电流时组合仪表显示屏上的显示

图 13–30　显示屏显示功能

【完成任务】显示屏出现如图 13-30 所示的插头，是高压蓄电池充电还是 12V 蓄电池在充电？______。

（3）能量流显示

① Hybrid Ready

如图 13-31（a）所示 hybrid ready 这个显示内容表示混合动力系统已经准备就绪，可以工作了。

② 电动驱动模式

高压蓄电池符号和车轮行驶箭头表示正在用高压蓄电池来驱动，且电驱动电机正在工作。组合仪表显示屏上也会显示所有其他的行驶状态，显示内容只针对相应的行车状态。如图 13-31（b）所示高压蓄电池符号和远离车轮的绿色箭头表示正在用高压蓄电池来驱动且电驱动电机正在工作，显示使用电机来驱动车辆行驶。

③ 发动机来驱动

如图 13-31（c）所示仅用发动机来行车时，黄色的发动机和黄色的车轮行驶箭头用来表示现在是以发动机来驱动车辆行驶的。

④ 混合动力

如图 13-31（d）所示为使用电驱动和发动机来行车（Boost）。

⑤ 能量回收

发动机符号、高压蓄电池符号和远离车轮的箭头表示正在用发动机高压蓄电池和电驱动电机来驱动车辆行驶。如图 13-31（e）所示车辆滑行时的能量回收 < 160km/h，高压蓄电池符号和指向车轮的绿色箭头表示正在回收能量且正在给高压蓄电池充电。

⑥ 停车

如图 13-31（f）所示为停车和发动机，发动机符号和高压蓄电池符号表示发动机正在运转且正在给高压蓄电池充电。

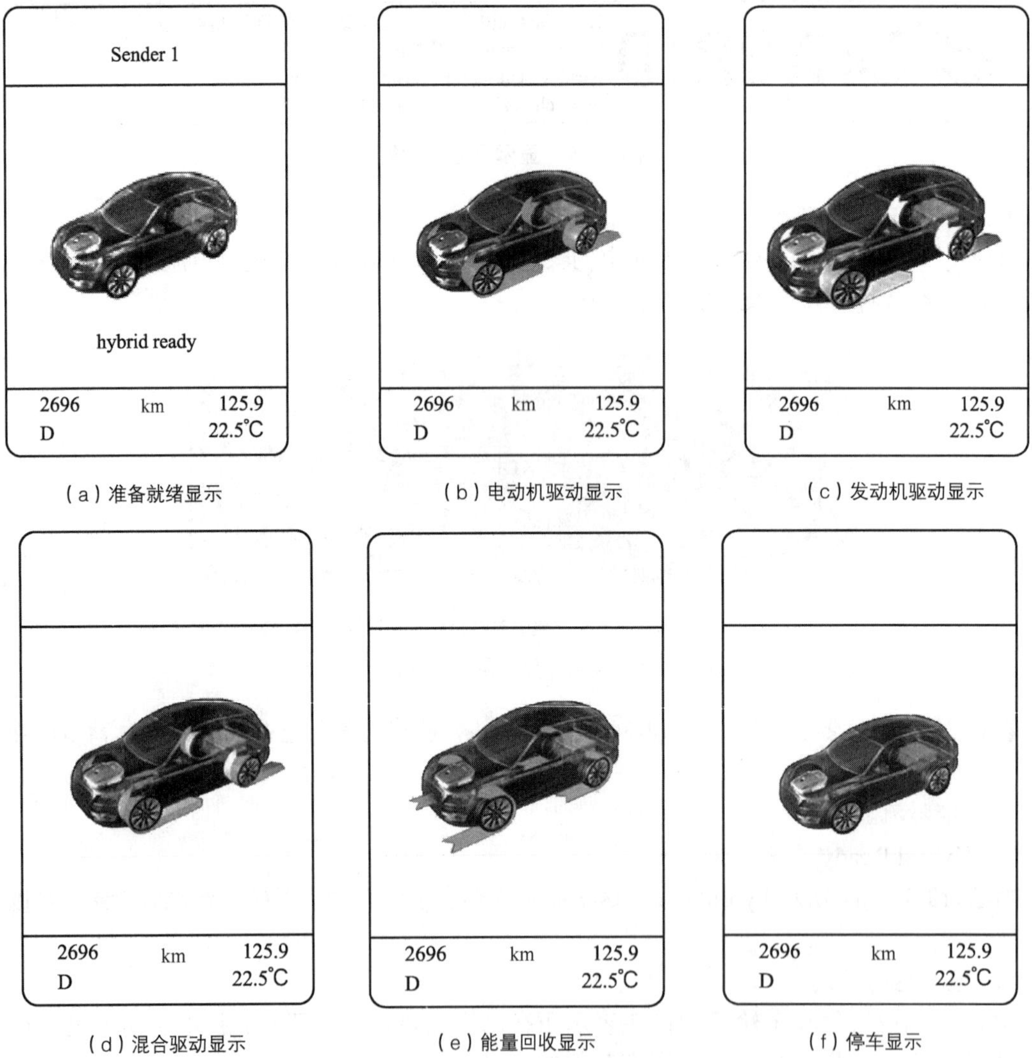

（a）准备就绪显示　（b）电动机驱动显示　（c）发动机驱动显示

（d）混合驱动显示　（e）能量回收显示　（f）停车显示

图 13-31　能量流显示

【完成任务】仪表中央显示屏出现的能量流动状态显示图共几屏？__________。分别是什么：____________________。

Audi Q5 hybrid quattro 车上装备有 MMI 增强版导航系统，因此，就可以使 MMI 显示屏上的显示与组合仪表上的显示有所不同。在 MMI 显示屏上显示使用发动机或者电驱动电机驱动车辆行驶的信息，以及高压蓄电池的充电状态信息。

如图 13-32（a）所示 Hybrid Ready，这个显示内容表示混合动力系统已经准备就绪，可以工作。如图 13-32（b）所示为仅用电机来驱动车辆行驶，高压蓄电池符号和远离车轮的箭头表示正在用高压蓄电池来驱动且电驱动电机正在工作。

如图 13-32（c）所示为仅用发动机来行车，发动机符号、高压蓄电池符号和远离车轮的黄色箭头表示现在是以发动机来驱动车辆行驶的。如图 13-32（d）所示为使用电驱动和发动机来行车（Boost），发动机符号、高压蓄电池符号和远离车轮的箭头表示正在用发动机、高压蓄电池和电驱动电机来驱动车辆行驶。

如图 13-32（e）所示为车辆滑行时<160km/h 的能量回收，高压蓄电池符号和指向车轮的绿色箭头表示正在回收能量且正在给高压蓄电池充电。如图 13-32（f）所示为停车和发动机，发动机符号和高压蓄电池符号表示发动机正在运转且正在给高压蓄电池充电。

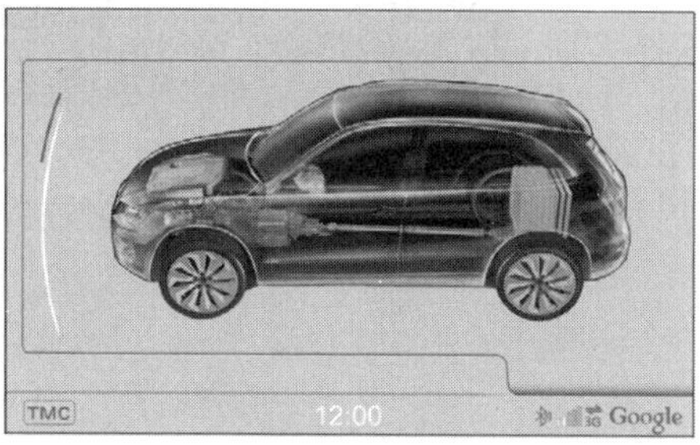

（a）准备就绪显示

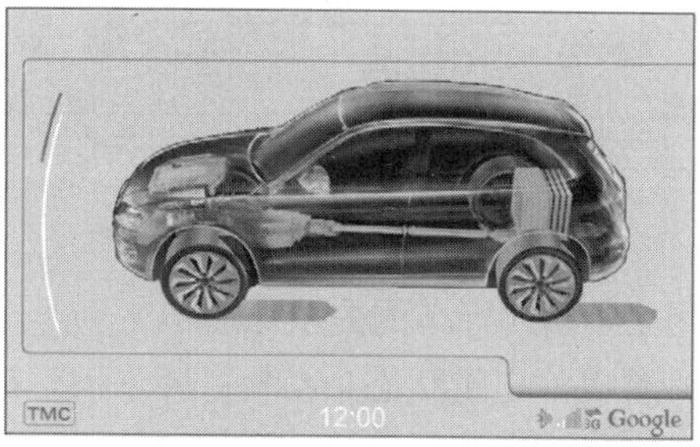

（b）电动机驱动显示

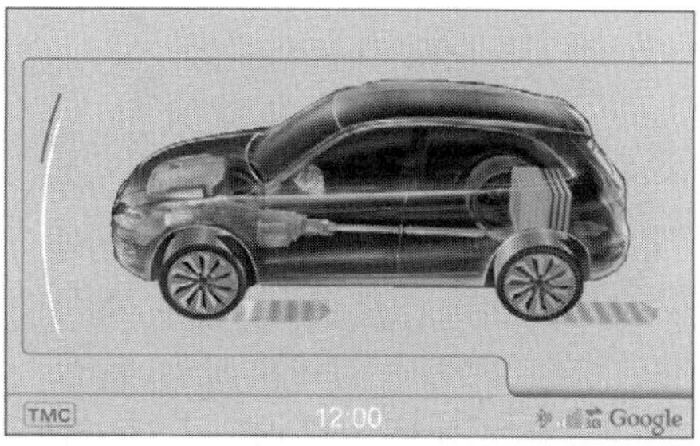

（c）发动机驱动显示

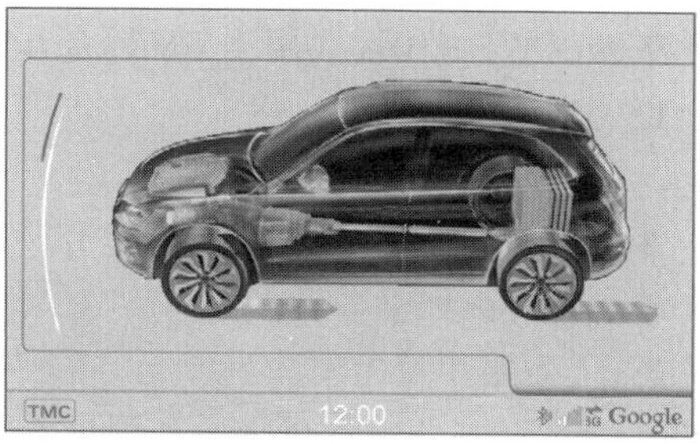

（d）混合驱动显示

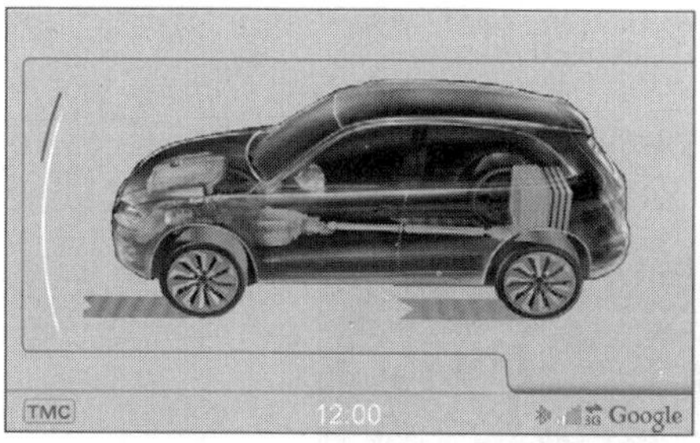

（e）能量回收显示

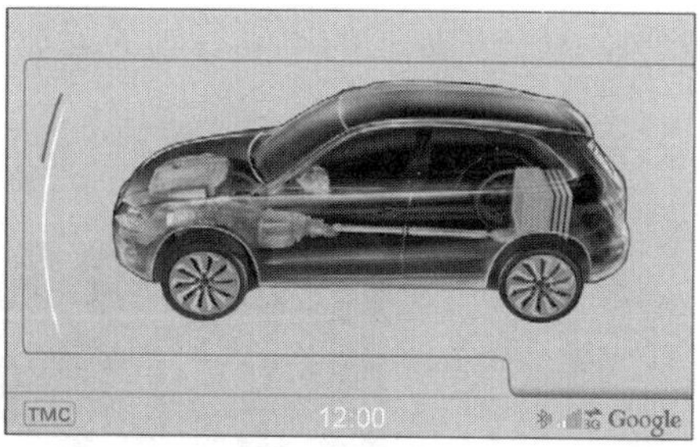

（f）停车显示

图 13-32　MMI 显示屏显示

消耗统计如图 13-33 所示，每五分钟就会显示一次车辆行驶时的能量消耗和能量回收情况。这些数据表示的是刚刚过去的 60 分钟内的情况，以柱形图的形式给出。实心柱形图表示的是当前的行车状况，空心柱形图表示的是以前的行车状况。

【完成任务】图 13-33 的能量消耗统计图中一个柱条代表几分钟？________；共有多少个柱条？____________。

3. 操纵面板

使用电驱动切换按钮 E709 选择 EV-模式，如图 13-34 所示，可以增长电动行驶的里程，电池的全部功率都用于车辆的电动行驶中。只要车速不高于 100km/h 或者蓄电池的电量状态（SOC）不低于 34%，就可以使用纯电动方式来驱动车辆行驶。

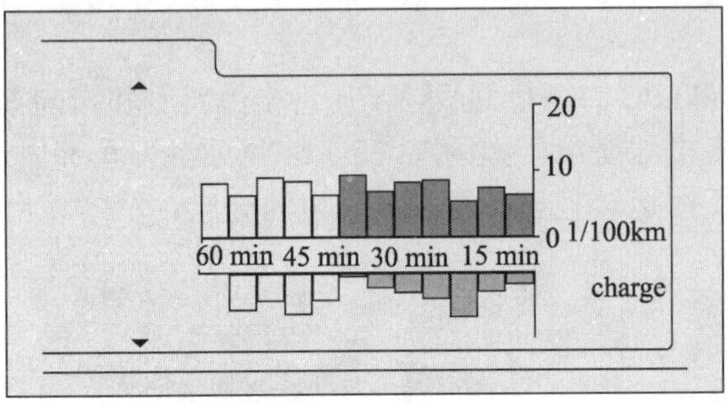

图 13-33　消耗统计

图 13-34　电驱动优先切换按钮 E709

使用 EV-模式行车的先决条件：

（1）蓄电池电量状态＞42%；

（2）高压蓄电池温度＞+10℃；

（3）内燃就了冷却液温度在+5℃～+50℃；

（4）车外温度≥+10℃（用于 EV-冷起步）；

（5）12V 启动机已释放；

（6）海拔高度＜4000m；

（7）非 Tiptronic-（非手自一体模式）；

（8）系统有效电功率≥15kW；

（9）停止-使能在起作用。

如图 13-35 所示，组合仪表上出现一个符号且 EV-模式按钮下出现一个的方块，就表示 EV-模式已经激活了。组合仪表上的这个显示表示 EV-模式已经激活了。失效的话对混合动力驱动无影响，只是扩展了的电动行驶的附加功能无法再用了。

图 13-35　显示屏显示的 EV-模式

【完成任务】操作按下电驱动切换按钮 E709 选择 EV-模式，观察仪表显示。EV-模式在电池电量低时发动机会自动启动吗？________。

13.9 售后服务和车间设备

1．专用工具

售后服务专用工具如图 13-36 所示。

（1）T40262

保养用断开锁 T40262 是为了在保养时防止高压装置再次合闸接通，厂家设计保养插头用这个带挂锁的塑料盖上锁锁住。这是在检修电气装置时的第二点安全规程，即“严防设备重新合闸”。

（2）T40259

适配头 T40259 这组工具由三套钩环组成，用于拆装高压蓄电池。

（3）T40258

松开工具 T40258 该工具用于拆卸高压插头。

图 13-36　售后服务专用工具 T40262、T40259 和 T40258

2．车间设备

车间设备如图 13-37 所示。

（1）检测适配器 VAS 6606/10

高压蓄电池和功率控制电子装置使用分离盒 VAS6606 中的这些检测适配器来实现在线检查，也称在线检查盒（或 T 形连接器）。

（2）混合动力警告牌 VAS 6649

在开始检修混合动力车前，必须要保证工作地点的安全。因此必须把这个安全警示牌放在车内容易看到的地方，以提醒人们注意高电压的危险性。相关的说明可通过诊断仪的故障导航来查找。

（3）混合动力警告牌 VAS 6650

在开始检修混合动力车前，必须要保证工作地点的安全。因此必须把安全警示牌放在车内容易看到的地方，以提醒人们“切勿接通，正在检修”。相关的说明可通过诊断仪的故障导航来查找。

图 13-37　VAS6606、VAS 6649 和 VAS 6650

（4）12V 充电器

如果高压蓄电池的启动能力不足了（组合仪表上有显示），可以用 12V 充电器（比如 VAS 5904 或 VAS 5903）以不低于 30A 的电流来充电。

说明：高压设备的检修工作只可由经过认证的高压电技工来进行操作。只有受训合格的高压电技工才可以拔保养插头，以保证装置处于停电状态。为保证正确、安全地使用高压专用工具，请务必遵守《维修手册》上的规定，注意 ELSA 中的说明。

（5）VAS 6558 绝缘电阻测量插头

如图 13-38 所示，VAS 6558 这个测量模块用于通过一个非常小的电流产生一个 500V（最高可达 1000V）的测量电压，供电是通过 USB2.0 接头获得的。用测量盒借助于某个测量适配器来测量停电（无电压）状态。另外，还可用它来确定绝缘电阻。该测量盒可以与诊断仪 VAS 5051B、VAS 5052A 和 VAS 6150 兼容。

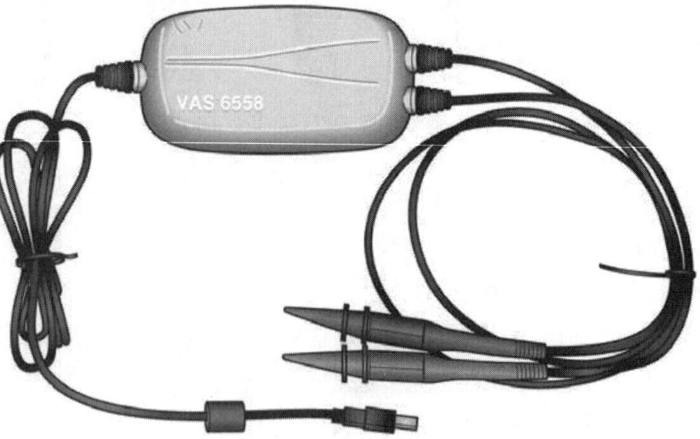

图 13-38　VAS 6558

该接头是组件 VAS 6558/1A 的一部分，用于配合 VAS 6558 来测量高压装置内的停电（无电压）状态和绝缘电阻。

（6）无电压测量适配接头 VAS 6558/1-1

如图 13-39 所示为 VAS 6558/1-1 该接头直接连在电源、高压蓄电池和功率控制电子装置上，用于测量无电压状态。该接头内装的是高欧姆电阻，以保证在出现故障时，测量插口上只有很小的电流。在每次测量无电压状况前，应检查一下测量适配接头。适配接头的所有高压连接线在外观上都有机械编码，只能用于与其相配的插口上。适配接头的高压连接线插、拔都要小心，否则可能会损坏插口。这就会出现接触安全方面的问题。

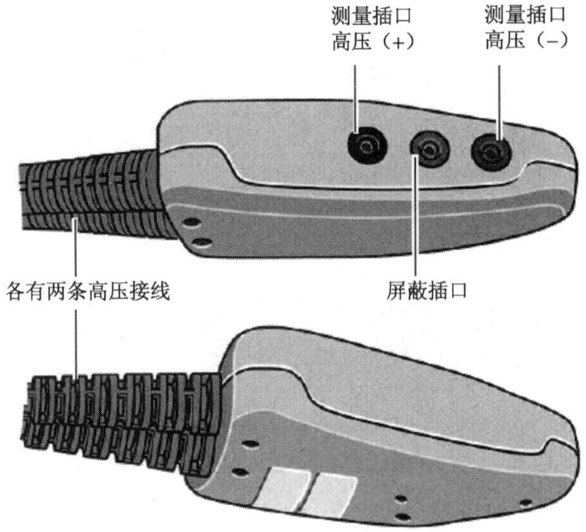

图 13–39　VAS 6558/1–1

说明：高压设备的检修工作只可由经过认证的高压电技工来进行操作。只有受训合格的高压电技工才可以拔保养插头，以保证装置处于停电状态。

（7）测量插口 VAS 6558/1-2

如图 13-40 所示为 VAS 6558/1-2 这两条高压接线是与混合动力蓄电池单元和功率控制电子装置上的接口相配的。该测量接头上的高压插口与混合动力蓄电池单元、功率控制电子装置以及电机的高压线是相配的。使用这个测量接头，可以测得高压供电网的绝缘电阻。

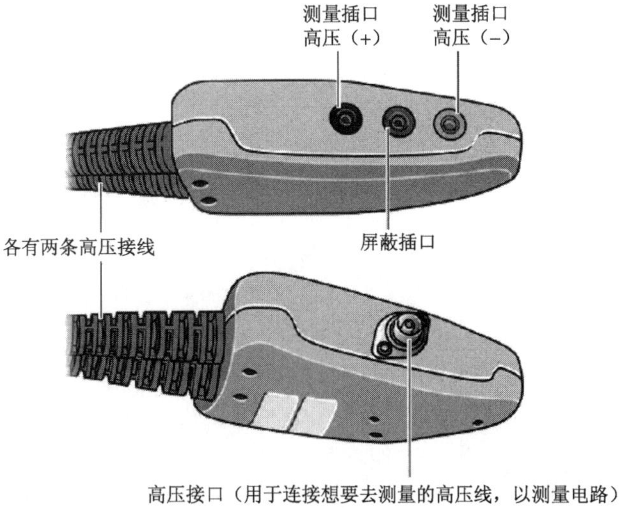

图 13–40　VAS 6558/1–2

（8）VAS 6558/1-3A

空调压缩机和安全线的绝缘电阻测量接头安全线插口 VAS 6558/1-3A 如图 13-41 所示。该测量接头上的一条高压接线只与功率控制电子装置上的空调压缩机测量插口相配。通过这些高压接口可以测得空调压缩机的高压线的绝缘电阻。由于安全线整合在空调压缩机的高压接线内了，所以使用这个测量插头还可以检查安全线。

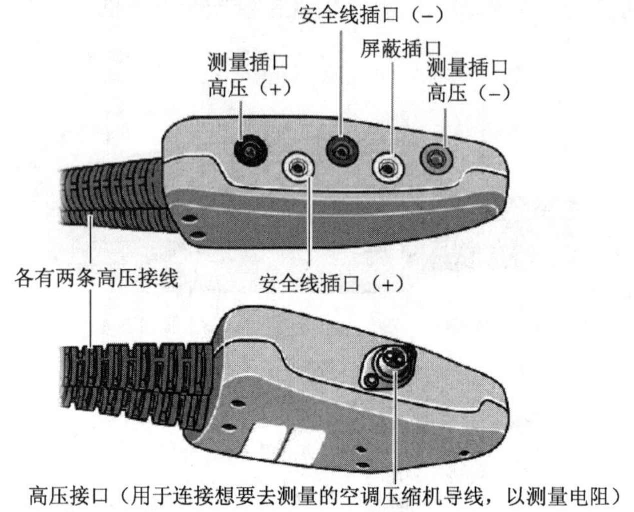

图 13-41 VAS 6558/1-3A

说明：接头 VAS 6558/1-2 和 VAS 6558/1-3A 只可以在确定没有电压（停电）的时候使用。为保证正确、安全地使用高压专用工具，请务必遵守《维修手册》上的规定，注意 ELSA 中的说明。

·第 14 章·

大众混合动力汽车技术

14.1 混合动力系统简介

随着人们对 CO_2 排放问题的重视及化石燃料的日益短缺，为了使 SUV 车型继续被市场所接受，采用混合动力技术变得越来越重要。2011 款途锐混合动力技术保留了 SUV 的典型特征，如爬坡能力、越野能力、拖挂能力和乘坐舒适性。途锐混合动力采用并联的方式，纯电动工况大约可以行驶 2 千米，主要靠混合工况达到省油目的。为防止维修站工作人员发生意外，高压供电系统具有多种紧急断电功能及备用装置。如图 14-1 所示为途锐混合动力汽车的整车结构，表 14-1 列出了途锐混合动力汽车系统主要部件技术参数。

图 14–1　途锐混合动力汽车整车结构

如图 14-2 所示，特别是在低转速范围内，电机能够对内燃机缓慢的扭矩提升做出补偿，因此起步后的加速能力得以提高。在输出功率曲线中，内燃机和电机的总驱动功率峰值达 279 kW。这说明输出功率（即电动机的输出功率）上升了 34 kW。只要是混合动力驱动模式，这种功率提升在整个发动机转速范围内都一直存在，这样就能够控制内燃机在最佳效率范围内运转，这种负载点推移提高了混合动力车辆的总效率。

表 14-1　途锐混合动力系统技术参数

内燃机	3.0 升 V6 TSI 增压发动机
内燃机输出功率	245kW
电机	三相交流电机
电机输出功率	31kW 发电机输出功率（输出的电功率） 34kW 电动机输出功率（输出的机械功率）
电动助推最大输出功率	279kW
电动助推最大输出扭矩	550N・m
高压蓄电池电压	288V（2×144V）
高压蓄电池容量	6.5Ah（相当于 1.87kW/h）
最高速度	240km/h
0 到 100km/h 加速时间	6.6s
混合动力系统组件附加重量	175kg

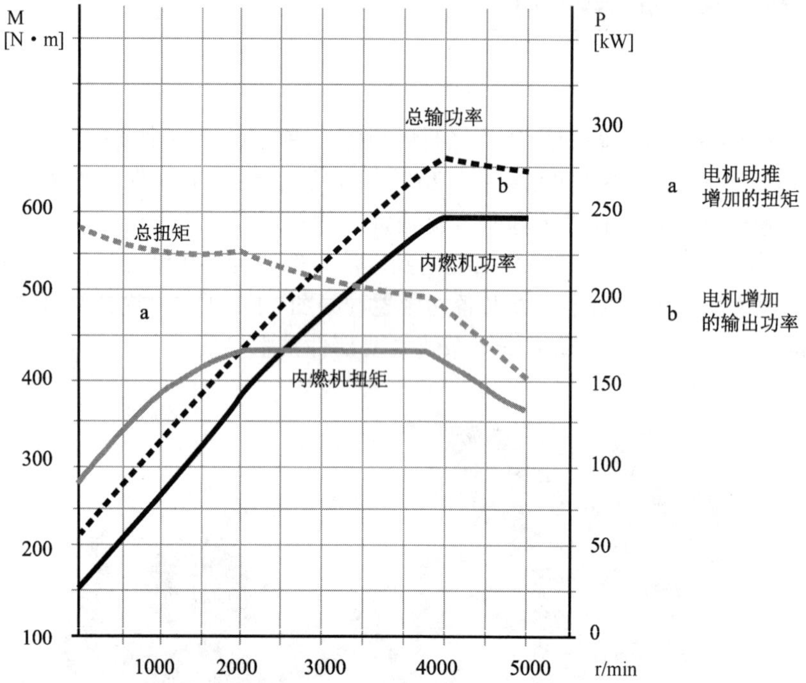

图 14–2　途锐混合动力汽车发动机和混合动力后的扭矩和功率对比

途锐混合动力车型的动力及传动系统由以下几部分组成：3.0 升 245kW TSI 增压发动机和电机，在内燃机与电机之间的分离式离合器（电动状态保持分离），电机后部日本 Aisin（爱信）公司的 8 挡自动变速箱（型号 0C8），前、后桥分动器内部采用托森差速器。

1．3.0 升 245 kW TSI 增压发动机

发动机为 3.0 升 V6 TSI 增压发动机。通过一条皮带驱动增压器，发动机上的另一条皮带驱动冷却液泵。冷却液泵是整个动力传动系热管理系统的一部分。由于安装了高压电动/发电机，所以无须安装用于 12 V 车载电网的启动机和发电机。因此，TSI 发动机中未安装用于驱

动交流发电机的皮带。

2．分离式离合器 K0

分离式离合器 K0 为单盘干式离合器，向前与内燃机曲轴相连，向后与电机转子相连。安装于左前车轮轮罩板后的离合器执行器是压力调节器 N511，由混合动力系统控制，驾驶员不能直操控此离合器。液压系统的工作液来自制动系统的制动液储液罐。当内燃机开始运转时，离合器才接合输出动力。当内燃机熄火，车辆依靠电力行驶、处于能量再生模式或车处于静止状态时，离合器保持分离，所以称为分离式离合器。但当高压蓄电池电量低时，混合动力系统启动内燃机为高压蓄电池充电。此时，离合器要接合。

【完成任务】途锐混合动力汽车的离合器 K0 为干式还是湿式？____________；这个离合器在电动工况是否接合？____________；奥迪 Q5 混合动力汽车电机内部的 K0 离合器为干式还是湿式？____________。

3．电机

电机有内燃机的启动机、高压蓄电池的发电机和驱动车辆行驶三个主要功能。它是一台三相交流同步电动机，电力电子装置（逆变器）将 288 V 直流电压转换为三相交流电压。在维修和保养资料中，该电机被称为“驱动电机”，电路图元件编号 V141。

在发电机模式下，电机输出电功率为 38 kW。在电动机模式下，电机输出功率为 34 kW。二者的差距是由于电机结构而普遍存在功率损耗。在纯电力驱动模式下，途锐混合动力车型在平路上的车速可达 50 km/h，最高速度取决于运动阻力和高压蓄电池的充电状态。

【完成任务】途锐混合动力汽车电动最高车速约为多少？____________；电动行驶里程是多少？____________。

4．8 挡自动变速箱

8 挡变速箱与已上市的 6 挡自动变速箱 09D 非常相似。变速器控制单元控制液压系统的阀体，阀体对变速器内的执行元件（湿式离合器和制动器）的油液供给方向和稳态压力以及瞬态压力进行调节，以控以控制 8 个挡位的切换和换挡工作的平顺性。变速箱内置的电动液压泵用于在车辆静止或电动模式行驶时保持油压，但变速箱仍要安装传统发动机的机械液压泵，以便在内燃机模式下提供油压。

5．托森差速器

轴间托森差速器与标准版途锐车型上所使用的相应组件没有区别。通常，标准版途锐车型的传动系统有两种布局：“4 motion”和“4X motion”。而途锐混合动力车型则仅有“4 motion”一种布局。

6．动力能源

与新途锐 3.0TSI 车型不同，新途锐混合动力版车型除配备 3.0 升 V 型六缸 TSI 发动机外，还装配了一个由 240 个单元组成的镍氢（1.2V,6.5Ah）电池组，如图 14-3 所示，它能够产生 288V 的电压，提供 1.7kWh 的能量。

【完成任务】途锐混合动力汽车电池单元个数？____________；每个单元的容量？____________；总能量如何算出的？____________________。

除发动机外，新途锐混合动力版车型上还装配了一个由240个单元组成的镍氢电池组，可以提供288V的电压和1.7kWh的能量

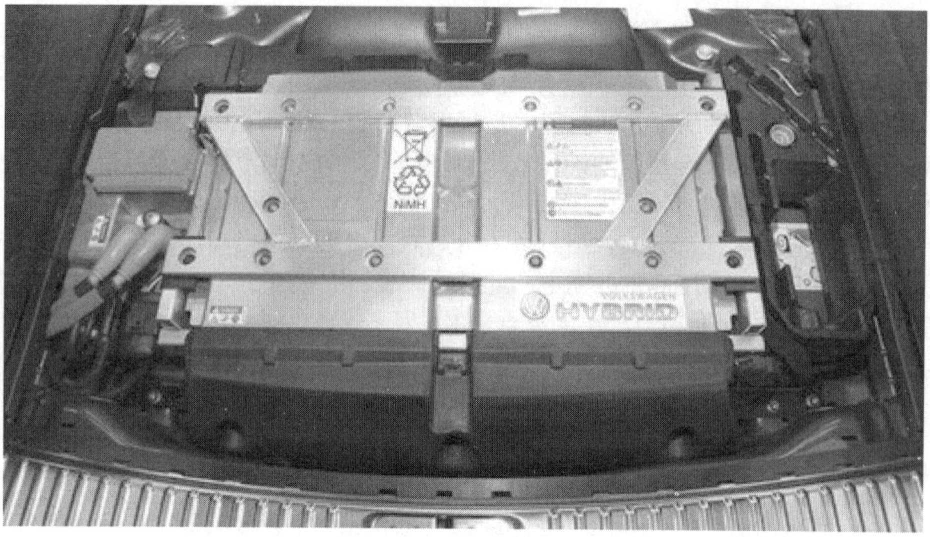

图 14-3　途锐混合动力汽车蓄电池箱

7. 途锐混合动力汽车工况

（1）电动工况：离合器 K0 保持分离，电动机驱动 8 速变速器作为输出。

（2）混合动力工况：离合器接合，发动机被反拖启动，电机和内燃机共同驱动汽车，控制系统通过调节电机扭矩来调节发动机的输出，从而达到提高发动机工作效率，实现省油的目的。

（3）发动机工况：当蓄电池能量不足时，离合器接合，只有发动机工作驱动汽车，同时发动机拖动电机发电给蓄电池充电。

与传统汽车相比，混合动力汽车附件部分发动机系统采用了电动冷却液泵，转向系统采用了电动转向系统，制动系统采用了电动真空泵，空调系统采用了电动空调压缩机，自动变速箱增加了电动油压泵。

8. 附录术语

（1）混合动力发动机牵引力矩调节

事实上，发动机牵引力矩调节（MSR）功能是 ABS 系统的扩展功能，功能的执行是通过发动机系统控制电子节气门实现的。

在光滑路面上，发动机牵引力矩调节（MSR）可以防止因发动机制动作用而产生的驱动轮抱死趋势，这种情况出现在驾驶员突然松开油门或者快速降挡时，由于传动系的反拖产生的发动机制动作用可能导致驱动轮倾向于打滑（抱死），驱动轮短时失去了路面附着力，近而导致行驶状态不稳定。在这种情况下，发动机牵引力控制系统（MSR）会保持行驶稳定性，改善了安全性。

发动机牵引力矩调节（MSR）的工作原理如下：MSR 控制单元从车轮转速传感器和发动机/变速器控制单元经数据总线来获取所需信息，如果该控制单元识别出驱动轮打滑了，MSR 就会通过数据总线给发动机控制单元发送一个信号，发动机转速就被稍稍提高，直至驱动轮转速又恢复到与车速相当的状态，车辆仍保持有转向能力，也就保持了行驶稳定性。发动机

牵引力矩调节功能在整个发动机转速范围内都能工作。

（2）NTC-电阻

NTC 电阻（Negative Temperature Coefficient，负温度系数）的特性是在高温时的导电性能要比在低温时的导电性要好，这种电阻经常被用来测量温度。

（3）PWM-信号

PWM 是 Pulse Width Modulator 的缩写，意为脉冲宽度调制地，比如要控制电流在两个值之间的范围，在这个范围内电流通过 PWM 控制可动态地在范围内选一值，方法是通过改变 PWM 信号控制开关管的工作状态从而控制输出电压，由于电感的作用，可以在电感线圈中产生所要控制的电流，这就是用数字电压控制模拟电流的方式。

（4）PTC-加热原件

PTC（Positive Temperature Coefficient，正温度系数），由于随着温度升高，PTC 加热原件的电阻也升高，因此流过的电流就减小了，这可防止过热。在柴油汽车发动机系统提到 PTC 时是指柴油发动机冷却液加热器或副燃烧室加热塞。在混合动力汽车 PTC 还可以指来自高压蓄电池的电能通过 PTC 加热器转换成热能，而作为空调电暖风。

（5）能量回收

能量回收（Regeneration，再生）是指车辆减速时车身的“平动动能”带动传动系统的电机转动发电，并将电能存储到车辆蓄电池，因此可大大提高电动汽车的行驶里程。

（6）旋变信号

电机可用旋变变压器作为解角传感器，监测电机转子的位置、转速和方向信号，通常传感器是三个线圈，一个线圈（变压器的初级）输入一定频率和幅值的正弦信号，由于电机转子位置的作用，另两个线圈（两个次级）输出频率不变，但幅值会发生变化的信号，这两个信号被带有高速数模转换器的处理芯片处理成可代表电机转子位置、转速和方向的数字信号。

（7）安全线

安全线就是一根环形导线，它穿过所有高压元件，如果高压元件的插接器脱开，安全线被脱开，安全线的中断被混合动力控制系统识别后将令高压上电继电器不工作，因此，安全线也叫 HV-互锁线或安全开关。

（8）TFSI

TFSI（Turbo Fuel Stratified Injection，涡轮增压燃油分层喷射），在这里指的是德国奥迪燃油直喷增压汽油发动机技术，燃油是采用高于 100bar 的压力喷入的。

（9）检修插头

检修插头、维修塞、保养插头和维修插头等是由于翻译原因造成的同一元件的多种名称，实际是一个放在两组高压蓄电池中间的一个插头，插头内置一个熔丝，在检修高压蓄电池时，必须拔掉这个插头，以保证全车高压电下电。

14.2 动力机械装置

1．发动机

途锐混合动力车搭载 3.0 升 V6 TSI 发动机，发动机数据如表 14-2 所示。通过混合动力驱动系统在城市道路上往返行驶，可节约燃油 25%，综合（城市、乡村、高速公路）节油率达 17%。

通过配有罗茨鼓风机压缩机对发动机进行机械式涡轮增压。压缩机配有的两个集成水冷式增压空气冷却器位于发动机 V 形夹角内侧。压缩机由前侧 V 带驱动，该压缩机未配备电磁离合器，这意味着可以 1 : 2.5 的比例持续超速驱动压缩机。在主动皮带轮和压缩机转子之间安装有带弹簧减振器的张紧轮，以保证传动稳定。

表 14-2　发动机数据 3.0 L V6 TSI 发动机

发动机代码	CGEA	输出功率（包括电动机）(34 kW)	279 kW（增压模式下）
型号	6 缸 V6 发动机	扭矩	420 N・m@2500～4850 rpm
排量	2995 cm^3	点火顺序	1　4　3　6　2　5
冲程	89 mm	CO_2 排放	193 g/km
各缸气门数	4	发动机管理系统	博世 MED 17.1.6
压缩比	10.5	燃油/废气排放标准	95 RON/EU5
输出功率（仅发动机）	7000 rpm 时为 245 kW	混合气形成	直喷式 FSI（均质）

主水泵由电控真空气动控制阀（与创新热管理系统连接）控制，可在完全供给和零供给之间调节水泵，实现水泵零供给的方法是用带孔的圆筒形板覆盖水道。

因为混合动力车也可以仅靠电力驱动行驶且在超速行驶时内燃机关闭，所以车辆需要配备以下电动辅助零件：

（1）电控液压动力转向泵，采用电机 12 V 带动液压泵转动；

（2）12 V 电机带动真空泵用于为制动系统在纯电动态提供真空源；

（3）电动空调压缩机（288 V）；

（4）两个独立冷却系统的电动冷却水泵（12 V）。

2．电机

如图 14-4 所示为途锐混合动力汽车动力系统元件组成，图 14-5 所示为途锐混合动力汽车电机和自动离合器安装位置，3.0 L V6 TSI 发动机（配有三相交流同步电动机）。

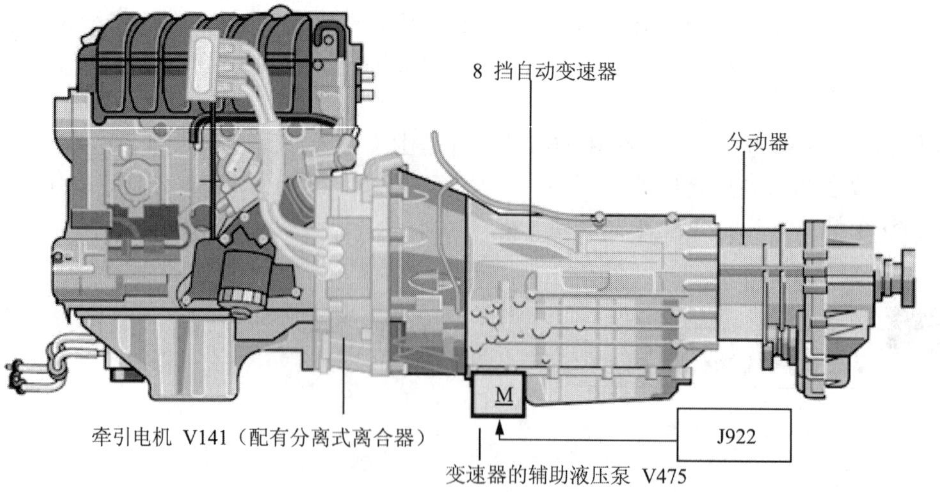

图 14–4　途锐混合动力汽车动力系统元件组成

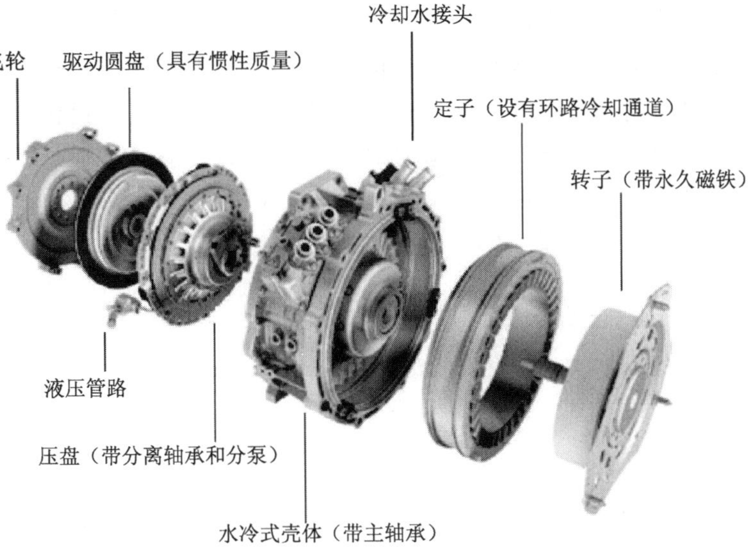

图 14-5　途锐混合动力汽车电机和自动离合器安装位置

（1）车辆可由以下装置驱动：

① 仅通过牵引电机 V141 驱动；

② 通过内燃机和电机 V141 混合驱动；

③ 仅通过内燃机驱动。

（2）牵引电机 V141 执行以下功能：

① 启动内燃机（未单独配备启动机）；

② 驱动车辆，加速时为内燃机提供辅助动力；

③ 单独驱动车辆（只能缓慢驱动，无高扭矩输出功能）；

④ 给车载电源供电，并为车载电池充电（未单独配备交流发电机）；

⑤ 在内燃机驱动车辆时，为高压蓄电池充电；

⑥ 制动和超速时，电机实现能量再生。

在电力牵引模式下，由牵引电机驱动车辆启动，发动机不工作，变速器由辅助液压泵 V475 为变速器齿轮变速机构和变矩器锁止离合器提供油压，以进行变速器换挡和锁止离合器锁止。驱动辅助液压泵 V475 的是一个三相交流同步电动机，电机根据位于右前车轮罩内的辅助液压泵控制单元 J922 进行变频控制。

（3）牵引电机 V141

重量为 45 kg 的牵引电机 V141 作为电动机时输出功率为 34 kW，作为发电机时输出功率为 31 kW。驱动车辆启动时，该电机的最大扭矩约为 300 N • m，平均效率约为 93%。

电机的三相交流电压通过逆变器 A37 的接头 U、V、W 传输至电机 V141，或在发电机模式下，电动机的输出功率通过控制逆变器的输出电压和频率控制。电机的每两相线圈在串联的情况下电阻也非常小，因此用常规万用表无法检测。牵引电机工作时因定子铁损和铜损会产生的热量通过高温冷却回路冷却，冷却回路主要用于定子，冷却水在壳体内围绕定子流动。

位于内燃机和 V141 之间的分离式离合器由发动机管理系统进行电控液压控制，点火开关关闭时和发动机工作时，分离式离合器才接合工作。

① 转子结构

三相永磁同步电动机的转速始终与定子产生的旋转磁场的旋转速度一致，转子采用钕铁硼材料的磁铁，可在转子内部产生极小的旋转电阻。精确测量转子的位置和旋转速度是定子旋转磁场和转子二者转速相同的保证，方法是通过三个霍尔传感器（G713、G714 和 G715）进行测量。电机转子转动时扫描传感器后，传感器能够识别转子的位置、方向和转速，以及最低的转速和最终的转差率。

② 牵引电动机结构

如图 14-6 所示为途锐混合动力汽车电动机的结构。

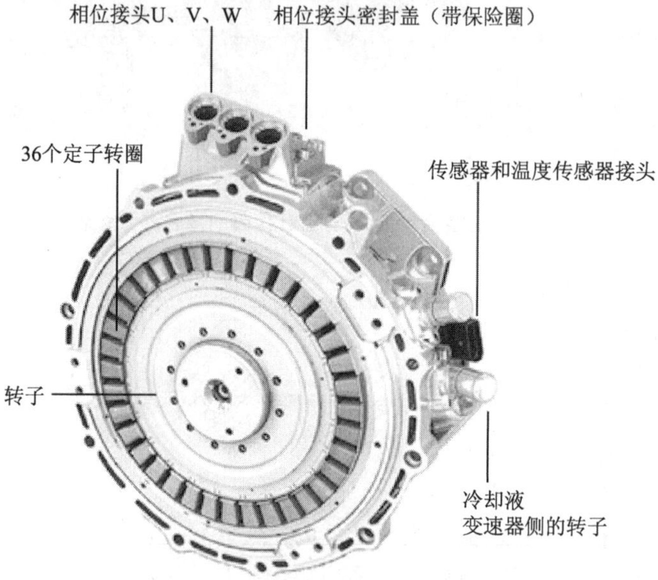

图 14-6　途锐混合动力汽车电动机结构

定子线圈为星形连接，北极和南极的切换偏角为 120° 相位角，与转子位置相关的实际磁零点由牵引电动机位置传感器确定，通过牵引电动机逆变器内的控制单元进行调节。同时定子线圈内的电压和电流比也会影响相位角，因此精确调节相位角可减少电涡流和谐波的产生，从而提高牵引电动机/发电机的效率。三个位置传感器连接器位于电动机壳体上，逆变器为其提供 5 V 电压。

牵引电动机温度传感器 G712（20℃时约为 11kΩ）测量牵引电动机的温度，从而控制冷却水泵的启停。如果电动机过热，逆变器则降低功率输出或停止功率输出。

（4）牵引电动机逆变器 A37

如图 14-7 所示为途锐混合动力汽车 U、V、W 三相输出电路。

牵引电动机 V141 由混合动力的高压蓄电池 A38 驱动。电位均衡线路（漏电保护电路）是在 A38 的壳体和车身之间设计的漏电保护功能。如果 A38 内部出现故障或对壳体短路，高压上电电路断开高压电，这样可保证在逆变器 A37 和车身之间不会产生危险电压。在进行高电压系统工作前，首先必须对电位均衡线路进行测试。

【完成任务】在老师的指导下完成电位均衡线路测试。

操纵线路、保险圈、安全线等是一个意思。人连接在电动机逆变器 A37 的连接壳体和牵引电动机 V141 上。当卸下安全接头或卸下/拆解连接线路或接头时，保险圈打开。保险圈为串联电路，通过高电压系统的各个模块。理论上，保险圈各接头的电阻均为 0Ω。

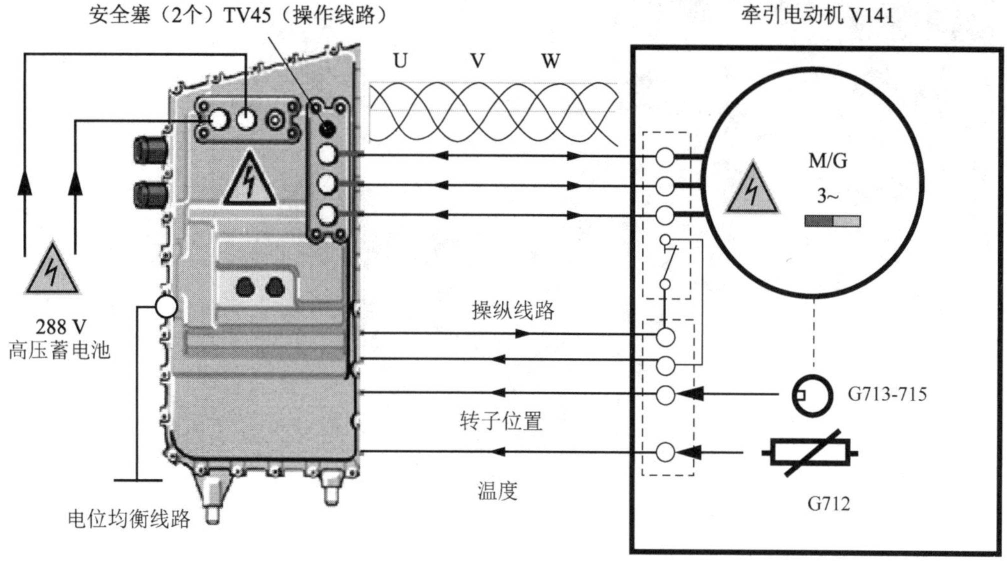

图 14–7 途锐混合动力汽车 U、V、W 三相输出电路

【技师指导】在电机上设置安全线（保险圈）的方法，丰田普锐斯汽车是否也有？________。

（5）混合动力汽车蓄电池（高压蓄电池）

如图 14-8 所示，蓄电池单元规格如下：1.2 V/6.5 Ah 镍氢蓄电池（NiMH），额定电压为 1.2 V，最大充电电压为 1.6 V，容量为 6.5 Ah，电解液浓度为 20%的凝胶状溶液。蓄电池四个单格电池串联成为一组，240 个单元共计 60 组，每组电池通过蓄电池架内的螺纹母线相互串连，为安装中间保险（检修塞）的需要，混合动力蓄电池又分为两个蓄电池列，每列内含 120 个蓄电池单元，每列电压为 144 V，两列蓄电池通过带有保险的检修塞串联，提供 288 V 电压。在高压蓄电池充电至电量为 75%时，就可以达到约 288 V 的电压，此时，高压蓄电池内储存的能量为 1.87 kWh。蓄电池的隔离层用于隔离正、负电极。PTC 电阻器用于限制蓄电池电流，从而限制蓄电池单元的最高温度。

蓄电池单元采用密封结构，当电池内部出现过热故障时，安全阀打开，气体和电解液通过安全阀泄漏。电池箱内部除电池之外，高压蓄电池内部的边缘处（见图 14-8 的左下侧）安装电气箱，电气箱内有用于接通正、负极母线的高压上电继电器。

高压蓄电池在充、放电时会产生热量，因此采用风冷方式进行冷却。两个风扇从车内吸入少量空气。热风通过后保险杠处的强制通风系统排出。混合动力汽车的高压蓄电池风扇 V457/V458 由蓄电池调节器控制单元 J840 控制。混合动力汽车的高压蓄电池内设有若干温度传感器，用于检测温度。混合动力汽车的高压蓄电池风扇由风扇启动继电器 J937 控制，风扇供电电压 12 V，并由 J840 通过 PWM 信号根据需要进行控制，J840 同时会接收有关风扇功能和状态的反馈信号。

【完成任务】途锐混合动力的电池箱采用什么方式冷却？____________。奥迪 Q5 采用什么方工冷却？____________。

当温度在 10℃～35℃时，蓄电池达到最大输出功率 38 kW。如果温度低于 10℃，充放电电流会有效加热蓄电池。受此功能影响，将车辆强劲冷却约 15 分钟之后，可启动内燃机的启停功能。

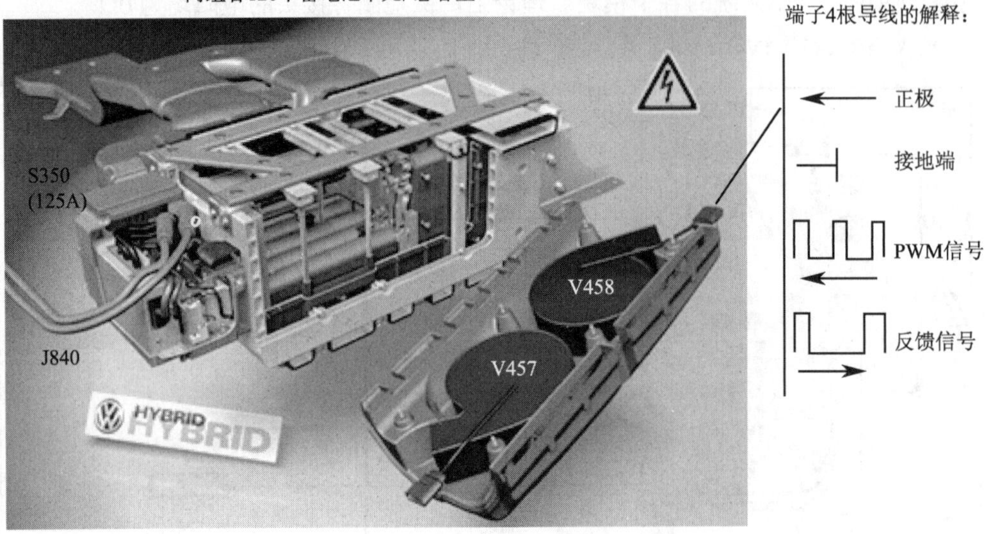

图 14-8 混合动力蓄电池箱

某组蓄电池损坏，更换新的蓄电池组后，这组新电池将无法使用其全部容量，因为余下未换的蓄电池容量一致下降，特别是在接近 10 年的使用年限时，电池电量下降得更多，为补偿长期使用导致的容量损失，蓄电池管理系统向蓄电池内充入的电量会按多数未换的电池计算。

更新蓄电池调节器控制单元 J840 时，需要在诊断测试仪中输入混合动力汽车的高压蓄电池的序列号。

自诊断期间，在 J840 中可检测到下列重要的测量值：

① 混合动力汽车的高压蓄电池各部位的温度；

② 冷却风机电动机的上、下游温度；

③ 30 个独立的蓄电池单元组（各组蓄电池架内含有 8 个单元）的充电状态及总充电状态；

④ 电压、充放电电流；

⑤ 接触器上、下游的电压差（差值即为电压损耗）；

⑥ 绝缘电阻测量。

绝缘电阻测量方法是在开启点火开关一定时间（如每隔 20s）后，在 500 V 测试电压作用下在内部形成一次绝缘电阻值测量。

【完成任务】大众混合动力汽车的绝缘电阻测试电压为多少？____________。

14.3 蓄电池充电和监控

如图 14-9 所示为途锐混合动力汽车 DC/DC 低压充电电路。车载蓄电池和车载电源连接至 A 37。A 37 中内置直流/直流变压器，可将高压蓄电池的 288 V 直流电压转换为 12 V 直流电压。A 37 既能调节输出电压，又能调控车载蓄电池的充电过程。可在诊断仪的“传动管理系统”的“读取测量值”中读取流向车载 12V 电源的输出电流值。

12V 蓄电池监测控制单元 J367（不是高压蓄电池的控制单元）可测定车载蓄电池的充电状态、充电电流、放电电流和温度。数据通过 LIN 总线传输至数据总线诊断接口 J533 以及能源管理系统。可将车载蓄电池的充电/放电电流、容量和充电状态作为不同于其他测量值的测量数据块来读取。A37 中的直流/直流变压器据此来调节车载电源的电压。

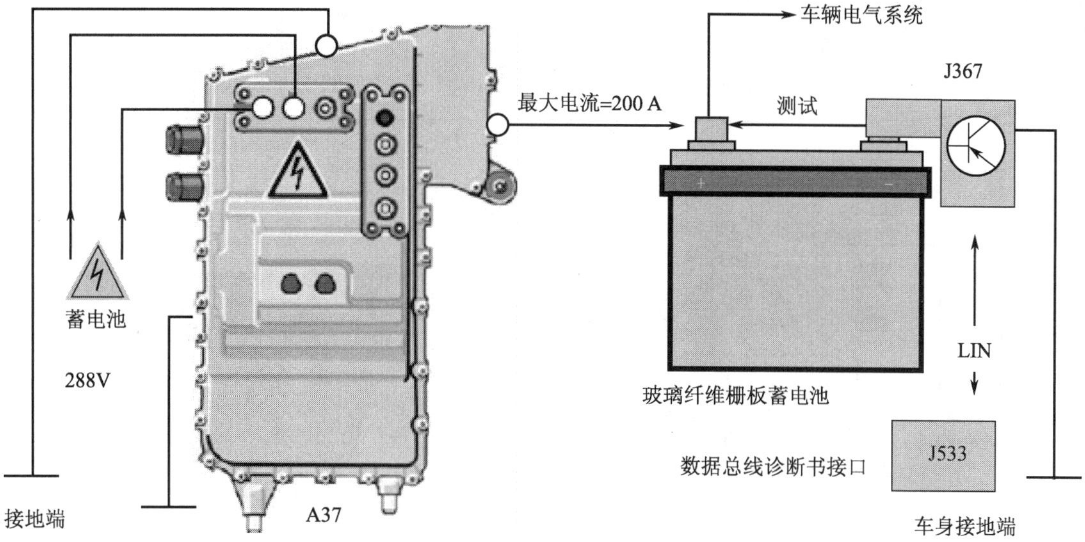

图 14-9　途锐混合动力汽车 DC/DC 低压充电电路

如果车载蓄电池的充电状态允许，在车辆加速时会将该电压调低，而在能量再生过程中将其调高。该方式提高了驱动力矩，同时节省了燃油。

A37 的直流/直流变压器最大额定电流约为 200 A，输出电流值可通过测量数据块读取。能够正确读取测量数据块，就无须使用电流探头进行测量。根据车载电源所需的电源或车载蓄电池的充电状态，可能暂时无法仅以电力来驱动车辆。

【完成任务】传统燃油汽车在急加速时可以控制发电机少发电，使发动机功率全部用于驱动的功能，混合动力汽车是否有此功能？＿＿＿＿＿＿＿＿。

14.4 电动汽车空调

1. 电动压缩机

如图 14-10 所示为途锐混合动力汽车空调高压电路，高压蓄电池电压进入 A37，经过 A37 内部的一个 30 A 熔断器后，将高压电输至电动压缩机 V470。V470 包含直流/交流变压器，用于将高压蓄电池来的直流电逆变成三相交流电，控制电动机。

在电动模式下和车辆静止两种情况下，空调系统也能运行。根据电源需求、高压蓄电池的充电状态以及环境空气和车厢的内外温差，可能暂时无法仅以电力来驱动车辆。压缩机输出功率由压缩机逆变器进行变频调节。当车辆静止时，压缩机转速降低，以减小压缩机运行噪声。

用于脱开高压元件而设计的保险圈集成在连接压缩机的高压线中，保险圈将高压用电器件连成环形，一个元件的脱开被控制单元检测到后，系统将断开高压上电。此例中拔下 A37 或 V470 上的接头时将中断保险圈的连接，此操作将会中断高压蓄电池的高压继电器对 A37 和 V470 的供电。

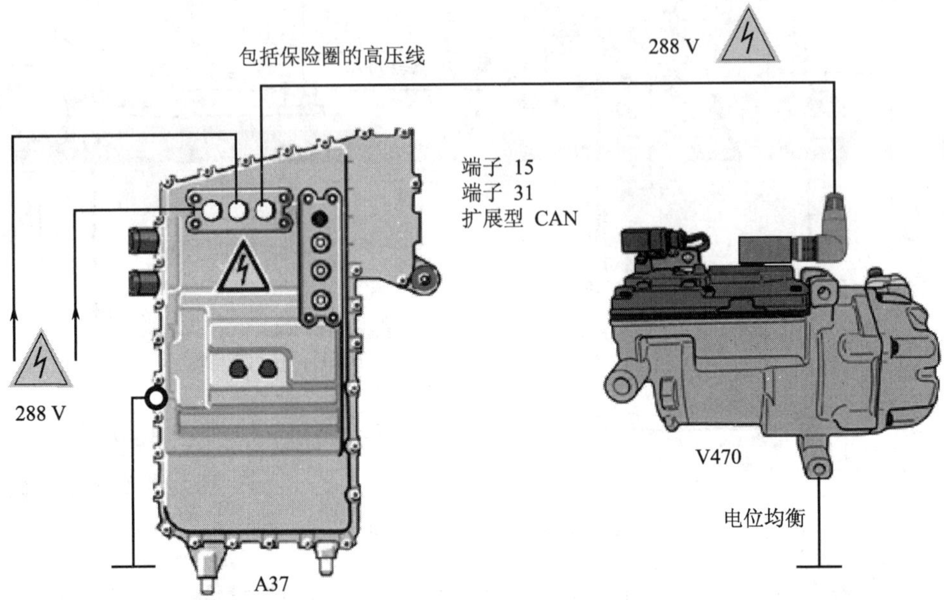

图 14-10　途锐混合动力汽车空调电路

2. 电动压缩机供电

如图 14-11 所示，图中在高压蓄电池和 A37 之间省略了高压上电继电器，A37 中的空调系统电动压缩机 V470 为正、负双线并行连接至高压输入端。A37 内置 30 A 熔断器（慢熔）。如果连接压缩机的高压电缆或压缩机内部出现短路，则会毁坏熔断器。如果压缩机无法运行，可通过“读取测量值”测试高压电源。如果未向压缩机供电，可使用 VAS 6568/1-2 和 VAS 6558/1-3 测量适配器在 A37，内进行正、负极断路检查。只有关闭高压系统后，才能执行该测量。

【完成任务】在图 14-11 中找到 A37 内置 30 A 熔断器：________________。

如果 30A 的熔断器出现故障，首先要搞清楚的问题是熔断器为什么会出现故障。当无法单独更换熔断器时，必要时要连同 A37，甚至高压电缆以及 V470 一并更换。电动压缩机 V470 分解图如图 14-12 所示。

空调系统电动压缩机 V470 是“涡旋式压缩机”。进、排气阀（平板阀）在电动机壳体上。压缩电机和电机的控制单元（逆变器功能）通过低压气流回路中的残余冷气来降温。根据温度和压力条件，压缩机的功耗可达 7 kW，压缩机在售后服务中只能整机更换。

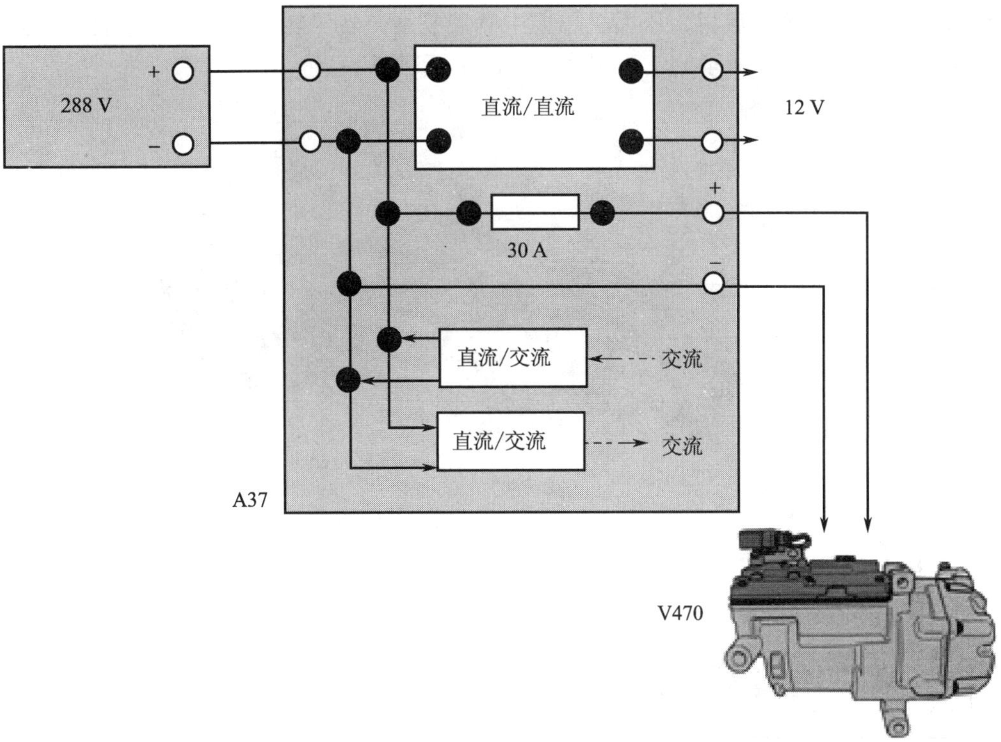

图 14-11　空调压缩机供电电路（省略了高压上电继电器）

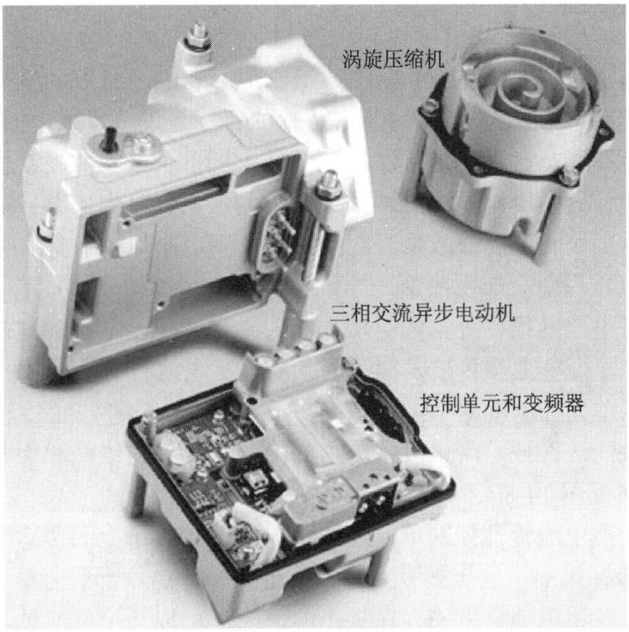

图 14-12　电动空调压缩机

【完成任务】几乎全部电动汽车的电动空调压缩机都采用什么式的压缩机？________。

3. 增压空气冷却器

如图 14-13 所示为配有水冷式增压空气冷却器的机械式压缩机总成（总重 18 kg），机械式压缩机采用罗茨泵式鼓风机。压缩机总成中罗茨泵两个转子转速较高，轴承要采用高速轴承，由于压力润滑困难，所以通常采用封闭式润滑脂轴承。

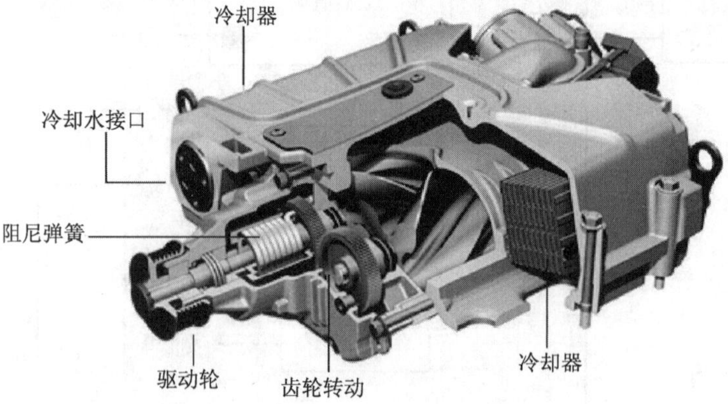

图 14-13　水冷式增压空气冷却器

14.5 第二冷却系统

低温冷却回路

如图14-14所示为途锐混合动力汽车的第二冷却系统，新一代发动机控制单元MED 17.1.6带有三个处理器，从而实现了优化热管理系统。它的目标是进一步减少燃油消耗和 CO_2 排放。优化热管理系统将所有受热元件和连接在冷却系统上的部件（例如发动机和变速箱）及组件保持在其工作效率最佳的温度范围内。冷却系统分为低温和高温回路，除附加的电动冷却液泵外，还配备了按需工作的主冷却液泵，它能够提供满足冷却效率需求的冷却液流量。

充电过程和放电过程中会产生热量，导致蓄电池发热。如果热量不能充分地散发到环境中，除可能会导致蓄电池受损以外，还会增加相关导体的电阻，形成虚接。这会导致电能无法充分转化为机械能，而变成热量散发掉，因此高压蓄电池有一个单独的电动冷却系统。

蓄电池管理控制单元控制的两个 12 V 电动冷却风扇是这个冷却系统的核心组件。两个风扇为高压蓄电池模块的一部分，用来吸入车内的部分空气。在维修和保养资料中，风扇的编号为 V457 和 V458（见图 14-8）。

工作原理如下：蓄电池管理控制单元通过蓄电池连接端子上的传感器检测到蓄电池的温度过高，启动 2 个冷却风扇，空气被吸入进气管道，该管道位于后座椅下方，并通到高压蓄电池。高压蓄电池的各蓄电池格之间存在狭小的间隙，可以让空气流过，风扇可将热空气吹向行李箱两侧。

低温冷却回路与高温冷却回路完全分离，并且分别设有膨胀箱。冷却回路的输出率可达12.5L/min。牵引电动机逆变器 A37 中的冷却液最高温度允许达到 65℃。低温回路的冷却液泵V468 的输出是根据 A37 中的进气温度和内燃机增压空气冷却器输出的下游部分的温差而定。第 1 散热器安装在右侧前照灯的后面，第 2 散热器安装在空调系统冷凝器的前面。

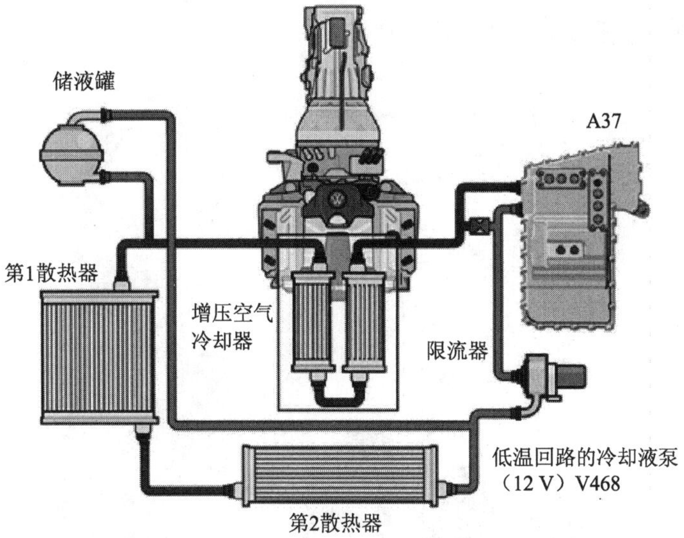

图 14–14 途锐混合动力第二冷却系统

14.6 离合器及真空泵

1．分离式离合器

如图 14-15 所示为途锐混合动力汽车的分离式自动离合器，分离式离合器的压差调节器 N511 的电源电压为 12V，与扩展型 CAN 相连。扩展型 CAN 是将电动机控制单元、牵引电动机逆变器 A37、蓄电池调节器控制单元 J840 和分离式离合器的压差调节器 N511 相互连接在一起的总线系统。变速器控制单元与传动系 CAN 总线相连，这些系统组件共同构成了欧洲随车自诊断系统（EOBD Ⅱ）。

N511 安装在左前方车轮罩顶部。N511 安装有传感器，用于检测调节器的压力和位置（包括压力缸压力与行程）传感器，传感器还可检测液压系统是否出现严重泄漏以及离合器磨损情况。原则上，将分离轴承和分泵作为标准液压离合器控制装置来安装。

维修更换离合器部件以及更换制动液之后，需要通过诊断仪的引导型故障查询，调校分离式离合器。在操作过程中，先将离合器的接触点分开（20 N·m），同时进行调校以进一步实现递增的强制接合（扭矩高达 60 N·m，然后继续提高），从而确保内燃机启动时以及在混合动力系统中能与内燃机平稳接合。只有当混合动力汽车的高压蓄电池的电量（SOC）超过 35%时，才能进行该调校操作。如果电量不足，则先在短时间内启用内燃机，以便为高压蓄电池充电。

分离式离合器的压差调节器 N511 连接至制动液储液罐。更换制动液时，需要为该系统重新注油或放气。因此，牵引电动机壳体上设有放气阀。同时，还要在引导型故障查询中选择对应的功能。诊断程序将压差调节器移至指定位置，在连接注油装置后，可使制动液从储液罐流向放气阀。最后，需要在引导型故障查询中检查液压系统是否存在泄漏和气锁情况，并且需要再次调校分离式离合器（由于时间限制，仅能目检液压系统的微弱泄漏情况）。更新离合器时，在控制单元中重设调校值（磨损值）。

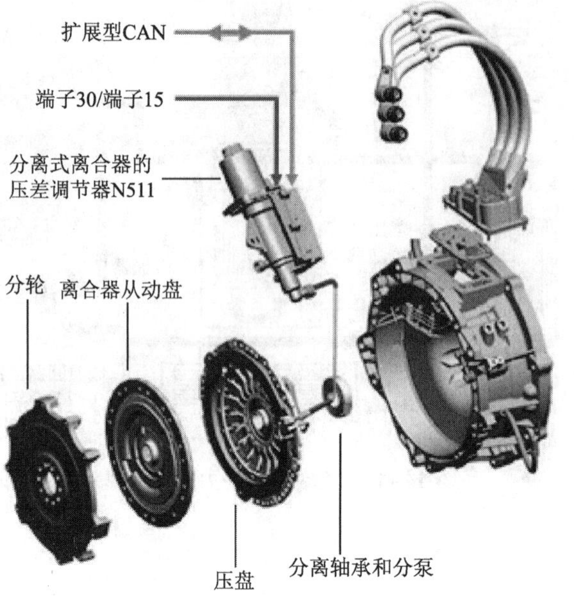

图 14-15　途锐混合动力汽车的自动离合器

【完成任务】维修更换离合器部件以及更换制动液之后，需要通过诊断仪的引导型故障查询，调校分离式离合器。

2. 电动真空泵

制动助力器的真空供给如图 14-16 所示。

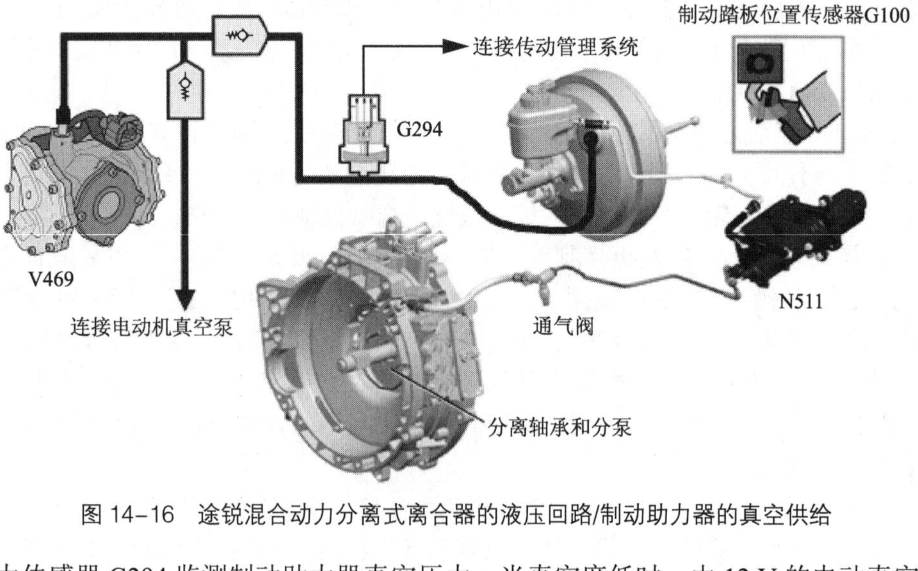

图 14-16　途锐混合动力分离式离合器的液压回路/制动助力器的真空供给

压力传感器 G294 监测制动助力器真空压力，当真空度低时，由 12 V 的电动真空泵或后桥的机械真空泵来排空制动助力器。止回阀将电动真空泵和后桥的机械真空泵分离开。V469 由传动管理系统控制，一旦 V469 的输出功率受限，而车辆仅以纯电动行驶，并且连续多次使用制动器，将会启动内燃机，以便快速排空制动助力器。

制动踏板位置传感器 G100 根据踏板位置生成 PWM 信号，G100 能在车轮制动器还未完成制动工作之前，就检测到驾驶员的制动请求。此时发电机通过高效的能量再生功能实现车辆减速。

【完成任务】 电动真空泵损坏后，汽车是否以电动工况行驶？______________；在图 14-16 中有几个真空源？______________。

14.7 电路图和修理工具

1．电路图

途锐混合动力电路如图 14-17 和图 14-18 所示。

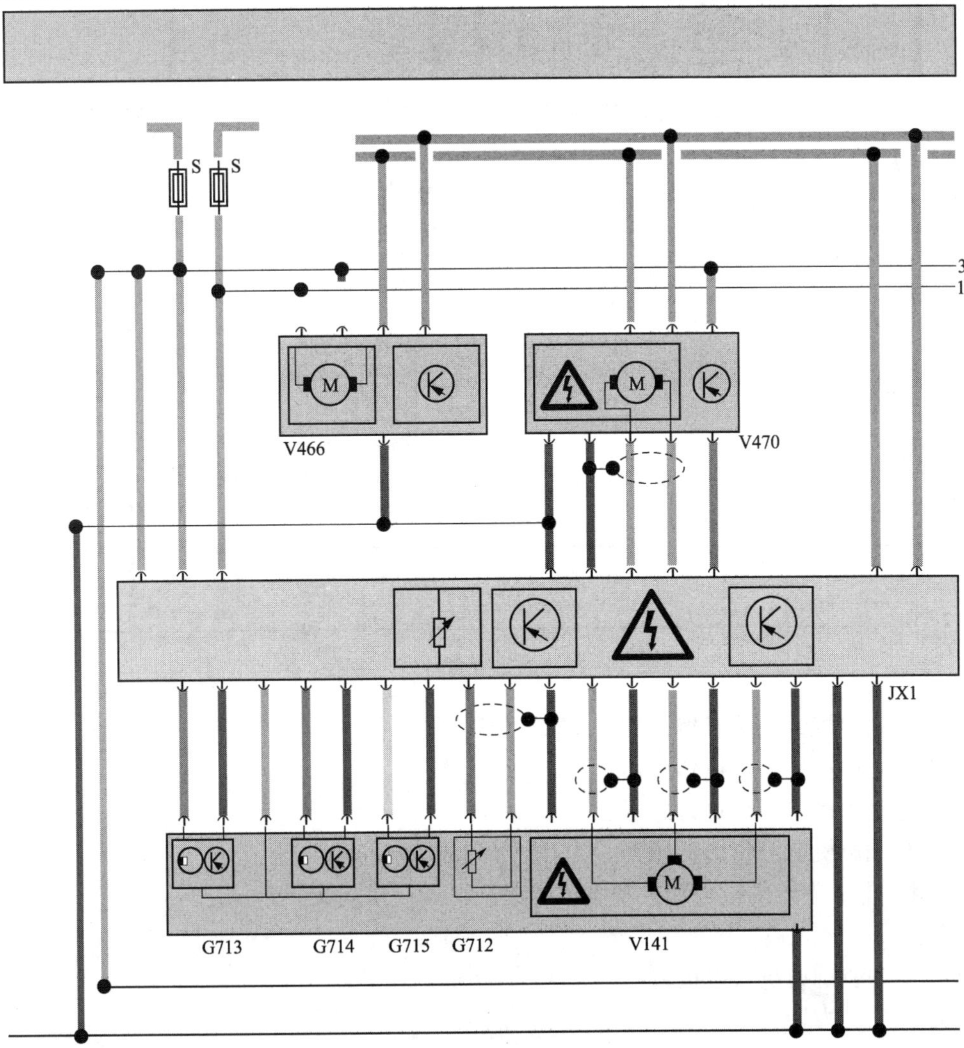

图 14-17　途锐混合动力电路图

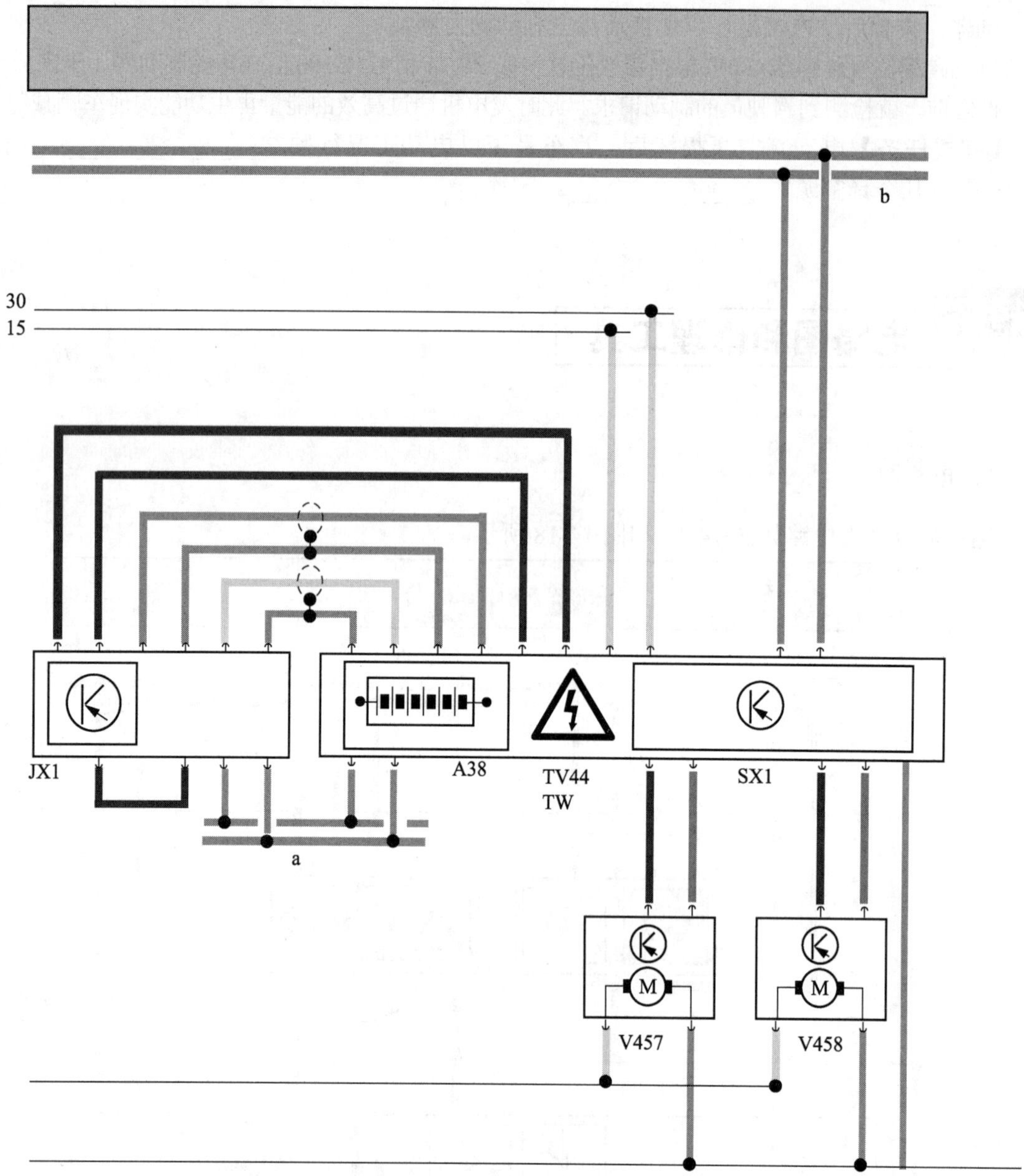

图 14-18　途锐混合动力电路图

G712 驱动电机温度传感器；

G713 驱动电机转子位路传感器 1；

G714 驱动电机转子位置传感器 2；

G715 驱动电机转子位置传感器 3；

JX1 用于电力驱动的电力和控制电子装置；

S 熔丝；

V141 电力驱动电机（电机）；

V466 电动助力转向泵；

V470 空调压缩机。

【完成任务】写出元件名称，并请在老师的指导下分析电路图 14-17 和图 14-18。

G712：__________；G715：__________；JX1：__________；G713：__________；
V141：__________；G714：__________；V466：__________；V470：__________；
A38：__________；J840：__________；TV44：__________；TW：__________；
V457：__________；V458：__________。

找出高压上电电路：____。
找出电机供电电路：____。
找出空调供电电路：____。
找出电池温度管理电路：____。

A38 高压蓄电池；
JX1 用于电力驱动的电力和控制电子装置；
J840 蓄电池调节控制单元；
SX1 接线盒和配电箱（电气箱）；
TV44 安全插头 1；
TW 高电压系统的维修插头；
V457 蓄电池风扇 1；
V458 蓄电池风扇 2；
a 混合动力 CAN 数据总线；
b 驱动系统 CAN 数据总线。

2．专用工具

名称	工具	应用
VAS 6558	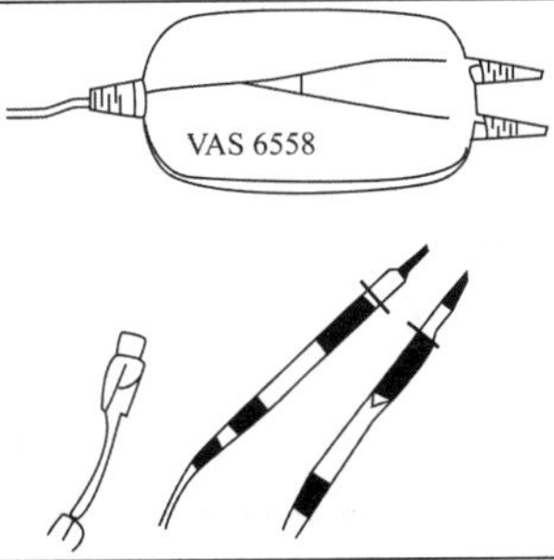	混合动力测试模块 它可以通过很小的电流，产生 1000V 的测试电压。在测试适配器的辅助下，该模块可以用来测试系统是否被断电，也可以用来测量绝缘电阻 混合动力测试模块可以与 VAS 5051B、VAS 5052A 和 VAS 6150 等诊断装置一起使用
VAS 6558/1-1 VAS 6558/1-2 VAS 6558/1-3	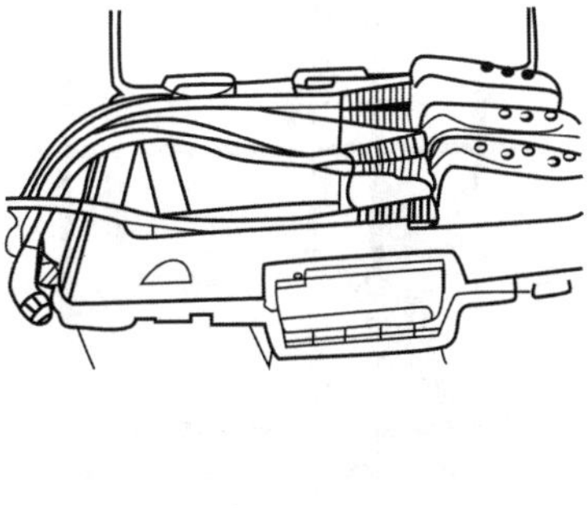	VAS 6558/1-1 混合动力测试适配器（用于测试断电状态） VAS 6558/1-2 混合动力测试适配器（用于测量绝缘电阻 VAS 6558/1-3 混合动力测试适配器（用于测量空调压缩机内的绝缘电阻） 适配器是 VAS 6558/1 套件的一部分，可以用来测量绝缘电阻以及测试高电压系统的断电状态。所有测试适配器的高压接线都有编码。每条线只能匹配一个专门的插口。插入或拔出高压插头的测试适配器时要小心，否则可能损坏插口，导致触电保护措施失效

·第15章·

本书用到的电路图

15.1 丰田普锐斯混动控制电路图

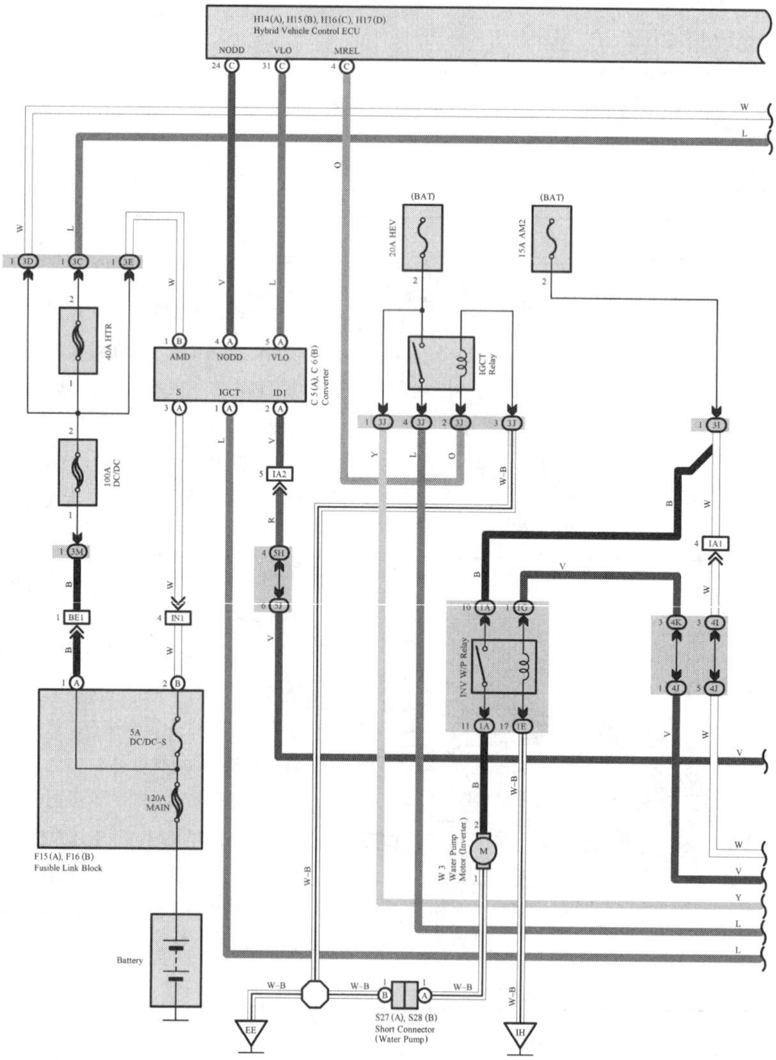

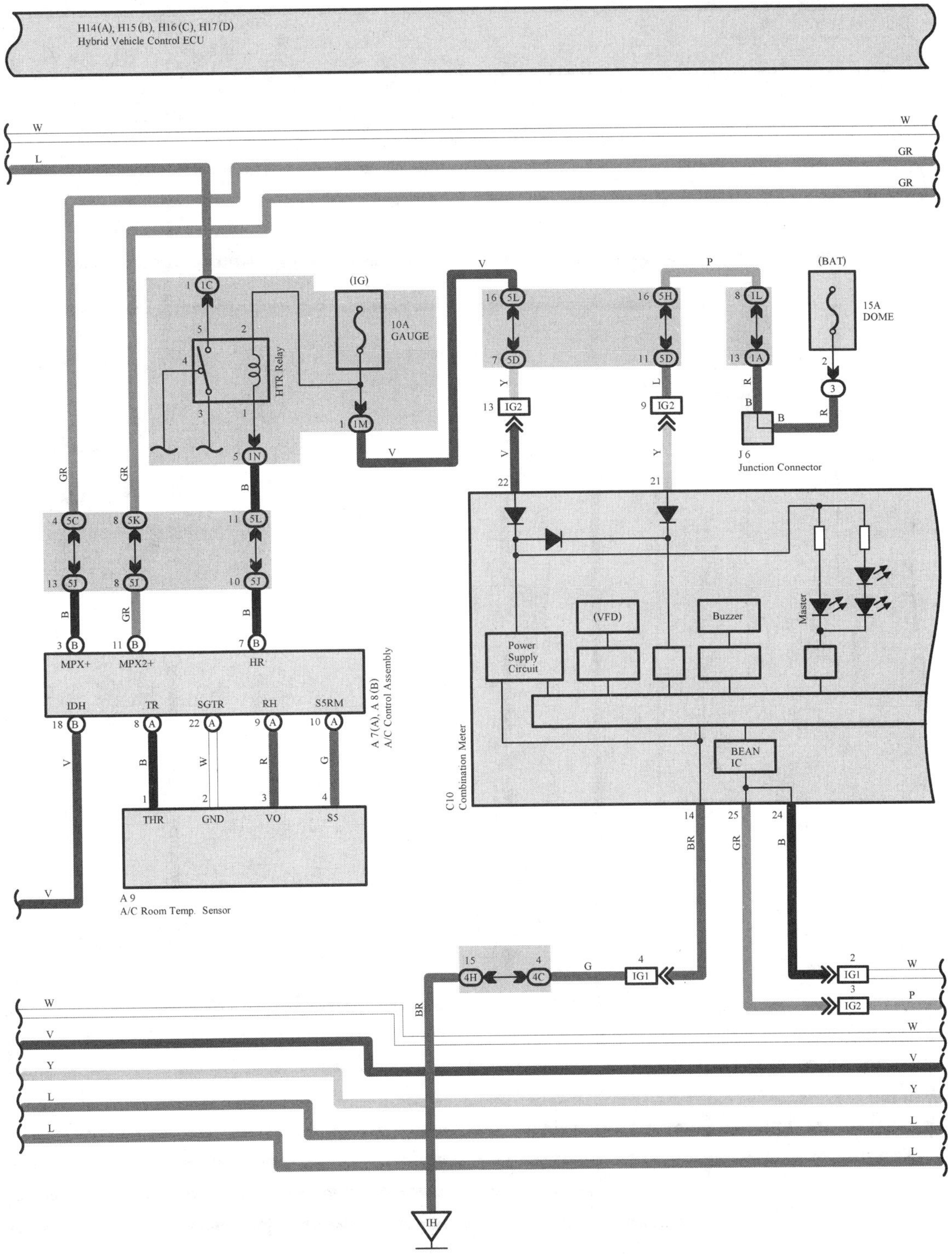
H14(A), H15(B), H16(C), H17(D)
Hybrid Vehicle Control ECU
W
L
GR
GR
(IG)
10A
GAUGE
HTR Relay
1C
1M
1N
V
P
(BAT)
15A
DOME
5L
5D
5H
1L
1A
IG2
J 6
Junction Connector
5C
5K
5L
5J
MPX+
MPX2+
HR
IDH
TR
SGTR
RH
S5RM
A 7(A), A 8(B)
A/C Control Assembly
THR
GND
VO
S5
A 9
A/C Room Temp. Sensor
(VFD)
Buzzer
Master
Power
Supply
Circuit
BEAN
IC
C10
Combination Meter
BR
GR
B
4H
4C
IG1
IG2
G
Y
R
IH

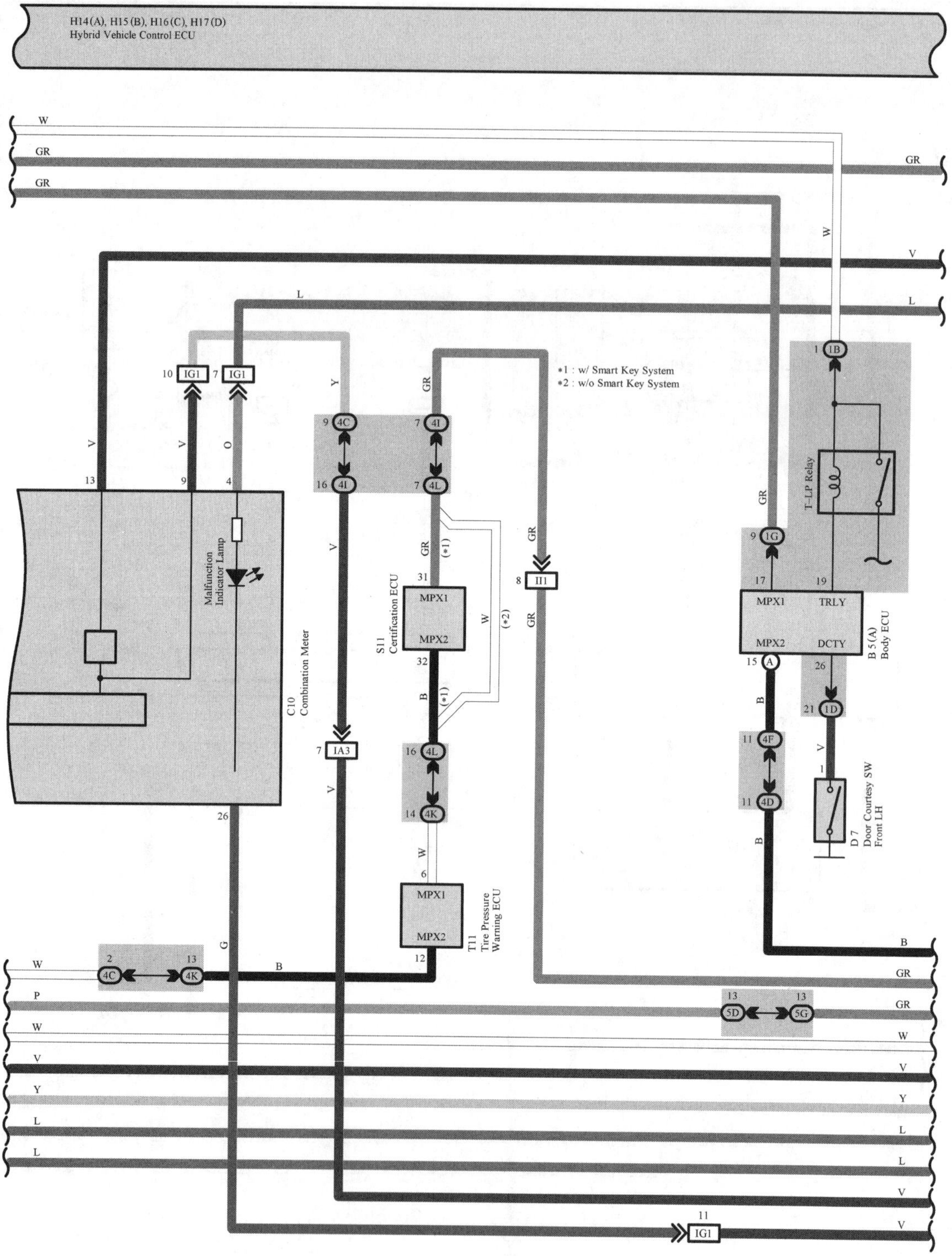
H14(A), H15(B), H16(C), H17(D)
Hybrid Vehicle Control ECU
*1 : w/ Smart Key System
*2 : w/o Smart Key System
Malfunction Indicator Lamp
C10 Combination Meter
S11 Certification ECU
MPX1
MPX2
T11 Tire Pressure Warning ECU
T-LP Relay
B 5(A) Body ECU
TRLY
DCTY
D 7 Door Courtesy SW Front LH
IG1
IA3
II1

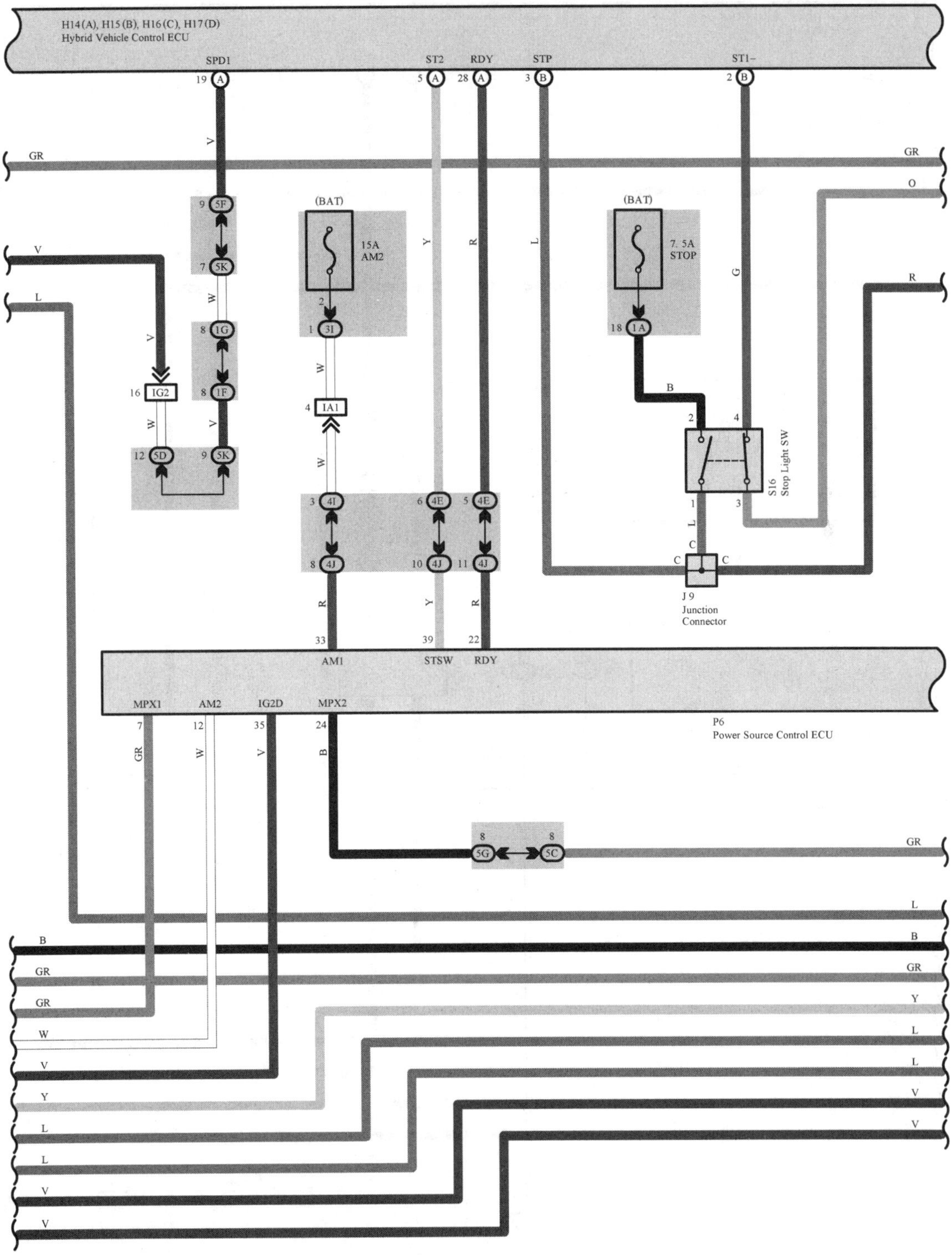
H14(A), H15(B), H16(C), H17(D)
Hybrid Vehicle Control ECU
SPD1
ST2
RDY
STP
ST1-
GR
O
R
V
L
(BAT)
15A
AM2
(BAT)
7. 5A
STOP
IG2
IA1
S16
Stop Light SW
J 9
Junction
Connector
AM1
STSW
RDY
MPX1
AM2
IG2D
MPX2
P6
Power Source Control ECU
B
GR
W
Y

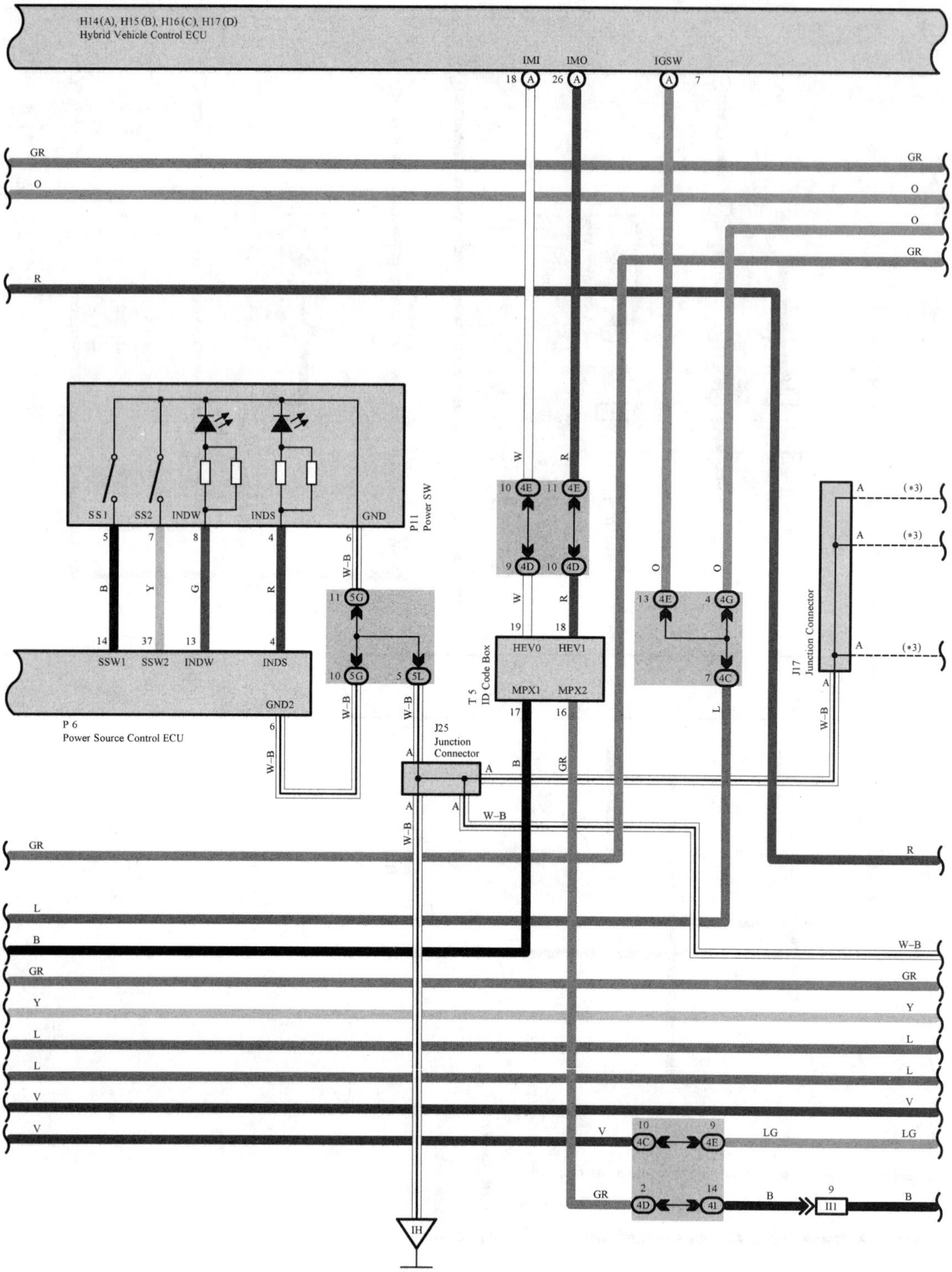
H14(A), H15(B), H16(C), H17(D)
Hybrid Vehicle Control ECU
IMI
IMO
IGSW
P11
Power SW
SS1
SS2
INDW
INDS
GND
P 6
Power Source Control ECU
SSW1
SSW2
INDW
INDS
GND2
T 5
ID Code Box
HEV0
HEV1
MPX1
MPX2
J25
Junction
Connector
J17
Junction Connector
(*3)
IH

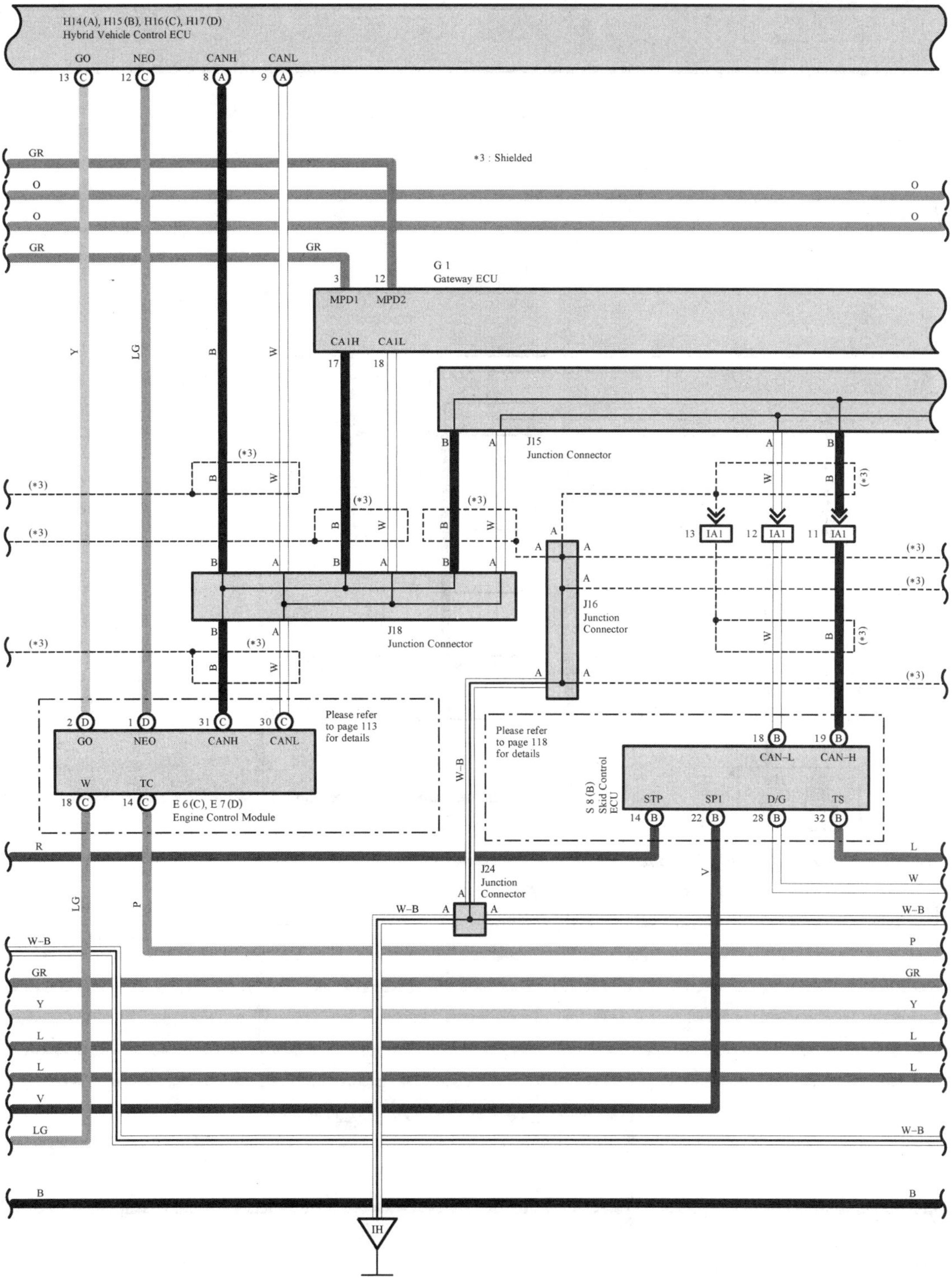
H14(A), H15(B), H16(C), H17(D)
Hybrid Vehicle Control ECU
GO
NEO
CANH
CANL
*3 : Shielded
G 1
Gateway ECU
MPD1
MPD2
CA1H
CA1L
J15
Junction Connector
J18
Junction Connector
J16
Junction
Connector
IA1
Please refer to page 113 for details
GO
NEO
CANH
CANL
W
TC
E 6(C), E 7(D)
Engine Control Module
Please refer to page 118 for details
S 8(B)
Skid Control ECU
CAN–L
CAN–H
STP
SP1
D/G
TS
J24
Junction
Connector
IH

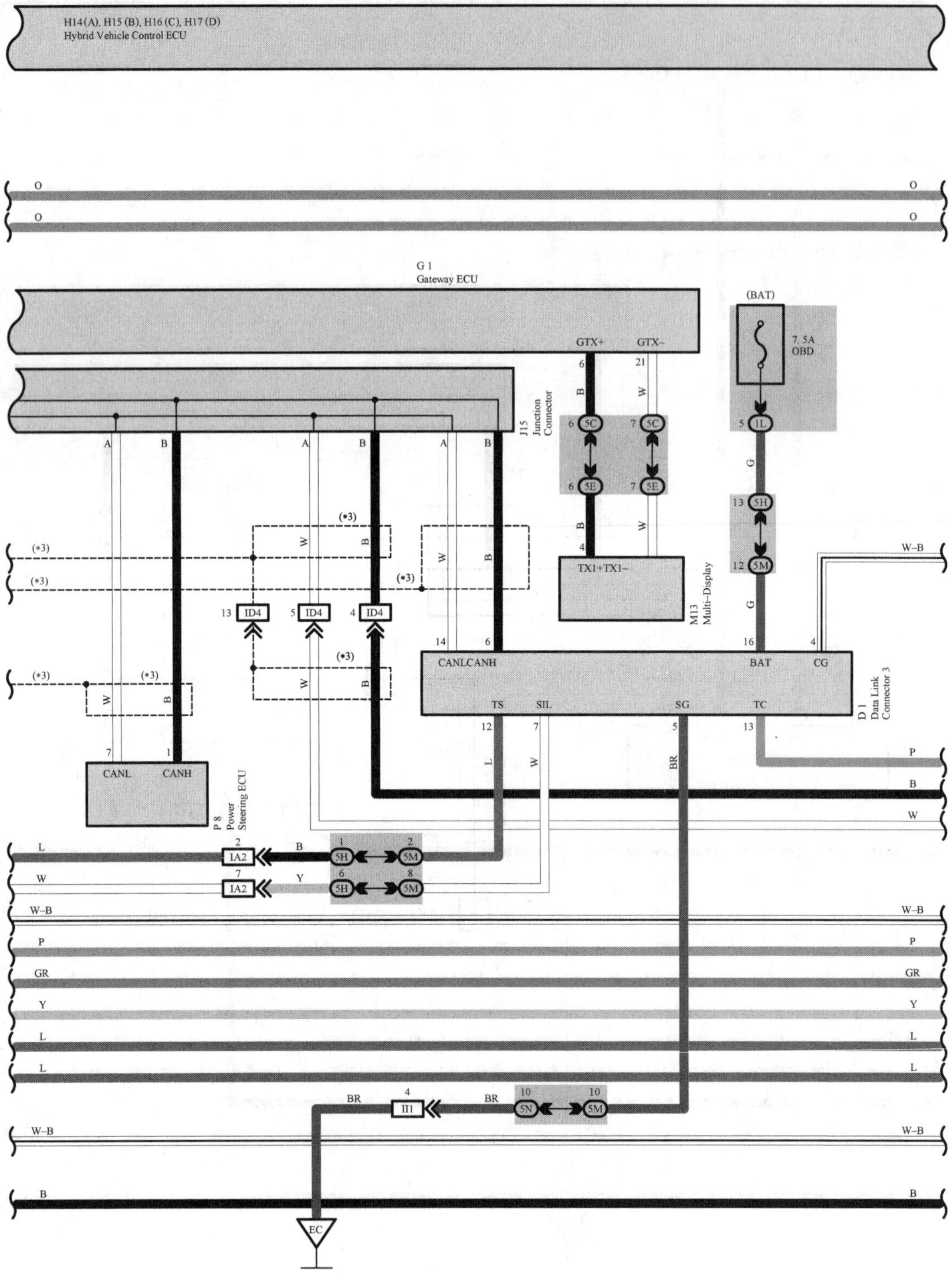
H14(A), H15(B), H16(C), H17(D)
Hybrid Vehicle Control ECU
G1
Gateway ECU
GTX+
GTX−
(BAT)
7.5A
OBD
J15
Junction Connector
TX1+TX1−
M13
Multi-Display
CANLCANH
BAT
CG
TS
SIL
SG
TC
D1
Data Link Connector 3
CANL
CANH
P8
Power Steering ECU
(*3)
ID4
IA2
II1
5C
5E
5H
5M
5N
1L
EC
W-B
GR
BR

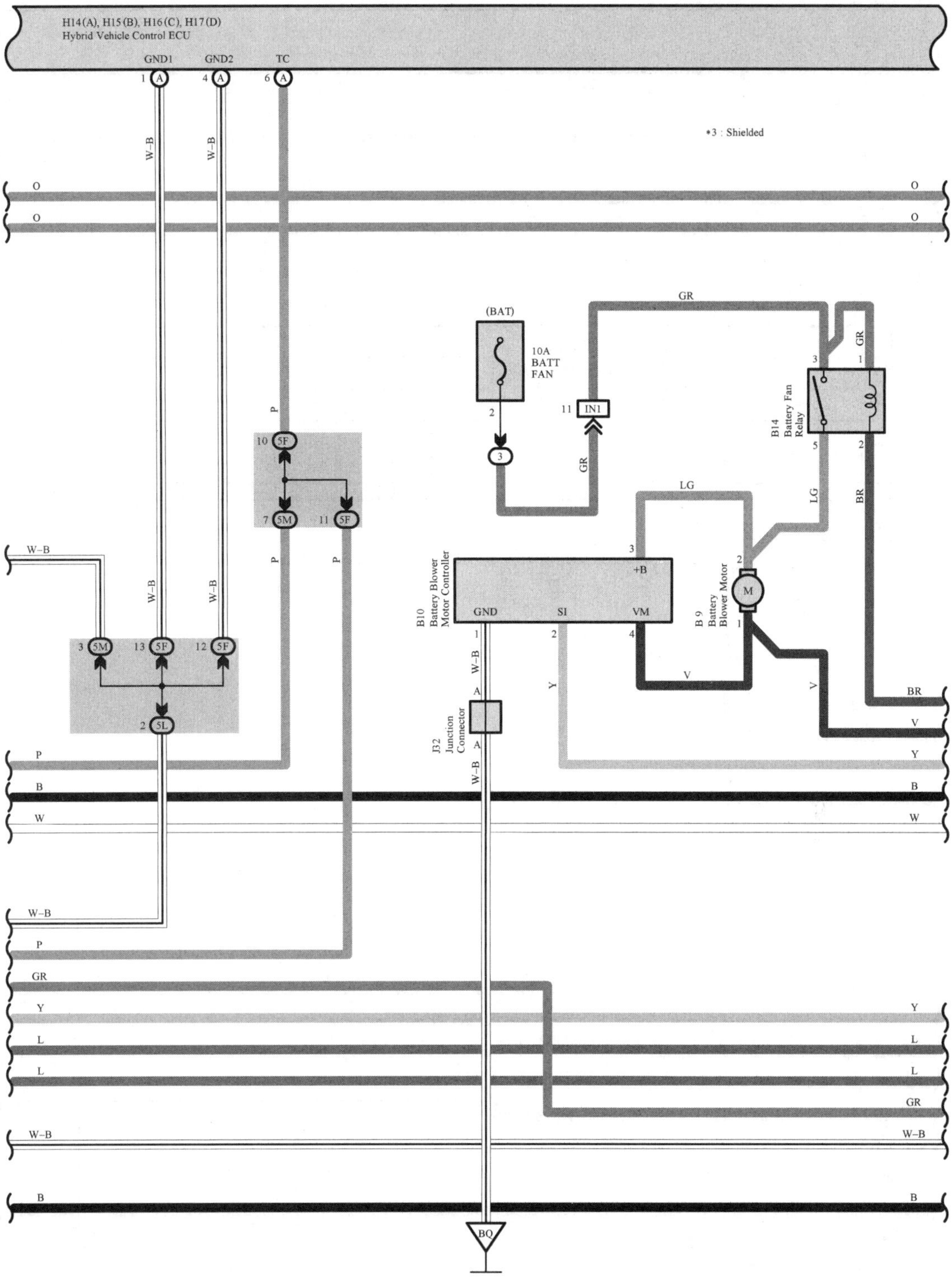
H14(A), H15(B), H16(C), H17(D)
Hybrid Vehicle Control ECU
GND1
GND2
TC
*3 : Shielded
(BAT)
10A
BATT
FAN
IN1
B14
Battery Fan
Relay
B10
Battery Blower
Motor Controller
+B
GND
SI
VM
B 9
Battery
Blower Motor
J32
Junction
Connector
BQ
W-B
O
P
GR
LG
BR
V
Y
B
W
L

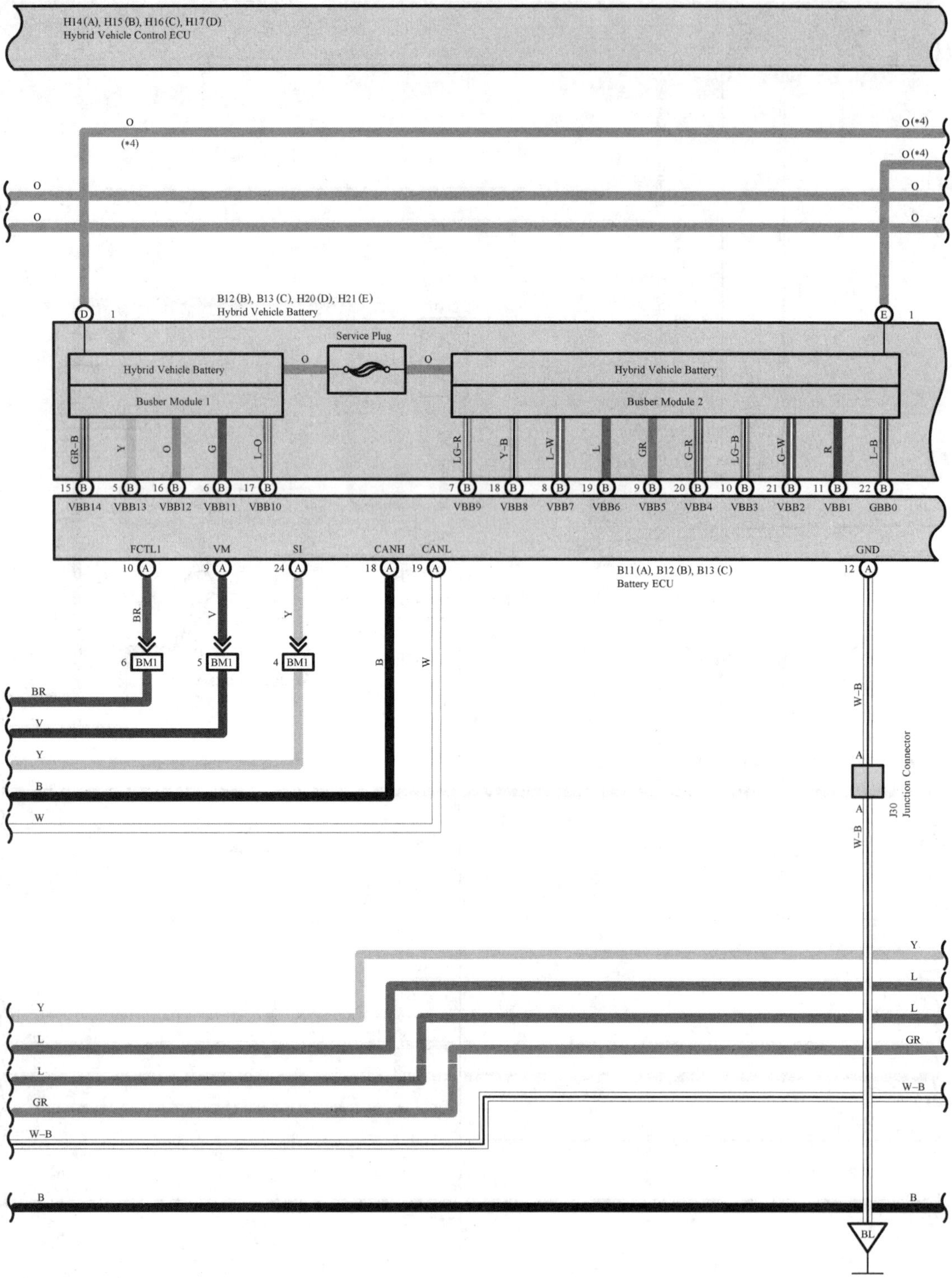
H14(A), H15(B), H16(C), H17(D)
Hybrid Vehicle Control ECU
O
(*4)
O(*4)
O(*4)
O
O
B12(B), B13(C), H20(D), H21(E)
Hybrid Vehicle Battery
Service Plug
Hybrid Vehicle Battery
Busber Module 1
Hybrid Vehicle Battery
Busber Module 2
VBB14 VBB13 VBB12 VBB11 VBB10
VBB9 VBB8 VBB7 VBB6 VBB5 VBB4 VBB3 VBB2 VBB1 GBB0
FCTL1 VM SI CANH CANL GND
B11(A), B12(B), B13(C)
Battery ECU
BM1
J30
Junction Connector
BL

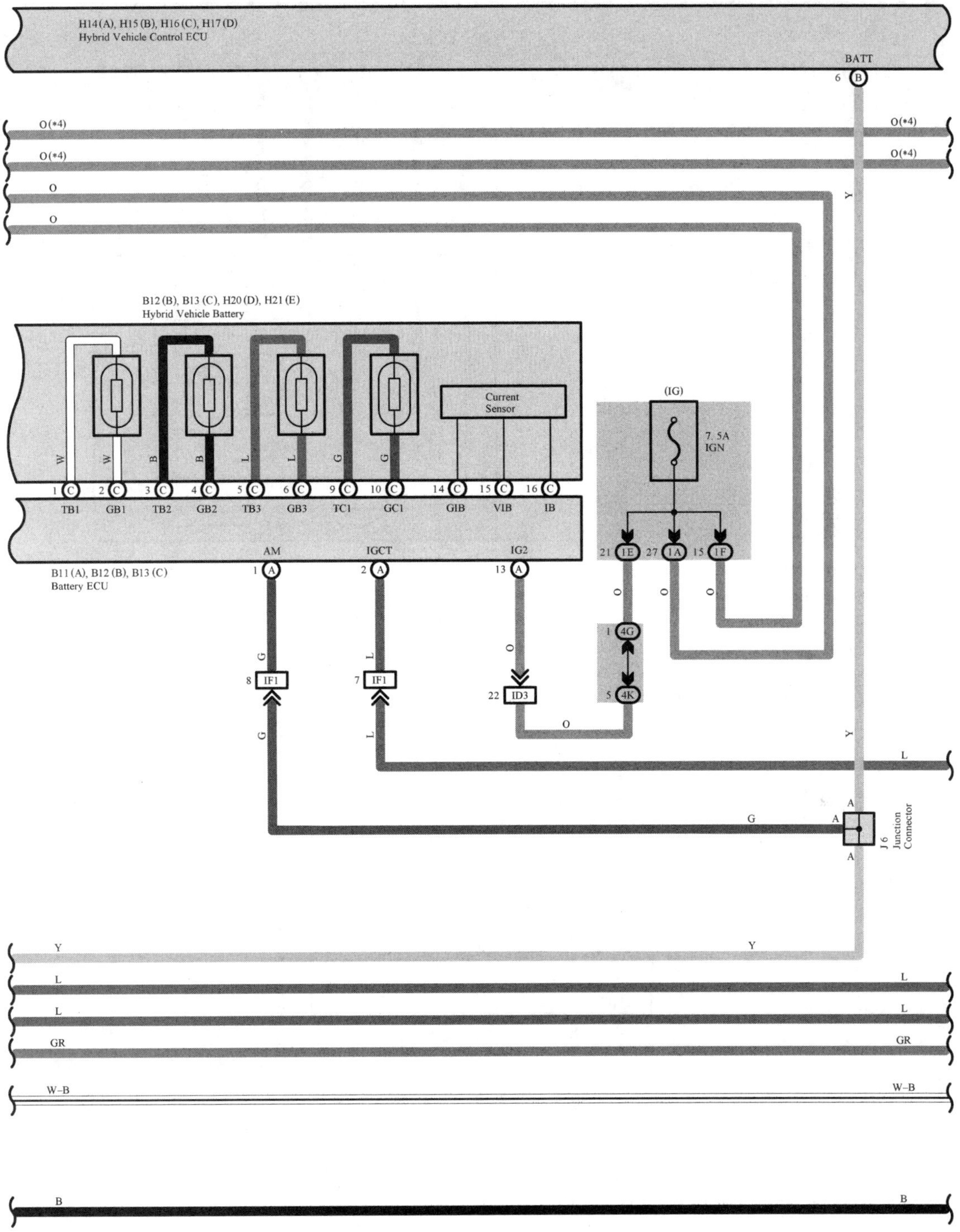

H14(A), H15(B), H16(C), H17(D)
Hybrid Vehicle Control ECU
BATT
6 B
O(*4)
O(*4)
O
O
Y
B12(B), B13(C), H20(D), H21(E)
Hybrid Vehicle Battery
Current Sensor
(IG)
7.5A IGN
W W B B L L G G
1 C 2 C 3 C 4 C 5 C 6 C 9 C 10 C 14 C 15 C 16 C
TB1 GB1 TB2 GB2 TB3 GB3 TC1 GC1 GIB VIB IB
AM IGCT IG2
1 A 2 A 13 A
B11(A), B12(B), B13(C)
Battery ECU
21 1E 27 1A 15 1F
1 4G
5 4K
8 IF1
7 IF1
22 ID3
G L O
L
G
A
J6 Junction Connector
Y
L
L
GR
W-B
B

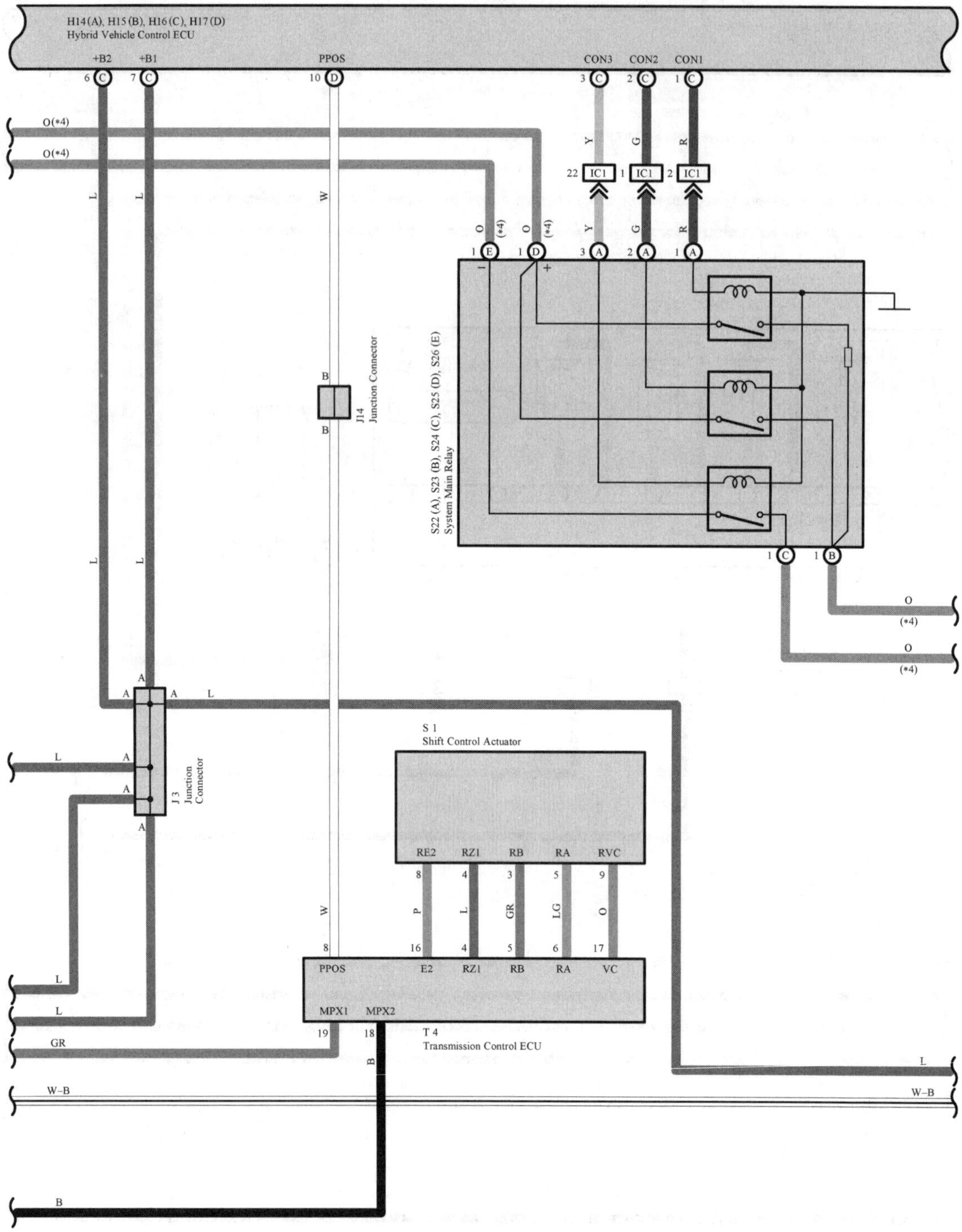
H14(A), H15(B), H16(C), H17(D)
Hybrid Vehicle Control ECU
+B2
+B1
PPOS
CON3
CON2
CON1
O(*4)
O(*4)
IC1
J14
Junction Connector
S22 (A), S23 (B), S24 (C), S25 (D), S26 (E)
System Main Relay
J3
Junction Connector
S1
Shift Control Actuator
RE2
RZ1
RB
RA
RVC
PPOS
E2
RZ1
RB
RA
VC
MPX1
MPX2
T4
Transmission Control ECU
W-B

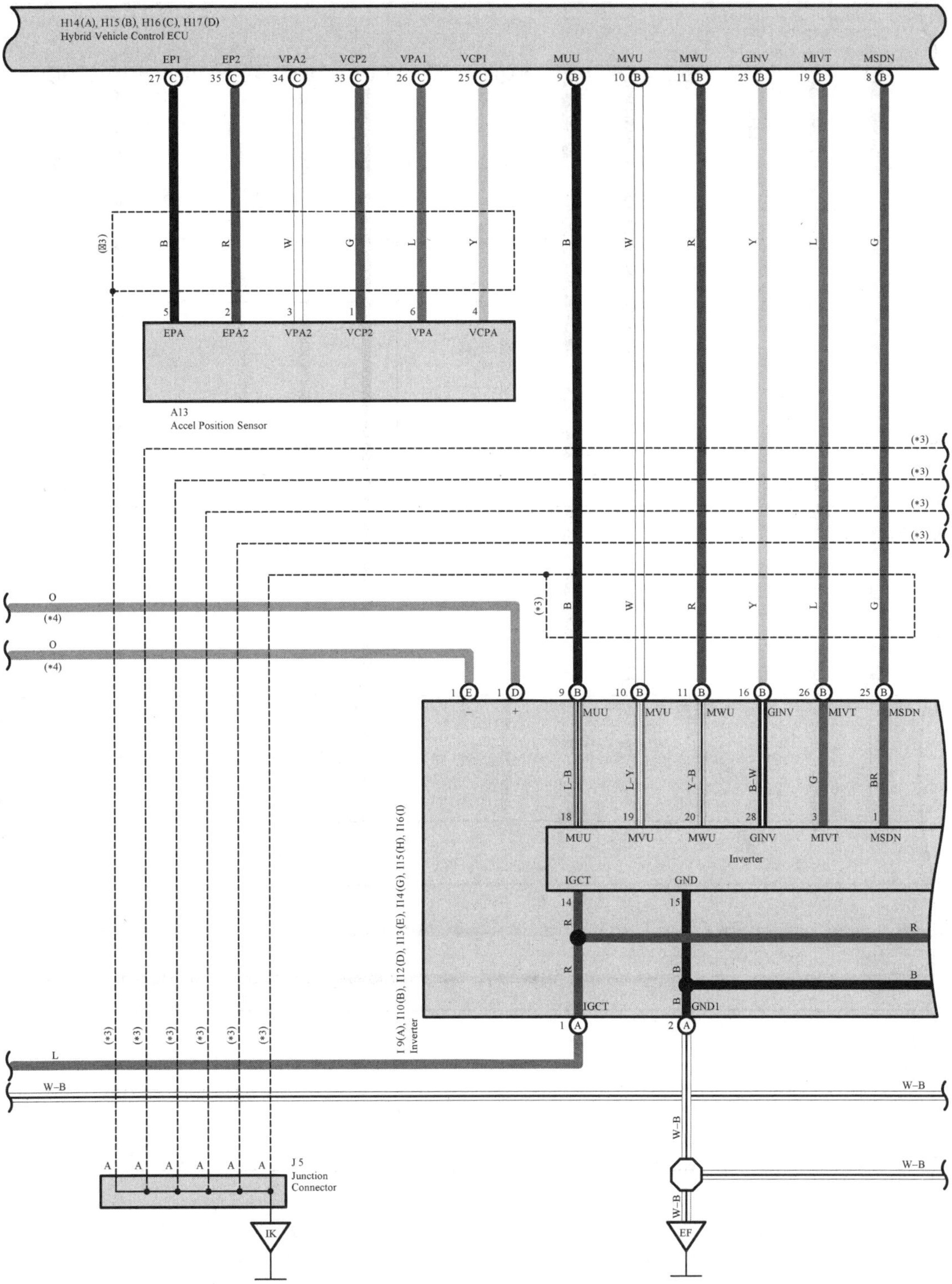
H14(A), H15(B), H16(C), H17(D)
Hybrid Vehicle Control ECU
EP1
EP2
VPA2
VCP2
VPA1
VCP1
MUU
MVU
MWU
GINV
MIVT
MSDN
EPA
EPA2
VPA2
VCP2
VPA
VCPA
A13
Accel Position Sensor
(*3)
(*4)
O
MUU
MVU
MWU
GINV
MIVT
MSDN
L-B
L-Y
Y-B
B-W
G
BR
Inverter
IGCT
GND
GND1
I 9(A), I10(B), I12(D), I13(E), I14(G), I15(H), I16(I)
Inverter
L
W-B
J5
Junction
Connector
IK
EF

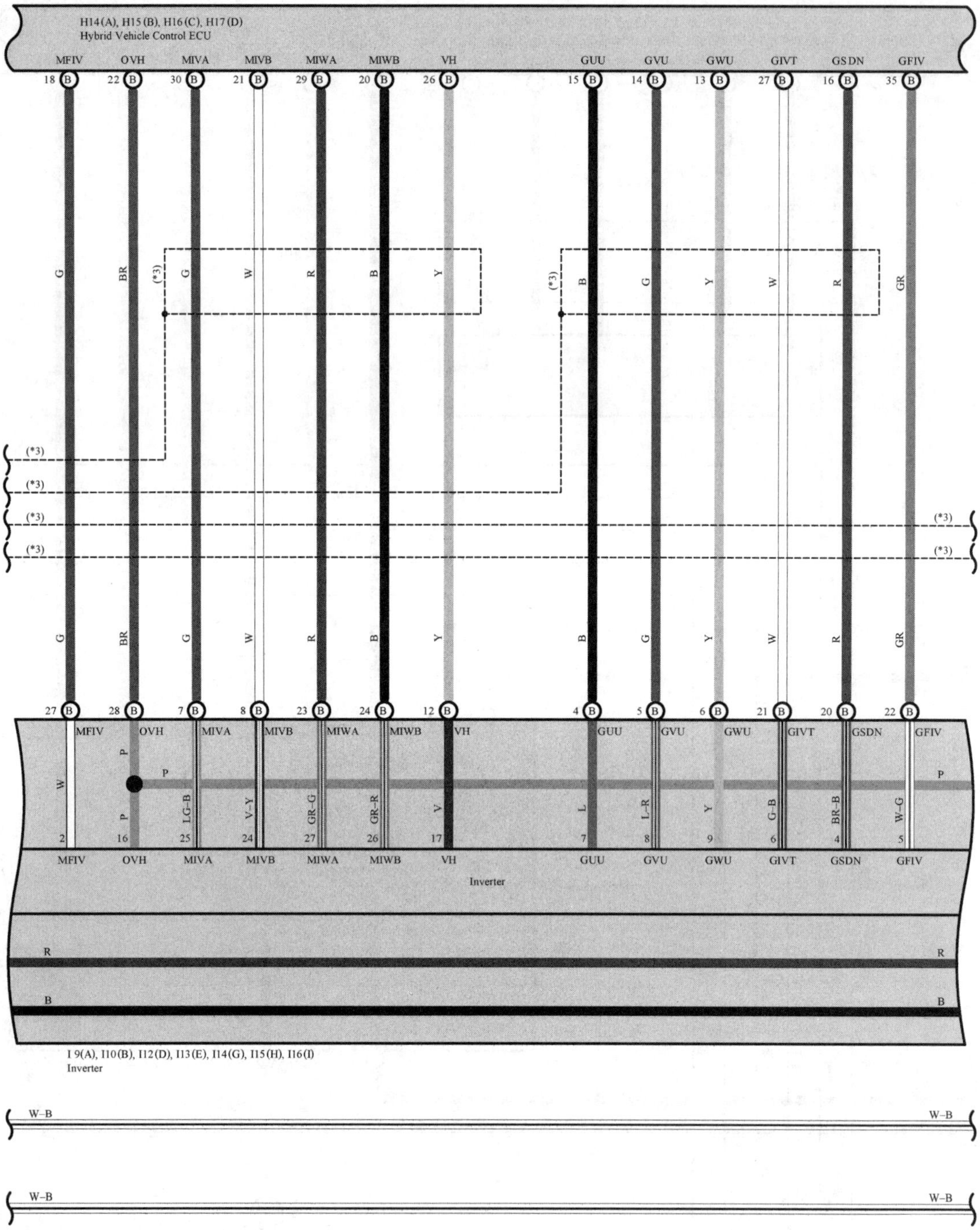
H14(A), H15(B), H16(C), H17(D)
Hybrid Vehicle Control ECU
MFIV
OVH
MIVA
MIVB
MIWA
MIWB
VH
GUU
GVU
GWU
GIVT
GSDN
GFIV
(*3)
I 9(A), I10(B), I12(D), I13(E), I14(G), I15(H), I16(I)
Inverter
W–B

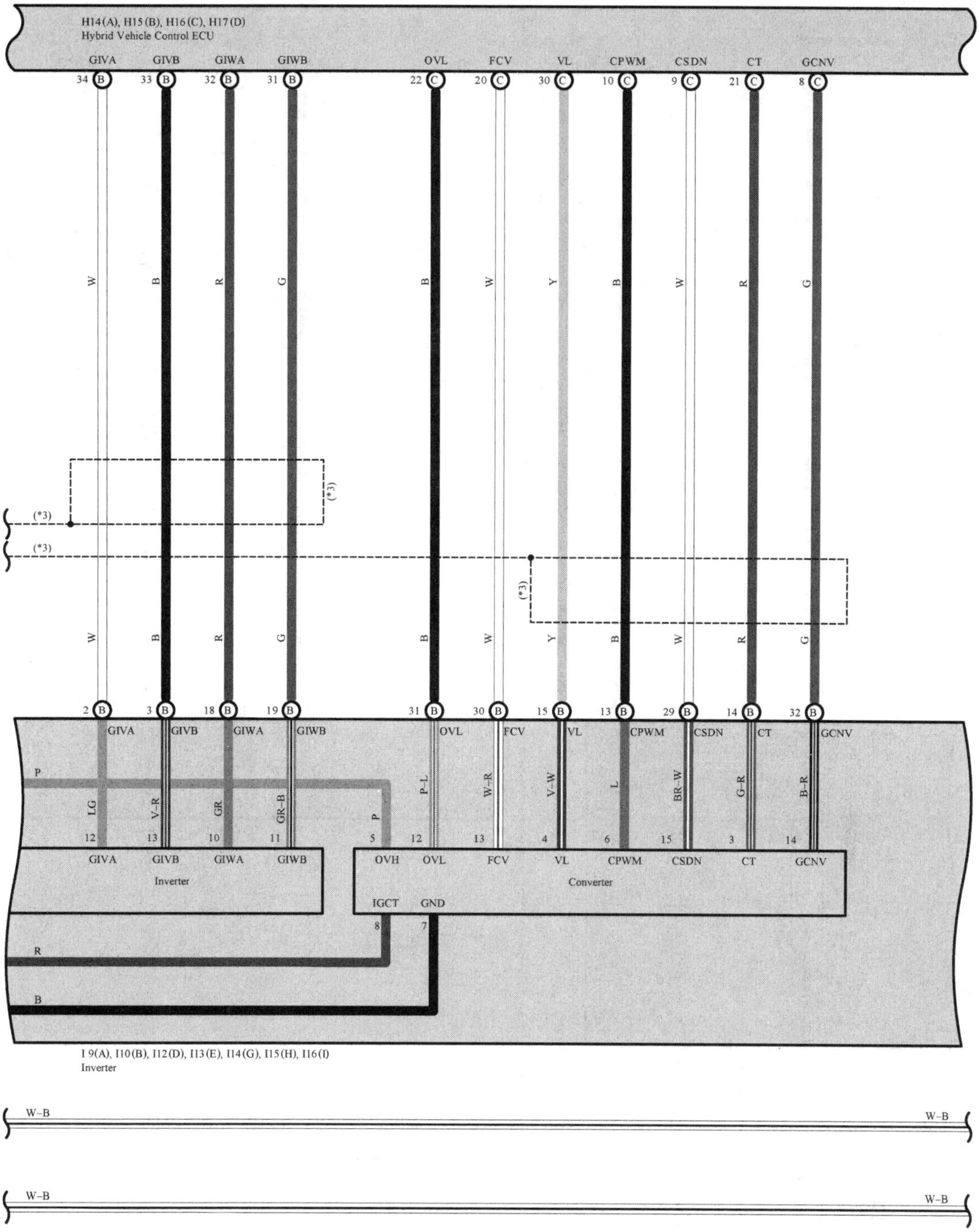
H14(A), H15(B), H16(C), H17(D)
Hybrid Vehicle Control ECU
GIVA
GIVB
GIWA
GIWB
OVL
FCV
VL
CPWM
CSDN
CT
GCNV
(*3)
(*3)
(*3)
(*3)
P
LG
V–R
GR
GR–B
P
P–L
W–R
V–W
L
BR–W
G–R
B–R
GIVA
GIVB
GIWA
GIWB
Inverter
OVH
OVL
FCV
VL
CPWM
CSDN
CT
GCNV
Converter
IGCT
GND
R
B
I 9(A), I10(B), I12(D), I13(E), I14(G), I15(H), I16(I)
Inverter
W–B
W–B
W–B
W–B

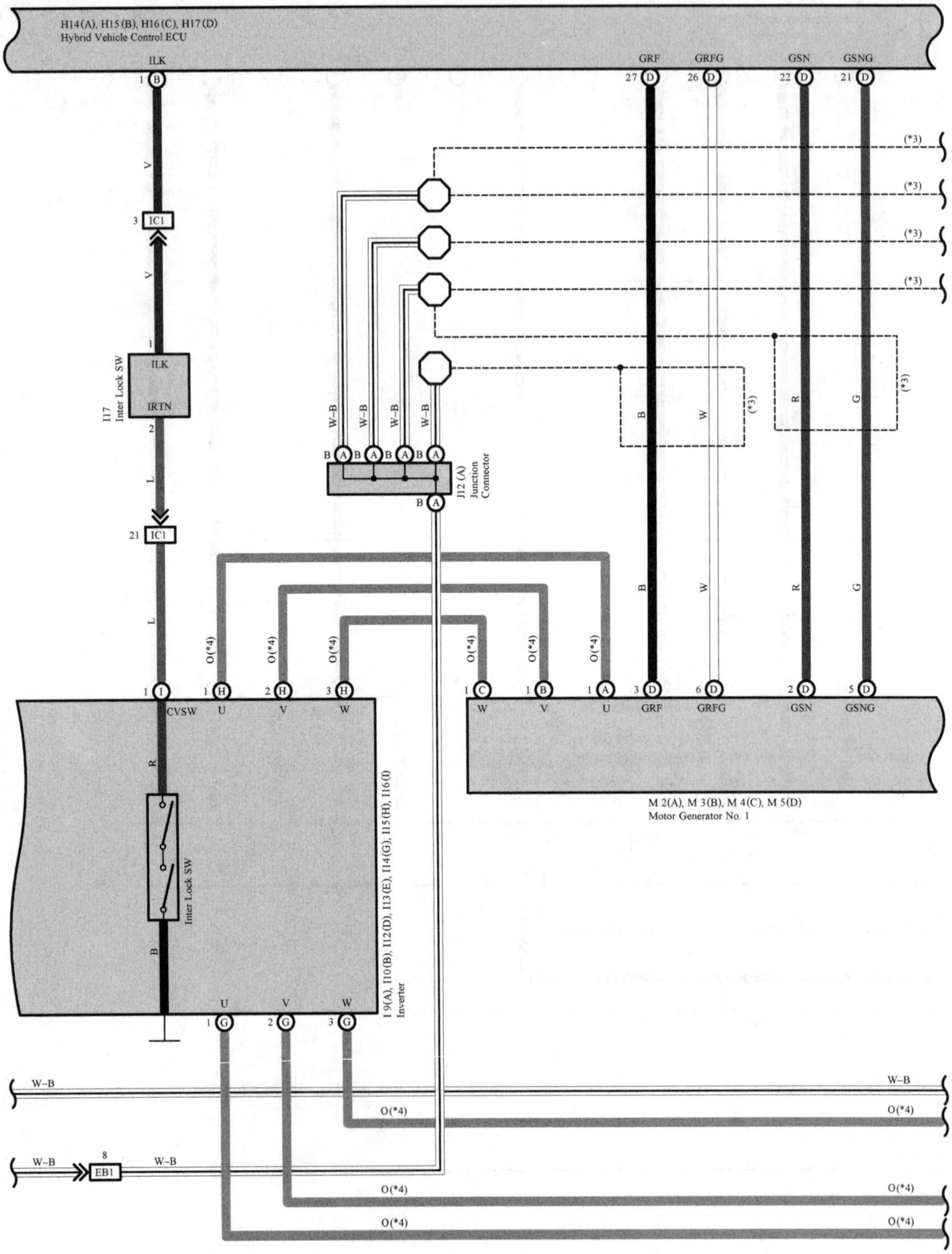
H14(A), H15(B), H16(C), H17(D)
Hybrid Vehicle Control ECU
ILK
GRF
GRFG
GSN
GSNG
(*3)
IC1
I17
Inter Lock SW
ILK
IRTN
W–B
J12 (A)
Junction Connector
B
W
R
G
V
L
O(*4)
CVSW
U
V
W
Inter Lock SW
I 9(A), I10(B), I12(D), I13(E), I14(G), I15(H), I16(I)
Inverter
M 2(A), M 3(B), M 4(C), M 5(D)
Motor Generator No. 1
EB1

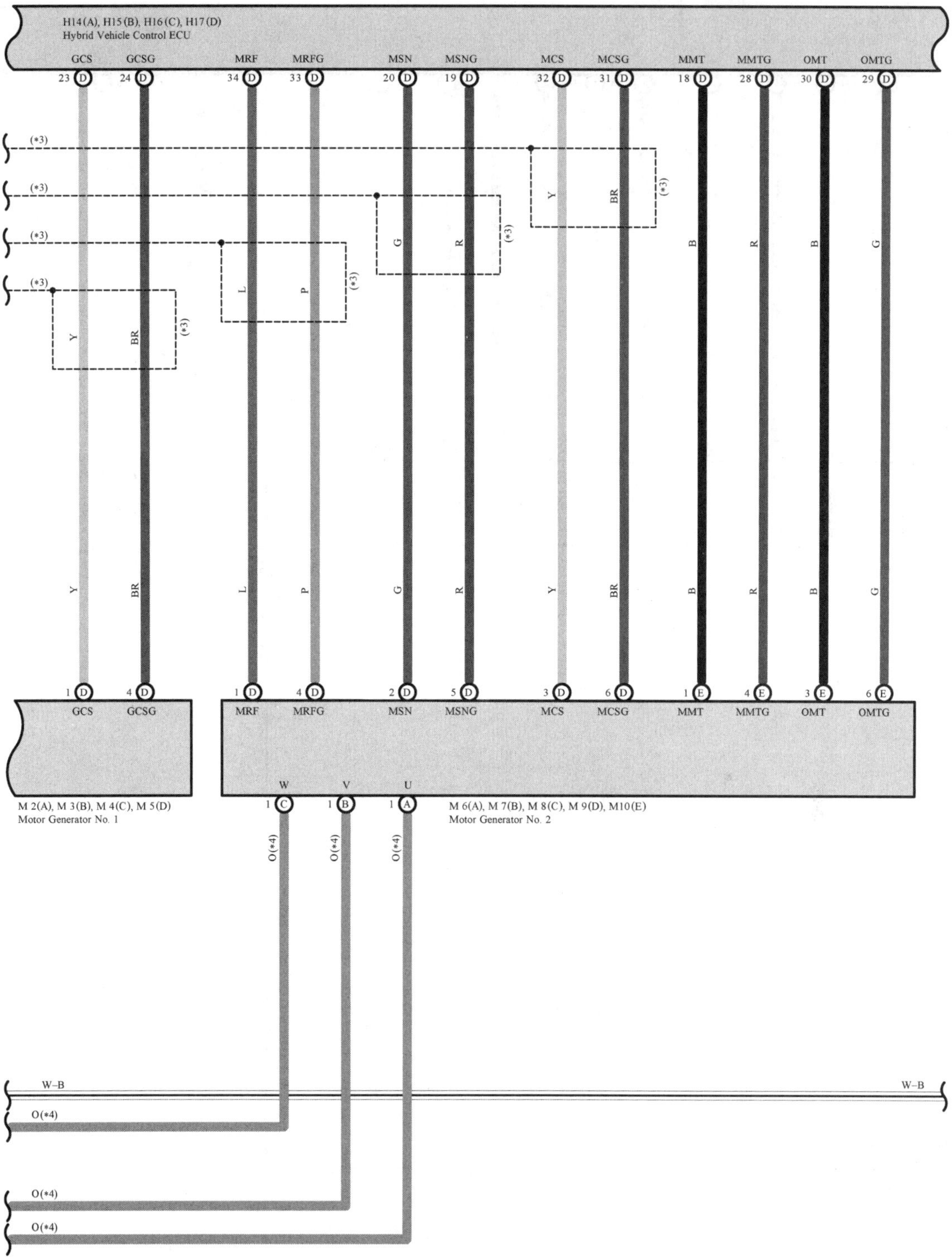
H14(A), H15(B), H16(C), H17(D)
Hybrid Vehicle Control ECU
GCS
GCSG
MRF
MRFG
MSN
MSNG
MCS
MCSG
MMT
MMTG
OMT
OMTG
(*3)
Y
BR
L
P
G
R
B
M 2(A), M 3(B), M 4(C), M 5(D)
Motor Generator No. 1
M 6(A), M 7(B), M 8(C), M 9(D), M10(E)
Motor Generator No. 2
W
V
U
O(*4)
W-B

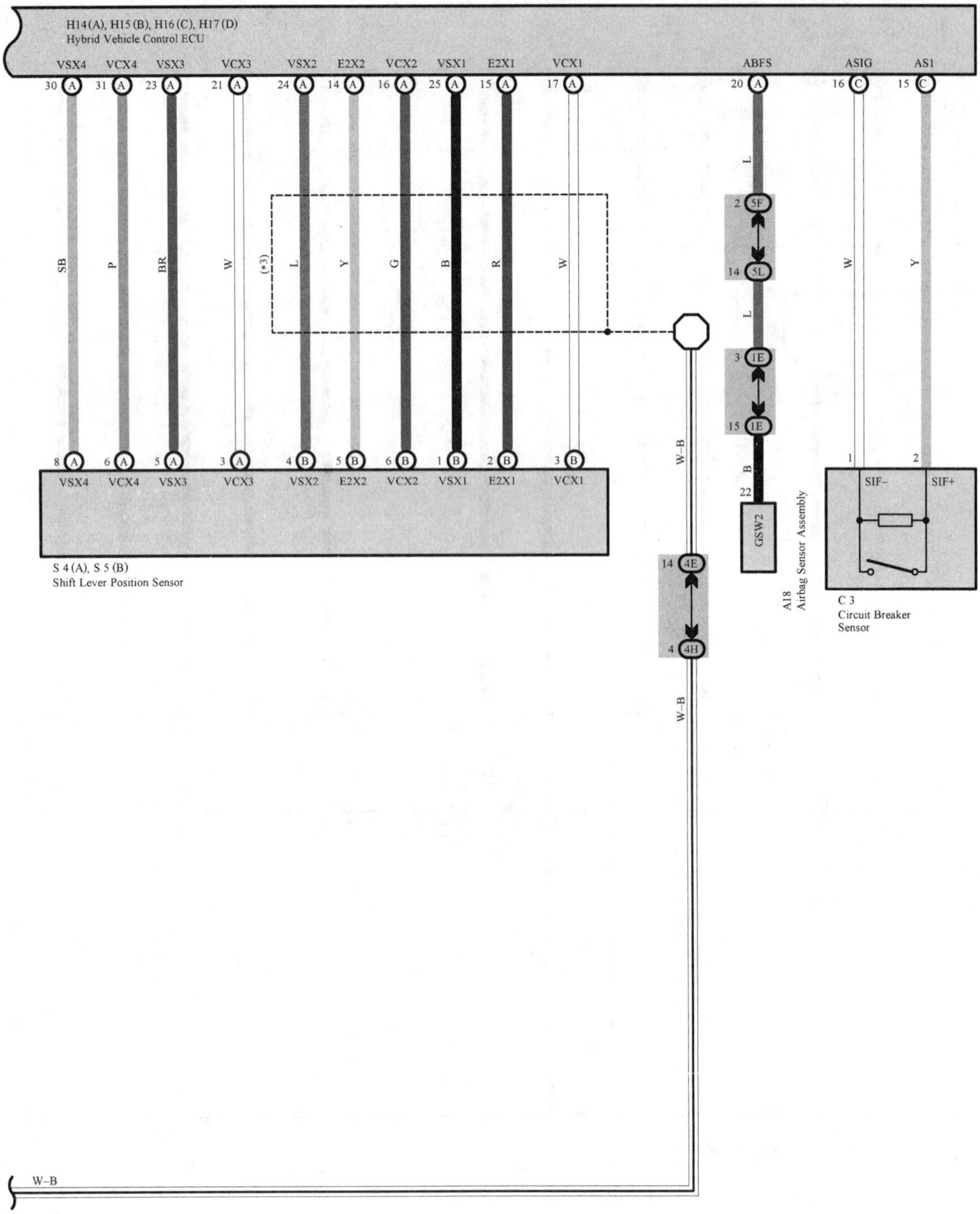
H14(A), H15(B), H16(C), H17(D)
Hybrid Vehicle Control ECU
VSX4
VCX4
VSX3
VCX3
VSX2
E2X2
VCX2
VSX1
E2X1
VCX1
ABFS
ASIG
AS1
SB
P
BR
W
(*3)
L
Y
G
B
R
W
L
5F
5L
L
1E
1E
B
22
GSW2
A18
Airbag Sensor Assembly
W
Y
SIF-
SIF+
C 3
Circuit Breaker
Sensor
VSX4
VCX4
VSX3
VCX3
VSX2
E2X2
VCX2
VSX1
E2X1
VCX1
S 4(A), S 5(B)
Shift Lever Position Sensor
W-B
4E
4H
W-B
W-B

15.2 丰田普锐斯米勒发动机电路图

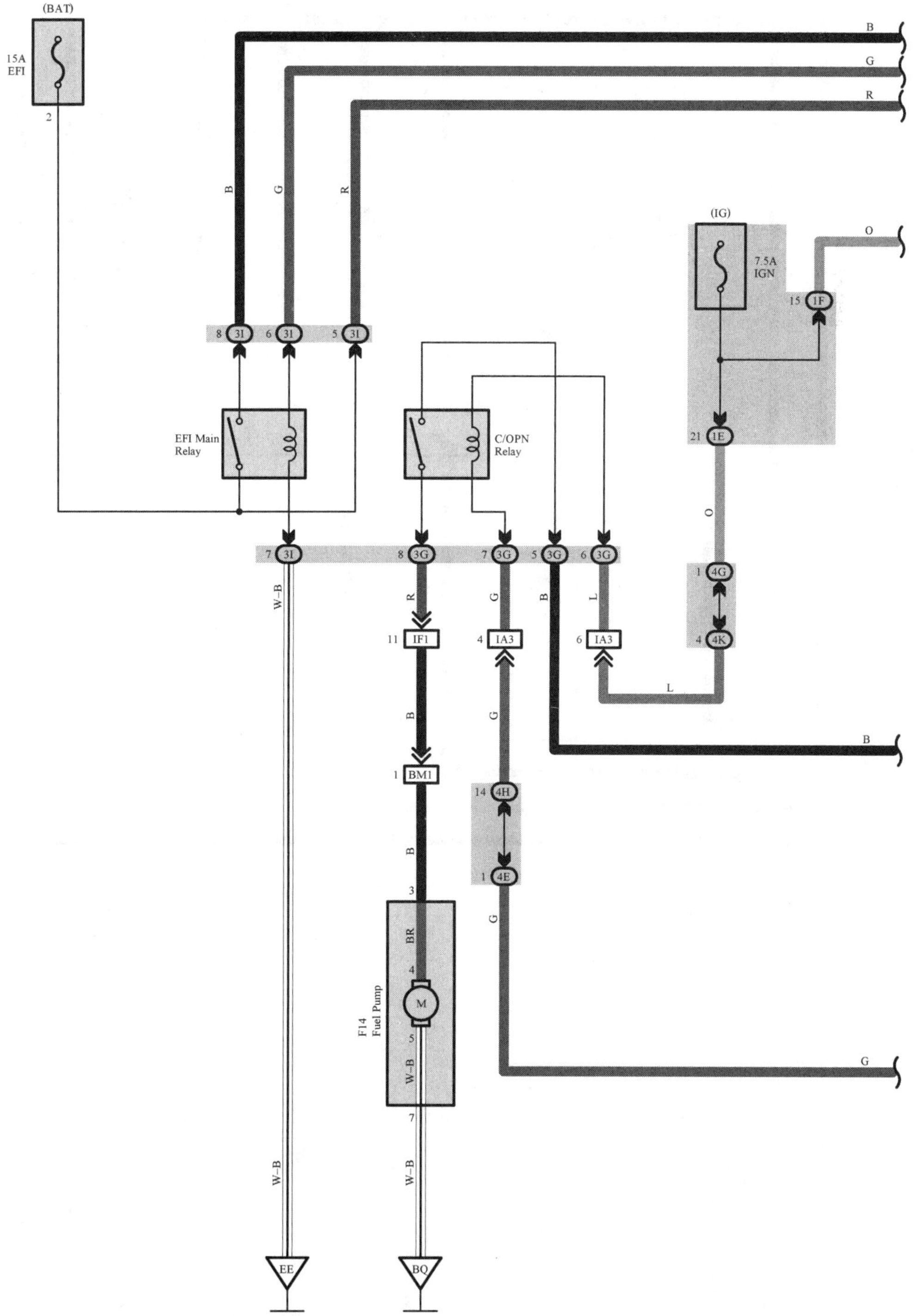

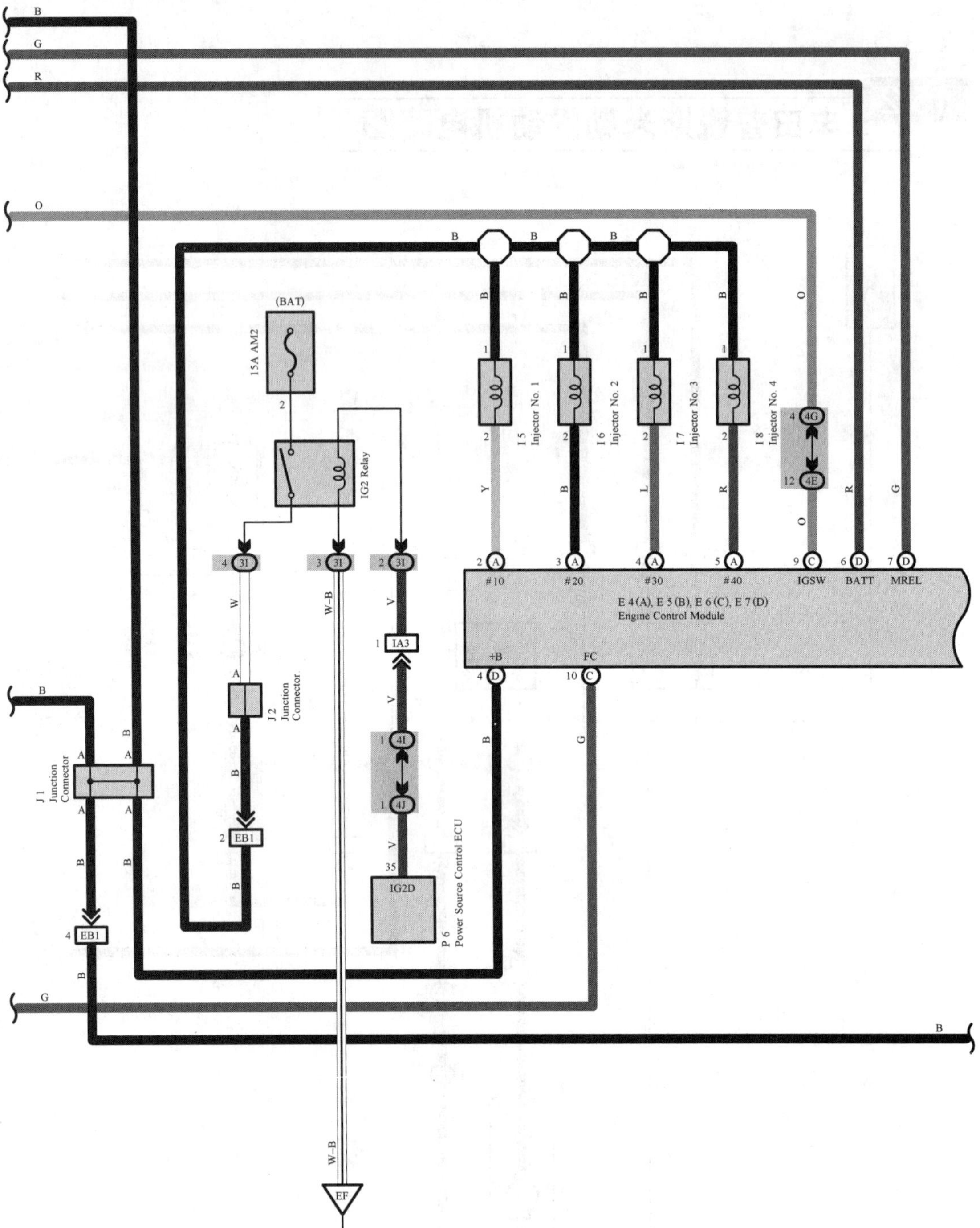
(BAT)
15A AM2
IG2 Relay
I 5
Injector No. 1
I 6
Injector No. 2
I 7
Injector No. 3
I 8
Injector No. 4
#10
#20
#30
#40
IGSW
BATT
MREL
E 4(A), E 5(B), E 6(C), E 7(D)
Engine Control Module
+B
FC
J 2
Junction Connector
J 1
Junction Connector
EB1
IA3
IG2D
P 6
Power Source Control ECU
EF

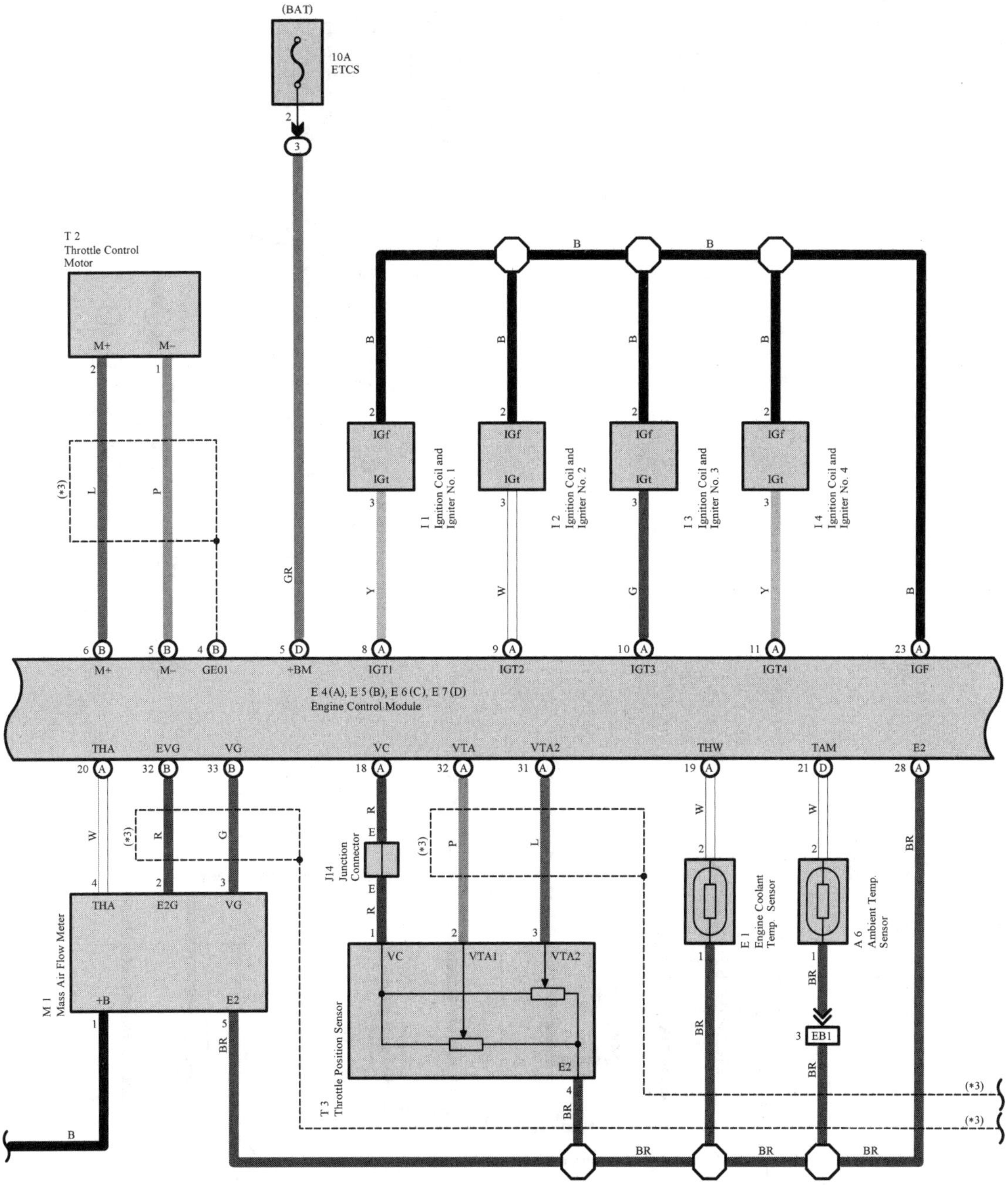
(BAT)
10A
ETCS
T 2
Throttle Control
Motor
M+
M–
I 1
Ignition Coil and
Igniter No. 1
I 2
Ignition Coil and
Igniter No. 2
I 3
Ignition Coil and
Igniter No. 3
I 4
Ignition Coil and
Igniter No. 4
IGf
IGt
M+
M–
GE01
+BM
IGT1
IGT2
IGT3
IGT4
IGF
E 4 (A), E 5 (B), E 6 (C), E 7 (D)
Engine Control Module
THA
EVG
VG
VC
VTA
VTA2
THW
TAM
E2
J14
Junction
Connector
M 1
Mass Air Flow Meter
THA
E2G
VG
+B
E2
T 3
Throttle Position Sensor
VC
VTA1
VTA2
E2
E 1
Engine Coolant
Temp. Sensor
A 6
Ambient Temp.
Sensor
EB1
(*3)

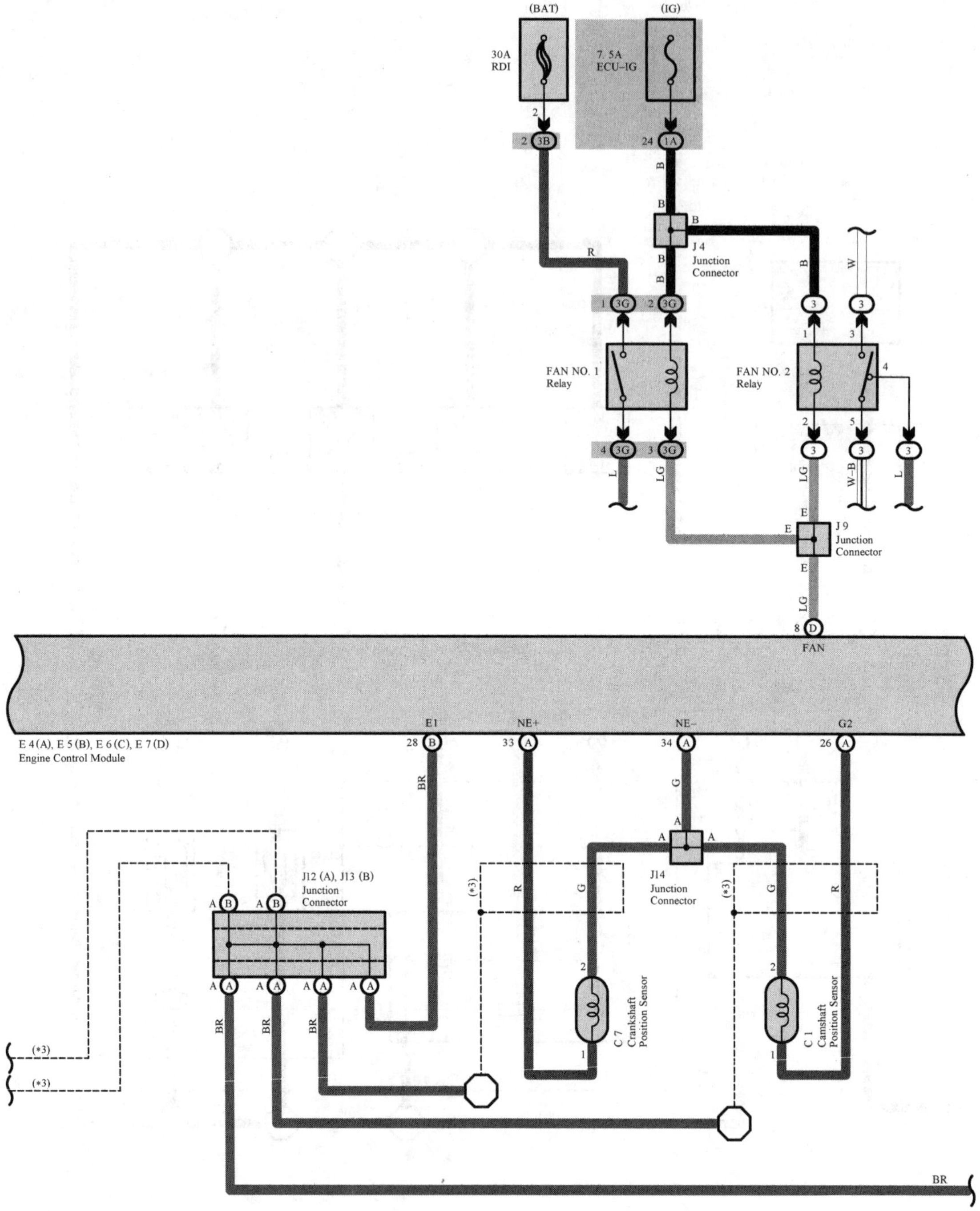

(BAT)
(IG)
30A
RDI
7.5A
ECU–IG
J 4
Junction
Connector
FAN NO. 1
Relay
FAN NO. 2
Relay
J 9
Junction
Connector
FAN
E1
NE+
NE–
G2
E 4 (A), E 5 (B), E 6 (C), E 7 (D)
Engine Control Module
J12 (A), J13 (B)
Junction
Connector
J14
Junction
Connector
C 7
Crankshaft
Position Sensor
C 1
Camshaft
Position Sensor
(*3)
BR

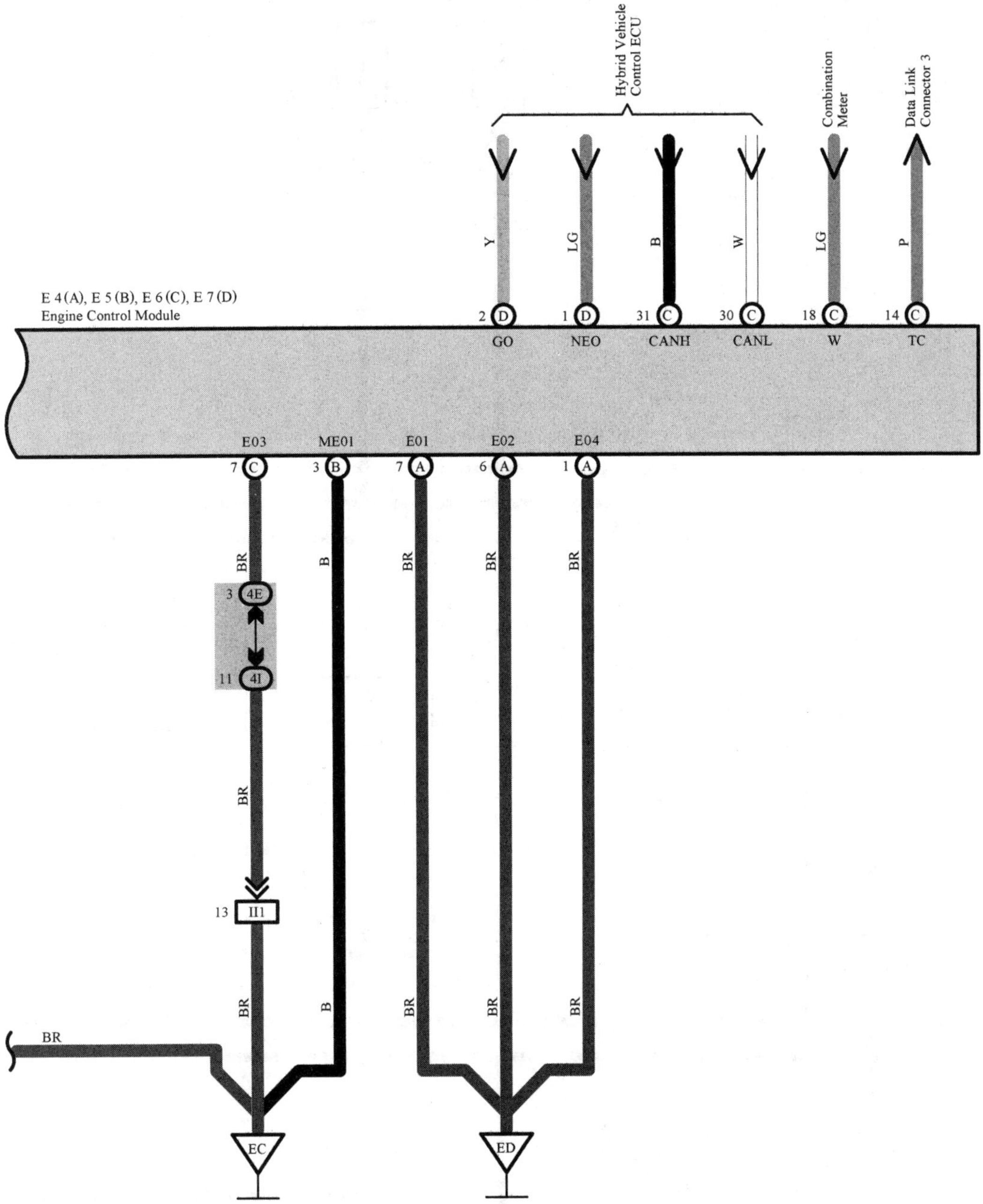
Hybrid Vehicle Control ECU
Combination Meter
Data Link Connector 3
Y
LG
B
W
LG
P
E 4 (A), E 5 (B), E 6 (C), E 7 (D)
Engine Control Module
2 D GO
1 D NEO
31 C CANH
30 C CANL
18 C W
14 C TC
E03
ME01
E01
E02
E04
7 C
3 B
7 A
6 A
1 A
BR
B
BR
BR
BR
3 4E
11 4I
BR
13 II1
BR
B
BR
BR
BR
BR
EC
ED

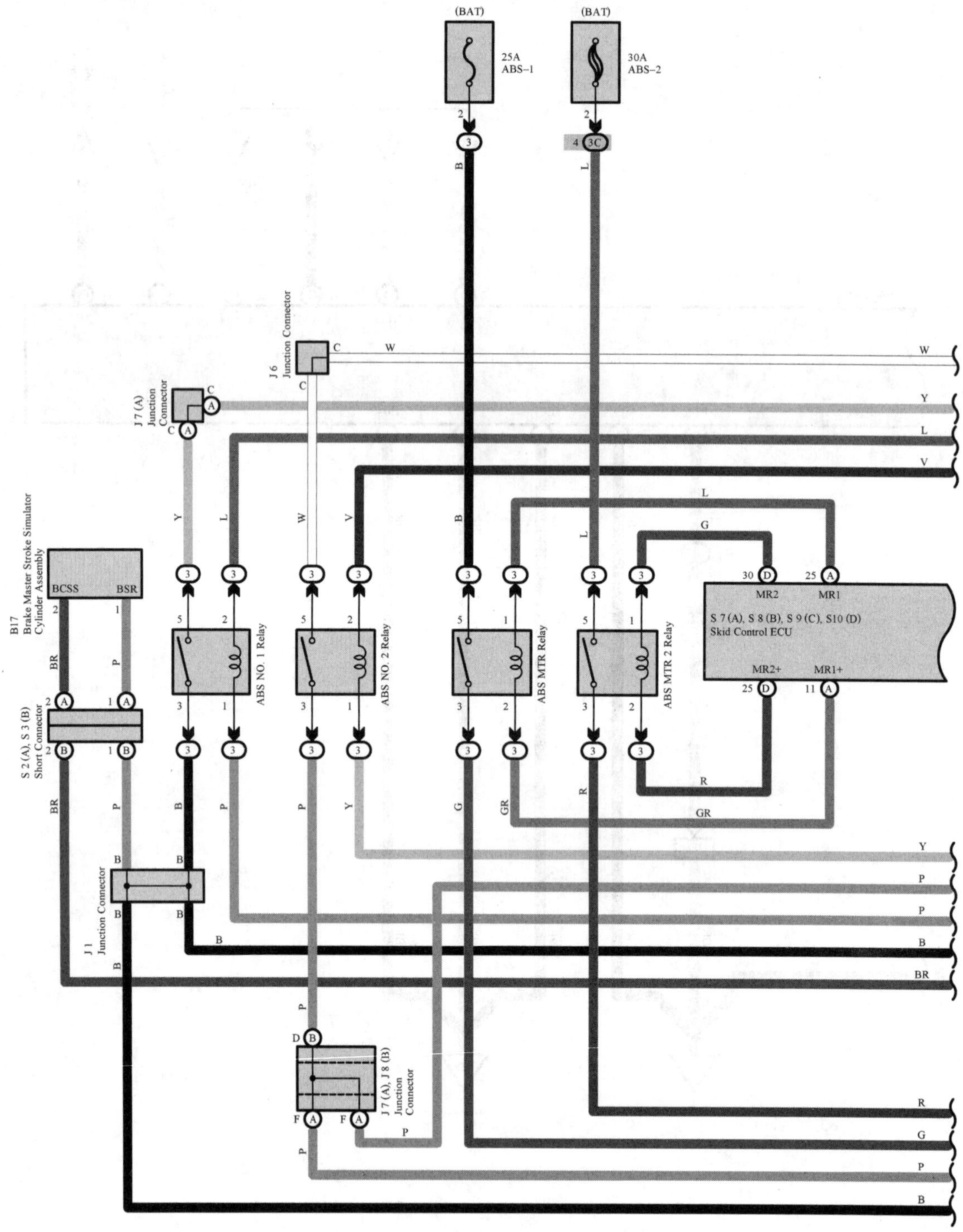
(BAT)
25A
ABS-1
(BAT)
30A
ABS-2
J 6
Junction Connector
J 7 (A)
Junction Connector
B17
Brake Master Stroke Simulator
Cylinder Assembly
BCSS
BSR
S 2 (A), S 3 (B)
Short Connector
ABS NO. 1 Relay
ABS NO. 2 Relay
ABS MTR Relay
ABS MTR 2 Relay
MR2
MR1
S 7 (A), S 8 (B), S 9 (C), S10 (D)
Skid Control ECU
MR2+
MR1+
J 1
Junction Connector
J 7 (A), J 8 (B)
Junction
Connector

15.3 丰田普锐斯制动系统电路图

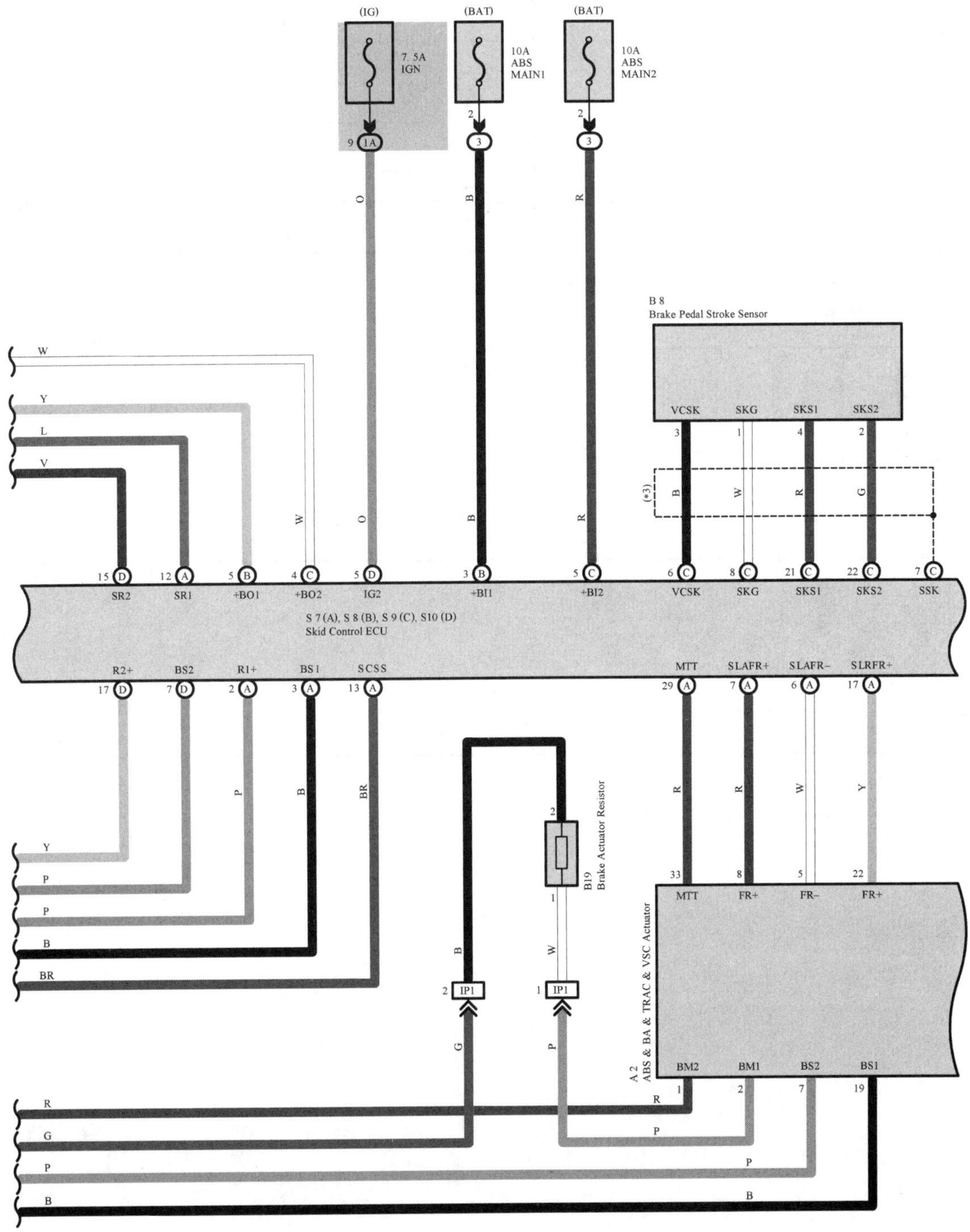

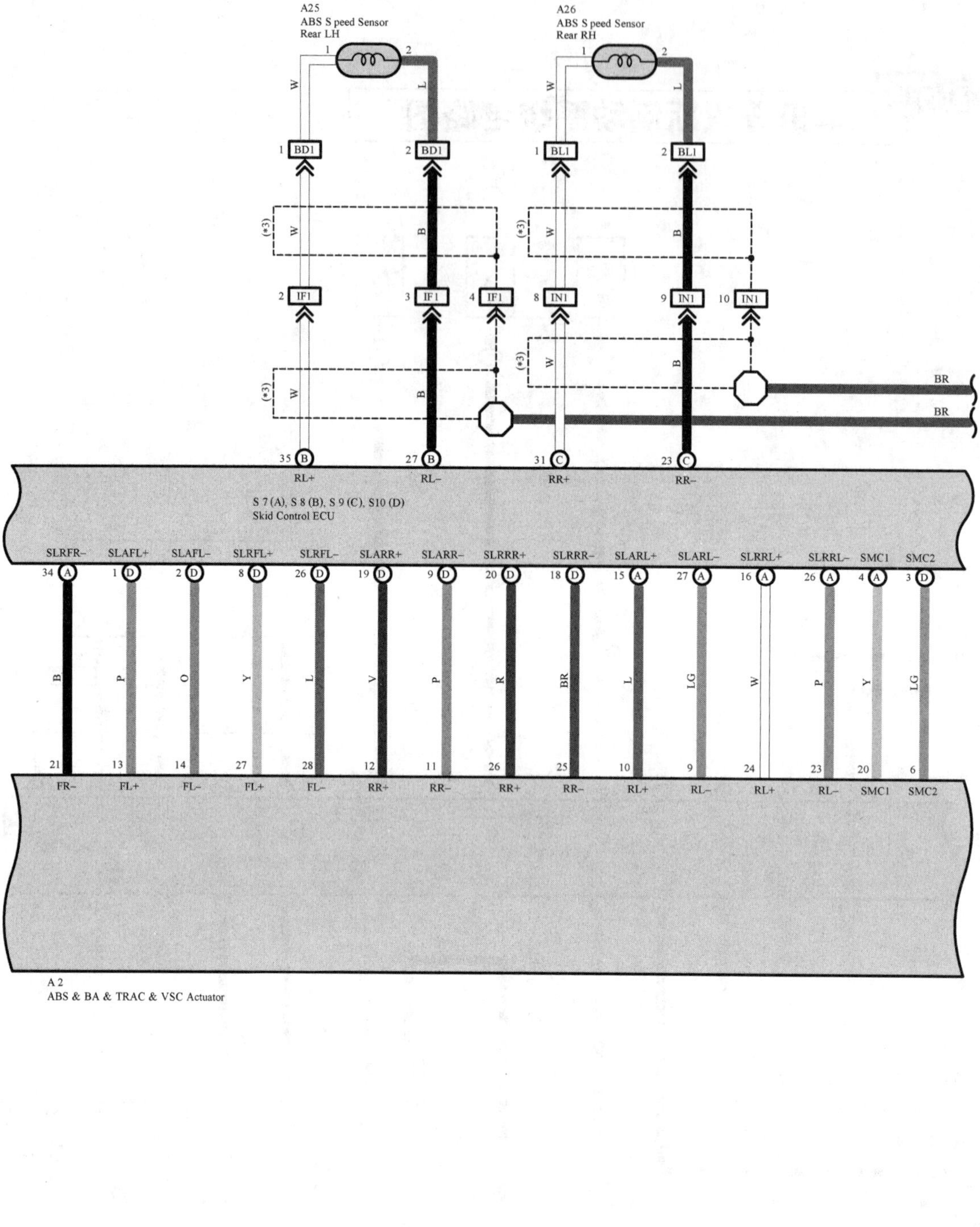
A25
ABS S peed Sensor
Rear LH
A26
ABS S peed Sensor
Rear RH
BD1
BL1
IF1
IN1
(*3)
W
L
B
BR
RL+
RL−
RR+
RR−
S 7 (A), S 8 (B), S 9 (C), S10 (D)
Skid Control ECU
SLRFR−
SLAFL+
SLAFL−
SLRFL+
SLRFL−
SLARR+
SLARR−
SLRRR+
SLRRR−
SLARL+
SLARL−
SLRRL+
SLRRL−
SMC1
SMC2
P
O
Y
V
R
LG
FR−
FL+
FL−
SMC1
SMC2
A 2
ABS & BA & TRAC & VSC Actuator

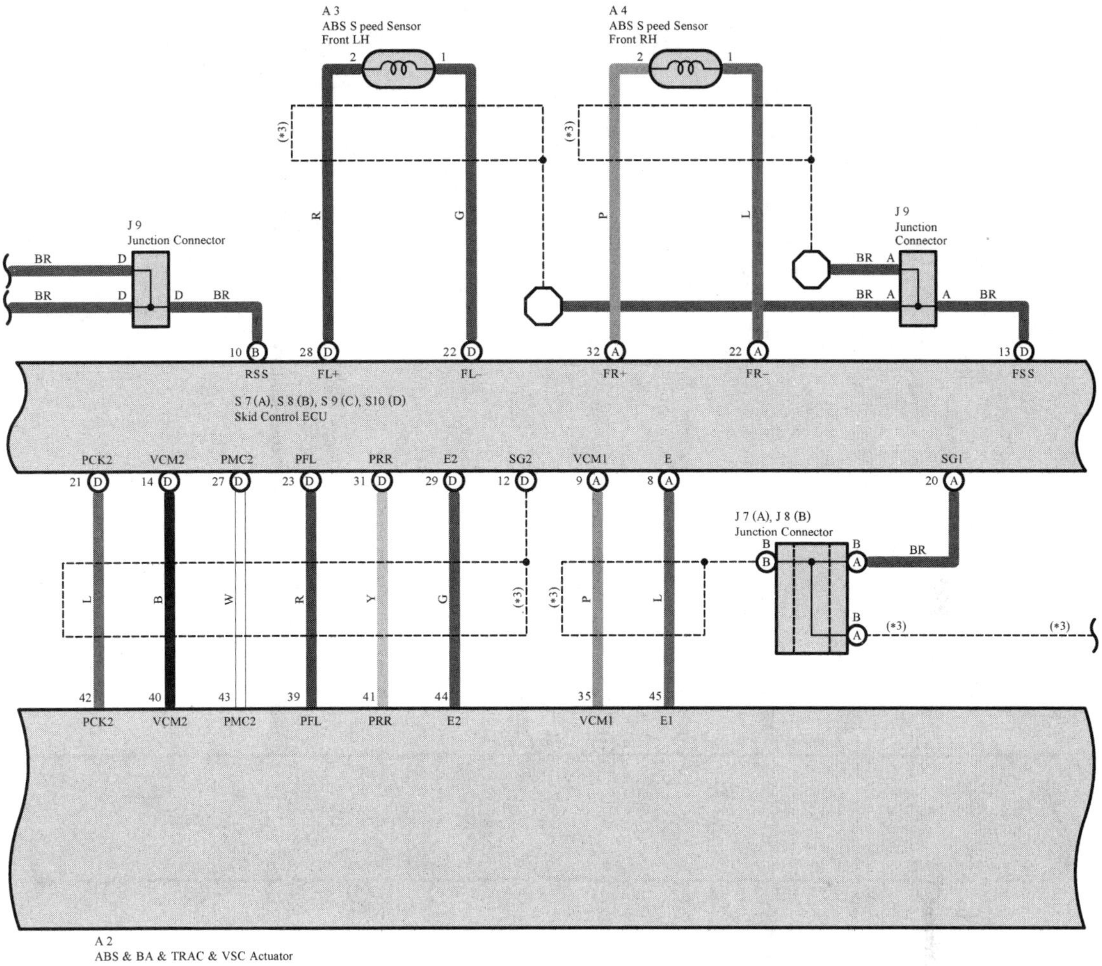
A 3
ABS S peed Sensor
Front LH
A 4
ABS S peed Sensor
Front RH
J 9
Junction Connector
J 9
Junction
Connector
BR
D
A
R
G
P
L
(*3)
10 B RSS
28 D FL+
22 D FL−
32 A FR+
22 A FR−
13 D FSS
S 7 (A), S 8 (B), S 9 (C), S10 (D)
Skid Control ECU
PCK2 21 D
VCM2 14 D
PMC2 27 D
PFL 23 D
PRR 31 D
E2 29 D
SG2 12 D
VCM1 9 A
E 8 A
SG1 20 A
J 7 (A), J 8 (B)
Junction Connector
B
W
Y
42 PCK2
40 VCM2
43 PMC2
39 PFL
41 PRR
44 E2
35 VCM1
45 E1
A 2
ABS & BA & TRAC & VSC Actuator

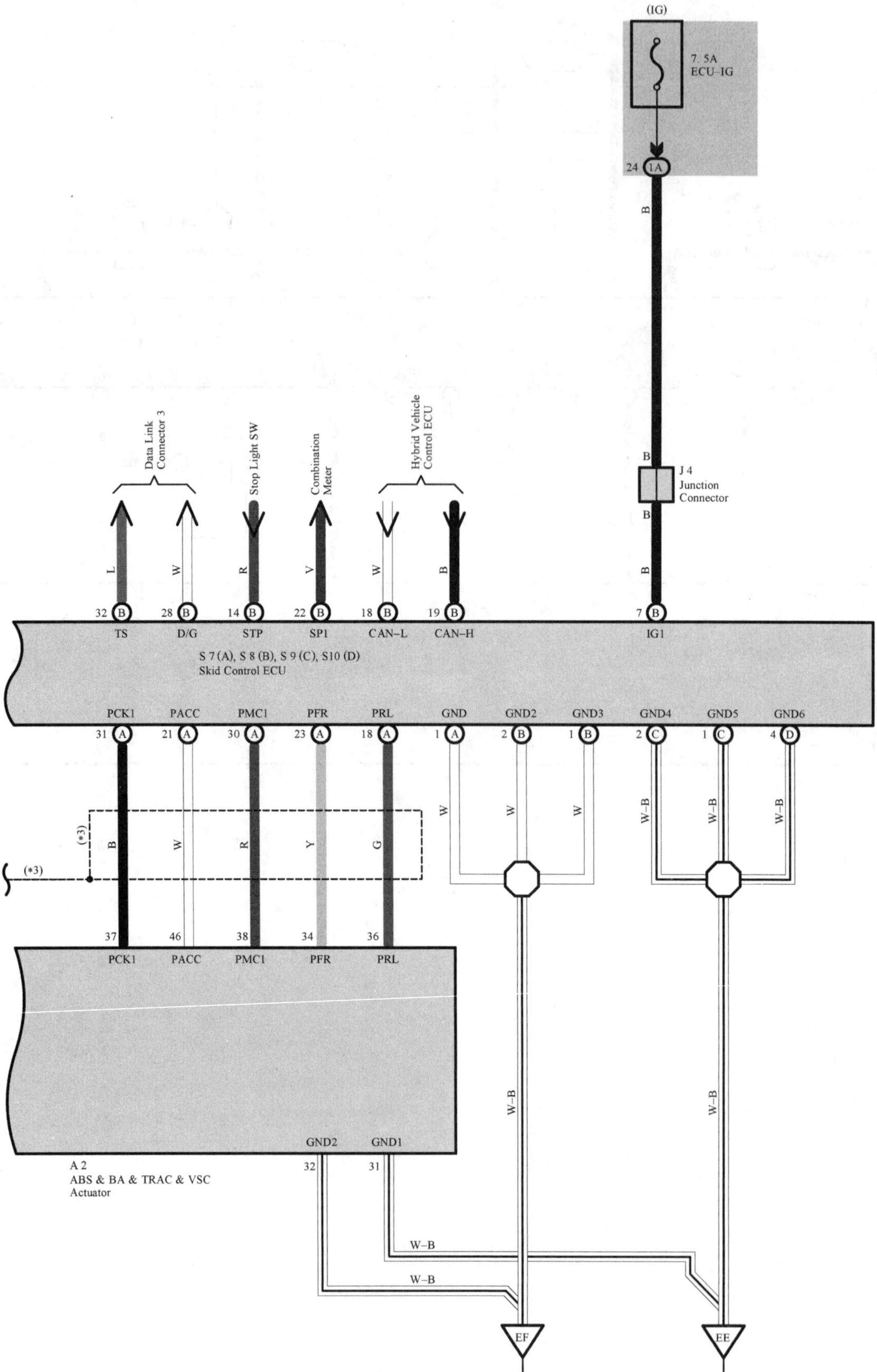
(IG)
7. 5A
ECU–IG
24 1A
B
J 4
Junction
Connector
Data Link
Connector 3
Stop Light SW
Combination
Meter
Hybrid Vehicle
Control ECU
L
W
R
V
W
B
32 B
28 B
14 B
22 B
18 B
19 B
7 B
TS
D/G
STP
SP1
CAN–L
CAN–H
IG1
S 7 (A), S 8 (B), S 9 (C), S10 (D)
Skid Control ECU
PCK1
PACC
PMC1
PFR
PRL
GND
GND2
GND3
GND4
GND5
GND6
31 A
21 A
30 A
23 A
18 A
1 A
2 B
1 B
2 C
1 C
4 D
W
W-B
(*3)
37
46
38
34
36
PCK1
PACC
PMC1
PFR
PRL
GND2
GND1
32
31
A 2
ABS & BA & TRAC & VSC
Actuator
W–B
EF
EE

反侵权盗版声明

举报电话：（010）88254396；（010）88258888

传　　真：（010）88254397

E-mail：　dbqq@phei.com.cn

通信地址：北京市万寿路 173 信箱

　　　　　电子工业出版社总编办公室

邮　　编：100036